EXPERIMENT AUROVILLE
LEBEN AUF EIGENE GEFAHR

Herbert Eisenschenk

EXPERIMENT AUROVILLE

LEBEN AUF EIGENE GEFAHR

GRUBBE

ALLEN GEWIDMET, DIE AUFRICHTIGE ANTWORTEN ANZUNEHMEN VERMÖGEN.

DIE CHARTA VON AUROVILLE

1. Auroville gehört niemandem im Besonderen. Auroville gehört der ganzen Menschheit. Aber um in Auroville zu leben, muss man bereit sein, dem Göttlichen Bewusstsein zu dienen.

2. Auroville wird der Ort einer nie endenden Erziehung sein, eines immerwährenden Fortschritts und einer Jugend, die niemals altert.

3. Auroville möchte die Brücke sein zwischen der Vergangenheit und der Zukunft. Indem es sich alle äußeren wie inneren Entdeckungen zunutze macht, wird Auroville zukünftigen Realisationen kühn entgegeneilen.

4. Auroville wird der Ort materieller und spiritueller Forschung sein, für eine lebendige Verkörperung einer wahren menschlichen Einheit.

Mirra Alfassa, 28. Februar 1968

28. 2. 68

Charte d'Auroville

1) Auroville n'appartient à personne en particulier. Auroville appartient à toute l'humanité dans son ensemble.

Mais pour séjourner à Auroville, il faut être le serviteur volontaire de la Conscience Divine

*

2) Auroville sera le lieu de l'éducation perpétuelle, du progrès constant et d'une jeunesse qui ne vieillit point.

*

3) Auroville veut être le pont entre le passé et l'avenir.

Profitant de toutes les découvertes extérieures et intérieures, elle veut hardiment s'élancer vers les réalisations futures.

*

4) Auroville sera le lieu des recherches matérielles et spirituelles pour donner un corps vivant à une unité humaine concrète.

WIR SETZTEN DEN FUSS IN DIE LUFT
UND SIE TRUG.

Hilde Domin

VORWORT

»WENN DU SCHON UNZUFRIEDEN UND MIT ANGST NACH AUROVILLE KOMMST, DANN WIRST DU AUCH HIER KEIN LEICHTES LEBEN HABEN.«

Martin, 38, seit 11 Jahren in Auroville lebend

Mein Blick wird düster, wenn ich den kompromisslos logisch konstruierten Beschreibungen eines zukünftigen Menschseins vertrauen soll. Dabei ist es nicht das enorme Verlangen nach einem Verlassen des gegenwärtig bestimmenden Zustandes, das beunruhigt. Wohin diese Reise gehen soll, verstört. Bestimmte Begriffe, die gegenwärtig immer häufiger zu vernehmen sind, dokumentieren, in welche andere Welt der anscheinend unvermeidliche, da vorgezeichnete Weg führen wird müssen. Transhumanismus: über das Menschliche hinausgehend. Technologische Singularität: die sich selbstständig verbessernde Maschine. Superintelligenz: der menschlichen Gehirnleistung überlegener Intellekt von Computern und Zukunftswesen. Von einem unmittelbar bevorstehenden Evolutionsschritt ist immer öfter zu hören und zu lesen. Dieser würde endlich den Menschen aus seiner simplen Konstruktion befreien. Das Zeitalter der Fusion von Technologie und menschlicher Intelligenz ist keine Utopie mehr, sondern bereits jetzt Realität mit ihren ersten ausgeführten Schritten. Das ist u. a. auch die Überzeugung des US-Amerikaners Ray Kurzweil, technischer Entwicklungschef bei Google und wesentliches Mastermind dieser Vision. Er nennt die Jahreszahl 2045 als unwiderrufliches Eintrittsdatum in dieses neue Zeitalter der Menschmaschine. In seinem Buch »Das Zeitalter der spirituellen Maschinen« schreibt er von der Erlangung eines Superbewusstseins, welches die zukünftige Menschmaschine klar und deutlich vom heutigen unkompletten Menschen unterscheiden würde. Für mich als Mensch mit dem historischen Hintergrund der abendländischen Kultur und mit der Fähigkeit zu Empathie, der Liebe zur Natur und dem Glauben an die Existenz einer Seele ist diese Vision einer Gesellschaftsentwicklung dystopisch, im Gegensatz zur Utopie der Veredelung menschlicher Eigenschaften stehend.

Ein knappes Jahrhundert ist es her, als der indische Philosoph und Mystiker Sri Aurobindo in ähnlicher, doch in seiner Konsequenz vollkommen unterschiedlicher Weise zu denken begann. Auch er gewann die Überzeugung, dass der gegenwärtige Zustand der Menschheit bloß als unvollkommene Zwischenstufe eines langen und beschwerlichen Weges zu seiner wahren Veränderungsbestimmung zu betrachten sei. Aber am Ende dieser Entwicklung erkannte Sri Aurobindo das Erlangen eines höchsten Göttlichen Bewusstseins. Dieses Ziel läge zwar in weiter Ferne und Sri Aurobindo hätte wohl nie eine Jahreszahl damit verbunden. Aber erste real zu setzende Schritte müssten den Menschen für das Wesentliche seiner gegenwärtigen Bestimmung sensibilisieren: die Bewahrung der Natur und ein Leben im Einklang mit ihr, sowie bewusstes menschliches Handeln im Auftrag eines friedlichen Zusammenlebens. Fünfzig Jahre seines Lebens widmete Sri Aurobindo der Entwicklung eines gangbaren Weges für Menschen mit Entschlossenheit und Überzeugung zum Beschreiten desselben. Am Ende dieses visionären Denkprozesses stand als seine Manifestation die Gründung von Auroville, die Stadtutopie für das Experiment zur Entwicklung eines zukünftigen Menschseins in Indiens Süden.

Vor vier Jahren, es war an einem Abend in einem Hamburger Speiselokal, haben meine Frau und ich über Auroville gesprochen, diesen sonderbaren Ort, den ich im Rahmen einer Indienreise 1981 erstmals besucht hatte. Nicht viel war mir von diesem damaligen Aufenthalt, der nur einen Tag dauerte, in Erinnerung geblieben. Eine bunte Ansammlung von einigen Hundert Menschen aus aller Welt hatte sich dort eingefunden, deren Ziel es war, eine praktizierbare Alternative zum unbefriedigenden und destruktiven Ist-Zustand der Menschheit zu leben. Ihr Ziel: die Altlasten eines inhumanen Menschseins hinter sich zu lassen und ihren persönlichen Weg zu einer schließlich göttlichen Vereinbarung zu finden. Sehr verwegen, sehr esoterisch, sehr idealistisch kam mir diese Absicht zu jener Zeit vor. Doch das bisher Erreichte scheint dem außergewöhnlichen Experiment Recht zu geben. Seit fast 50 Jahren findet an diesem subtropischen Ort, mittlerweile von

knapp 2.500 Menschen, die tägliche Überprüfung des eigenen Lebens auf recht einfach klingende Fragen statt: Was ist für mein Leben notwendig? Wo beginnt Überfluss? Bin ich in der Lage, mich von unnützen materiellen Werten zu lösen? Bin ich bereit, mich dem permanenten Spieltrieb von Missgunst, Gier und Neid zu entziehen? Erkenne ich in mir die Bereitschaft ein höheres menschliches Bewusstsein entwickeln zu wollen, welches nach einer Lebensausrichtung im unbedingten Einklang mit der Natur verlangt?
Auroville nennt sich selbst Experiment zur Entwicklung der Menschheit. Und es ist auch nicht mehr als ein »sich Ausprobieren« im Rahmen eines groß angelegten Laborversuches. Aber die Versuchsanordnung entspringt keinem Lernspiel, sondern erfordert große Entschlossenheit und mutiges Handeln eines jeden Teilnehmers. Die eigentliche Absicht ist nur mit großem energetischen Einsatz und entsprechender Standfestigkeit zu bewältigen, denn sehr rasch wird aus dem bloß Abenteuerlichen des Versuchs ein reales Wagnis unter Einsatz der eigenen Existenz.

Später an diesem Abend, ich war bereits am Einschlafen, schüttelte mich meine Frau nochmals am Arm. »Mach doch einen Film oder schreib ein Buch darüber. Ich glaube die Zeit ist reif für dieses Thema.«

* *Mit Sternchen gekennzeichnete Namen und Begriffe werden im Glossar erläutert, Seite 335 – 338.*

WEGE NACH AUROVILLE

DREAMLINER

Kurz vor Mitternacht. Der digitale rote Streifen über Osteuropa hat die rumänische Küstenstadt Constanza erreicht. Ein Bildschirm vor mir zeigt an, dass wir in wenigen Minuten über dem Schwarzen Meer sein werden. Dahinter beginnt eine Welt mit anderen Vorzeichen. Ich hänge mehr als dass ich sitze in meinem Economy-Sitz und versuche zu lesen. Um mich herum leise bis ausgeprägte Schlafgeräusche der hauptsächlich indischen Mitreisenden. Im Gegensatz zu mir können Inder überall schlafen. Farbenfroh wie in einer Bahnhofswartehalle irgendwo in Südindien ist es auch hier im Flugzeug der Air India. Mütter mit ihren kleinen Kindern, auf unnachahmliche Weise ein- und zusammengerollt und friedlich im Tiefschlaf auf einer schmalen Sitzreihe liegend. Die schlafenden Kinder, auf mich immer wieder berührende Anmut ausstrahlend, sind mit bunten Tüchern aus sehr weich wirkenden Stoffen bedeckt. Neben mir sitzen Vater und Sohn, Eigentümer eines deutschen Mittelstandsunternehmens, auf dem Weg zu einer Messe in New Delhi. Auch sie nun schlafend, nachdem wir uns davor über die Eigenart Indiens klar zu werden versuchten. Schon beim Einsteigen in das Flugzeug lag dieser unverwechselbare Duft wieder in der Luft. Ein Cocktail aus Sandelholz, Jasmin, einem Hauch von Gewürzen, ich glaube Zimt, Kardamom und ein wenig Kampfer. Immer wieder bin ich auf meinen Reisen diesem Grundgeruch, eigentlich ein Duft des Wohlbehagens, in unterschiedlichsten Mischungsverhältnissen begegnet. Er wurde zur nicht mehr löschbaren Quintessenz meiner Indien-Identifikation.

Nach drei Stunden Nachtflug bin ich nicht mehr sehr munter, aber eine innere Unruhe hält mich in statischer Bewegung. Ich versuche mich weiter auf mein Buch zu konzentrieren. Es ist schwere Lesekost. Immer wieder gleite ich mit meinen Gedanken ab. »The Life Divine«, auf Deutsch »Das Göttliche Leben«*, ist eigentlich keine geeignete Ein-

stiegsliteratur in den Kosmos des indischen Philosophen und Masterminds von Auroville, Sri Aurobindo. Und schon gar keine Reiseliteratur. Aber wie schon so oft in den letzten Monaten nehme ich das Buch auch jetzt zur Hand. Der Versuch es zu lesen, zeigt mir doch die ernste Bereitschaft für meine ehrliche Reiseabsicht. Ich habe nicht vor, mich der Gemeinschaft von Auroville anzuschließen, also Aurovillianer zu werden. Aber die Überzeugung, ein Buch über diesen Ort zu verfassen, bedeutet doch im ähnlichen Ausmaß die eigene Offenheit ständig zu kontrollieren und zu hinterfragen. Sri Aurobindos eigentliche Absicht annähernd zu erfassen, auch ohne die Tausenden Seiten seiner Literatur gelesen zu haben, erscheint dabei unverzichtbar. Das umfangreichste und im Zentrum seiner Arbeiten stehende Werk »Das Göttliche Leben« ist der groß angelegte Versuch gleichermaßen für die indische Wahrnehmungsweise als auch für die westliche Mentalität einen sehr schwer zu verstehenden Grundsatz nachvollziehbar zu machen: Spirituelle Entwicklung ist nicht zwangsläufig eine radikal asketische Abkehr vom Leben. Hinwendung zu einem geistig hoch entwickelten Zustand ist nicht an die radikale Einfachheit und die damit verbundene Ablehnung vitalen Verlangens geknüpft. Ein höheres Bewusstsein, welches sich aus dem Begehren erhoben hat, bildet sich nach Sri Aurobindo nur aus »völliger Reinheit und Meisterschaft« aus dem Selbst. Diese Reinheit bleibe dieselbe, ob aus Armut oder Reichtum geboren.
Eigentlich ist ein Flugzeug auf seinem Nachtflug nach Indien doch der richtige Ort für diese Lektüre, denke ich mir. Fliegen ist ja auch nichts anderes als eine Art von vitalem Schwebezustand und man bewegt sich weit von seiner Erdung und Bodenhaftung entfernt mit enormer Geschwindigkeit etwas Neuem entgegen. Ich überlege mir, ob das physische Schweben kombiniert mit Sri Aurobindos Lektüre das alte Bewusstsein eher aus seinen Verankerungen reißen, den Geist in höhere Sphären befördern könnte. Ich lache selbst über meine schräge Idee. Und spinne diese weiter: In welchem Bewusstseinszustand werde ich in vier Stunden am Flughafen von Indiens Hauptstadt ankommen? Ich bin davon überzeugt, dass er meinem gegenwärtigen recht ähnlich ist. Weitere neue Gedanken: Werde ich eine reale Auswirkung von Sri Auro-

bindos Lehre zur Erlangung eines entwickelten Bewusstseins während des mehrwöchigen Aufenthalts an meinem Zielort Auroville erfahren können? Ist beabsichtigte Veränderung des menschlichen Geistes auf ein höheres Level überhaupt möglich? Und wenn ja, wie soll das gehen? Sri Aurobindos Philosophie dreht sich immer nur um dieses zentrale Thema: der Weg des Menschen aus der Gefangenschaft eines von niederen Wünschen und Sehnsüchten diktierten Lebens in die Zonen des Lichts, wo sich das Göttliche mit dem Menschlichen verbindet. Diese Fragen und Gedanken hindern mich an der Schlaffindung. Das Buch liegt aufgeschlagen auf meinem Schoß und wartet. Leider habe ich heute keinen Fensterplatz. Ich habe es vor einigen Jahren mühelos geschafft, mehrere Stunden während eines Flugs von Calgary nach Europa in das nächtliche Himmels- und Erdendunkel hinaus und hinunter zu starren. Nur die Anzeige am Bildschirm sagte mir, dass wir uns irgendwo über Kanadas menschenfeindlichem Nordosten befanden. Aus dem Schwarz des Himmels formten sich plötzlich türkisgrün wabernde Polarlichtschleier. In diesen Momenten machte sich in mir ein alltagsfernes Gefühl breit. Die Vorstellung einer anderen möglichen Weltsicht als der mir bekannten nahm in mir verschwommene Konturen an. Am Zielort meiner jetzigen Reise wird der weltweit einzige ernstzunehmende Modellversuch für die Ausrichtung einer anderen, im menschlichen Handeln höher entwickelten Welt von morgen gelebt. Auroville wird als Stadt für die Zukunft der Menschheit bezeichnet und sollte Ausgangspunkt eines nächsten, wesentlichen Evolutionsschrittes sein.

Eine neue Zukunft des Fliegens wurde auch vor vier Jahren vom Boeing-Konzern mit dem Dreamliner eingeläutet. Sich hoch erhitzende und damit explosionsgefährdete Batterien verhinderten vorerst dessen Etablierung. Mittlerweile ist das alles unter Anfangsproblemen abgelegt und Vergangenheit. Air India setzt seit drei Jahren dieses als Wunderwerk propagierte Fluggerät ein – und an diesem Septemberabend sitze ich in einem solchen Dreamliner der indischen Fluglinie. Die Begründung dafür ist einfach: Angst. Nicht meine Flugangst, die mich zur Wahl dieses Fluggerätes drängte. Diese Furcht ist bei mir glücklicherweise nicht vorhanden. Nein, es war die Angst der Lufthansapiloten. Und diese hat dann erstaunlicherweise wieder einiges mit dem Inhalt dieses Buches zu tun. Die Geschichte nahm am Morgen meines Abflugtages mit der Ankündigung eines weiteren Streiks der Piloten von Deutschlands großer Fluggesellschaft ihren Lauf. »Lufthansa-Piloten bestreiken am Dienstag alle Langstreckenflüge« eröffneten die Radionachrichten an diesem Tag. Nun ist die Strecke Frankfurt – Chennai mit 7.500 Kilometern keine Kurz- oder Mittelstrecke und damit war rasches Handeln von meiner Seite notwendig geworden, um nicht vor Reisebeginn schon zu stranden. Es dauerte dann doch viele Stunden bis meine Umbuchung auf Air India bestätigt und damit meine Abreise gesichert war. Was aber war die Begründung der wiederholten Streikmaßnahme? Es ging um Geld und es ging um Sicherheit – und damit ging es um Ängste. Drei enorm potente Triebkräfte der besonders wirksamen Art, die für das »einwandfreie« Funktionieren unseres westlichen Gesellschaftsmodells stehen. Vor allem vermag gesteuerte Verunsicherung eine Gesellschaft wie mit riesigen Backen eines überdimensionalen Schraubstockes zu umklammern und nach Bedarf zusammenzupressen. Werden Angstdruck vor dem Ungewissen und die Sorge vor finanziellem Verlust zu hoch, beginnt der Mensch doch fast immer nach dem Prinzip »ich mache, was ihr wollt« zu funktionieren – oder er streikt, wenn er diese Möglichkeit hat. Es war die Angst der, wie ich annehme, doch sehr gut entlohnten Piloten vor finanziellen Einbußen im bevorstehenden Pensionsalter, die schließlich zur Arbeitsverweigerung führte. So wussten es die Medien zu berichten. Was mag das wohl für das reale Leben dieser Menschen bedeuten? Statt 10.000 bloß 8.000 Euro? Monatlich. Oder statt 6.000 nur noch 4.000 Euro? Zu wenig für ein zufriedenes Leben oder zu wenig für einen gewohnten Lebensstandard? Oder doch zu wenig zur Befriedigung der Gier? Weitere 60 Millionen Euro wird dieser Lufthansa-Streik, dann ausgeweitet auf zwei Tage, und schließlich durch den Verwaltungsgerichtshof vorzeitig gestoppt, den Konzern kosten. Eine Sechs mit sieben Nullen. Ist Geld auf dem besten Weg sich selbst zu entwerten, sich auszulöschen?

Wo ist nun ein Zusammenhang zum Ziel meiner Reise erkennbar? Schlüsselworte dafür sind Geld und Angst. Im Experiment Auroville soll im Laufe der Entwicklung Geld eine untergeordnete bzw. irgendwann gar keine Rolle mehr spielen. In Auroville ist schon der Begriff Geld ungeliebt, und ein wesentlicher Teil des Experiments befasst sich mit der Schaffung einer geldfreien Gesellschaft. Das Verschwinden des Geldes wäre die Garantie für den Wegfall sozialer Ungleichheiten innerhalb einer Gesellschaft. Utopische Fantasie? Vielleicht. Aber Auroville ist immer Experiment und so gut wie alles ist dabei gestattet. Nur Furcht oder Angst wären schädliche Begleiter. Wer in Auroville Fuß zu fassen versucht, hat ohnehin mit Furcht und Angst eher wenig am Hut (siehe einleitendes Zitat im Vorwort). Und damit ist ein wesentlicher Unterschied zur allgemeinen Verunsicherung unserer Gesellschaft deutlich erkennbar.

Während ich nun auch vor mich hin döse, entstehen weitere Bilder in mir. Von damals, als sich Ende der 1960er-Jahre die ersten Hundertschaften auf den außergewöhnlichen Weg zu diesem Experiment begaben. In den Metropolen Europas sammelten sie sich, um dann – oft im Konvoi – die Reise anzutreten. Niemand von ihnen hatte eine reale Vorstellung, was sie am Ende erwarten würde. Statt Dreamliner hatten sie bloß Träume von einem anderen Leben im Gepäck. Und den langen Weg bewältigten sie im VW-Bus oder sogar im Bauch der 2CV-Ente. Auf den alten Fotografien aus diesen ersten Tagen konnte ich auch schon einmal einen Mercedes Unimog erkennen. Zwischen zwei und drei Monate dauerte die Reise. Sie führte über die Türkei, Syrien, Iran, Pakistan und den Nordwesten Indiens schließlich in den Süden des Subkontinents. Länder und Gesellschaften mit den reichsten Kulturschätzen dieser Welt wurden durchquert. Jetzt liegen diese, und mit ihnen eine erschreckende Anzahl der dort lebenden Menschen, vernichtet von der Macht niederer und niedrigster Instinkte aus Orient und Okzident, in Staub und Asche.

Meine Gedanken ziehen weiter, genauso wie das Flugzeug über diese unsichtbaren Landschaften unter mir. Ich denke an die unbegreifliche

Figur der Französin Mirra Alfassa*. Auroville in seiner praktischen Umsetzung ist vor allem Resultat ihres geistigen Lebenswerkes. In ihrem sogenannten »Traum« hielt sie fest, wofür Auroville stehen sollte: *Es sollte irgendwo auf der Erde einen Ort geben, den keine Nation als ihr grundsätzliches Eigentum beanspruchen kann, einen Ort, in dem alle Menschen guten Willens, aufrichtig in ihrem Streben, frei als Weltbürger leben können und nur einer einzigen Autorität gehorchen: der höchsten Wahrheit. Ein Ort des Friedens, der Eintracht und der Harmonie, wo jegliche kämpferischen Instinkte des Menschen ausschließlich dazu benutzt werden, die Ursachen seines Leidens und Elends zu bezwingen, seine Schwäche und Ignoranz zu überwinden, triumphierend über seine Begrenzungen und Unfähigkeiten hinauszuwachsen.*

Die Quintessenz eines bewussten und achtvollen Umgangs zwischen Mensch und Mensch. In Auroville üben sie tagtäglich daran. Aber der Rest der Welt scheint diesen Traum nicht zu kennen.

Die Zeitanzeige am Monitor blinkt mir zwei Uhr entgegen. In Delhi geht bald die Sonne auf. Noch knappe drei Stunden bis zur Landung. Ich blättere wieder im »Göttlichen Leben«. Auf der Umschlagseite ist eine Fotografie von Sri Aurobindo. Es ist ein bekanntes Bild, das kurze Zeit vor seinem irdischen Ableben entstand. Der französische Starfotograf Henri Cartier-Bresson* hatte es aufgenommen. Bereits zu seinen Lebzeiten wurde Sri Aurobindo in Indien zur Legende. Internationale Beachtung fand er spätestens zum Zeitpunkt seiner Nominierung für den Literaturnobelpreis im Jahre seines Todes 1950. Zuerst als mit Wort und Feder bewaffneter Politiker des indischen Freiheitskampfes gegen Englands Kolonialdiktat und später dann als Philosoph, Mystiker und Visionär. Ich lege das »Göttliche Leben« schon wieder zur Seite und beginne stattdessen in einem Buch mit den biografischen Daten dieses besonderen Menschen zu lesen.

SRI AUROBINDO – MASTERMIND VON AUROVILLE

Sri Aurobindo glaubte an eine neue menschliche Evolution. Aber nicht technischer Art, sondern an die weitere evolutionäre Entwicklung des Menschen zum besseren Menschen. Nicht die unzureichende der Vergangenheit, in der sich der Mensch dank seines Intellekts über die Natur erhob, aber vergaß, sich in Demut vor ihr auch wieder zu beugen. Nein, eine zukünftige sollte den Menschen von seinen Unzulänglichkeiten erlösen, ihn zu einem freien Wesen mit befreitem Geist machen. Und Sri Aurobindo erkannte einen gangbaren Weg.

Wie muss jemand beschaffen sein, um im Laufe seines irdischen Daseins eine Art von Programm oder Leitfaden zur Umsetzung einer solchen verwegenen Idee zu schaffen?

Die Pendelbewegungen meiner Gedanken holen weit aus. Doch bloß esoterische Allmachtsfantasien eines radikalen Weltverbesserers? Diese simple Rechnung geht nicht auf. Das haben all jene im Laufe der letzten fünf Jahrzehnte zu akzeptieren gelernt, die das Experiment Auroville so gerne an den Pranger gestellt hätten, das Unterfangen für verrückt erklären wollten oder in die sinistre Welt des Irrational-Sektiererischen zu drängen versuchten. Aber Auroville existiert bald ein halbes Jahrhundert mit – wenngleich langsam – sich steigernden Zuwächsen der Gemeinschaft. Die Absicht für dieses Experiment in der Stadt der Morgenröte, so ihr eigentlicher Name, führt zurück in die Zeit der Kolonialisierung Indiens durch das britische Königreich.

Am Anfang der Geschichte stand die Geburt des Kindes Aurobindo Ghose in Kalkutta im Jahre 1872. Sein Vater war anerkannter Arzt, zwar nach hinduistisch-brahmanischen Glaubensgrundlagen erzogen, aber schließlich Atheist geworden. Er verbrachte entscheidende zwei Jahre zu medizinischen Studien in England. Eine Zeit, in der bei ihm die abendländische, vor allem anglikanisch-konservative Geisteshaltung gegen die anerzogenen Traditionen seiner Heimat die Oberhand gewann. Indische Spiritualität war für ihn unsinnige Zeitvergeudung, die bloß vom Wesentlichen des Lebens entfernte. Sein Sohn Aurobindo sprach in späteren Jahren von einer völligen Entfremdung des Vaters von den Wurzeln seiner indischen Kultur. Die Erziehungsabsicht des Vaters für Aurobindo und seine beiden Brüder sah keine Bildung im indisch-kulturellen und traditionellen Sinne vor. Seine Kinder sollten im Sinne einer abendländisch-aufgeklärten Geisteshaltung herangebildet und erzogen werden. Gemeinsam mit den beiden Brüdern wurde Aurobindo im Alter von sieben Jahren zur schulischen Grundausbildung nach England geschickt. Er erhielt in diesem Alter eine erste humanistische Ausbildung in den Fächern Latein, Englisch, Griechisch, Französisch, Mathematik und Geschichte. Lehrer waren ein englischer Geistlicher namens Reverend Drewett und dessen Mutter. Die Ghose-Brüder wohnten die ersten fünf Jahre in deren Familie. Dann kam es zum nachhaltigen Zerwürfnis mit den Drewetts, die in ihren Bestrebungen, die drei Brüder christlich zu missionieren, scheiterten.

Die Brüder zogen nach London um. Bis zu diesem Zeitpunkt wurden sie von ihrem im fernen Bengalen lebenden Vater finanziell unterstützt und von den Drewetts beherbergt. Plötzlich fehlte das Dach über dem Kopf und die Geldströme aus Indien begannen seltener und langsamer zu fließen. Aurobindo fand Aufnahme an der angesehenen Londoner St. Paul's School. Die kommenden fünf Jahre verbrachte er an dieser Schule. Für ihn und seine Brüder wurden diese Jahre zu einer Zeit der Entbehrungen und zum unfreiwilligen Überlebenstraining. Sie hatten wenig zu essen und keine passende Kleidung für das kalte London. In Ermangelung sozialer Kontakte begann Aurobindo sich in seiner Freizeit intensiv mit französischer und englischer Literatur zu befassen. Er war ein hervorragender Schüler und während des Studiums am King's College in Cambridge wurden seine intellektuellen Ausnahmequalitäten offensichtlich. Ein Begabtenstipendium garantierte ihm schließlich den Besuch dieser Einrichtung. Nach Abschluss seines Studiums und der Rückkehr in die indische Heimat war für ihn von seinem Vater eine Beamtenlaufbahn innerhalb der englischen Kolonialverwaltung vorgesehen. Er lehnte diese strikt ab. Aurobindos Satz, dass er zwar die gesamte europäische Literatur lieben gelernt hatte und die Philosophen des Abendlandes seinen Horizont unendlich zu erweitern vermochten, aber der direkte Kontakt mit den Engländern wegen fehlender Menschlichkeit für ihn ernüchternd war, gibt eine nachvollziehbare Erklärung für seine Entscheidung ab. Was er aber erkennen musste, war die Tatsache, dass er weder seine Muttersprache beherrschte, noch mit der Kultur Indiens vertraut war. Erschütternde Auswirkungen des 14-jährigen Aufenthalts in England. Durch das Engagement eines Verwandten erhielt er eine Anstellung im damaligen Fürstenstaat Baroda (im heutigen indischen Bundesstaat Gujarat gelegen). Ab 1900 war er als Professor für Englische Sprache und Literatur am Baroda College tätig. Im Nebenjob schrieb der 28-Jährige dank seiner ausgefeilten Rhetorik und Ausdrucksfähigkeit die Reden für den Maharaja von Baroda.

Was mir beim Lesen der Biografie über Sri Aurobindo in starker Erinnerung blieb, war diese enorme Fähigkeit, aus Sehnsüchten und Defiziten spontan Taten erwachsen zu lassen. Um seinen Wissensmangel an indischer Kultur nachhaltig zu beheben, lernte er Sanskrit (die Geistessprache Indiens, von der Erlernschwierigkeit dem Lateinischen noch überlegen), Gujarati (wer in Indien Gujarati spricht, gilt als hoch gebildet – Gujarat ist jener Bundesstaat mit der höchsten Bildungsrate seiner Einwohner) und Bengali, seine eigentliche Muttersprache. Er erkannte verstärkt seine neue Aufgabe in der Stärkung des Nationalbewusstseins, des eigenen und jenes der Gesellschaft. Der beste Weg zur Umsetzung war der Schritt in die Politik. Eine Möglichkeit ergab sich durch seine Rückkehr nach Kalkutta im Jahr 1906. Er wurde zum Vorstand des National Bengal College berufen. Gleichzeitig war er als Herausgeber der Zeitung »Bande Mataram«, einem Organ der Nationalistischen Partei Indiens, in der Lage, die Notwendigkeit der indischen Unabhängigkeit in die Köpfe und Herzen der indischen Bevölkerung zu transportieren. Aurobindo Ghose schrieb seine politische Überzeugung zur Unabhängigkeit Indiens nicht verklausuliert, sondern in offener Rede. In Folge avancierte er zu einer Führungspersönlichkeit der Hindu National Party.

1908 wurde von Seite der englischen Verwaltung gegen Aurobindo Ghose Anklage wegen Aufwiegelung erhoben und er inhaftiert. Ein

Jahr verbrachte er in Untersuchungshaft im Gefängnis von Alipur, einem Stadtteil von Kalkutta. In diesem Jahr seiner Haft kam es zur inneren Konversion: Aus dem Politiker und immer waffenlos agierenden Unabhängigkeitskämpfer wurde der hinduistisch geprägte Philosoph und Weise. Schon in Baroda begann eine erste Zeit der geistigen Vertiefung durch indische Yoga-Techniken. Pranayama-Techniken (Zusammenführung von Körper und Geist mit Hilfe von Atemtechniken) standen dabei im Vordergrund. 1907 kam es zur Begegnung mit einem Guru in Baroda. Dieses entscheidende Treffen führte bei Aurobindo zur Sehnsucht nach dem Auffinden eines eigenen Yoga-Weges. Die 12 Monate in einer Einzelzelle des Gefängnisses verbrachte er mit täglicher Yoga-Praxis und dem Lesen der »Bhagavad Gita«*, eine der grundlegenden heiligen Schriften des Hinduismus. 1909 kam es zum Prozess. Mit ihm waren 48 weitere Personen angeklagt. Aurobindo wurde als einziger der Angeklagten freigesprochen. Da er ab dem Zeitpunkt seiner Entlassung unter englischer Dauerbeobachtung stand, und um einer willkürlichen neuerlichen Verhaftung zu entgehen, verließ er seine Heimat, die noch immer British India hieß. Aurobindo trat seine Reise, die mehr einer Flucht ähnelte, in den Süden Indiens an. Pondicherry, die damalige Hauptstadt Französisch-Indiens, wurde zu seinem neuen Lebens- und Wirkungsmittelpunkt.

Gemeinsam mit ihm kam eine Gruppe Gleichgesinnter und politischer Mitstreiter aus dem Norden. Im kleinsten Rahmen begann Aurobindo mit ihnen seine Idee einer zukünftigen konfliktbefreiten Weltmenschheit zu definieren. Die Grundlage bildete dabei das hohe und wertvolle Potenzial hinduistischer Mystik und Spiritualität. Aber im Unterschied

zu den Bestrebungen anderer indischer Weiser baute Aurobindo seiner Lehre eine zweite entscheidende tragende Säule ein: Während seiner Jahre in England muss er erkannt haben, welcher Reichtum und welches noch ungenutzte Potenzial in der Geistesgeschichte des Okzidents lagerte. Jetzt, in den Jahren seiner vertiefenden Wahrnehmung des unrühmlichen, selbst hautnah kennengelernten Zustandes eines menschlichen Gegeneinanders, entstand in ihm die Gewissheit, dass nur die Verbindung beider Geisteswelten zum Beschreiten dieses von ihm entworfenen, völlig neuen Weges tauglich ist. Ein Weg, der über viele Stufen und Etappen die Beschreitenden zu einem Göttlichen Bewusstsein bringen sollte. Als Hauptwerkzeug dafür entwickelte er in den Jahrzehnten seiner inneren Einkehr das Integrale Yoga. Nicht Übungen oder Körperhaltungen herkömmlicher Yoga-Techniken stehen dabei im Vordergrund, sondern ein in das Alltagsleben integrierter, immerwährender Vorgang der inneren geistigen Exploration. So soll Integrales Yoga* zum permanenten, zu jedem Zeitpunkt verinnerlichten Bestandteil des Lebens werden. Nur ein auf solche Art intensivierter Daseinszustand vermag nach Sri Aurobindos Sicht (das Sanskritwort »Sri«, also Herr oder auch Heiliger, stellte er ab 1920 seinem Vornamen voran) die Entfaltung unseres Bewusstseins auf eine höhere Ebene zu gewährleisten.
1926, im Alter von 54 Jahren, zog sich Sri Aurobindo aus der Öffentlichkeit komplett zurück. Die weiteren 24 Jahre bis zu seinem Tod im Jahr 1950 verbrachte er in einem sich mehr und mehr manifestierenden Zustand des höchst entwickelten Bewusstseins, welches er selbst als »supramental« bezeichnete. Im Erreichen dieses Zustandes sollte das sehr ferne spirituelle Ziel für die Menschheit und damit auch für die Gemeinschaft von Auroville liegen. Im Nahbereich menschlichen und zwischenmenschlichen Verhaltens befanden sich hingegen die meisten anderen zu lösenden Aufgaben. Die gesamte Palette an Unzulänglichkeiten und Schwachpunkten steht dabei auf dem Prüfstand. Keine Vorgaben und Gebote kommen auf diesem Überprüfungsweg zur Anwendung. So wie Sri Aurobindo selbst, müsste jeder nach seinen Möglichkeiten den Weg begehen.

»Sorry, Sir, breakfast!« Ich werde von der Stewardess geweckt, ein Tablett mit indischem Frühstück in ihren Händen. Als ich aufwache, habe ich das Buch »Das göttliche Leben« noch immer auf dem Schoß. Die indischen Kinder sind schon lange wach und grandios lebhaft. Dann die Durchsage aus dem Cockpit: Verbleibende Flugzeit zum Delhi-Airport: noch knapp 45 Minuten.

WAS IST AUROVILLE?

KEIMZELLE ZUR RETTUNG DER WELT?

Ca. 160 Kilometer südlich von Tamil Nadus* Hauptstadt Chennai liegt am Golf von Bengalen Pondicherry, die ehemalige Hauptstadt Französisch-Indiens. Von hier sind es nur knappe 10 Kilometer oder 20 Minuten mit der Motorrikscha zum Hochplateau, auf dem sich Auroville befindet. Seit 1968 wird an diesem subtropischen Ort im Süden Indiens die Idee von der Entwicklung zum bewussten und damit besseren Menschsein in den realen Lebensalltag umzusetzen versucht. Vor fast 50 Jahren aus der Suche nach alternativen Lebensformen gegründet, dem gefräßig wachsenden, unfriedlichen Neokapitalismussystem westlichen Erfindungsgeistes entgegengestellt, präsentiert die knapp 2.500 Einwohner umfassende Gemeinschaft gegenwärtig das einzige weltweit funktionierende Modell eines durch Bewusstseinsentwicklung erzielten, verantwortlichen Handelns des menschlichen Miteinanders. Auf den ersten Blick kann der Wertekanon Aurovilles zu unseren Maßstäben und Idealen unterschiedlicher kaum sein: Da freiwilliger Verzicht und die Überprüfung der Notwendigkeit von Besitz zu den maßgeblichen Qualitäten und Voraussetzungen des Lebens in Auroville zählen, beginnen hier bereits erste Verständnisschwierigkeiten. Wird doch im materiell orientierten Lebensideal Verzicht im gleichen Atemzug mit Verlust erkannt. Vergleich, Messbarkeit und Beurteilung sind weitere Parameter westlicher Denk- und Handlungsstrukturen und machen es noch schwieriger, das Anliegen Aurovilles begreifbar zu machen: den Menschen von jenen Fesseln zu befreien, die illusorisch ein Dasein im Glück versprechen und ihn gleichzeitig zum von Neid, Missgunst und Gier Getriebenen machen.

Aurovilles Ideal des zum Besseren gereiften Menschen ist zu den sogenannten alternativen Lebensmodellen zu zählen. Deren Sinnhaftigkeit wurde und wird von den Ideologen und Gläubigen des »Wachstum-durch-Konsum-Credos« belächelt und mehrheitlich abgelehnt. Zu oft haben sich unter diesen Versuchen auch Ideen von kaum überzeugenden Ausführungsqualitäten gefunden und waren von entsprechend kurzer Lebensdauer gekennzeichnet, um schließlich am selbst verursachten Chaos zu scheitern. Es sind zwei wesentliche Punkte, die Auroville diesem Schicksal entziehen: Seit seiner Gründung hält die UNESCO ihre schützende Hand über das Lebensexperiment und wird diese Maßnahme auch in der Zukunft fortsetzen. Noch wesentlicher ist die Tatsache, dass ein indisches Verfassungsgesetz bis heute das Geschehen an diesem Ort schützt. Und seit immer mehr Gesellschaften dieser Welt mehr und mehr an Bodenhaftung zu verlieren scheinen, zählen Botschafter und Regierungsabordnungen aus aller Herren Länder zu den Besuchern von Auroville. Der unvergleichliche Selbstversuch zeigt Früchte. Seine nachvollziehbaren Maßnahmen und Ergebnisse zu einem Leben im Einklang mit Natur und Mensch beeindrucken überwiegend und sind vorzeigbar. Das hat auch die indische Regierung erkannt und erhob Auroville zum gerne vorgezeigten Aushängeschild. Doch kann nichts von dem im Reisegepäck zur Behebung der eigenen Probleme mitgenommen werden, was an diesem Ort mühevoll und in Kleinarbeit bisher entstehen konnte. Denn Aurovilles Potenzial wurzelt in zwei entscheidenden Faktoren: in der Überzeugung und dem entwickelten Bewusstsein des Einzelnen zu einem in eigener Verantwortung geführten Leben und vor allem in dem Faktor Zeit. Wenn an diesem Ort in den vergangenen fast fünf Jahrzehnten eine Erkenntnis reifen konnte, dann jene, dass es großer Zeitvorräte bedarf, um tatsächlich nachhaltige Veränderungen im eigenen Leben zu vollbringen. Etwas ganz grundlegend Unterschiedliches zur Handlungsweise unserer westlichen Gesellschaften, deren Individuen so oft unter Zeitnot zu handeln haben. Das mag auch der Hauptgrund sein, warum Aurovilles Bewohner keine Heilsbotschaft zu verkünden haben und ihre Berufung definitiv nicht im Missionarischen sehen. Sie tun bloß das mit Konsequenz, worüber bei uns doch nur gesprochen und diskutiert wird und gehen damit kleinste Schritte einer Verwandlung. Ihre Hoffnung: eine langsam erfolgende Entwicklung, die nur durch Beständigkeit aus den Niederungen menschlichen Verhaltens zu einem höher entwickelten Dasein führen wird.

Als vergeblicher Traum eines Gutmenschendaseins wird dieser Weg dann von Anhängern einer ausschließlich rational geformten Weltsicht belächelt. Und dann lächelt Aurovilles Gemeinschaft zurück und antwortet: Nein, kein Traum und weder vergeblich, noch wirkungslos. Aber schwierige, mühevolle und harte Arbeit. Ohne der täglichen Bewusstmachung kann es keine praktische Befreiung aus all jenen Zwängen geben, die den Menschen in seiner hilflosen Zwangssituation bestimmen. Aber dazu bedarf es erst einmal der Klarsicht, diese prekäre Situation als solche zu erkennen.

Ein Buch über Auroville kann deshalb auch bei gesteigertem Bedarf nicht als Ratgeber und Lebenshilfe funktionieren. Aber es kann die Absicht von Menschen erfahrbar machen, für die der Begriff »Leben« in einem vollkommen anderen Wertekontext steht. Denn »zu leben« heißt für Aurovillianer vor allem einen von Illusionen gereinigten Zustand der unverfälschten Selbstbestimmung schmecken zu dürfen. Es ist eine Absicht, die ohne autoritäre Beeinflussung und Einschränkungen ihre Verwirklichung anstrebt und diese auch nur so erreichen kann. Keine Verbots- und Gebotsschilder sind an diesem Ort zu finden. Verordnungen und Gesetze haben der eigenen, aus Bewusstseinsentwicklung stattfindenden Entscheidungsfähigkeit Platz zu machen. Aurovilles Gemeinschaft ist keine Versammlung von Abenteurern, auch wenn sich darunter solche befinden mögen, die den Ort als postpubertären Abenteuerspielplatz erkennen wollen und entsprechend agieren. Doch jene, welche Herausforderung und Aufgabe als ihre innere Entwicklungsmöglichkeit begriffen haben, sind die wahren Abenteurer an diesem Ort.
Es wäre mein Wunsch, wenn Leser erkennen, wie sehr unser Leben in seiner wahren Bestimmung an uns vorbeizuziehen droht, wenn es nicht gelingt, seinen eigentlichen Auftrag zu erfüllen. Dieser besteht vorerst in nichts weiterem als der ständigen Überprüfung des eigenen Handelns hin auf seine daraus resultierenden Konsequenzen – den sinnvoll weiterführenden sowie den negativ verhindernden. So einfach klingend – und doch für die große Mehrheit von uns verstörend kompliziert. Aber in Auroville gelebter Alltag.

Auroville versucht sich in der Annäherung an eine Utopie. Diese lautet: Irgendwann gibt es einen hoch entwickelten Menschen mit einem Göttlichen Bewusstsein. Derzeit teilen an die 2.500 Menschen diese Vorstellung und arbeiten mit ihren bescheidenen Mitteln daran, den Weg zu diesem fernen Ziel zu ebnen, Hindernisse zu beseitigen, sich selbst für diesen Weg vorzubereiten. Und dann versuchen sie gemeinsam und jeder für sich in einer zweifellos besseren Absicht diesen Weg zu gehen, als es der Rest unserer Welt vermag. Diese Absicht ist entscheidend für die alltägliche praktische Umsetzung. Das Ziel selbst muss dabei irgendwann von außen nach innen wandern, verinnerlicht werden, da es ansonsten ein Hirngespinst, eine Illusion und damit unglaubwürdig bleibt. Und vor allem wäre die ständige Aufmunterung zur Umformung der Theorie in eine alltagstaugliche Form obsolet. Denn zwischen dem utopischen Ziel und den eigenen gegenwärtigen Kompetenzen liegt eigentlich eine – bewusst und rational betrachtet – unüberbrückbare Distanz, die nur durch eine enorme Zahl an kleinen und größeren Schritten menschlicher Reifungsprozesse überbrückt werden kann. Nur die Möglichkeit der Verinnerlichung der vordefinierten Endstation gibt Sinn für Aurovilles große Absicht. Ein externes, in unendlich weiter Ferne befindliches Ziel macht auch den Stärksten mut- und kraftlos, noch dazu, wenn es evident ist, dass dieses Ziel ohnehin für das Individuum so nicht erreichbar ist. Lange erschien mir deshalb Aurovilles Absicht als paradox, für Menschen nicht realisierbar, eigentlich unsinnig. Erst als im Laufe der vielen Gespräche immer öfter die Worte »in mir tragen« zu hören waren oder der Begriff »Verinnerlichung« häufiger fiel, dämmerte mir, wie dieser Weg beschritten werden könnte: Suche das Ziel in dir und nicht außerhalb. Und dann war es wie eine Kettenreaktion. Ich glaubte plötzlich zu verstehen, warum es hier keine Vorschriften und Gesetze gab, sondern bestenfalls behutsam definierte Anleitungen. Es war kein äußeres Ziel, welches alle vor Augen hatten und dem man sich mit dem nötigen Verhaltenskodex auch auf pauschalem Weg annähern konnte. Die Absicht und auch die Instrumente zur Ausführung derselben sind in jedem einzelnen der hier lebenden Menschen mehr oder weniger vorhanden. Und dann wurde mir auch klar, warum es an diesem Ort nichts geben durfte, was das Individuum von der Beschäftigung seiner Suche abhalten könnte. Keine Vertretungen der Großreligionen, kein politisches Parteiensystem und keine Werbetafeln. Die Befreiung bzw. Weglassung von allem, was ideologisches Potenzial und damit Konfliktverursachung in sich trug, war außerordentlich notwendig, um den äußerst anspruchsvollen Weg für den Einzelnen so gut wie möglich begehbar zu machen.

Im geistigen Nachlass der beiden Masterminds Sri Aurobindo und Mirra Alfassa, genannt »Die Mutter«, wurde das Ziel in Form eines hoch entwickelten, mit Göttlichem Bewusstsein ausgestatteten Menschen zwar eindringlich beschrieben, aber gleichzeitig haben auch beide nie vergessen, ständig darauf hinzuweisen, dass dieses Ziel in weiter Ferne liegt und unter Umständen auch nicht erreicht werden kann. Jeder Abschnitt des Weges, der von Menschen mit ihren gegenwärtigen persönlichen Möglichkeiten beschritten wird, hat unterschiedliche Hindernisse zu überbrücken und wird andere Erkenntnisse ans Licht bringen. Gegenwärtig scheint Aurovilles Gemeinschaft in der Auseinandersetzungsphase mit der Thematik Geld und seinen Auswirkungen zu stehen. Die aurovillianische Utopie stellt als Ziel ein Leben ohne Geld und damit ohne dessen schädliche Auswirkungen auf das empathische Verhalten des Menschen in Aussicht. Die mächtigen Verhinderer eines höher entwickelten menschlichen Miteinanders, wie sie Gier und Geiz darstellen, würden dann irgendwann nicht mehr existieren. Es ist sehr spannend darüber nachzudenken, aber eine exakte Wegbeschreibung dorthin existiert nicht. Glücklicherweise hat Sri Aurobindo keine Straßenkarte hinterlassen, die zeigt, welcher Weg zum Ziel eingeschlagen werden sollte. Glücklicherweise deshalb, da wir mittlerweile auch gewohnt sind, in unser Navigationssystem des Lebens ein Ziel einzugeben und dann die Wahl haben, eine Taste mit »kürzester Weg«, eine zweite mit »schnellster Weg« und eine dritte mit »sparsamster Weg« zu wählen. Ich stelle mir vor, dass Sri Aurobindo den Mitgliedern der Gemeinschaft bei ihrem Eintritt einen Zettel zusteckte, den jeder Aurovillianer ab diesem Zeitpunkt symbolisch bei sich trug. Darauf steht wohl nur:

DU KENNST DIE ABSICHT. WÄHLE DEINEN WEG SELBST. ACHTE BLOSS DARAUF, DASS DU IHN RICHTIG GEHST. ABER KEINE FURCHT VOR FEHLERN. VIEL GLÜCK.

Keine Längen- und Zeitangaben, nichts ist über hinterhältige Fallen zu lesen. Wenn man in eine hinein plumpst, dann gilt es eben sich wieder aufzurappeln, nach Möglichkeit weiter zu gehen. Nichts ist verboten. Alles muss über die eigene Erkenntnis ergründet werden. Und das ist auch bei dem Satz »Mach doch was du willst!« nicht anders, dem ich ein eigenes Kapitel gewidmet habe. Was du machst, ist deine Sache, aber beachte immer die Richtigkeit deines Entschlusses und die damit verbundenen Konsequenzen. Fehler sind bei deiner Reise nie ein Problem und sie werden häufiger auftreten, als dir lieb ist. Aber das Festhalten an Erklärungs- und Rechtfertigungsmustern, um eine hinterfragenswürdige Absicht zu stützen, ist der Beginn eines Spiels mit Doppelmoral. Auch in dieser Situation befindet sich Aurovilles Gemeinschaft immer wieder. Ich konnte in meinen zahlreichen Gesprächen erkennen, dass manche Personen die Begründung für ihr persönliches Handeln deutlich zu formulieren wussten. Besonders jene, die als Geschäftsleute tätig waren, fanden zu einer raschen Antwort, die vor allem mit Begriffen wie »Notwendigkeit« oder »akuter Bedarf« operierte, wenn ich die Frage nach dem aurovillianischen Sinn des Geldverdienens stellte. Andere wiederum – oft die Älteren der Gemeinschaft – taten sich recht schwer mir auf die Frage eine Antwort zu geben, was nun entscheidender für Auroville sei: die materiell-finanzielle Absicherung

der Gemeinschaft mit allen erkennbaren negativen Konsequenzen oder das Bewahren einer Genügsamkeitsabsicht, welche bisher für die angestrebte spirituelle Entwicklung unverzichtbar schien. Die Frage entsprang eindeutig meiner westlich geformten Prägung einer »Entweder-Oder«-Mentalität und war im aurovillianischen Sinne nicht zu beantworten. Beide Möglichkeiten stellen begehbare Wege dar. Wer welchen wählt, ist der persönlichen Geschichte und Entwicklung untergeordnet. Erst das Beschreiten des Weges selbst würde zeigen, wie sehr die eigentliche Absicht von der gelebten Realität unterstützt oder eben auch verhindert wurde. Immer würde es Hinweise auf Richtigkeit oder Verirrung geben. Nur, und das ist für Menschen unserer Kultur schwierig zu akzeptieren: Was richtig ist, wird nicht von außen vorgegeben oder verordnet, sondern ist Resultat einer intensiven, ehrlichen und innerlichen Auseinandersetzung. Halten wir schon jetzt einmal fest, dass es auch an diesem speziellen Platz nicht wirklich viele zur Meisterschaft in diesen Disziplinen bringen. Aber das Tun steht vor der qualitativen Beurteilung.
Immerhin erklärte sich bei meinen Annäherungsversuchen auch bei mir das anscheinend unverständliche Paradoxon der Auroville-Utopie auf schließlich doch verständlichere Weise.

ANNÄHERUNG DURCH VERIRREN

Eine erste physische Begegnung mit Auroville ist für Besucher oft mit Konfusion verbunden. Die Bezeichnung »Stadt der Zukunft« sollte keinesfalls zu wörtlich genommen werden. Auroville ist vieles. Aber sicherlich kein Stadtgebilde nach westlichem Vorstellungsmuster.
Ich stelle mir die Frage, was jene Massen an Kurzzeitgästen, die zwischen Dezember und Februar hier einfallen, an schlüssiger Information mit sich zu nehmen in der Lage sind. Denn ein Aufenthalt dieser Eintagesbesucher unterscheidet sich nicht von asiatischen Touristen auf ihren »Europa-in-5-Tagen«-Trips. Da steht in Florenz eine 3-stündige Stadtrundfahrt auf dem Programm und vielleicht noch der Besuch der Uffizien oder der Galleria d'Accademia, um einen flüchtigen Blick auf Michelangelos David zu werfen. Und dann geht es schon zum Bus oder Flugzeug, um gleich wieder wohin zu fahren, ohne wirklich da zu sein.
An diesem Ort ist es ähnlich: Besucher haben eine Art von Pflichtparcours zu erfüllen. Grundlegende Erläuterung durch Video und Ausstellung über Aurovilles Wirken im Visitors Center. Wer das Matrimandir* auch innen besuchen will, muss ein weiteres Video über sich ergehen lassen. Dieses ist für mein eigenes filmästhetisches Verständnis sehr eigenartig gestaltet und scheint in den frühen 1980er-Jahren entstanden zu sein. Im Vorführraum summen fröhlich-hungrig die Moskitos. Aber dann steht der nur wenige Minuten dauernden Busfahrt zum Matrimandir nichts mehr im Wege. Damit ist entweder ein 20-Minuten-Aufenthalt im Inneren des Gebäudes verbunden oder die Möglichkeit eines Selfies mit der berühmten Goldkuppel im Hintergrund, das beliebteste Fotomotiv bei Tausenden von Indern und einer wachsenden Zahl von Besuchern aus dem Westen. Danach Einkehr im Restaurant des Visitors Centers mit seiner guten Küche oder Kaffee und Snacks im gastronomischen Überflieger Aurovilles, dem Dreamer's Cafe. Für eine große Anzahl der Tagesbesucher scheint aber zum wesentlichen Event das Shopping in einer der Boutiquen zu werden. Drei dieser Läden bieten eine beeindruckend große Produktpalette an nachhaltig erzeugten Textilien, Duftstofferzeugnissen und seit neues-

tem auch Nahrungsmittel an. Alles »Made in Auroville« und mehrheitlich organisch-biologischen Ursprungs.

Wer aber längere Zeit in Auroville verbringt, und damit ist ein Minimumaufenthalt von zwei Wochen gemeint, kann das sonderbare Gebilde auf eigene Faust erkunden und erhält damit die Chance etwas schwer Erklärbares langsam zu begreifen. Am Ende wird die Flut der Eindrücke aber wiederum vor allem Verwirrung verursachen. Folgende Frage wurde für mich während meiner Aufenthalte bestimmend: Wie sehr bemühe ich mich aus eigenem Antrieb heraus Erfahrungen zu machen? Bleibe ich in meinem Verhalten des Verweilens und Wartens verhaftet und versuche ich mir mit bloßer Logik Aurovilles anscheinende Widersprüchlichkeit zu erklären, dann wird am Ende eines Besuchs Frustration übrig bleiben. Sind es stattdessen aber Fragen, und zwar viel mehr am Ende als zu Beginn des Aufenthalts, dann getraue ich mir zu behaupten, dass ein wesentlicher Schritt in Richtung »Auroville begreifen« erfolgt ist. Denn eines ist Tatsache: Auroville ist nicht mit folgerichtigem Denken beizukommen. Es entzieht sich, wie schon gesagt, jeder »Entweder-Oder«-Handlungsmentalität. Ob man am Ende eines Aufenthalts eine eigene innere Veränderung in Richtung »Entweder **und** Oder« bemerken kann? Ich bezweifle es. Zu unvertraut ist das Denken und Handeln auf parallelen Strängen. Aber schon zu erkennen, dass es hier eine sehr unterschiedliche Ausrichtung von Wahrnehmung und Handeln, entgegengesetzt unserer eigenen Anschauung von richtig und falsch gibt, wäre bereits eine beachtliche Erfahrung.

Verirren als Erfahrung ist hier ein ernst gemeinter Satz. Eine erste Möglichkeit des physischen Kennenlernens von Auroville ist die Erfahrung des Ortes: Man erfährt sich die Gegend mit dem Moped, verfährt sich in der ersten Zeit oft und regelmäßig und macht auf diese Weise seine erste entscheidende Selbsterfahrung: Bin ich in der Lage mit wenig Information von außen, aber hauptsächlich aus meiner inneren Bereitschaft, den richtigen Weg zu finden?

Auroville entstand auf einem ca. 80 Meter über dem Meeresspiegel liegenden Hochplateau. Vom Matrimandir, dem zentralen Wahrzeichen des Experiments, zum Golf von Bengalen sind es knappe fünf Kilometer. Höhenlage und Distanz zum Meer waren ausreichend, so dass Auroville von den direkten verheerenden Auswirkungen des Tsunami im Dezember 2004 verschont geblieben ist. Das Areal, aus dem irgendwann einmal eine richtige Stadt werden soll, umfasst derzeit ca. 20 Quadratkilometer und hat die Form eines Kreises. Die bislang ca. 120 errichteten Siedlungen befinden sich zum größten Teil auf diesem Gebiet. Wald und landwirtschaftlich nutzbare Grünflächen dominieren rund um die urbanen Strukturen. Unmittelbar neben dem Garten des Matrimandir befinden sich die wichtigsten Gebäude von Aurovilles Stadtverwaltung. Ein zweites Zentrum bildet Solar Kitchen, Aurovilles Großkantine. Jeden Mittag versammelt sich hier ungefähr ein Viertel der Gesamtbevölkerung zum Mittagstisch. Hier sind auch der Supermarkt Pour Tous, ein kleiner Grünmarkt mit Erzeugnissen von Aurovilles Biofarmen und ein Secondhand-Kleidermarkt zu finden. Auroville weist eine erstaunliche Dichte von beeindruckenden Veranstaltungsgebäuden auf. Im Sri-Aurobindo-Auditorium wird professionell Theater gespielt. Mit dem Cinema Paradiso besitzt die Gemeinschaft einen klimatisierten Kinosaal, der es an Bequemlichkeit und guter Filmauswahl mit europäischen Programmkinos problemlos aufnehmen kann. Kalabhumi ist ein lustig klingender Name. Hinter ihm verbirgt sich ein Gebäudekomplex, der für Chor- und Tanzproben genutzt wird. Was alle diese Gebäude und ebenfalls die Wohnsiedlungen verbindet, ist ein weit verzweigtes Netz an Straßen, Pisten, Pfaden und Gehwegen. Asphaltiert sind gerade einmal zwei Kilometer der gesamten befahrbaren Straßenstruktur. Der Rest ist Sand- und Erdpiste, meist unbefestigt und nach Regenfällen in schwierig zu befahrendem Zustand. Es ist ein kleines Abenteuer, diese Wege auf eigene Faust zu erkunden. Aber genau um diese notwendige Erfahrung zur besseren Erfassung des Ortes zu machen, erscheint mir ein Weg des oftmaligen Verirrens und das Wiederfinden des richtigen Weges unerlässlich. Darüber hinaus birgt die physische Begehung bzw. Befahrung des Terrains eine weitere Qualität in sich. Man wird auf diese Weise am ehesten begreifen lernen, wie die geplante, aber bis heute nicht realisierte Stadtstruktur, funktionieren soll. Niemand kann heute sagen, ob die Entwürfe einer Stadt in Form eines Spiralnebels jemals verwirklicht werden. Das war die ursprüngliche Idee der Stadtgründerin Mirra Alfassa, von allen Aurovillianern bis heute »Mutter« oder »Die Mutter« genannt. Längst sind neue Geister in Aurovilles städtebaulichen Entscheidungsgremien eingezogen. Menschen, die in Mirra Alfassas Eingebungen nicht genügend zeitgemäß notwendiges Potenzial erkennen, um am Plan und der Ausführung der Galaxienstadt festzuhalten. Aber auch heute ist die geplante Aufteilung des Areals in verschiedene Zonen mit ihren unterschiedlichen Aufgaben nachvollziehbar.

Stellt man sich um das Zentrum von Auroville einen ersten Ring vor, der zwischen seiner Außen- und Innengrenze ca. 500 Meter misst, dann ist damit der Bereich mit den meisten Siedlungen umschrieben. Hier findet man schon nach relativ kurzen Fahrzeiten am ehesten seine Vorstellung von Vorstadt verwirklicht. Reihenhäuser, große Apartmentgebäude und zwischendurch auch immer wieder im Bau befindliche Wohnobjekte prägen das Bild. Was auffällt, ist die Unterschiedlichkeit der Behausungen. Sozialen Wohnbau gibt es zwar auch in Auroville, aber noch immer dominieren überwiegend die architektonischen Manifestationen eines »anderen Lebens« an diesem Ort. Schon kurz nach seiner Gründung war Auroville als Mekka der Architekten aus dem Westen erkannt worden. Nach der Vorstellung von Mirra Alfassa sollte auch das Erscheinungsbild der Stadt das Universal-Internationale und vor allem das Menschheitsverbindende zum Ausdruck bringen. Diese Absicht konnte bisher sicherlich nur eine teilweise Realitätsumsetzung erfahren. Viele der sehr einprägsamen Häuser sind von ebensolcher Architektur bestimmt, die oft spannend und ästhetisch beeindruckt, aber gleichzeitig eher Individualismus als internationale Menschenverbindung auszudrücken vermag (und das wäre doch eine Aurovilles hohem Humananspruch entsprechende Aufgabe). Bis heute besuchen wegen der uneingeschränkten Möglichkeiten zahlreiche Architekturstudenten und Architekten aus der ganzen Welt Auroville. Bauordnung ist hier ein unbekannter und unwillkommener Begriff. Regelwerke und Verordnungen, wie, wer, wo in Auroville zu wohnen hätte, das geht hier gar nicht. Und obwohl mir persönlich bis heute die ausufernde und wuchernde (Selbst-)Darstellung vieler Bewohner in Form ihrer Designhäuser schon an Aurovilles Ziel und Absicht vorbeizuschießen scheint, ist dadurch auf der anderen Seite eine sehr klare Definition des Begriffes »frei« augenscheinlich und nachhaltig gewährleistet. Das Staunen bei einer ersten Reise durch die architektonische Vielfalt steigert sich, wenn man dann, nur wenige hundert Meter weiter, ein – bewohntes – Baumhaus entdeckt. Dieses wird aber nicht von Kindern bewohnt. Es verfügt sogar über Stromzufuhr und damit über elektrisches Licht. Bei meinem letzten Besuch beherbergte das Haus ein afrikanisches Mitglied der Gemeinschaft, dessen Wunsch das Bewohnen einer solchen Unterkunft war. Ausgeführt wurde das Projekt von einem jungen Aurovillianer. Der mittlerweile knapp 30-jährige Philipp stammt ursprünglich aus Deutschland und lebt seit früher Kindheit in Auroville. Er hat sich zum über Auroville hinaus beachteten Experten für Baumhauskonstruktionen entwickelt und ist dank eines gut gefüllten Auftragsbuches nur noch selten in Auroville anzutreffen. Er bereist mit seinem Bauteam in Sachen Baumhaus die Welt und bringt auf diese Weise »Made in Auroville« auch in andere Kulturgesellschaften. Verlässt man diesen noch am ehesten als städtisch zu erkennenden Bereich nach außen hin, wird eine andere Struktur erkennbar. Eine üppig wuchernde Natur wird nun zum bestimmenden Element. Verstärkt ist es der subtropische Regenwald, Baum für Baum von Aurovilles Pionieren gepflanzt, der das Bild prägt. Aus den Straßen sind Pisten geworden. Die Erde weist nun durchgehend dieses bestimmende Orangerot auf, welches zur signifikanten Farbe Aurovilles wurde und in einem beliebten Mitbringsel, den »Mud-Shirts«, eingefärbt mit eben jenem orangen Sand, ihre Fortsetzung findet. In diesem zweiten, zentrumsferneren Ring findet man u. a. viele Schulen und große Sportplätze. Aber auch Aurovilles Forschungs- und Produktionseinrichtungen und einige Textilerzeugungsfirmen sind hier – für Ortsunkundige relativ gut verborgen – zu finden. Siedlungen gibt es auch in diesem Kreisring. Sie bestehen oft nur aus wenigen Häusern, manchmal sind es sogar nur noch Einzelanwesen. Auch hier findet man noch immer architektonische Meisterstücke. Aber eingebettet in eine bereits stark dominante Flora bewirkt diese Symbiose von künstlicher Ästhetik und unreglementierter Wildheit eine sehr klare Wahrnehmung aurovillianischer Sehnsucht nach Verbindung mit der uninszenierten Natur.

Ein dritter und letzter Kreisring bildet die äußere Grenze Aurovilles zu den anliegenden Wohn- und Siedlungsgebieten der tamilischen Bevölkerung und damit zum indischen Umland. Eine physische Abgrenzung in Form von Zäunen zwischen dem Gebiet der utopischen Stadt und dem tamilischen Land existiert nicht. Bis heute ist der Übergang in aurovillianisches Gebiet nur durch die unreglementiert wuchernde, üppige Natur und durch die sichtbaren Attribute eines gelebten Umweltbewusstseins erkennbar. Nur wenige Meter trennen manchmal die Müllberge tamilischer Dörfer von Aurovilles stark ausgeprägtem Umweltschutzbewusstsein. Dort meterhoch aufgeschütteter Abfall, dahinter eine Welt ohne Plastikmüll und Zigarettenkippen auf den Straßen und Wegen. Aber keine Verbotstafel zeichnet für Aurovilles Sauberkeit verantwortlich. Innerlich muss die Bereitschaft für wirksame Veränderungen entfacht werden. An Verordnungen glaubt Aurovilles Gemeinschaft erfreulicherweise bis heute nicht.

Dieser dritte Kreisring ist Aurovilles »Greenbelt«. Er soll ausschließlich aus unberührter Natur bestehen. Der Grüngürtel soll unverbaut bleiben und so finden sich nur vereinzelt in diesem Bereich noch Siedlungen oder Gehöfte. Wer hier wohnt, hat unmittelbar mit der Erhaltung bzw. der Erweiterung des Grüngürtels zu tun. Es sind Mitglieder der Gemeinschaft, die als Waldarbeiter für Aufzucht und Pflege des Waldes ihre Arbeit leisten und jene, die mit ihren kleinen Farmen ebenfalls einen Tribut zu Aurovilles Nahrungsmittelselbstversorgung beitragen. Einigen Mitgliedern der ersten Auroville-Generation begegnet man nach langer Suche und mehreren Irrfahrten in dieser Abgeschiedenheit. Sie ziehen das distanzierte Leben im Einklang mit der Natur zum – ihrer Meinung nach – mehr und mehr bürokratisch und pseudostädtisch agierenden Zentrum des Innenbereiches vor. Aber auch jungen Menschen bin ich hier im »Outback« begegnet. Eric, ein Franzose, war 28, als er nach Auroville kam. Bis heute ist er der Apple-Computerspezialist vor Ort. Wer mit seinem Gerät Probleme hat, bringt es in die abgeschiedene

Siedlung Fertile Windmill und damit eigentlich in den Wald. Dann wird man Eric in seinem kleinen Häuschen schon irgendwie auffinden, wenn er nicht gerade mit Achilles und Wolf, den beiden ebenfalls hier lebenden Urgesteinsösterreichern, Waldarbeit verrichtet.

Auf diesen Fahrten durch die unterschiedlichen Zonen ist auch sehr gut ein Wechsel der soziologisch motivierten Kommunikationskultur zu bemerken. Die Bewohner des Inner Circle tragen immer wieder in ihrem Verhalten Attitüden zu Tage, die einen auch schon einmal erschrecken und auf den Geist gehen können. Es ist nicht ratsam, in manchen zentrumsnahen Siedlungen einfach sein Moped innerhalb der gedeckten Abstellbereiche zu parken, auch wenn genügend Parkraum vorhanden ist. Ich selbst habe mein Moped – unwissend – über Nacht falsch geparkt. Am nächsten Morgen fand ich es gegen einen Drahtzaun geworfen wieder. Eine Bewohnerin der angrenzenden Siedlung sprach dann auch noch mit stark französischem Akzent sehr unfreundliche Worte, wer wo gefälligst zu parken habe. Und ich solle mich nicht wundern, wenn ich dann mein Moped im Maschendrahtzaun wiederfinden würde. Auroville ist immer und überall beides und nicht nur entweder/oder.
Trotzdem wäre es Schwarz-Weiß-Malerei westlicher Mentalität, wenn man aurovillianische Freundlichkeit oder das Gegenteil nach den Zonen und Kreisringen bewerten wollte. So ist es im äußersten Kreis sehr schwierig mit den ebenfalls schwierig anzutreffenden Bewohnern ins Gespräch zu kommen. Schon ihren Kontakt zu Aurovilles restlicher Gemeinschaft pflegen sie bloß nach Notwendigkeit und damit eher selten. Fremden wird oft schon vor Betreten der verborgenen Siedlungsbereiche in Form von Tafeln und darauf zu lesenden handschriftlichen Mitteilungen erklärt, dass ein weiteres Vor- und Eindringen nicht erwünscht ist. Diese sehr eindeutige Abweisung beruht aber vor allem auf einer zunehmenden Unart der Tagestouristen, die auf ihren privaten Erkundungen nicht einmal mehr vor den Innenräumen der privaten Behausungen Halt machen. Ich selbst hatte bei meinem letzten Aufenthalt plötzlich eine indische Familie im Wohnzimmer

von Rohinis Guesthouse, meiner Unterkunft, vorgefunden, die den Garten des Hauses so umwerfend schön fand und ihre Erkundung auch gleich in die Privaträume auszudehnen versuchte. »Inder sind schrankenlos neugierig« ist dann oft zu hören und die notwendige Grenzsetzung zum Schutz der eigenen Privatheit erscheint unter diesen Vorzeichen sehr verständlich.

Aurovillianer – und wenn ich von etwas überzeugt sein kann, dann davon – zählen nicht zur kumpelhaft-schulterklopfenden, immer freundlichen und gut gelaunten Menschenspezies. Eine für mich angenehme Distanz ohne überschwängliche Sympathiebezeugung prägte meine persönlichen Begegnungen. Mehrmals habe ich von einer abweisenden Arroganz gelesen oder gehört, die Besucher während ihres Aufenthalts zu erdulden hatten. Diese Erfahrung kann ich nicht teilen. Hingegen erlebte ich hier Menschen mit der Fähigkeit, sehr deutlich und vor allem sehr offen zu kommunizieren. Lachen ist an diesem Platz sicher auch nicht verboten und ich habe hier wunderbare, entspannte Heiterkeit erlebt. Es mag sein, dass erste Kontakte hier etwas reservierter ausfallen können. Ich selbst machte die Erfahrung, dass jene, die mir grundsätzlich ihre Einwilligung für meine Interviews gaben, zuerst einmal erkennen wollten, wer ich sei und was meine Absicht war. Es war nicht Skepsis, sondern aufmerksame Beobachtung, die mir bei den ersten Kennenlerngesprächen entgegengebracht wurde.
Die Gefahr, aus Nichtwissen und vor allem mangels sensibler Wahrnehmung seine eigenen Geschichten zu bauen, ist bei der Beschäftigung mit Auroville eklatant und evident. Und am besten wissen es wohl Aurovilles Bürger selbst zu beurteilen, wie unsensibel mit der persönlichen Bereitschaft über ihre Bestrebungen und ihre Lebensideale zu sprechen oft umgegangen wird. So wurde es zu meiner wichtigen Erkenntnis, dass alles was hier geschieht, sich am besten über den Weg der Selbsterfahrung – im doppelten Sinne – begreifen lässt, auch wenn diese oft mit der Wahl des falschen Weges beginnt. Offenheit und Fragebereitschaft sind unerlässlich, um in Auroville im Laufe der Zeit Verstehen gegen Vermutung einzutauschen. »Das Wesentliche ist das selbst Erlebte«

wusste schon der bedeutende Journalist und Schriftsteller Joseph Roth. Dazu muss man sich in Auroville fürs erste nur auf ein Moped setzen – und einfach losfahren.

ERKLÄRUNGSVERSUCHE

Aurovilles Absichten, vermengt mit dem selbst Beobachteten, unter einen Hut des Erklärbaren zu bringen – ich muss es mir eingestehen: die Möglichkeiten sind groß, an dieser Anforderung zu scheitern. Dazu tragen mehrere Gründe bei. Akzeptanzverweigerung von Teilen unserer Gesellschaft gegenüber einer sicherlich schwer vorstellbaren Aufgabenstellung, wie sie Auroville zu bewältigen versucht, ist ein nicht unwesentlicher Faktor. Verweigerung deshalb, da es noch recht wenige sind, die Sehnsucht nach ernst gemeinter ethischer Verbesserung des Menschen zu haben scheinen. Wer es bezweifelt, lese konzentriert die ersten Seiten der aktuellen Tageszeitungen und lausche mit Bedacht den abendlichen Fernsehnachrichten.

Im Vorfeld der Buchentstehung gab es genügend Anlässe, um mit unterschiedlichen Menschen über das Thema zu diskutieren. Neugierde gegenüber meiner Absicht wurde von den meisten entgegengebracht. Echtes Interesse schon im eingeschränkten Maße. Die Fragen der Neugierigen waren oft einfachen Ursprungs und ehrlich gemeint: Wie sehen die Menschen dort aus? Was essen sie? Wie wohnen sie? Was machen sie den ganzen Tag? Wie sind sie gekleidet? Haben sie Tempel? Gibt es dort richtige Toiletten? (Ja, auch diese Frage gab es.) Warum gibt es keine Polizei? Wie – keine Steuern? Andere verlangten nach konkreten Informationen und waren trotz thematischer Unvertrautheit in der Lage vertiefende Fragen zu stellen. Die empirische Ermittlung des Menschlichkeitszugewinns, also dessen Messbarkeit, wurde für viele zum wichtigen Inhalt. Hier entsprang die durchaus ernstzunehmende Fragestellung der Prägung durch die Vorgaben eines Systems, welches den Wert einer Sache ganz automatisch über Messung, Berechnung und Vergleich definiert. Bei einer spezifischen Gruppe behielt die Skepsis und das Unverständnis gegenüber dem Experiment die Oberhand. Was wenig erstaunte: Zu den Skeptikern waren sehr oft jene zu zählen, die augenscheinlich gut und sicher im Sattel saßen, also von ihrer abgesicherten Lebenssituation ausgehend nicht viel über Alternativen zu ihrem bisher gelebten Leben nachzudenken hatten. Eine weitere Tatsache hatte ich aus diesen Unterhaltungen zu akzeptieren gelernt: Das geistige Wagnis zum Begehen eines Weges abseits der Normalitätszonen und ihren Sicherheitsbegrenzungen kann von bestimmten Gruppen unserer Gesellschaft als Bedrohung der eigenen Überzeugung bzw. des eigenen Glaubens empfunden werden. Besonders eindeutig fielen Reaktionen aus, wenn ich versuchte, die Figur des Auroville-Masterminds Sri Aurobindo zu erklären. Dabei wurden besonders von älteren Semestern die Begriffe »Guru« und »Spiritualität« zum Gegenstand der Ablehnung. Aufschlussreich war auch, dass sich deren Missbilligung am Gefängnisaufenthalt Sri Aurobindos und an seiner anarchistischen Haltung gegenüber den britischen Kolonialherren festzumachen versuchte. Dass Sri Aurobindo 1950 für den Literaturnobelpreis nominiert wurde, verursachte da nur noch mehr Verstörung. Rasch landeten solche Gespräche in der Ausweglosigkeit emotionaler Argumentationsversuche. Irgendwann wurde ich auch damit konfrontiert, dass dieses Experiment zur Schaffung eines geistig höher entwickelten Menschen als unmoralisches Unterfangen betrachtet werden konnte. Das war zuerst verblüffend, aber doch auch wieder einleuchtend. Dahinter stand die noch immer am stärksten wirksame Kraft unserer gesellschaftlichen Prägung: Religion. Lehren zur moralischen oder ethischen Entwicklung haben ausnahmslos von den etablierten Konfessionen zu kommen. Nur da scheint man der Reinheit des Gelehrten bzw. Verordneten zu trauen. Aber ein Inder und noch dazu mit anarchistischer Vergangenheit?

Das Experiment ist das wertvollste Entwicklungspotenzial, welches sich eine Gesellschaft leisten kann und sollte. Seinen für mich eindrucksvollsten Niederschlag findet das Experiment Auroville im Realisierungsversuch des ersten Satzes der Charta:

Auroville gehört niemandem im Besonderen. Auroville gehört der ganzen Menschheit. Aber um hier zu leben, muss man bereit sein, dem Göttlichen Bewusstsein zu dienen.

Auroville erkennt und trainiert im Rahmen des Experiments seine Möglichkeiten und Fähigkeiten, um z. B. gemeinschaftlich im Verband mit Menschen aus 50 Nationen friktionsfrei zu leben. Die Aufgabenstellung ist gerade bei diesem Beispiel äußerst hochgeschraubt. Mehrheitlich gehören Inder der Gemeinschaft an. Aber immerhin bilden mit über 300 Mitgliedern die Franzosen die zweitgrößte Gemeinde, gefolgt von den Deutschen. Mehr als drei Viertel der anwesenden Nationen bringt es hingegen nur auf Zahlen zwischen ein und zwanzig Mitgliedern. Durchsetzung der Stärksten und Unterdrückung der Minderheiten wäre die logische Konsequenz des üblichen menschlichen Agierens. Aber in der Charta ist zu lesen: *Auroville gehört niemandem im Besonderen.* Damit dieser Satz nicht nur geschriebenes Wort bleibt, sondern gelebter Auftrag ist, bedarf es grundsätzlich täglicher Übungen als Teil des Gesamtexperiments. Übungen, derartig fest im Alltagsgeschehen eingebaut, dass sie als solche kaum noch zu erkennen sind. Die grundlegende Übung ist ebenso überraschend wie einfach: mit allen reden, mit allen zusammenkommen. Ich hatte selbst das Glück, einige Male zu Potluck-Partys eingeladen zu werden. Das Prinzip einer solchen Party: Jeder bringt ein Essen für alle mit. Meine schönste Potluck-Party wartete mit ca. 25 Teilnehmern und 15 Nationalitäten auf. Das bedeutete wieder eine große Menge unterschiedlicher Speisen, die großteils ihren Ursprung in der Herkunftskultur der mitbringenden Personen hatten. Es war ein großartig befriedigendes Gefühl einen ganzen langen Abend über die Herkunft von so vielen Menschen so viel Unterschiedliches und Spannendes in Erfahrung zu bringen. Großartig in der verbindenden Wirkung und so einfach in der Ausführung.

Aber noch ein weiterer markanter Grund zum übervorsichtigen Umgang mit meiner Buchidee wurde erfahrbar: Auseinandersetzung mit Spiritualität und transzendenten Welterklärungsmodellen wird reflexartig in die Ecke des Sektiererischen, Okkulten und damit Verpönten geschoben. Oder – der einfachere Weg – als schlichter Unsinn deklariert. Eine grundlegende Aversion gegenüber allem, was auch nur im Ansatz einen emotionalen Bezug zu charismatischen Persönlichkeiten aufweist und gegenüber Überzeugungen, die sich außerhalb des rationallogischen Handelns ansiedeln, ist in Deutschland stark verbreitet.

Warum das so ist, vermochte mir teilweise eine vor wenigen Jahren verfolgte Fernsehdokumentation zu eröffnen: Deutschlands unrühmliche Geschichte des letzten Jahrhunderts steht bei dieser Auswirkung Pate: Wortwahl, Gestik und Choreografie der Naziwelt werden nicht von ungefähr als Rituale pseudoreligiös-okkulten Ursprungs bezeichnet. Inszenierungsbilder dieser Massenmanipulation scheinen noch tief im kollektiven Unterbewusstsein nachzuwirken und konnten, aus der eigenen Geschichte reflektiert, anscheinend nur abgelehnt werden.

Hin und wieder langte ich in den Gesprächen mit meinen Interviewpartnern bei einem Punkt an, wo das Wort als Erklärungsinstrument an die Grenze seiner Effizienz stieß. Wenn mir Francis, dieses in seinen jungen Jahren mit allen Wassern gewaschene Mannsbild, mit feuchten Augen erzählte, wie erschütternd und unfassbar seine erste Begegnung mit der Charismatikerin Mirra Alfassa verlief, dann empfinde ich ob dieser Geschichte in mir nicht die geringste Berechtigung zur Infragestellung seiner Integrität. Wie aber sollte ich selbst immer in der Lage sein, das Scheinbare von der Essenz, das Vorgebliche von der bewussten Überzeugung zu trennen? Ich habe schließlich einen tauglichen Weg gefunden. Ich würde die mir erzählten Erlebnisse, welcher Art und Ursprung sie auch immer waren, dann nicht kommentieren, solange ich meiner Wahrnehmung vertrauen und eine Authentizität zwischen dem Gesagten und der – ich meine es so – Ausstrahlung der betreffenden Person empfinden konnte. War es mir nicht möglich dafür einen Spürsinn zu entwickeln, begann ich zu hinterfragen und nochmals zu fragen – und folgte damit dem Rat der Aurovillianer: Stelle die richtigen Fragen und diese oft genug. Ich kann nicht ausschließen, dass sich mir Auroville in vielen Dingen vorenthalten hat. Es mag daran liegen, dass ich nicht jederzeit die richtigen Fragen zu stellen wusste. Aber es war mir wichtig nach meinem besten Vermögen und mit Achtung aus dem mir gegenüber Geäußerten meine eigene Übersetzung zu gestalten. Sie sollte in der Lage sein, etwas vielleicht nicht immer vorrangig mit dem Kopf Verstandenes, aber dafür mit dem Herzen Erfühlbares geschaffen zu haben. Etwas so zu formulieren und auf eine Weise zu decodieren, dass es mehr als die Beschreibung der Handlung ist, aber trotzdem Spielraum für die individuellen Auffassungsmöglichkeiten beinhaltet, wurde so zum bestimmenden Teil meiner Arbeit.

Nicht eine Sache, sondern sein Leben mit Herz und Seele anzugehen, es hier und jetzt auch hundertprozentig bewusst zu leben, ist die stark vereinfachte Darstellung von dem was Sri Aurobindo mit Ausübung des Integralen Yoga erreichen wollte. Es ist eine fast schon unangenehm simplifizierte Beschreibung. Aber wie noch festzustellen sein wird, ist Integrales Yoga ein äußerst schwierig zu erklärender Sachverhalt. Entweder man kann ihm eventuell mit zwei, drei sehr einfachen Erklärungssätzen ganz nahe kommen oder mit zehntausend gut gemeinten und klugen Worten genau das Gegenteil bewirken: wieder Verwirrung.

Und jetzt versuche man Menschen unserer Gesellschaft in ihrer gegenwärtigen problematischen Situation zu erklären, wie sie mittels Experiment und Integralem Yoga die bewusstseinsentfaltende Erfahrung eines friedlichen Miteinanders der unterschiedlichsten Kulturen anstreben sollten. Deshalb ist der Buch-Untertitel »Leben auf eigene Gefahr« kein Ratschlag, sondern ein Appell zur Hinterfragung, denn Aurovilles Gemeinschaft würde sich nie als Therapiezentrum für eine verrückt gewordene Welt sehen. Die hier lebenden Menschen schaffen vielleicht deshalb ein weitgehend friedliches Miteinander, weil eine Hauptvokabel des Experiments *Akzeptanz* heißt. Ich behaupte jetzt einmal kühn,

dass nicht einmal die Hälfte der Aurovillianer eine Umsetzung dieses Wortes in ihrem Realleben hinzukriegen vermag. Aber der Begriff wohnt in ihrem Inneren, hat sich im Laufe der Monate und Jahre eingenistet. Sie wissen um seine besondere Bedeutung an diesem Platz und sie wissen, dass er nicht in den Köpfen, sondern nur im Praktizierten seine Erfüllung findet. Nicht drängelnd, sondern wartend. Entwicklungen benötigen Zeit, manche mehr als ein Menschenleben an Jahren zählt. Und manche noch viel länger. Das weiß man hier. Und so hat man es hier auch nicht sehr eilig mit der persönlichen Entwicklung. Aber wir alle kennen das Sprichwort vom steten Tropfen und dem Stein. Genau da setzt aurovillianische Humanentwicklung an. »Mache nichts nur mit euphorischer Energie, die dann im Strohfeuer endet und rasch verlischt. Sei hingegen beständig.« Das Geheimnis des Erfolgs: In jeder Gruppe gibt es Mitglieder, die engagierter, beherzter, reifer ihren persönlichen Entwicklungsweg beschreiten, was wiederum positive Auswirkung auf das Kollektiv aufweist.
Wie sieht es hingegen in unserer Gesellschaft mit dem Akzeptanzbegriff aus? Keine Schule in unserem Unterrichtssystem trägt meines Wissens diesen wesentlichen Begriff menschlichen Miteinanders durch ständige Beschäftigung in das Bewusstsein der Schulkinder. Kein Großkonzern lässt beim Personalgespräch überprüfen, was die neu einzustellende Person zum Begriff Akzeptanz zu sagen hat. Haben Sie schon einmal dieses wunderbar einfache Wort aus dem Mund eines Finanzbeamten vernommen? Etwa so: »Ich akzeptiere Ihre Situation, Ihre Worte, Ihre Sorgen und Probleme!«

Ich komme zu einem weiteren Punkt, der Verstehensschwierigkeiten in sich birgt. Otto, Aurovilles oberster Finanzverwalter, hat den Satz ausgesprochen: »Etwas tun bedeutet, endlich einmal nicht den Kopf um Erlaubnis fragen.« Tue etwas und dann schau einmal was geschieht. Sich den Mut zu leisten, einfach nur etwas zu tun, aus einem inneren Impuls heraus. Aber wie schwierig die Praktizierung dieser beiden Worte »etwas tun« ist und welche ungeheuren Hürden dabei überwunden werden müssen, zeigt das Dilemma, in dem sich unsere westliche Kulturgesellschaft gegenwärtig befindet. Aus Angst wird immer öfter nichts mehr getan, sondern gewartet oder delegiert. *Angst essen Seele auf* – wie deprimierend zeitlos Rainer Werner Fassbinders Filmtitel ist, können wir gegenwärtig wieder erkennen. Gelebte Realität von »etwas tun« ist so unendlich schwierig und schon im Erklärungsversuch erkenne ich meine Grenzen. Doch Aurovilles Experimentalgemeinschaft kann vieles dazu erzählen.

Damit verbunden ergibt sich eine weitere Problematik, sowohl des Beschreibens, als auch des Begreifens: Aurovilles Autonomie. Sie stellt einerseits ein nahezu völlig unabhängiges Agieren vom indischen Rechtsraum dar und wird andererseits zur handfesten Herausforderung, wenn es um die sinnvolle und durchdachte Anwendung und Nutzung dieses Freiraums geht. Aurovilles Gemeinschaft ist in der einzigartigen und glücklichen Situation ohne übergeordnetes, steuerndes und ständig justierendes System auszukommen. Das wiederum bewirkt, dass hier ein Mensch dank des uneingeschränkten Gebrauchs seiner eigenen Möglichkeiten und Ressourcen über sich hinauszuwachsen vermag. Alles an positiven Kräften zu erwecken, die in einem Menschen schlummern und sich selbst permanent auszuprobieren, das ist der Versuch die Utopie zu leben – und vielleicht gar nicht der Wunsch von allen, die hier leben. Warum? Jeden Tag vor den Spiegel zu treten, hineinzublicken und sich in einen inneren Dialog über die eigene Wahrhaftigkeit mit sich zu begeben, das verlangt einiges an Standvermögen ab, ist es ernst gemeint.

Noch etwas macht das Verstehen und Akzeptieren dieses Ortes kompliziert: So gut wie alles, was in Auroville gelebt wird, ist unspektakulär. Im nach außen Gestülpten des aurovillianischen Alltags fehlt der Affekt. Kein Taumel, keine Exaltiertheit, nichts Marktschreierisches ist als Begleiterscheinung dieses anderen Lebens zu beobachten. Auroville ist, gemessen an Indiens Dezibelauswüchsen, ein extrem leiser Ort. Seine Bewohner sind nicht stumm, lieben aber die Äußerung des wohl überlegten Wortes und schweigen gerne, wenn Worte ohne Mindestgewichtung den Mund zu verlassen drohen. Die Hinweisschilder zum Auffinden des Ortes sind teilweise alt und vergilbt oder sehr klein geraten. Keine Marketingoffensiven, keine Schlagzeilen verursachenden Skandale und darüber hinaus gibt es auch keine Heilsbotschaft zu verkünden. Für unsere Gesellschaft ist diese Unaufdringlichkeit kontrapunktisch zum Permanentbedürfnis nach dem Schreienden und event-trashig Propagierten.

Der Zeitpunkt scheint richtig, um eine fokussierte Darstellung von dem, was nun normales aurovillianisches Leben bedeuten mag, zu zeigen. Nur die Beschreibungen und Erinnerungen schon vieler Jahre hier lebender Menschen sind in der Lage, dies verständlich zu gewährleisten.

MEIN ABENDESSEN MIT OTTO

Die erste Begegnung mit Otto führt in das Entstehungsjahr meiner Filmdokumentation im Jahr 2013 zurück. Schon bei meinen Vorrecherchen stieß ich mehrmals auf seinen Namen, ohne dadurch ein deutlicheres Bild von ihm zu erhalten. Bis zu meinen ersten Kontakten mit dem Bereich für Öffentlichkeitsarbeit von Auroville. Beide dort tätigen Damen, die Französin Fabienne und die Kanadierin Elaine, waren überaus hilfsbereit und unterstützend bei der Vorbereitung der Dreharbeiten. Irgendwann kam das Gespräch auf meine Interviewwunschliste und – auf Otto. Da wurden beide Damen merklich respektvoll und ernster in ihrem Ton. Aus ihren Worten erkannte ich, dass Otto eine geachtete Persönlichkeit der aurovillianischen Gemeinde ist. Seit über 20 Jahren leitet er die Finanzverwaltung. Besonnenheit und Disziplin scheinen die Qualifikationskriterien für diesen Job zu sein, um den sich in Auroville, so wie ich hörte, niemand prügeln würde. Ihn für den Film als Gesprächspartner zu gewinnen, das wäre schon großartig, meinten beide Damen einstimmig. Er könnte wirklich Wesentliches zu Auroville sagen und wäre selbst zweifellos eines der besten Beispiele für ein bewusst geführtes Leben an diesem Ort. Wenn er nur wollte. Denn: Noch nie habe Otto ein Interview gegeben, noch nie sei er in einer Dokumentation vor der Kamera erschienen und so wie die beiden Damen ihn einschätzten, würde das aller Voraussicht nach so bleiben. Für Otto sei öffentliches Auftreten vollkommen unwichtig und er gelte auch innerhalb von Aurovilles Gemeinschaft als sehr zurückhaltend. Und dann erfuhr ich, dass Otto auch Schauspieler war, und zwar ein wirklich guter. Publikumsliebling der aurovillianischen Theatergemeinde und wie ich mich später selbst überzeugen konnte, ausstrahlungsstark und berührend sobald er auf der Bühne stand. Damit schien er sich in seiner Außenwirkung zu begnügen. Ich schätzte meine Chancen also denkbar schlecht ein und suchte dennoch einen ersten E-Mail-Kontakt. Die Antwort war kurz und unverbindlich. Ich sollte mich mit ihm nach der Ankunft in Auroville in Verbindung setzen. Während unseres ersten Rechercheaufenthalts für den Film trafen wir Otto zwei Mal. Er begegnete meiner Frau und mir immer mit Herzlichkeit und einer beruhigenden, respektvollen Distanz. Was er zu erzählen wusste, ließ den Wunsch in mir zu seiner Mitwirkung immer größer werden. Er war wirklich von beeindruckender Sprachgenauigkeit. Das sagte ich ihm auch. Eine Zusage für eine Teilnahme an meinem Film erhielt ich dennoch nicht. Mehrere E-Mails wechselten zwischen ihm und mir in den kommenden Monaten. Längst war mir klar, wie wesentlich seine Mitwirkung wäre. Otto war authentisch. Das Gesagte und die Ursprungsquelle waren eins. Warum war das so wichtig für mich?

Einmal hatte ich die Möglichkeit, Topmanager für Medienauftritte zu schulen. Am Ende des Trainings erhielten diese Alphatiere unserer Gesellschaft von mir ein kleines Geschenk: Heinrich von Kleists »Über das Marionettentheater«. Die nur 12 Seiten umfassende Erzählung handelt vom Verlust der natürlichen Anmut durch die Bewusstwerdung der eigenen Wirkung. Im Gespräch zwischen dem Erzähler und einem Tänzer kommt es schließlich zur Erkenntnis, dass Anmut in Vollendung nur dann in einem Menschen vorhanden bliebe, wenn dieser entweder gar kein Bewusstsein (in der Erzählung wird die perfekte Bewegungsanmut einer Marionette dafür als Beispiel genommen) oder ein unendliches Göttliches Bewusstsein besitzen würde. Jegliche narzisstische Tendenz hätte unweigerlich ein Verschwinden des unmittelbar ansprechenden Natürlichen zur Folge. Wie nahe diese von mir so geschätzte Geschichte an Aurovilles spiritueller Aufgabenstellung ist, wird mir erst jetzt, während ich das schreibe, bewusst. Erst der Weg zu einem Göttlichen Bewusstsein befreit von der Kontrolle des Verstandes, bringt die völlige menschliche Unbefangenheit wie »vor dem Sündenfall« zurück.

Ich habe als Filmemacher immer wieder Begegnungen mit Personen, die es förmlich vor die Kamera drängt. Ihre Rhetorik ist oft beeindruckend und auch ihr Fachwissen zur Thematik erweist sich als profund. Aber schon im Vorgespräch spüre ich bei diesen Menschen eine weitere treibende Kraft: Eitelkeit. Und ich habe gelernt, dass Menschen, die in diesem Modus vor der Kamera wirken, das Eigentliche bzw. Wesentliche nicht überzeugend zu transportieren im Stande sind. Es bleibt in ihnen vertäut und sie vermögen nur den Affekt, aber nicht das Wesentliche des Inhalts zu übertragen, weil sie selbst dazwischen stehen. Ich schrieb Otto von der Kleist-Erzählung und warum sie für mich so wichtig sei. Noch immer erhielt ich keine Einwilligung, aber immerhin die Zeile »Lass uns darüber reden, wenn du wieder hier bist«. Zwei Tage vor Drehbeginn sagte Otto »Ja«. Mir war schon nach unserem ersten längeren Gespräch klar geworden, dass er auf völlig lockere, aber hoch konzentrierte Weise in der Lage war, auch sehr komplexe Zusammenhänge in Auroville so zu erklären,dass sie wirklich verstanden werden konnten. Zuhörende waren also bei ihm bestens aufgehoben. Mein Film wurde ausgestrahlt und Otto war mit seinem Auftritt und mit dem Film zufrieden. In Folge bot er mir für die Arbeit an meinem Buch von sich aus seine Hilfe und ein abermaliges Gespräch an. Teile unseres vier Stunden dauernden Gesprächs fanden während eines wunderbaren Abendessens statt, welches von Ottos indischer Lebenspartnerin Srimoyi zubereitet wurde. Es war am vorletzten Abend meines vierwöchigen Aufenthalts.

Wie eigentlich jede Geschichte, die mir in Auroville erzählt wurde, weist auch Ottos Weg zu diesem Ort jene eigenartige Verquickung von (anscheinender) Absichtslosigkeit, einer (oft verborgenen) Suche und eines immer affektbeladenen Überraschungsmoments auf. Immer wieder schienen dabei Zeichen oder Chiffren eine Rolle zu spielen. Zeichen, die aber entweder von den Betroffenen nicht eindeutig erkannt wurden oder erst im Nachhinein als solche überhaupt entziffert werden konnten. Aber wo bei Otto beginnen? Eigentlich heißt Otto ja Alois. In Auroville existieren keine Nachnamen. Jeder kennt jeden über seinen Vornamen. Gibt es mehrere James oder Nathalies oder Francoises oder Peter, dann kann es sein, dass man sich

auch an einen Nachnamen erinnert oder die Zuordnung wird über den Wohnbereich, den Namen der Siedlung, vorgenommen. Francis aus Alchemy, Elaine aus Auromodele, Otto und Srimoyi aus Samasti oder Fabienne aus Sukhavati. Einige Aurovillianer haben ihren alten Vornamen abgelegt und einen neuen angenommen. Manchmal fiel die Wahl auf einen Namen aus dem Sanskrit, der in einem unmittelbaren, meist spirituellen Zusammenhang mit Auroville stand. In der Generation der Pioniere und ihrer Kinder sind Namen zu finden, welche die betreffende Person bei einer Audienz von »Mutter« erhalten hatten. Die Engländerin Shraddavan, Leiterin des Savitri Bhavan*(Forschungs- und Seminarhaus über Sri Aurobindos Leben und Wirken), erhielt auf diese Weise vor Jahrzehnten ihren neuen Namen. Ihren ursprünglichen habe ich nie vernommen.

Otto hieß also ursprünglich mit Vornamen Alois und mit Nachnamen Otto. Alois Otto. Dann erzählte mir Otto, dass alle Englisch sprechenden Aurovillianer den Namen »Alois« nicht richtig auszusprechen wussten. Bevor Alois verzweifelte – einen Sanskrit-Namen wollte er sich nicht zulegen – tauschte er einfach aus und wurde Otto.

Ich wusste schon ein wenig über Ottos österreichische Vergangenheit von unseren ersten Begegnungen. Geboren wurde er im nördlichen Waldviertel, einer rauen Gegend mit sehr mystisch anmutenden Naturlandschaften. Sein Vater unterhielt in der Kleinstadt Schrems einen Lebensmittelladen, in dem alles für ein Leben in der Provinz zu erhalten war. Otto hatte eine Schwester. Sie hatte schon zu ihrer Jugendzeit einen starken Bezug zu den Welten der Spiritualität und des Übersinnlichen und las darüber zahlreiche Bücher. Otto besuchte hingegen in Wien die Handelsschule und absolvierte eine Banklehre. Es war vorerst eine konservativ-seriöse Lebensplanung, auf die sein Leben aufgebaut schien. Nach drei Jahren Banklaufbahn wechselte Otto als Mitgesellschafter in die Geschäftsführung einer großen Wiener Innenstadtdiskothek. 10 Jahre später verkaufte Otto seine Anteile an einen Geschäftspartner, nachdem der dritte Teilhaber wegen psychischer Probleme aus dem Geschäft ausgestiegen war. Otto war plötzlich frei und beschloss nach Indien zu reisen. Einen nennenswerten Grund dafür vermochte er nicht zu erkennen. Er beginnt mit einer Erinnerung:

»Im Nachhinein ist das schon recht seltsam. Ich habe als Kind immer Geschichten vorgelesen bekommen, die von fernen Expeditionen und Abenteuern handelten. Wenn ich mich jetzt zurück erinnere, habe ich im Alter von sieben oder acht Jahren immer davon gesprochen, dass ich als Erwachsener nach Indien fahren werde. Der kleine Junge aus dem Waldviertel! Ich habe immer nur von Indien gesprochen, obwohl die Geschichten in diesen Büchern auch in ganz anderen fernen Ländern spielten. Aber Indien, das war für mich das einzige vorstellbare Maß des Erreichbaren.«

Wir sitzen im Esszimmer von Ottos und Srimoyis Haus in einer schönen und ruhigen Siedlung von Auroville. Hinter mir an der Wand tickt eine Uhr, die sich nach wenigen Minuten als funktionierende Kuckucksuhr entpuppt. Es gibt Tee und Kekse. Eine angenehme Temperatur herrscht hier im Haus auch ohne Klimaanlage. Wahrscheinlich auch wegen der tiefen, schattigen Lage des Raumes und einiger übermannshoher Büsche vor dem Fenster. Es wird bereits dämmrig. Der Kuckuck in der Uhr hat eben 17 Uhr gerufen. Otto ist kurz vor meinem Besuch aus der Finanzverwaltung gekommen. Täglich führt ihn der Weg am Morgen per Fahrrad von seinem Zuhause zum Rathaus von Auroville und in den späten Nachmittagsstunden wieder hierher zurück. Seine Arbeitszeit hat die gleiche Stundenanzahl wie bei uns üblich: acht und eine Stunde Mittagspause. Diese verbringt er immer in Aurovilles Kantine Solar Kitchen. Ottos Leben erscheint von metronomartiger Gleichmäßigkeit gekennzeichnet. Nichts Extravagantes ist in dem sehr aufgeräumten Wohnhaus zu erkennen. An der Wand des großen Eingangsbereichs zwei Bilder von Sri Aurobindo und der Mutter. Ansonsten zweckmäßige Gediegenheit. In der Küche eine große Schale, gefüllt mit tropischen Früchten, die ihren Duft bis zu unserem Platz verströmen. Viele Küchengeräte zeugen davon, dass hier wahrscheinlich öfter, aber wie ich mittlerweile weiß, vor allem gut gekocht wird. Otto selbst sitzt mir in braunen Shorts und einem blauen, gemusterten Hemd gegenüber. Alles an ihm ist einfach und unaufdringlich. Auffallend aber sein schmales,

ausdrucksstarkes Gesicht, welches von einem dichten weißen Haarschopf umgeben wird. Hört er mir zu, wenn ich meine Fragen stelle, dann immer in großer Ruhe und Aufmerksamkeit.
1981 kaufte sich Otto ein Flugticket nach Bombay (heute Mumbai) und die Indienreise konnte beginnen. Seine Schwester hatte ihm einmal über den Sri Aurobindo-Ashram* in Pondicherry erzählt. Sie hatte Literatur über den indischen Philosophen gelesen und so plante Otto auch einen Besuch dieses Ortes ein, um ihr nach seiner Rückkehr erzählen zu können, was an diesem Ort zu erleben ist. »Es war mehr die Neugierde meiner Schwester als mein eigenes Interesse, warum ich Auroville besuchen wollte,« erzählt er später.
»Das erste Ereignis bei meiner Ankunft in Bombay war, dass mein Gepäck fehlte. Und ich habe mir gedacht, wenn das so beginnt, dann fliege ich gleich wieder zurück. Nach so einem Willkommensgruß würde es nicht besser weiter gehen.« Otto spricht auch mit den wenigen Österreichern in Auroville grundsätzlich Englisch. Mit mir macht er eine Ausnahme und ich bin beeindruckt wie rund und harmonisch sogar noch sein oberösterreichischer Herkunftsdialekt über seine Lippen kommt. Und Otto war bereits über 25 Jahre nicht mehr in seiner Heimat. »Es konnte von meinem Freundeskreis ohnehin niemand verstehen, warum ich nach Indien reiste. Mein ehemaliger Chef in der Bank, den ich noch vor meiner Abreise besuchte, fragte mich mit ganz zaghafter Stimme: ›Kann man da auch Zahnpasta kaufen?‹«
»Wie lange hast du denn vorgehabt zu bleiben? Und hast du genügend Geld dabei gehabt?«
»Ich wollte maximal ein halbes Jahr in Indien verbringen. Genügend Geld hatte ich schon bei mir. Aber alles andere war vorerst einmal weg. Ich bin am Flughafen herum gelaufen und habe alle Inder festgehalten und ihnen erzählt, dass mein Koffer weg ist. Sie haben freundlich gelächelt und sind wieder weiter gegangen. Das hat mich schon irritiert. Dann habe ich einen gefunden, der hat sich mein Leid angehört und ist dann mit mir hinter einer Türe verschwunden. Ich sollte ihm folgen. Dann sind wir auf einmal vor dem Flugzeug, mit dem ich angekommen bin, am Flugfeld gestanden. Er hat mir gedeutet, dass wir im Gepäckraum

des Flugzeuges suchen sollten. Also sind wir auf so einer kleinen Treppe hinauf geklettert und in den Gepäckraum gestiegen. Stell dir das einmal vor! In Bombay gehst du einfach zum Flugzeug und suchst deinen Koffer. Aber plötzlich stand da ein Pilot der Maschine vor uns und herrschte uns an, was wir hier verloren hätten. Ich sagte, meinen Koffer. Er war dann etwas freundlicher und hat uns aufgefordert rasch auszusteigen, denn das Flugzeug würde jetzt gleich weiterfliegen. Schließlich versprach er mir meinen Koffer, sollte er gefunden werden, hier in Bombay abzugeben. Ich kam dann aus dem Flughafengebäude raus und das war alles gar nicht schön. Hunderttausende Menschen. Die Bettler kamen auf mich zu. Alles ist dreckig, alles furchtbar. Der Gestank war ein Albtraum. Ich dachte nur: Schnell in das beste Hotel hier in der Nähe des Flughafens und morgen wieder zurück nach Österreich. Ich fand dann ein Hotel und das erste was ich machen wollte, war das österreichische Konsulat anzurufen. Ich wollte mich dort beschweren. Ich war ja so ein richtiger Klischéereisender. Noch nie weit weg gewesen und jetzt gleich Indien. Also nahm ich ein Telefonbuch und blätterte: Ich fuhr so mit dem Finger von einer Zeile zur nächsten: Aust..., Austri..., Austrian und ein paar Zeilen oberhalb von Austrian Consulate und Austrian Embassy las ich ›Aurobindo Society, Sri‹. Dann habe ich zuerst diese Nummer in Pondicherry angerufen. Da hat sogar jemand abgehoben, der sehr freundlich war. Ich erzählte meine Geschichte und wo ich im Moment war und dass mein eigentlicher Plan war, nach Pondicherry zu kommen, aber mein Gepäck verloren gegangen sei. Darauf erwiderte die Stimme: ›That happens all the time. But you just come here.‹ Ich blieb dann doch noch einige Tage in Bombay und wollte auf meinen Koffer warten. Diese Tage wurden zur ganz wichtigen Erfahrung für mich. Ich kannte Wien, arbeitete in meiner Diskothek ›Mississippi‹ und war sonst ein Waldviertler Provinzgewächs. Vom Leben der großen weiten Welt wusste ich nichts. Und dann startete meine Welterfahrung gerade in Bombay.«

Er lacht und ich lache auch. Wie sich herausstellt, waren Otto und ich im selben Jahr am selben Ort: Bombay, heute Mumbai. Ich trat 1981 im März meine Indienreise an und blieb bis Ende November. Ich kam nach Wien zurück, aber Otto blieb. Doch beide machten wir unsere ganz persönlichen und trotzdem so ähnlichen Erfahrungen mit einer unvergleichlichen Stadt. Otto stieg in einem Meditationszentrum in Bombay ab, musste aber jeden Tag um 7 Uhr früh das Haus verlassen und durfte nicht vor 19 Uhr zurückkehren, da die Räume während des Tages für Kurse verwendet wurden. »Ich wurde jeden Morgen in eine auf mich völlig verrückt wirkende Welt hinein gestoßen und das bedeutete: schwimmen lernen«. Ein treffender Vergleich, um in Indien bzw. in einer der indischen Molochstädte Fuß zu fassen, sich überhaupt bewegen zu lernen – angstfrei und selbstsicher. Seine Erzählung weckt in mir Bilder vom Ende meiner eigenen Indienreise. Ziemlich krank erreichte ich damals Kalkutta. Es war das indische Neujahrsfest, Diwali. Und Kalkutta war in diesen Tagen extrem laut und schwül. Die Stadt war schon zu Beginn meiner Reise das Schreckgespenst. Das Härteste, was auf dieser Welt zu finden ist, wurde mir schon im Vorfeld gesagt. Nichts für zarte Europäernerven. Ich weiß nicht, ob es meine Erkrankung oder doch eine gewisse Abgeklärtheit war, die mir im Laufe der Monate erwuchs. Aber ich erlebte meine restlichen Tage in Kalkutta ein bisschen wie in Trance ohne Drogen. Das Schockierende, obwohl sich an jeder Straßenecke in Form von Hunderten auf den Gehsteigen lebender Menschen zu erkennen gebend, nahm ich nicht mehr als Anlass zur Flucht und zur Distanzierung. Der Anblick von an Elephantiasis oder an weißer Lepra Erkrankter wurde im Laufe der Monate meines Aufenthalts nicht erträglicher. Doch wurde das Wort Akzeptanz mit einer anderen Wertigkeit in mir belegt. Hinschauen, ohne sich sattzusehen, ist in Indien bis heute die einzige gangbare Möglichkeit einer Akzeptanz. Verschließt man seine Augen, ist es besser rasch in seine Heimat zurückzureisen. Man müsste sonst blind durch Indien reisen.

Otto stand ebenfalls mehrmals vor dieser Entscheidung während der Tage, die er in Bombay verbrachte. Akzeptiere ich oder reise ich ab? Alles, was er mir erzählte, spiegelte meine selbst erlebten Geschichten: Indien ist unserer Vorstellung von richtig so entgegengesetzt, dass man schon gehörig an der Veränderung der eigenen Perspektive arbeiten muss, um hinter dem so oft Unglaublichen und auch Verstörenden einen anderen Bewertungsmaßstab als den uns geläufigen anzuwenden. Ich glaube, dass Auroville letztendlich auch nichts anderes ist, als ein einzigartiges Gewächs, welches nur auf diesem indischen Boden mit seinen besonderen Nährstoffen zu gedeihen vermochte.

Einige Tage hatte Otto in Bombay verbracht und er stellte sich schließlich die Frage: »Warum warte ich eigentlich auf einen Koffer, gefüllt mit ein paar Jeans, ein paar Hemden und zwei Pullover? Das kann ich hier überall kaufen.« Er beschloss nach Pondicherry zu reisen. Am Tag seiner geplanten Abfahrt kam ein Mann im Guesthouse auf ihn zu und brachte seinen verschollenen Koffer vom Flughafen.

Otto erreichte Pondicherry und fand sich in einer Gegenwelt zu Bombay. Wenige Privatautos, etwas mehr Motorräder und Mopeds, aber viele Fahrräder. Alles in allem eine recht ruhige Stadt mit guter Luft. Er kam zum Sri Aurobindo-Ashram und erhielt eine Führung, die ihn nicht sehr beeindruckte. Man schlug ihm vor, Auroville zu besuchen. Am besten per Fahrrad. Er tat es und fuhr ab. Zwei junge Burschen sprachen ihn auf dem Weg an und stellten sich als Schüler der Ashram-Schule vor. Sie waren ebenfalls per Fahrrad auf dem Weg nach Auroville und erklärten sich bereit, ihm den Ort zu zeigen. Otto ließ auch das über sich ergehen, ohne Euphorie für das Gezeigte zu verspüren. Sie kamen zum Center Guesthouse, die damals einzige Unterkunft für Besucher. Es gab vier Zimmer und Otto mietete sich in einem davon ein. Er wusste nicht, ob er überhaupt bleiben wollte, was er hier tun sollte. Er war, wie er es so treffend nannte, in einer Art innerer Twilight Zone gelandet. Am Nachmittag fuhr er mit den Jungs der Ashram-Schule wieder nach Pondicherry. Otto packte in seiner Absteige seinen Koffer, schwang sich nochmals auf das Fahrrad und strampelte noch am gleichen Tag nach Auroville zurück.

»Als ich in der Dämmerung dann wieder hier ankam, entstand in mir ein ganz eigenartiges Gefühl: ›I am coming home,‹ sagte irgendetwas tief in meinem Inneren. Das war seltsam, kurios, denn gleichzeitig hatte ich überhaupt keine Ahnung was hier abläuft. Was bedeutet Auroville? Was machen diese Menschen hier? Meditieren die den ganzen Tag oder wie verdienen die ihren Unterhalt?«

»Ich bin zu Hause angekommen.« Der Satz fährt tief in mich hinein. Seine geistige Heimat erkennen, erreichen und auf diese Weise die Botschaft empfangen. Aber Otto fährt bereits ganz unpathetisch fort.

»Der Platz, wo du Menschen treffen konntest, war Center Kitchen. Dort wurden alle Mahlzeiten eingenommen. Die Küche war da, wo heute das Matrimandir-Büro ist. Da traf ich schon viele Leute der Gemeinschaft. Ich war aber neu und niemand kümmerte sich um mich. Es war keiner unfreundlich, aber man konnte schon das Gefühl bekommen, es wäre denen auch egal, wenn du nicht hier sitzen würdest.«

Das erheitert mich. 35 Jahre später hat sich da nicht viel geändert. Es muss auch frustrierend sein, wenn du hierher kommst, und bemerken musst, dass sich niemand so richtig für dich interessiert. Ähnliches wussten auch andere zu erzählen. Dann setzt Otto fort:

»Im Gästehaus sagten sie mir, dass ich zwei Wochen bei ihnen wohnen könne. Dann müsse ich ausziehen. Länger könnten nur Menschen hier bleiben, die arbeiten wollten. Ich fragte welche Arbeiten es gebe. Die meisten würden Bäume pflanzen, um den Grüngürtel aufzuforsten. Ich war davon nicht so begeistert. ›Was anderes auch noch?‹ fragte ich nach. Ich wollte hier schon irgendwie tätig werden und hatte richtige Sehnsucht nach Arbeit mit meinen Händen, was ich ja noch nie davor in meinem Berufsleben gemacht hatte. Sie sagten, fahre nach Kottakarai und frage. Ich radelte am nächsten Tag nach Kottakarai. Das ist eines von drei tamilischen Dörfern um das Auroville-Gebiet. Da gab es eine Töpferei, die von Indern und einem Engländer geführt wurde. Sie hatten aber keinen Bedarf an meiner Arbeitskraft. Fünfzig Meter weiter befand sich die Bäckerei von Auroville. Ich ging hinein und sagte mein Sprüchlein auf: ›Würde gerne mithelfen, habe aber vom Brotbacken keine Ahnung.‹ Die schauten mich kurz an und sagten: ›Okay, wenn du dich danach fühlst, kommst du und hilfst mit. Bist jederzeit willkommen!‹ Das gefiel mir schon besser: Komm wann du willst. Ich kam dann ganz rasch und schon einen Monat später war ich der Verantwortliche für die Bäckerei. Das war alles ganz unglaublich – aber so war Auroville damals. Die anderen waren entweder nur kurzfristig hier oder fanden etwas anderes zu tun.«

»Otto, jetzt sage einmal ganz ehrlich: Brot backen konntest du also nicht. Überhaupt schon einmal in einer Küche oder Backstube gestanden?«

»Ich habe nie etwas in der Küche gemacht, außer Geschirr abgetrocknet. Aber hier in der Bäckerei hat einer dem anderen geholfen. Wir haben ja ausschließlich Brot gebacken. Es gab Sauerteigbrot und Hefeteigbrot und wir hatten Vollwertmehl und weißes Mehl. Und so entstand ›Lightbread‹, das war eine Mischung der beiden Mehlsorten. Und es gab Sauerteigbrot und Vollkornbrot. Und dann machten wir auch noch Muffins. Die wurden mit Jaggery gemacht, das ist dieser indische Palmsaftzucker. Ich machte jeden Tag den Sauerteig frisch. Und das über neun Jahre.«

»Du hast einmal davon gesprochen, dass die Zeit in der Bäckerei zu deinen besten Lebensjahren überhaupt zählte. Was war dafür entscheidend?«

»Was mir sehr gut gefiel war, dass du jeden Tag das Resultat deiner Bemühungen auf der Hand hattest. Du konntest sofort sehen, was du gemacht hast. Und das Brot wurde zum Spiegel von dir. Warst du schlecht drauf, dann brannte es an. Ging es dir sehr gut, war der Teig ganz anders beschaffen. Es war aber auch eine sehr arbeitsintensive Zeit. Du musst dir vorstellen, als ich hier ankam, fiel die Bäckerei schon halb zusammen. Und dann haben wir noch weitere 9 Jahre da drinnen gearbeitet. Gleichmäßige Temperaturen in den Backöfen zu erhalten, davon konntest du nur träumen. Du musstest ständig improvisieren, irgendetwas Neues ausprobieren, damit die Produktion am Laufen blieb. Und ich musste ständig lernen. Welches Holz war am besten zum Heizen geeignet? Die Auswahl war nicht so grandios. Aber immerhin gab es genügend Holzabfälle. Es wurden doch schon über 13 Jahre Bäume angepflanzt. Cashuarina-Holz und Cashewnussbaumholz waren Niedrigenergiehölzer. Die brannten ab wie Zunder ohne große nachhaltige Wärmewirkung. Im Monsun war immer alles nass. Da qualmte es in der Backstube und das Brot war geräuchert.«

»Otto, ich möchte noch einmal den Faden von zuvor aufnehmen, als du von diesem Gefühl ›nach Hause gekommen zu sein‹ gesprochen hast. Was hast du damit gemeint?«

»Die meisten Menschen hier waren doch schon viel länger vor Ort als ich. Und die hatten alle gleiche Erwartungen, gleiche Zielausrichtungen.

Der Geist von Sri Aurobindo und von der Mutter war hier ganz dicht zu spüren. Viele hatten Mutter noch persönlich gekannt. Alle hier wollten etwas im Sinne dieser beiden realisieren und verwirklichen. Alle wollten etwas bauen. Alle wollten Superbewusstsein (Supramind) erhalten.« Otto lacht bei diesen letzten Worten herzlich. »Also das war schon eine recht intensive Atmosphäre hier. Da war ungeheuer viel Energie zu spüren. Und wenn wir zusammen saßen nach unserer Arbeit, dann sprachen wir über das, was wir als nächstes verwirklichen wollten. Wenn du so etwas vorher nie gespürt hast, dann kann dich so ein Geist schon gewaltig in sich aufnehmen. Ich weiß nicht, wie ich es besser ausdrücken sollte. Ich wurde von etwas aufgenommen. So war es wohl.«

»Wie war Auroville zu dieser Zeit, also Anfang der 80er-Jahre, strukturiert? Gab es da schon Ansätze der heutigen Strukturen?«

»Nur im sehr rudimentären Zustand.«

»Wie wurde zum Beispiel damals mit Geld umgegangen, wenn es dieses überhaupt gab?«

»Das war interessant: Es gab die sogenannten Envelopes, also übersetzt Umschläge. Das war eine kleine Gruppe, die Vorgänger von dem, was sich heute Budget Coordination Group nennt, also die Geldverteiler. Das wurde damals ganz simpel mit Umschlägen gemacht. Es gab Umschläge für Kinder, für die Farmen, Umschläge für den Wald, andere Umschläge für den Pour-Tous-Markt (Supermarkt von Auroville) und andere Projekte. Und wer Geld spenden konnte oder wollte, gab es in einen dieser Umschläge und unterstützte damit jenen Bereich, der ihm wichtig erschien. Es gab zu dieser Zeit schon einige Kleinunternehmen in Auroville. Maroma zum Beispiel, vom Franzosen Paul gegründet, der mit seinem Geschäft zum Räucherstäbchenmillionär wurde. Eine kleine Boutique war da und eben das Center Guesthouse. Einkommen war damals das, was die Leute entweder persönlich mitbrachten oder es kam von diesen wenigen Geschäften. Das war zu diesem Zeitpunkt sehr mager. Manchmal denke ich, wir waren damals näher an der geldlosen Gesellschaft, als es heute die Absicht ist.«

»Wie konnten sich die Menschen zu dieser Zeit verpflegen? Was kostete das Brot? Bauten sie bereits selbst Gemüse und Früchte an?«

»Das Brot wurde in Rationen verteilt und war kostenlos. Einmal im Monat kam ein Ochsenkarren zur Bäckerei. Der war mit 20 Mehlsäcken beladen. Das Mehl stellte die Regierung zur Verfügung. Wir machten dann das Brot und ich glaube, dass es ein halbes Kilogramm war, was jeder für zwei Tage erhielt. Also kostenlos. Die Leute konnten uns rechtzeitig mitteilen, ob sie Sauerteigbrot oder Hefeteigbrot wollten. Und das machten wir dann. Die Verpflegung mit anderen Lebensmitteln war nicht so einfach. Es gab ein paar Bauernhöfe rundherum, die wurden von Tamilen* geführt. Sie bauten etwas Reis und Erdnüsse an. Und wenn sie einen Überschuss hatten, dann gaben sie diesen an die Gemeinschaft ab. Es hat niemand selbst gekocht. Jede Siedlung hatte ihre Gemeinschaftsküche. In der wurde für alle, die in der Siedlung wohnten, aufgekocht. Als ich ankam, gab es auch schon Pour Tous, also den jetzigen Auroville-Supermarkt. Damals funktionierte die Verteilung der Nahrungsmittel, die Pour Tous anbieten konnte, nach einem Korbsystem. Jede Siedlung hatte einen Korb bei Pour Tous. Lebten in einer Siedlung 20 Menschen, dann wurden in den Korb 20 Einheiten von dem, was vorhanden war, hinein gegeben. Pour Tous war also kein Markt, sondern eine Verteilstelle.«

»Und Pour Tous wurde von den Bauern beliefert?«

»Ja, einerseits von den Bauern, und was noch an Lebensmitteln fehlte, das wurde dann aus Pondicherry gebracht.«

»Also es gab so eine zentrale Einkaufsstelle?«

»Ja, das machte Christin. Sie lebt auch noch immer in Auroville. Die leitete damals diesen zentralen Einkauf. Das war sehr schwierig für sie, da ja kein oder nur ganz wenig Geld vorhanden war. Es waren schon harte Zeiten.«

»Wie war das für jene, die z. B. am Matrimandir-Bau arbeiteten? Bekamen die ein anderes Essen oder größere Portionen, weil sie ja sehr hart zu arbeiten hatten?«

»Nein, überhaupt nicht. Alle, die dort am Bau arbeiteten, kamen extrem spät zum Center Kitchen und fanden dann nur noch vor, was die anderen übrig gelassen hatten. Die kamen ja schon um 12 Uhr zu Mittag und füllten sich ihre Teller. Wir haben alle abwechselnd da gekocht. Das war auch für mich eine neue Erfahrung. Ich habe nie gekocht, und auf einmal bereitest du Essen für 100 Leute zu! Das war interessant. Die haben alles gegessen.« Er lacht. »Niemand war heikel. Was immer gerade da war, wurde gegessen. Eine Ausnahme bildeten die Franzosen. Die hatten in Aspiration, also ihrer Siedlung, eine eigene Bäckerei. Die wollten ihr Baguette essen und Brioche und solche Sachen. Wenn du als Nichtfranzose kein Französisch sprechen konntest, dann warst du in Aspiration schlecht aufgehoben. Die Franzosen sprachen ausschließlich ihre Sprache, die wenigsten von ihnen Englisch und beim Essen waren sie ähnlich.«

»Wo hast du eigentlich gewohnt? Du musstest ja nach zwei Wochen aus dem Gästehaus raus.«

»Das war auch eine eigenartige Geschichte. Ich habe ein paar Tage nach meiner Ankunft in der Bäckerei zu arbeiten begonnen. Und da war auch eine Frau, die wohnte in der Siedlung Discipline. Ich erinnere mich noch, wie ich die Karte von Auroville das erste Mal sah und da stand dann ›Discipline‹. Und ich habe mir nur gedacht: Mein Gott! Nicht schon wieder! Ich habe die Frau dann gefragt ›Who is staying in Discipline?‹ Sie sagte ganz trocken: ›Germans‹. Und ich sagte ihr, dass es ein Platz sei, wo ich niemals hingehen wolle. Die Frau erzählte mir, dass es dort aber recht schön sei und außerdem wüsste sie, dass ein Zimmer in einem Haus frei sei. Ob ich nicht kommen wolle, um es mir anzuschauen. Also brach ich mit meinem Vorurteil und schaute es mir an. Tatsächlich war da ein ausgebauter Dachboden, der leer stand. Und dort wohnte ich dann. Unter mir, also im Erdgeschoß, leitete eine Deutsche, ich glaube Maike hieß sie, einen Strickworkshop. Die machten so Bettdecken und Pullover zum Verkauf. Untertags arbeiteten sie und am Abend, wenn ich von der Bäckerei zurückkam, waren sie schon fertig und ich wohnte da alleine. Ich bin dann mehr als 10 Jahre da geblieben.«

»Bist du in dieser Zeit nicht mehr nach Österreich zurückgekehrt? Andere haben mir erzählt, dass sie immer wieder noch etwas zu erledigen hatten oder den Kontakt mit ihren Angehörigen doch irgendwie aufrecht halten wollten.«

»Ich bin nur 1990 noch einmal nach Österreich gereist. Ein Freund wollte mich als Trauzeuge für seine bevorstehende Hochzeit. Der bezahlte sogar das Ticket für mich. Und ich erinnere mich noch, als sie mich abholten vom Flugplatz, wie er sagte: ›Hurra, du bist wieder zurück!‹ Und ich antwortete: ›Ja, für drei Monate, aber dann geht's wieder nach Auroville!‹ Da konnte ich direkt in seinem Gesicht sehen, wie eine Jalousie heruntergelassen wurde. Ich spürte, wie in ihm die Entscheidung fiel: In diese Freundschaft solltest du nichts mehr investieren.«

»Das ist doch sehr traurig so etwas zu erkennen, oder?«

»Nein, es war gar nicht so negativ für mich. Es war eine Klarheit. Ich wusste dann sehr genau, wer mir in Freundschaft verbunden war, auch wenn mein Weg eine ganz andere Richtung einnahm. Wie ich schon sagte, für die meisten aus meinem Bekanntenkreis war meine Entscheidung unverständlich: Was machst du denn dort? In Indien sind doch alle krank und dieser Schmutz! Die ganze Rolle der Vorurteile wurde abgebetet.«

»Warum bist du dann aber noch einmal gekommen? Nur die Hochzeit war es ja wohl nicht?«

»Meine Mutter wurde älter und ich wollte sie noch einmal sehen. Das war der eigentliche Grund. Für sie war Indien irgendwo hinter dem Mond. Für jemanden, der nie aus Österreich raus kam, war Indien nicht vorstellbar. Und dann ihre Fragen, die so schwierig oder gar nicht zu beantworten waren: Wieso? Warum? Und warum gerade du? Und wann kommst du wieder? Das war für meine Mutter alles zu viel.«

»Hat dir das sehr zugesetzt, als du merken musstest, dass du deiner Mutter nicht wirklich verständlich erklären konntest, warum du hier leben willst oder sogar musst?«

»Du merkst sehr bald, dass du nicht durchkommst mit deinem Erklärungsversuch, weil diese einzige bestimmende Auffassung, wie ein Leben zu sein hat, in der westlichen Gesellschaft so stark verankert ist. Jeder ist davon so stark geprägt, und wenn da keine Offenheit vorhanden ist, etwas anderes zu suchen, dann bleibt alles beim Alten. Ich möchte dir dazu ein sehr bestimmendes und ernstes Erlebnis erzählen: Ich traf während dieser zwei Monate auch noch einen anderen Freund. Ihm habe ich erzählt, warum ich in Auroville leben wollte und er hörte sehr konzentriert zu. Irgendwann unterbrach er mich und sagte ›Ich weiß genau wovon du sprichst. Aber bitte höre jetzt damit auf. Ich muss sonst damit beginnen über mich nachzudenken. Und das wird dann gefährlich, weil ich Angst habe, da zu tief in mich hineinzuschauen. Und mit welcher Konsequenz das verbunden wäre, möchte ich nicht wissen.«

»Aber wenn man schon so weit ist wie dieser Freund, dann ist es doch nur eine Frage der Zeit, bis etwas aufplatzen muss, was etwas Entscheidendes bewusst macht und ebenfalls zum Handeln zwingt. Ob es jetzt passiert oder es ein paar Monate später dazu kommt, ist doch unwesentlich.«

»Es ist zu hoffen,« sagt Otto recht ernst.

Unser Gespräch ist nun bei jenem Punkt angelangt, an dem mir deutlich bewusst wird, mit welch unterschiedlicher Bereitschaft und innerer Überzeugung die Aufgabe Auroville angegangen werden kann. Otto ist für mich im besten und positiven Sinne ein Hardliner aurovillianischer Lebensführung. Er zog seine Sache einfach durch. Ob es nun die zwar nicht geforderte, aber empfohlene (es gibt ja keine Gebote) Permanentanwesenheit am Ort war. Oder ob es seine Überzeugung ist, mit Maintenance, dem zum Leben notwendigen Mindestbetrag, der Aurovillianern monatlich zur Verfügung gestellt wird, ein materiell stark reduziertes Leben zu führen. Oder ob er Tag für Tag über die Jahre in Solar Kitchen eine nur wenig abwechslungsreiche Mittagsmahlzeit einnimmt und auf Restaurantbesuche weitgehend verzichtet. Oder ob er seit damals, 1981, immer nur mit dem Fahrrad fährt und auf die Beschaffung und Nutzung eines Mopeds verzichtet. Für mich erschien es, als vermochte er sein Leben kompromisslos in den Dienst der Idee zur Besinnung auf das Lebenswesentliche zu stellen.

»Du bist also danach nie wieder nach Österreich gekommen. Das ist für mich sehr überraschend, da ich auch von den Auroville-Pionieren immer wieder vernommen habe, dass sie öfter in ihre Heimat reisen wollten oder mussten. Oft war Geldverdienen die Begründung. Von den zugereisten Aurovillianern braucht man gar nicht zu reden. Da gibt es ja genügend Beispiele für ein Pendlerdasein Auroville – Heimat – retour. Warum kam das für dich nicht in Frage?«

»Es kommt darauf an, was dem Einzelnen hier wichtig ist. Für mich war rasch klar, wenn du hier etwas aufbauen willst, dann musst du deine Energie hier investieren und zwar vollständig. Da hilft es nicht, wenn ich dann nach Österreich zurück gehe und dort drei Monate Geld verdiene, wieder hierher komme und erschöpft bin. Die nächsten drei Monate kann ich nichts machen, weil ich mich erst wieder erholen muss. Und drei Monate später fliege ich schon wieder nach Europa, um noch mehr Geld zu verdienen.«

Otto hält nun inne. Er wirkt plötzlich sehr ernst. Ich glaube zu spüren, dass es für ihn nicht einfach ist, das gegen Aurovilles eigentliche Absicht stehende Verhalten von Aurovillianern zu akzeptieren. Für ihn eine Haltung, welche das ohnehin immer wieder wackelige System verstärkt der Destabilisierung aussetzen könnte. Ich denke an Elaine, jene starke und herzliche Kanadierin aus dem Büro für Aurovilles Öffentlichkeitsarbeit. Sie lebt nun bereits das neunte Jahr in Auroville. Vor einiger Zeit ist sie in eines dieser Schlumpfhäuser aus der Entwurfsfeder von Roger Anger, des französischen Stararchitekten und engen Vertrauten der Mutter, gezogen. Ein kleines Haus, das ihr mittlerweile viele Probleme macht. Die Decke ist undicht, Schimmelbildung und Zerstörung des Hausrats die Folge. Elaine lebt alleine, was ein Dasein in Auroville auch nicht einfacher macht. Die ständige Auseinandersetzung mit dem ihrer Meinung nach trägen Housing Service, verantwortlich für Wohnraumvergabe und Instandhaltung, kostet Zeit und Energie. Ich war sie besuchen und sie zeigte mir ziemlich frustriert die Schäden, deren Behebung seit Wochen auf sich warten ließ. Wir machten noch einen kleinen Spaziergang durch diese Nobelgegend Aurovilles. In Elaines unmittelbarer Umgebung befanden sich gleich mehrere dieser luxuriösen Villen nach den Entwürfen des Stararchitekten. Bei einigen waren die Fensterläden geschlossen. Die Häuser wirkten verlassen oder unbewohnt. Ich fragte Elaine danach. Sie erzählte mir, dass die Bewohner dieser Anwesen viel Zeit im Ausland bzw. in ihrer Heimat verbringen würden. Nicht ein paar Wochen, sondern Monate, manche auch länger. Für diese Menschen sei Auroville eine Art Jetset-Spielplatz geworden. Habe man Bedürfnis nach etwas indisch gewürzter Spiritualität, dann komme man für einige Wochen. Sei der Bedarf gesättigt, dann lasse man sich vom Taxi ins drei Stunden entfernte Chennai bringen, um das nächste Flugzeug zu einer weiteren Wunschdestination zu besteigen. Der Abend ist angebrochen. Otto spricht aus dem fast gänzlich dunklen Zimmer zu mir:

»Die Frage für mich ist: Was ist entscheidend und was ist wichtig? Wenn du nach Auroville kommst, dann ist es die Realität, dass du den Großteil deiner bisherigen Wünsche zurückschrauben musst. Du kannst eine gute Idee haben oder ein Geschäft aufmachen. Auroville wird dir so gut wie möglich helfen. Aber du solltest nicht damit rechnen, dass es immer gleich die dicken Gewinne gibt. Wenn du aber immer auf Erfüllung deiner materiellen Wünsche aus bist, dann bringst du Unruhe in dein Leben hinein – und natürlich auch in das ganze System hier. Sobald ich mir sicher war, dass ich hierher gehöre, war mir auch klar, dass ich mich hier hundertprozentig investieren musste. Da gab es für mich gar keine andere Frage mehr. Und, wenn man es so nennen mag, ich akzeptierte die Spielregeln.«

»Hast du dich sehr rasch für Auroville entschieden? War das gleich zu diesem Zeitpunkt, als du mit dem Fahrrad an deinem ersten Abend wieder hierher kamst? Oder gab es da einen späteren Zeitpunkt?«

»Ich habe sehr früh wahrgenommen, dass zwischen dem Platz und mir eine Verbindung existierte. Ich wusste, dass ich nach Hause kam. Aber ich habe nichts über das Leben hier gewusst. Und so habe ich mir erst einmal Zeit gelassen. Damals war man sechs Monate Newcomer und konnte dann selbst bestimmen, wann man Aurovillianer werden wollte. Eigentlich sagen diese Bezeichnungen überhaupt nichts aus: Newcomer, Aurovillianer. Ob mir jemand einen Stempel auf die Stirn drückt und mir dann sagt, du bist jetzt das oder jenes – das war für mich sekundär. Ich sage den Leuten immer: Wenn sie hier was aufbauen wollen, dann müssen sie ihre Energie gerne und frei hier investieren und in den ersten Jahren halt ein wenig zurückstecken von dem, was man persönlich glaubt zu brauchen. Was ich selbst in den ersten paar Jahren hier gelernt habe, war extrem wichtig: mit wie wenig man eigentlich auskommen kann und trotzdem zufrieden ist. Ich habe auch nie diese Gedanken gepflegt, ›Oh, ich wäre jetzt so gerne in Europa. Und ich hätte so gerne dieses oder jenes.‹ Das war nicht wichtig für mich. Wichtig für mich war: Ich bin am richtigen Platz. Ich war mit mir selbst im Einklang und das war das Entscheidende.«

»Wie war dein Leben davor in Europa? War es so, dass du dir immer wieder was geleistet hast? Hast du das Bedürfnis nach Belohnung gehabt? Hast du so etwas wie einen Lebensstil gepflegt? Oder existierte bei dir schon immer die Hinterfragung: Was ist wichtig für mich?«

»Für mich waren immer meine Freunde wichtig. Und ich gebe zu, gutes Essen. Ein Auto habe ich nie besessen. Meine Schwester hatte eines und das konnte ich manchmal benutzen. Hätte ich ein Auto haben wollen, dann hätte das bedeutet, dass ich mir einen Kredit aufnehme. Und Kredit bindet dich. Es war mir immer wichtig, so frei zu sein, wie ich das möchte. Das war auch der Grund, warum wir die Diskothek öffneten. Wir waren drei Freunde. Keiner von uns wollte wieder in ein Arbeitsverhältnis mit Abhängigkeit. Da haben wir einfach eine Idee gehabt und diese realisiert: Let's do it!«

»Das ist aber schon eine wichtige Voraussetzung für das Leben hier. Habe eine gute Idee und versuche diese möglichst gut zu leben. Also in dir war schon Wesentliches vorhanden, um hier ein, wie soll ich sagen, einfacheres Leben zu haben. Kann man das so sagen?«

»Ja, auf jeden Fall. Du musst dich einbringen, das war bei der Diskothek genau so wie hier. Aber es ist gut, dass wir nicht in die Zukunft schauen können. Hätte ich während meiner Diskothekenlaufbahn einmal erkannt, wo ich in fünf Jahren sein werde – in einem dunklen Verschlag, nur mit Shorts und Schürze bekleidet, mit langen Haaren, Vollbart und Brot backend. Ich bin mir sicher, ich hätte dass überhaupt nicht durchschauen können, was da abläuft.«

»Aber vielleicht hätte es dir auch keine Furcht gemacht, wenn du schon vorher weißt, wie ein Leben weiter verläuft?«

»Wenn du in so einer fiktiven Vorausschau auch das Atmosphärische mitbekommen würdest, dann wäre das in Ordnung. Aber wenn du nur

Bilder sehen würdest, dann käme bei mir schon die Frage hoch: What has happened to me?«

»Also ist es Mut und Entschlossenheit in deinem Leben, die dafür ausschlaggebend sind, dass du ganz klare und eindeutige Entscheidungen zu treffen vermagst?«

»Ich glaube, dass jeder Mensch in seinem Leben vor Kreuzungen steht. Ein Weg rechts, der andere links, vielleicht gibt es manchmal sogar noch einen dritten. Und dann ist es schon gut, wenn du eine sehr deutliche innere Stimme in dir hörst. Aber nicht Mut, sondern Selbstvertrauen würde ich es nennen. Schau, ich bin zwei Monate bevor ich die Bank verlassen habe zu meinem Filialleiter gegangen und habe ihm meine Kündigung vorgelegt. Der hat die Hände über dem Kopf zusammengeschlagen und gesagt: ›Aber schau doch einmal, in spätestens zwei Jahren bist du der Chef einer eigenen Filiale. Und du wirst das und das verdienen.‹ Er hat mir da noch so ein paar Vorteile aufgezählt, die mein Leben sorgloser gestalten würden. Ich musste ihn dann unterbrechen und habe gesagt, dass ich genau deshalb aufhören werde. Weil ich das alles nicht anstrebe. Es war ganz unmöglich für ihn, das zu verstehen oder zu akzeptieren, und er hat das sicherlich als persönliche Niederlage empfunden. Dabei hatte diese Entscheidung mit ihm überhaupt nichts zu tun. Ich bin heute noch der Überzeugung, dass alles, was ich in Österreich gemacht habe – die unterbrochene Bankerkarriere und die Diskothek – für meine Entwicklung wichtig war. Ich möchte nichts davon missen.«

»Da sind wir wieder beim Thema. Deine Zeit als Bäcker war dann beendet, aber deine Zeit als oberster Finanzverwalter von Auroville hatte noch nicht begonnen. Was hast du in der Zeit dazwischen gemacht?«

»Das erste, was wir noch zu Zeiten meiner Bäckerlaufbahn machten, war eine neue Bäckerei zu bauen. Wir wussten, die alte hält nicht mehr lange, die bricht über kurz oder lang über unseren Köpfen zusammen. Die Arbeit wurde ja immer mehr. Wir haben dann begonnen Kekse zu backen, um Geld zu verdienen und haben damit die Boutiquen im Visitors Center beliefert, die sie dann an Besucher weiter verkauften. Langsam wurde die Bäckerei in ein kommerziell funktionierendes Geschäft umgewandelt. Aber ich wusste, dass meine Zeit als Bäcker nun vorbei war. Ich kam dann zu Pour Tous in der Siedlung Aspiration. Was heute ein Supermarkt ist, war damals ein kleiner Gemischtwarenladen. Und ich sah, dass man da rasch etwas ändern sollte. Man kann nicht jedes Mal für fünf Stück Seife nach Pondicherry fahren und dann noch zwei Stück von dem und drei Stück von etwas anderem kaufen. Und ich dachte mir damals, es ist jetzt die Zeit, um die Finanzen von Auroville zu konsolidieren. Es gab Anfang der 1990er-Jahre schon Computer hier in Auroville, was uns dann sehr geholfen hat. Die Leute hatten bei Pour Tous ein Konto, also jeder Einzelne. Da hat man ein paar hundert Rupien eingezahlt und konnte dann für diesen Betrag etwas kaufen. Und ich habe mir dann gedacht, warum verbinden wir das nicht mit diesen Maintenances, die damals auch schon bezahlt wurden. Die Leute, welche diese Maintenance-Auszahlung machten, saßen in Bharat Nivas (Gebäudekomplex in Auroville). Und ich schlug vor, dass man das Pour Tous-Konto mit der Maintenance zu einer Art von Bankkonto zusammenführen sollte. Man könnte dann mit einer einzigen Karte bei Pour Tous einkaufen und bei dem Auszahlungsservice Geld abheben.«

»Also, wenn ich dich richtig verstehe, hast du in Pour Tous nie verkauft. Du warst der Logistikentwickler?«

»Ja und nein. Ich habe alles Mögliche gemacht, war aber vor allem in der Lagerlogistik tätig. Jacquie, ein Franzose, wurde unser Einkäufer. Er ist dann immer nach Pondicherry gefahren, um die Besorgungen zu machen, alles einzukaufen, was ich ihm auf die Liste schrieb. Mein erstes Ziel war dann auch, dass man einmal ein richtiges Lager in Pour Tous aufbaut. Geld kam ja in die Kasse und dieses Geld wurde nun verwendet, um die Bestände zu vergrößern und auch mehr unterschiedliche Produkte zu beschaffen.«

»Wenn du so erzählst, dann klingt es, als wäre zu diesem Zeitpunkt Auroville in eine Expansionsphase gekommen. War das so?«

»Ja, absolut. Es wurden mehr Gästehäuser gebaut. Center Guesthouse wurde wieder vergrößert. Es ist bis heute das größte von allen. Aber vor allem nahm die Bevölkerung zu. Als ich hier ankam, gab es 350 registrierte Aurovillianer. Und Anfang der 1990er-Jahre müssen es bereits um die 1.000 Menschen gewesen sein.«

Es ist fortgeschrittener Abend. Schon über zwei Stunden haben wir bisher im konzentrierten Gespräch verbracht. Plötzlich geht das Licht an und Srimoyi, Ottos Lebensgefährtin, kommt in die Küche. Während wir unser Gespräch weiter führen, beginnt sie zu kochen. Schon bald ziehen die verführerischen Düfte von gerösteten Gewürzen durch die Küche. Hähnchen in Kokossauce wird es unter anderem geben und verschiedene indische Gemüsezubereitungen. In meinem kleinen Notizbuch finde ich einen weiteren Punkt, zu dem ich Otto unbedingt befragen wollte. Als Mitverantwortlicher für Aurovilles finanzielle Absicherung muss er immer schauen, dass Geld in die Kassen gelangt. Er ist aber auch für die Verteilung der Finanzen zuständig. Ein in diesem Buch öfter angesprochenes Thema ist die bis jetzt nicht befriedigend gelöste Problematik zur Versorgung der Neuankommenden. Junge Menschen, deren Motivation zu kommen und hier zu leben wahrscheinlich in einem sehr engen Verhältnis mit Aurovilles Absicht stehen würde und für dessen Fortbestand wichtig wäre, bleiben aus. Die finanzielle Bürde zur Grundlagenschaffung eines neuen Lebens in Auroville ist für diese Gruppe zu hoch. Wer mit 30.000 Euro Barschaft hierher kommt, kann auf lange Zeit entspannt sein. Aber welcher junge Mensch kann das? Wer nichts, oder nur einen wesentlich geringeren Puffer an finanziellen Reserven mit sich bringt, hat es gegenwärtig schwer, hier Fuß zu fassen. Wobei, wie Otto mehrmals betont, die Geldsicherheit die unwesentlichste Absicherung für ein Leben in Auroville bedeute. Was hingegen echte Notwendigkeit darstellt, ist die Fähigkeit zum selbständigen Handeln.

»In Auroville bist du die meiste Zeit auf dich selbst angewiesen. In deinen Entscheidungen, in deinen Plänen. Du kannst immer mit Leuten darüber sprechen was du machen willst. Sie werden dir meistens sagen:

Mache es, das klingt gut! Aber es sollte sich niemand zu viel an aktiver Unterstützung erwarten. Ich selbst bin nicht der Mensch, der andere Leute für eigene Entscheidungen braucht. Ich habe gelernt für mich zu entscheiden. Das ist hier eine Bedingung, die anfangs nur wenige genügend ernst nehmen, die mit einer Bleibeabsicht hierher kommen. Ganz schwierig wird es auch dann, wenn Neuankommende glauben, dass sie ihre mitgebrachten Probleme privater und seelischer Natur hier mit einer therapeutischen Anleitung beheben können. Das ist nicht die Aufgabe von Auroville und auch nicht von den Menschen, die hier leben. Wenn du mit Angst hierher kommst, dann wirst du diese hier wohl kaum loswerden oder sie wird sich sogar vergrößern. Also eine innere Klarheit ist Voraussetzung für ein gutes Gelingen. Wenn jemand in einer geistigen Konfusion hierher kommt – und es kommt doch noch immer vor, dass Menschen Auroville mit einem esoterischen Bauchladen verwechseln – dann kann ich nur sagen: Bitte rasch wieder weg von hier, bevor es gefährlich wird! Jetzt zum Geld: Auroville will und kann kein Sozialverein sein. Wenn du mehr brauchst, als das, was möglich ist dir zu geben, dann musst du es dir verdienen – oder mitbringen. Aber das ist nicht wirklich das Ziel oder die Aufgabe eines Lebens in Auroville. Wir garantieren hier, dass du ein Leben führen kannst, dessen Qualität darauf beruht, dass du uneingeschränkt aus dir etwas schöpfen kannst. Du hast hier die Möglichkeit deine spirituelle Entwicklung ohne Einschränkungen voranzubringen. Und vor allem gibt es hier viele Menschen, die ähnliche Absichten vertreten wie du selbst. Und das erleichtert sowohl den Neuankommenden als auch den Aurovillianern hier zu leben. Du kannst hier eigene Ideen umsetzen, bei denen man in deiner Heimat mit den Augen rollt oder dich für verrückt erklärt. Hier wird dir niemand im Wege stehen und du wirst sogar ermutigt werden. Ja, mitgebrachtes Geld wird dir am Anfang bei der Wohnungssuche sicherlich helfen. Wenn du da höhere Ansprüche, also einen gewissen Standard erfüllt sehen möchtest, dann musst du dafür selbst aufkommen. Das wäre woanders auch so. Wenn du hingegen einen etwas bescheidenen Anfang wählst, dann wirst du sicherlich hier etwas Passendes finden oder vom Housing Service ein

Angebot erhalten, das für den Beginn einmal gut und ausreichend ist.«

»Aber, Otto, du wirst es selbst am besten wissen: Es kommen zusehends mehr wohlhabende Menschen, vorrangig aus Europa, hierher. Die bringen zwar Geld, haben aber wenig an Ideen und Initiativen für die Gemeinschaft einzubringen. Eigentlich sind es öfter auch Pensionäre, die hier einen exotisch-angenehmen Lebensabend zu verbringen trachten. Ich habe aus zahlreichen anderen Gesprächen sehr stark den Eindruck erhalten, dass sich da wegen der finanziellen Bedürftigkeit Aurovilles die Wertigkeiten zu verschieben beginnen. Jung mit Geld wäre das Beste. Jung ohne Geld hat kein Interesse. Alt mit Geld bleibt übrig und man sagt halt ok dazu. Besser als nichts. Das ist etwas hart ausgedrückt, aber sicherlich nicht Fantasie?!«

»Ja, so ist die Situation. Aber lassen wir vorerst einmal das Geld als Entscheidungsgrund weg. Wir haben diesen Entrance-Service, das kennst du sicher schon. Die Leute dort haben die Aufgabe, in mehreren Gesprächen über dieses Probejahr verteilt zu erkennen, ob die betreffende Person zu den Inhalten der Charta, zu den Inhalten von »The Mother's Dream« (siehe Seite 106) passt. Wenn die Aufnahmesuchenden nicht damit übereinstimmen können oder wollen, dann muss man denen sagen: ›Bitte nicht kommen! Es gibt eine riesengroße Welt, wo jeder hingehen und wo man sich auch verwirklichen kann. Aber wenn du hierher kommst, dann gelten diese und jene Grundsätze und mit denen musst du korrespondieren!‹ Ich glaube, dass wir da nicht immer stark genug sind, um das rechtzeitig deutlich zu machen. Aber es ist auch wirklich schwierig. Denn andererseits kommen immer wieder Menschen hier an, wo du dich anfangs fragst: Was macht der hier? Und dann kommst du einmal mit dieser Person in ein persönliches Gespräch und merkst: Also das ist es! Wir haben alle so viele Facetten. Und jene Facette, die mit Auroville korrespondiert, die ist halt manchmal versteckt und nicht offensichtlich.«

»Aber was für mein Verständnis wirklich ganz schwierig scheint, das ist fast schon eine Quadratur des Kreises, oder ihr würdet hier sagen ›Entweder und Oder‹: Es ist die Tatsache, dass auf der einen Seite individuelles Denken und Handeln unbedingt erforderlich sind, aber auf der anderen Seite Auroville doch so etwas wie ein Schiff des Gemeinschaftlichen sein will. Aber oft habe ich den Eindruck

gewonnen, dass es sich hier um eine Ansammlung vieler kleiner Boote handelt. In jedem sitzt eine Person, maximal zwei, und was sie an Kommunikation gerade noch hinkriegen, ist ein Zurufen von einem Boot zum anderen Boot.«

Otto lacht über meine Analogie und denkt nun lange nach bevor er wieder antwortet.

»Dein Vergleich mit den Booten ist absolut richtig. Auroville ist ein kollektives Experiment. Es gibt hier immer mehr Leute, die ein Geschäft betreiben und am Anfang ganz laut verkünden: Wir machen jetzt gutes Geld und unterstützen damit Auroville. Aber dann, nach einiger Zeit, haben sie sich separiert und sitzen dann auf einmal nicht mehr im selben Boot. Wir sagen ja immer, schau, was du hier vorfindest, das ist das Schiff, das wir hier im Laufe der Zeit gebaut haben. Und das ist schon etwas ziemlich gut Gelungenes. Aber jetzt benötigen wir einen guten Antriebsmotor. Und dafür brauchen wir auch deine individuelle Unterstützung, um den Motor zu starten. Es gibt Leute, die wohnen schon sehr lange hier und die haben ganz sicher ihre positiven Eigenschaften. Aber wenn es ums Gemeinschaftliche geht... Lass es mich so ausdrücken: Es gibt hier Zuschauer. Die stehen am Zaun und schauen zu, was hier so gemacht wird. Das ist sehr bequem und ohne großen Aufwand verbunden. Sie zahlen einen gewissen Obolus, aber sitzen selbst nicht im zentralen Boot. Mit dem Obolus hat man erfüllt was notwendig ist. Aber das Entscheidende wäre, dass sie mit uns im selben Boot sitzen. Ich muss ja oft mit diesen Leuten diskutieren. Und da kommen wir ganz rasch zum Thema Maintenance. Wir geben diese, wo es notwendig ist, und wer sie beansprucht, erhält sie. Das was wir Maintenance nennen, ist ein Mindestbetrag, damit die Lebensfähigkeit hier gesichert ist. Aber mit diesen 10.000 Rupien netto, umgerechnet ca. 130 Euro im Monat, kannst du nicht weit springen. Das ist allen hier klar. Und natürlich ist das viel zu wenig für ein vernünftiges Leben. Aber wir haben nicht mehr. Als Geschäftsführender deines Unternehmens kannst du dir aber natürlich ein eigenes Geschäftsführergehalt bezahlen. Ob das jetzt 25.000 Rupien ausmacht oder noch mehr – jeder entscheidet selbst über die Höhe, die er sich auszahlen will. Ich hingegen muss schauen, was in der Kasse ist, um die monatliche Maintenance an die auszubezahlen, die es dringend benötigen. Ich selbst nehme auch Maintenance in Anspruch. Ganz einfach, weil ich am gleichen Level sein möchte wie alle anderen. Nicht im Sinne von Gleichmacherei, sondern aus dem Gemeinschaftsgedanken heraus. Ich frage dann immer wieder jene Geschäftsleute, die gut verdienen, warum bezahlt ihr nicht mehr für die Gemeinschaft? Als Antwort erhalte ich dann: Die im Service (also in Aurovilles Verwaltung) tätigen Menschen (es sind jene, die vorrangig Maintenance beanspruchen) arbeiten ja nicht so viel und sie haben ja auch nicht so viel Verantwortung zu übernehmen. Aber wir, die Geschäftsleute, tragen die ganze Verantwortungslast auf unseren Schultern...«

»Aber das sind doch genau jene Worte und Sätze, die man bei uns ständig hört und eigentlich gar nicht mehr hören will. Die Geschäftswelt, die sich die Taschen füllt, weil sie so viel Verantwortung gegenüber der Gesellschaft zu tragen hat und darüber hinaus die immer höhere Anzahl an Wenig- und Nichtstuern zu versorgen hat. Und hier höre ich jetzt genau das Gleiche.«

»Das ist der schwierige Punkt. Genau diese alten Muster zu durchbrechen. Mutter hat da etwas Interessantes bei der Gründung von Auroville gesagt: Sie benötige Menschen mit einem guten Willen und mit guten Absichten für Auroville. Da hat man hier gesagt: Aber ja, jeder hat doch guten Willen, der kommt. Und das ist ein altes Problem, das wir hier mitschleppen: Nicht jeder handelt in guter Absicht. Schon als ich hier ankam war das Alltagskonflikt. Da gab es Aurelec, eine Auroville-Firma, die bauten damals schon Computer und machten ein gutes Geschäft damit. Da tauchte die Frage auf: Was zahlt Aurelec an Auroville? Die machten ihr Business und sagten dann ganz klar: Da ist ein Betrag X, den geben wir euch. Aber fragt nicht nach mehr. Mehr bekommt ihr nicht. Das war also bereits die Diskussion in den Achtzigerjahren und die haben wir mitgeschleppt. Was hier derzeit sehr stark wieder zum Ausdruck kommt, ist dieses Gefühl, ich muss alles selbst machen. Also: Ich muss für mich vorsorgen, ich muss für meine Familie sorgen, ich muss alles machen, was andere hier nicht für mein Fortkommen machen können. Und das ist genau das Gegenteil von dem, was Mutter beabsichtigte. Ihre Worte waren: Du kommst und stellst deine Energie zur Verfügung. Und wir ermöglichen dir, dass du ein gutes Leben (in aurovillianischer Absicht) führen kannst. Aber momentan merkt man doch stark, dass das gegenseitige Vertrauen nicht so funktioniert, wie es sollte. Die Businessleute trauen den Serviceleuten nicht mehr und die Administrative hat das Gefühl, dass es den Geschäftemachern vor allem um das eigene Wohlergehen geht. Und das wird noch immer vorrangig bei vielen über das Haben definiert.«

»Das was du sagst, erinnert mich stark an unser Gespräch vor drei Jahren. Da hattest du als wesentliche Frage, die hier jeder zu klären hat, genannt: ›Was ist für mich Notwendigkeit und was ist für mich Wunsch? Was glaube ich zu brauchen und was brauche ich wirklich?‹«

»Wenn die Kasse nicht gut gefüllt ist, dann bekommt halt jeder nur das, was er wirklich benötigt. Für einige Geschäftsleute hier war es schon genügend Leistungsantrieb, mehr Geld zu verdienen, um für ein Abendessen in ein französisches Restaurant nach Pondicherry zu fahren. Warum auch nicht?«

Öfter habe ich während meines Aufenthalts über Europas sehr ernste gegenwärtige Situation nachgedacht. Über das Auseinanderbrechen einer Gesellschaft, die ihre Mitte zu verlieren droht oder bereits verloren hat. Und ich denke dabei auch an die daraus resultierenden Veränderungen, die dann vorzunehmen sind. Ob man nun will oder nicht. Eine davon betrifft den Verzicht. Weglassen auf freiwilliger oder erzwungener Basis. Eine Entwicklung ist erstaunlicherweise gerade bei jüngeren Menschen in letzter Zeit daraus entstanden: ein minimalistisches Lebensgefühl. Es ist das freiwillige Weglassen und Abstoßen des materiell Unnotwendigen. Vielleicht ist es bloß Mode und schon bald wieder verschwunden. Aber es könnte auch etwas Beständiges, Nachhaltiges zum Vorschein kommen. Das macht Hoffnung. Otto scheint meine Gedanken zu spüren.

»Die meisten von uns haben immer die Möglichkeit sich ohne Druck zu verändern. Wenn man das aber verabsäumt, kommt irgendwann der Tritt in den Hintern. Und oft scheint es so, dass wir diesen Tritt brauchen, da wir sonst anscheinend nicht in der Lage sind, uns zu bewegen, zu verändern. Aber wenn man, so wie wir hier, die Möglichkeit der Freiwilligkeit hat, etwas aufzubauen, das so vollkommen im Zeichen menschlicher Entwicklung steht, dann verstehe ich nicht, warum man so offensichtlich immer wieder daran vorbeiläuft.«

»Du hast heute ganz zu Beginn unseres Gesprächs, also vor über drei Stunden, mit einem ganz entscheidenden Satz auf meine Frage geantwortet, wie ich Auroville eigentlich zu sehen hätte: Ist es ein Platz, ein Ort, ein Körper, ein geistiger Zustand? Und du hast gesagt: Auroville ist etwas in dir Verinnerlichtes. Ich habe die Richtigkeit dieser Antwort gespürt, aber kannst du es etwas ausführen?«

»Ich glaube, Auroville kannst du nur von innen her in dir aufbauen. Das ist nichts, was von außen die eigentliche Essenz erkennen und entwickeln könnte. Du kannst Milliarden Rupien an Regierungsgeld oder aus anderen Quellen hier in Bauvorhaben oder andere Projekte stecken. Das ist großartig, aber es ist nicht der entscheidende Punkt des Experiments. Es geht nicht darum, hier eine Stadt zu bauen. Es geht nur darum, hier eine Gesellschaft zu bilden, die in der Lage ist, anders zu leben. Das ist das ganz Entscheidende. Zu lernen, dass man gemeinsam etwas Großes erreichen kann und nicht nur für sich selbst immer die Ellenbogen breit macht, um etwas zu erreichen. Und dann kommt die Frage automatisch: Was ist das Entscheidende im Leben? Ist es ein fettes Bankkonto und drei Autos vor der Türe? Oder dass ich supererfolgreich bin in meinem Beruf? Ist es das wirklich Entscheidende in meinem Leben? Oder ist es wichtiger, einer inneren Entwicklung zu folgen? Und das ist es, was Auroville anbieten soll. Jemand, der hierher kommen will und sagt: Ich bin jetzt dazu bereit, ich will mich in mir finden; ich möchte mein ehrliches Selbst erfahren. Und in dieser Umgebung habe ich die Möglichkeit das auch auszuführen, weil mir Erschwernisse auf diesem Weg abgenommen werden. Ich muss mich nicht damit beschäftigen, wo ich meine nächste Mahlzeit her bekomme, da ich mir sicher sein kann, dass ich diese hier erhalten werde. Diese ist einfach zubereitet, aber gesund und ich werde sie immer bekommen. Im Sri Aurobindo-Ashram in Pondicherry ist das noch einmal anders. Die haben von allem genug. Da musst du dich als Mitglied um das Alltägliche gar nicht mehr kümmern. Du hast deine Mahlzeiten, du hast deinen Schlafplatz, es gibt eine Wäscherei, es gibt andere Services für tägliche Erleichterungen. Alles, damit du dich auf das wirklich Wesentliche konzentrieren kannst.«

»Das habe ich nicht gewusst. Wie viele Menschen leben im Sri Aurobindo-Ashram?«

»Annähernd so viele wie hier in Auroville. So über zweitausend. Im Gegensatz zu Auroville gibt es dort genug Geld. Die sitzen auf dicken Immobilienpolstern. Ganz viel Land im Umfeld von Pondicherry gehört dem Ashram. Es gibt eine Menge Geschäfte und Unternehmen, die gut Geld einbringen und es gibt eine wirklich beachtliche Spendentätigkeit ehemaliger Ashram-Mitglieder, die es zu großem Wohlstand und Reichtum, vor allem in den Vereinigten Staaten, gebracht haben. Im French Quarter der Stadt, also dem wirklich besten Viertel, wo auch der Ashram liegt, gibt es eine Vielzahl an Gebäuden. Das sind Wohnungen, Schulgebäude, Veranstaltungsräume und das alles zusammen hat heute einen ungeheuren Wert. Also im direkten Vergleich sind wir hier schon das Aschenputtel.«

»Was ich sehr interessant finde, ist folgendes: Es scheint ja so, als habe dich deine Vergangenheit hier wieder eingeholt. Du hast wieder mit Geld zu tun, mit viel Geld und mit dessen Anlage und Verteilung.«

»Wenn du meine Tätigkeit hier als Leiter des Financial Service ansprichst, dann würde ich sagen, meine Vergangenheit hat mich auf das hier vorbereitet. Ich habe drei Jahre in Wien in der Bank gearbeitet und habe da alles Grundlegende gelernt, was ich über Bankgeschäfte wissen wollte. Als ich hierher kam, hat es diesen Financial Service noch gar nicht gegeben. Es gab aber den Auroville Fund. Da kamen die ganzen Spenden für Auroville zusammen und im Laufe der Zeit musste man sich überlegen, was man mit diesem Geld zielgerichtet machen wollte. Es war dann die Absicht, alle Einnahmen- und Ausgabepositionen an einer zentralen Stelle zu bündeln. Die Idee dahinter war jenes Geld, welches nicht gebraucht wurde, bei einer Bank zu deponieren, damit wir endlich einmal Zinsen erhalten würden.«

»Hat man davor noch gar nicht daran gedacht? Oder war alles, was mit Geld zu tun hatte, eine ungeliebte Angelegenheit?«

»Es war ja nie wirklich genug Geld da. Es war ein Leben von der Hand in den Mund. Etwas kam herein und es wurde sofort irgendwo investiert. Rein, raus! Und die Leute, die mit etwas Vermögen hierher kamen, die deponierten dieses Privatgeld bei der State Bank of India. Die hatten hier in einem der Dörfer ja damals auch schon eine Filiale. Oder man hatte sein Geld unter der Matratze oder wo auch immer.«

»Und dann wurdest du sozusagen zum ersten und bisher einzigen Finanzminister von Auroville bestellt?« Er lacht über diesen Spitznamen, der ihm schon vor Jahren umgehängt wurde und eigentlich so wenig Heiteres in sich birgt.

»Da gab es Paul, ich habe schon über ihn gesprochen. Er ist der Gründer von Maroma. Der war damals schon ein wichtiger Mann in Aurovilles Geschäftswelt. Er hat mich einmal gefragt, ob ich mich auf fünf Jahre verpflichten würde, um die Finanzangelegenheiten von Auroville zu ordnen und zu verwalten. Ich habe gelacht und gesagt: ›Fünf Jahre, na ich schau einmal, ob ich das hinkriege.‹ Und dann haben wir damit angefangen. Und jetzt ist es ein bisschen länger als fünf Jahre geworden.«

»Das ist schon sehr beeindruckend und für mich beachtlich mit welcher Kontinuität du diesen wahrlich nicht einfachen Weg beschritten hast.«

»Ich glaube, das war alles ein bisschen einfacher, als es klingt. Es ist alles organisch gewachsen. Da gab es keine Vorgabe: Welcher Schritt zuerst? Was wird dann darauf aufgebaut? Was wird der dritte Schritt sein? So arbeiteten wir nicht. Da existierte kein Geschäftsmodell. Alles ist aus purer Notwendigkeit entstanden. Pour Tous brauchte einen Lagerbestand an Waren. Also haben wir diesen aufgebaut. Und dann haben wir einmal Geld übrig gehabt. Das haben wir sofort wieder in die Bank gebracht, um mit den Zinsen die anfallende Maintenance besser bezahlen zu können. Und so ist das Ganze gut gewachsen. Das einzige, was leider nicht gelungen ist, war die Geschäfte und Unternehmen an Auroville zu binden. Die hatten ihre eigenen Konten bei irgendeiner indischen Bank. Damals lautete für diese Firmen das Schlagwort ›Export‹. Der indische Markt war uninteressant, alles musste in die Welt hinaus und dafür haben sie ein Bankkonto gebraucht, um Geld aus dem Ausland zu erhalten. Ich habe den Geschäftsführern dann gesagt: ›Es wäre gut, wenn ihr euer Geld auf ein Konto beim Financial Service von Auroville einlegen würdet. Wir haben dann immer einen Überschuss. Und diesen Überschuss könnte man für die Gründung neuer Geschäftsfelder verwenden. Sollte jemand von euch ein Zahlungsproblem haben, dann könnte das auch immer kurzfristig ausgeglichen werden.‹ Also jeder hätte in Auroville daraus einen Vorteil gewonnen. Aber die haben mich angeschaut und sagten dann: ›Ja, schon gut. Aber der Financial Service ist noch so eine junge Einrichtung, das muss erst einmal wachsen.‹ In Wirklichkeit hörte ich etwas ganz anderes heraus, nämlich: Der will unser Geld, der will unser Geld!«

»Also sie haben dem Ganzen und deinen Worten nicht getraut?«

»Sie haben nicht verstanden, dass es ein guter und gangbarer Weg für die Entwicklung Aurovilles gewesen wäre. Ich habe dann Jahre später das Thema noch einmal hoch gebracht. Dann war es schwierig für sie zu behaupten, dass der Financial Service eine zu junge Einrichtung sei. Ich machte das Ganze schon 10 Jahre. Aber die sagten dann allen Ernstes: ›Ja, du machst das so gut und so verlässlich. Aber was ist, wenn du es morgen nicht mehr machen willst oder kannst?‹ Ich erklärte ihnen, dass das eine Organisation ist und ich nur das Ganze leite, und wenn ich nicht da wäre, sich jemand anderer gut darum kümmern würde. Darauf erwiderten sie: ›Gut, aber wir vertrauen dir und sonst niemandem.‹ Das war schon heftig, wie die argumentierten. Die pochten immer darauf, dass es ihr privates Geld war. Und es war irgendwann zu mühevoll ihnen zu erklären, dass es eigentlich Auroville-Geld sei. Ohne Auroville hätten sie hier kein Geschäft. Ich verdeutlichte ihnen dann noch, dass sie immerhin Aurovilles wirklich guten und in Indien anerkannten Namen verwendeten. Wer Auroville auf einem Produkt liest, der erwartet automatisch einen hohen Qualitätsstandard. Und ihr profitiert von all dem. Also sollte Geld auch nach Auroville hinein fließen. Das sind also meine Kämpfe und Anstrengungen, die ich seit 25 Jahren auszutragen habe. Die Identifikation mit Aurovilles Absicht erreicht für manche doch sehr rasch ihre Grenzen.«

»Ich kann mir vorstellen, dass das schon sehr schmerzt. Schon wegen des Geldverlusts, denn dieses innerhalb von Auroville zirkulierende Geld würde eine Menge an Problemen vermindern oder sogar auflösen.«

»Ja, klar. Ein hochrangiger offizieller Regierungsvertreter aus Delhi hat gesagt, wir sollen Geldeinlagen nicht in Banken außerhalb von Auroville einlegen, sondern in den Unity Fund* einbringen. Dann kamen die Geschäftsleute auf die Idee eine externe Firma anzuheuern, die ihnen auf Papier definierte, was genau Geldüberschuss sei und was nicht. Sie suchten nach einem Weg, der es verhinderte, dass ›ihr‹ Geld in Auroville verwendet werden konnte. Und so geht das bis heute.«

»Wie viel haben die Firmen an Auroville zu zahlen?«

»Wenn sie Gewinne machen, dann sind es 33 Prozent von diesem. Aber da gibt es natürlich auch wieder Wege und Mittel, wie man das reduzieren kann. Baut ein Unternehmer ein Haus oder lässt sich dieses bauen, dann verringert sich dieser Betrag um ein Wesentliches. Er investiert mit dem Hausbau zwar in seinen persönlichen Wohnraum, aber das Haus gehört der Auroville-Gemeinschaft und so ist er nur Nutzer auf Zeit. Aber natürlich lassen sich manche da kleine Paläste bauen, weil sie es als notwendig für ihr Leben erachten. So läuft das halt.«

»Otto, du bist jetzt 63 Jahre alt. Rentner- und Pensionistendasein gibt es in Auroville nicht. Wie sieht für dich die Zukunft aus? Wirst du einmal sagen, so, jetzt reicht es mir und ich gehe nur noch in den Matrimandir-Garten arbeiten?«

»Ich projektiere nichts in meinem Leben. Wenn morgen jemand kommt und sagt, ich möchte jetzt den Financial Service leiten, dann ist das für mich kein Problem. Vielleicht ist es eher ein Problem, dass es gar nicht so viele gibt, die das machen wollen.«

»Aber angenommen, es passiert irgendetwas Unvorhergesehenes. Hast du jemanden, der dann sofort mit ähnlichem oder gleichem Wissen einspringen könnte?«

»Ja, du hast ihn kennengelernt. Rathinam sitzt mir im Büro gegenüber und ist auch schon seit 25 Jahren dabei. Er kommt aus einem der tamilischen Dörfer und bringt dadurch noch ganz andere Voraussetzungen mit. Sehr wichtige. Er spricht als Inder selbstverständlich Tamil und das ist eine ganz wesentliche Vertrauensbindung zu den Tamilen innerhalb Aurovilles Gemeinschaft. Das ist noch immer ein wunder Punkt in unserem Zusammenleben.«

Mir fällt ein, dass ich von verschiedener Seite vernommen habe, dass mittlerweile eine internationale Reisetätigkeit von Vertretern Aurovilleles eingesetzt hat um »The Spirit of Auroville« in die Welt zu tragen. Auch in westlichen Unternehmerzirkeln führt kein Weg mehr an »ethical business« vorbei. Geschäfte unter moralischen Gesichtspunkten zu machen, gehört in Europa mittlerweile zum guten Ton. Ich frage Otto, wie er diese sich steigernde Vortragsreisendynamik wahrnimmt und ob er darin eine realistische Möglichkeit erkennen kann, Aurovilles Geist erfahrbar zu machen. Er erzählt mir darauf folgende Geschichte:

»In den 1950er-Jahren kam ein Franzose das erste Mal in den Ashram nach Pondicherry. Er hieß Satprem und war ein Suchender seiner eigenen Spiritualität und hatte bereits mehrfach die ganze Welt bereist. Mutter gab ihm diesen Namen, was übersetzt ›der Wahrheitsliebende‹ heißt. Satprem wurde der Chronist und engste Vertraute von Mutter. Er verbrachte viele Stunden bei ihr und zeichnete ihre Erinnerungen und Eingebungen schriftlich und auf Tonbändern auf. Das erzähle ich nur, damit du weißt, von wem hier die Rede ist. Irgendwann kam der Satprem in Mutters Gemächer und erzählte ihr, dass vor dem Haupteingang des Ashrams ein Mann stehe und den Menschenmassen, die den Ashram besuchen wollten, seine Sicht einer zukünftigen vereinten Weltmenschheit predigte. Der Mann hatte mit dem Ashram aber überhaupt nichts zu tun. Satprem fragte dann Mutter, ob es nicht besser sei den Mann aufzufordern seinen Platz vor dem Ashram zu verlassen, um seine irritierende Botschaft wo anders zu verkünden. Mirra Alfassa antwortete bloß, ›Wieso ihn vertreiben? Lass ihn doch dort, er gibt einen guten Test ab!‹«

»Aber für wen?«

»Das hat auch Satprem gefragt. Für jene, die ihm zuhören. Wenn sie mit dem zufrieden sind, was sie von ihm erfahren können, dann ist es doch gut für alle. Wenn es sie nicht befriedigt, dann gehen sie auf ihrer Suche weiter und werden dann den Ashram betreten und hier vielleicht etwas anderes wahrnehmen. Also letztendlich ist es immer von dir selbst abhängig, ob du etwas aufnehmen und verwenden kannst, was dir gesagt wird. Deshalb kann ich nicht ausschließen, dass es auch zu einer positiven Berührung kommen kann, wenn Aurovillianer auf Vortragstour gehen. Sie glauben, dass sie etwas zu verkündigen haben. Gut. Wenn sich jemand von Teilen des Gesagten berührt fühlt, dann kann das für dessen weiteren Lebensweg eine entscheidende Hilfe darstellen. So gesehen hat dann auch eine solche Aktion ihre Bedeutung und Berechtigung. Ich selbst erkenne für mich, dass Leben in Auroville und daraus resultierendes Erkennen nicht vortragbar und auch nicht lehrbar scheint. Es ist ein Leben nach einer inneren Überzeugung, das du hier führst. Ich glaube, dass es sich in Grenzen hält, was du an Belehrendem oder selbst Erfahrenem weitergeben kannst. Aber wie Srimoyi zuvor schon gesagt hat: Hier hat jeder eine enorm große Freiheit des Handelns. Und diese Freiheit, die muss man auch richtig zu nützen wissen. Du wirst es nicht für möglich halten, aber das überfordert viele.«

Ich fasse für mich zusammen: Es gilt nicht zu bewerten, wer im moralischen Sinne das Richtige tut: jene, die schweigen oder jene, die ihre persönliche Erfahrung dann nach außen tragen. Der Empfänger ist es, der eine Botschaft als solche erkennen will oder eben ablehnt. Und das ist es, was wir dann ein Schlüsselerlebnis nennen: ein Zeitpunkt, an dem alles zusammenpasst, um der eigenen Entwicklung und Erkenntnis einen bestimmenden Schubs zu geben. Dann reicht Otto noch nach:
»Es kommen immer wieder Menschen auf Besuch nach Auroville. Die haben dann auch manchmal ein schlechtes Erlebnis. Und sei es nur, dass in einer der Boutiquen im Visitors Center nicht die passende Hose oder das richtige Kleid vorhanden war. Das kann dann bereits Anlass sein, dass sie mit der Ansicht abreisen, dass ganz Auroville Scheiße ist. Es endet immer bei dem Punkt: Zu welcher Aufnahmefähigkeit ist der Einzelne in der Lage? Je klarer das Bild, welches wir in der Lage sind anzubieten, umso einfacher seine richtige Wahrnehmung. Wir sind um diese Deutlichkeit bemüht, aber andererseits gebe ich unumwunden zu, dass Auroville von so einer Wolke aus Daunenflusen umgeben ist. Hier schweben doch nicht wenige in einer flockig-flauschigen Scheinwelt des scheinbar Spirituellen. Ich nenne das ›Zirkus der Spiritualität‹. Du weißt wohl, was ich damit meine: dieses Überangebot an Attraktionen zur scheinbar geistigen Selbstverwirklichung. Viele Besucher machen davon Gebrauch. Das ist halt deren Weg. Aber zum Glück besuchen genauso viele oder noch mehr den Inneren Raum

des Matrimandir oder kommen in ein Gespräch mit einem Aurovillianer, der über die wahre Absicht seines Hierseins zu sprechen weiß. Das ist dann der Unterschied. Und das ist auch die Antwort auf die Frage von Satprem an die Mutter. Ich erzähle dir zum Schluss noch eine Geschichte, die gut vermittelt, wie schwierig es ist, sich aus seinen unbewussten Fesseln zu befreien. Ich glaube, das gilt für uns Aurovillianer im gleichen Maß, wie für alle anderen Menschen, von wo sie auch immer kommen:

Eine von Srimoyis Töchtern lebt in Berlin. Ihre Schwiegereltern aus Deutschland besuchen uns immer wieder hier in Auroville. Es ist ein Pastorenehepaar aus Norddeutschland. Ihr erster Weg nach ihrer Ankunft führt sie so gut wie immer ins Matrimandir. Sie fühlen sich im Matrimandir richtig geborgen und sehr wohl. Sie lieben den Matrimandir-Garten und spazieren dort stundenlang umher. Für beide ist es ein Ort ihres Wohlergehens geworden. Und während ihres Aufenthalts lassen sie sich auch noch eine gute Massage verabreichen oder etwas anderes, was Körper und Seele gut tut. Da ist für die beiden die Spitze des Wohlfühlens erreicht. Besonders der Mann fühlt sich immer ganz besonders gut und ist glücklich, wenn er hier auf Besuch ist. Bei ihren ersten Besuchen geschah etwas recht Eigenartiges, aber gleichzeitig so Typisches für dieses Zwängliche in unserer Psyche: Immer wenn sie am Abend von ihren Ausflügen zurückkamen, hatten sie das Bedürfnis Srimoyi und mir über ihre guten Gefühle zu erzählen. Aber irgendwie glaubten sie dabei auch eine Verpflichtung zu haben, ihr Wohlergehen rechtfertigen zu müssen. Ich sagte ihnen dann immer, dass sie sich nicht entschuldigen müssen. Es sei doch alles gut und wunderbar, wenn sie sich doch so gut fühlen könnten. Niemand ist ihnen deshalb böse oder verlangt eine Entschuldigung dafür. Ich konnte ihnen immer nur sagen: ›Ja, das ist doch großartig. Tut das, es ist wunderbar. Tut es einfach, ohne viel darüber zu reden. Macht es bloß.‹ Sie waren jetzt schon sehr oft hier und beide wirken immer ein wenig mehr entspannt. Sie, die Pastorin, war anfangs schon ein Mensch mit unverrückbaren Ansichten und sie war auch sich selbst gegenüber unheimlich streng. Doch auch sie scheint weicher geworden zu sein. Einfach tun – und weniger darüber sprechen.«

MACH DOCH WAS DU WILLST!

Wer hat diesen Satz nicht in seinen Kindheits- und Jugenderinnerungen abgespeichert? Mir ist er noch immer als verbal-resignierender Schlussstrich eines oder auch beider Elternteile in Erinnerung. Es war die eindeutige und klare Aufforderung an den uneinsichtigen und unbelehrbaren Sprössling eine (vermeintlich) eigene Entscheidung ohne Unterstützung und Hilfe der wegweisenden Autoritäten zu treffen. Vorangegangen war dem ein mehr oder weniger aufreibendes Kräftemessen, welches das Kind zu seinen Gunsten zu entscheiden versuchte. Wofür und wogegen auch immer. Aber im Gegensatz zur kapitulierenden Anwendungsvariante kann »Mach doch was du willst!« ein Appell für einen ersten entscheidenden Schritt zur Befreiung aus der Umklammerung des teilweise fremdbestimmten Handelns sein. »Mach doch was du willst!« wird in Auroville als eindeutige und klare Aufforderung erkannt, der eigenen inneren Stimme Vertrauen zu schenken und ihr unbedingt zu folgen. Aber eine kleine Korrektur mag hilfreich sein: Im aurovillianischen Sinne wäre ein »Mach doch was du kannst!« angebrachter. Ist doch »wollen« bei praktischer Anwendung nicht unbedingt mit der Überprüfung der eigenen Fähigkeiten Hand in Hand gehend. »Können« ist viel näher mit eigenem Zutrauen verbunden als das bloße Wollen. Können hat seinen Ursprung im »kennen« bzw. »erkennen«. Damit steht es mit Nähe und Vertrauen in noch engerem Zusammenhang. Man wird diesen aufschlussreichen Satz in Auroville nicht explizit ausgesprochen hören. Aber – so meine Vermutung – im inneren Dialog der meisten Mitglieder der Gemeinschaft wird er mehrmals täglich deutlich zu vernehmen sein. Und damit eröffnet sich in Auroville eine schier unglaublich bunte Palette von unterschiedlichsten Farbtönen. Ein Grundsatz hier lautet: Versuche nach Möglichkeit etwas anderes als das bisher Gemachte zu tun. Probiere dich an etwas Neuem aus. Keiner meiner Gesprächspartner, die ein Berufsleben vor Auroville führten, hat seinen ursprünglich erlernten Job hier fortgesetzt. Erinnern wir uns bloß an Otto. Aber was steht hinter der Absicht? Gegenwärtig befindet sich unsere Gesellschaft in einem bedeutenden Veränderungsprozess. Damit meine ich die sukzessive Auflösung des monothematischen Berufsbildes. Für die Generation meiner Eltern, und sogar noch für die heutige erwerbsfähige Generation der Mittfünfziger, war und ist es quasi verpflichtend, mit der am Anfang seines Berufslebens gewählten Beschäftigung auch zu enden. Wenn möglich auch noch in ein und demselben Unternehmen. Hinzu kam, dass der Wechsel des Arbeitsplatzes in früheren Tagen als unseriös galt und ein eher negatives Licht auf eine betroffene Person warf. Aber es gab immer wieder Zeiten, wo der oftmalige Tätigkeitswechsel (von Beruf war schwerlich zu reden) zum gelebten Alltag zählte. Immer waren es unruhige Zeiten der Not und Entbehrung, vor oder nach großflächigen gesellschaftlichen Umbrüchen, die zu dieser Art unfreiwilliger Tätigkeitsexpansion führten. Ich erinnere mich in diesem Zusammenhang noch an Erzählungen meines Großvaters. Seine Eltern führten im Wien der vorletzten Jahrhundertwende ein gut gehendes Geschirr- und Haushaltswarengeschäft, bevor der Erste Weltkrieg auch diese Familie aus dem Bereich des Abgesicherten warf. Mein Großvater, der gleich zwei Weltkriege erlebte, war nun der Einzige, der seine eigene Familie durchzubringen hatte. Er tat dies mit einer erstaunlichen Ansammlung von Berufen und Tätigkeiten, die er in diesen Jahrzehnten ausübte. Zwischen den Weltkriegen schlug er kurz die Beamtenlaufbahn ein. Tuberkulose führte dazu, dass er diesen Beruf beenden musste. In den Jahren kurz vor dem Zweiten Weltkrieg verdiente er etwas Geld mit der Kleinerzeugung und dem Verkauf von Essig und Senf (er produzierte ihn in der kleinen Küche der Zwei-Zimmer-Wohnung). Später dann, schon während des Krieges, arbeitete er als Friedhofsgärtner. Zu dieser Tätigkeit zählte auch das Ausheben von Gräbern. Sozusagen als Bonus erhielten seine Kollegen und er ein kleines Stückchen Wiese, ein Areal, welches noch nicht für Gräber benutzt wurde. Auf dieser Fläche bauten sie für den Eigengebrauch Gemüse und Obst an. »Mach doch was du kannst!« wurde für ihn und seine Familie zur Überlebensformel. Und dann erinnere ich mich noch an eine Geschichte über die andere Seite, die mir ebenfalls Großvater erzählte. Im Geschirrgeschäft seiner Eltern gab es einen Buchhalter. So richtig mit Ärmelschonern und schwarzem Anzug versah er nahezu ein halbes Jahrhundert seinen Dienst. Er hieß Herr Alfred. Herr Alfred kam als 15-jähriger Lehrling in das Geschäft und blieb über das Pensionierungsalter hinaus meinen Urgroßeltern 47 Jahre lang beruflich verbunden.

Die Permanenz entspringt ihrer Zeit und deren Vorgaben, genauso wie die Diversität.

Hinter beiden Ereignissen stehen verursachende Systeme. Versucht man sich aber diese Systeme von Erhaltung (hier der Friede) und Auflösung (Zeit der Unruhe und Krieg) wegzudenken, entsteht ein neues Erkennen: Dann nämlich wird die selbstverantwortete Entscheidung zur lenkenden Kraft. Oft ist unsere Berufswahl und seine Ausübung nicht nur ein Resultat der möglichst optimierten Umsetzung der eigenen Fähigkeiten, sondern auch ein Konglomerat aus Abwägungen und Überlegungen zur Investition von Zeit und Einkommenserwartung. Aurovilles Ideal von befriedigender Arbeit basiert auf einem völlig anderen Konzept. Der Begriff Arbeit ist in Aurovilles Geist nicht mit dem verpflichtenden Verbringen von Jahren oder gar Jahrzehnten verbunden. So wie das ganze Leben ist auch Arbeit ein Vorgang, der seine Effizienz im Hier und Jetzt findet. »Suche dir eine Tätigkeit, in der du voll und ganz aufgehst, hier und jetzt. Wenn das funktioniert, warum auch nicht noch morgen? Solltest du morgen erkennen, dass dein Tun nicht mehr mit deiner inneren Absicht und Bereitschaft übereinstimmt, dann versuche etwas Neues.«

Sehr eindrücklich vermittelte mir Achilles die praktische Umsetzung des Theoretischen. Er lebt mit einer größeren Unterbrechung seit 30 Jahren in Auroville. Alles was er tut, und es ist viel, steht im Zeichen der Naturerhaltung. Der ausgeprägte ökologische Auftrag war ein wesentlicher Punkt für seine Entscheidung in Auroville zu leben:

»Für mich war es mit einer der Gründe hierher zukommen – denn hier kann man sich das Leben so gestalten wie man will. Also kann man hier so umweltbewusst leben, wie man es gerne hätte.«

Achilles ist 65 Jahre alt, wirkt aber körperlich wie 35. Er betreibt im Grüngürtel eine Pferdereitfarm und arbeitet täglich im Wald. Nebenbei führt er eine kleine Landwirtschaft. Aber er sagt über sich selbst: »Ich bin kein Landwirt. Weder gelernt noch sonst was. Aber es macht Spaß. Ich bin auch kein Forstarbeiter. Aber es macht mir Spaß. Was ich mache, entsteht aus der Freude es zu tun.

Wenn du nach Auroville kommst, sollst du nicht unbedingt das weitermachen, was du vorher in deinem Leben gemacht hast. Weder äußerlich noch innerlich. Und das Schöne an Auroville ist, dass du deinen Beruf praktisch jedes halbe Jahr wechseln kannst – wenn du Lust dazu hast. Und du kannst dich an etwas ganz anderem versuchen, als dem, was du gewöhnt bist oder gelernt hast.«

Unser Gespräch findet im Gehen statt. Währenddessen zeigt mir Achilles das weitläufige Gebiet seiner vielfältigen Tätigkeiten. Im Zentrum befindet sich der eingezäunte Weideplatz der Pferde. Daneben sein eigenwillig gestaltetes und einladendes Wohnhaus. Die Küche steht mitten in der Natur. Von ihr durch einen kleinen Platz getrennt der eigentliche Wohnbereich. Alles ist offen und ohne Fenster. Eine heimelige Atmosphäre im ebenerdigen Wohnzimmer. Im Zentrum ein bequemer Lehnstuhl, daneben ein Tisch mit vielen Büchern. Durch eine mitten im Raum frei schwebende Treppe ist der Schlafbereich erreichbar. Großzügig, einladend, exotisch-romantisch. Ein riesiges Bett und wieder Bücher. Achilles lebt gemeinsam mit einer seltsam zusammengewürfelten Menagerie: An die 20 Hühner leben mit zwei Hähnen im Hühnerhaus. Zwei Gänse, immer laut und zankend, und zwei kolossale Truthähne, die wie auf Schienen gleiten, beschreien uns aus sicherer Distanz. Vier Hunde und zehn Pferde vervollständigen das Ensemble. Erst später erzählt Achilles, dass zwei Kobras in unmittelbarer Nähe zu seinem Wohnhaus in einem Erdhügel wohnen. Man arrangiere und respektiere sich gegenseitig. Auf unserem Weg

werden wir vom Dackel »Lauser« begleitet. Name und Hunderasse lassen auf einen kleinen Restbezug zu Österreich schließen. Achilles ist in Vorarlberg geboren. Aber Reminiszenzen an die Vergangenheit merke ich bei ihm während unseres Gesprächs so gut wie gar nicht. Er gibt den Arbeitern am Pferdestall einige Arbeitsanweisungen. Für die Betreuung der zehn Pferde hat Achilles einige Tamilen beschäftigt und spricht wie selbstverständlich mit ihnen in ihrer Sprache. Dann nimmt er den Faden wieder auf:

»In Auroville sollen wir nach unseren Möglichkeiten leben und nach unserem Talent. Aber nicht nach irgendwelchem Papierkram, Zeugnissen und Zertifikaten. Vor allem sollen wir nicht dasselbe für den Rest unseres Lebens machen. Leben an sich bedeutet ja Bewegung und Variationsreichtum. Alles andere ist eigentlich gegen das Prinzip des Lebens: Stagnation und Stillstand. Das ist einer der Grundsteine, dass die Leute hier nach ihren Fähigkeiten und Möglichkeiten leben sollen. Übrigens: Das habe ich auch in den zehn Jahren erfahren, die ich in Deutschland verbrachte. Das geht sogar in der Welt da drüben (er meint Europa) und sogar in so einem Papiertigerland wie Deutschland. Für alles, was ich dort gemacht habe – ich arbeitete mit Pferden – hatte ich weder ein Diplom, noch sonst irgendetwas Schriftliches vorzuweisen. Ich konnte nur meine Arbeit vorzeigen und das hat wunderbar funktioniert. Man darf sich davon nur ja nicht ins Bockshorn jagen lassen. Ich habe einfach meinen Betrieb aufgemacht und gesagt ›Hier bin ich und das mache ich‹. Dann haben die Leute rasch gemerkt was ich konnte und dass es funktioniert. Also auch da geht das völlig ohne Papiere, aber man muss es halt machen. Die Leute sind dort drüben dermaßen verängstigt und konditioniert, dass sie es gar nicht mehr probieren. Aber es funktioniert immer noch...«

Achilles beendet dieses Treffen nun recht rasch. Er muss in den Wald und davor noch die Kette der Motorsäge schärfen. Auf dem Rückweg begegnen wir Eric, dem Franzosen, der im früheren Beruf IT-Spezialist war und nun gemeinsam mit Achilles für Aurovilles Naturerhaltung tätig ist. Aber immer wieder bringen ihm Menschen einen kaputten Laptop in den Wald.

»Mach doch was du kannst.« Was Achilles über Berufsausübung à la Auroville zu sagen hat, muss zwangsläufig zu Akzeptanzproblemen in unserem Wertekanon führen. Die Investition von vielen Jahren Ausbildung und Geld, das Absolvieren einer Vielzahl von Prüfungen und Examen, bildet die Legitimation und Zugangserlaubnis in den Exklusivbereich des Spezialistentums. Wer in Auroville ankommt, ist dazu angehalten, irgendwo anzuklopfen und zu fragen »Könnt ihr mich brauchen?« Der Vorgang zeigt für die eigene Person und auch der Gemeinschaft, ob man überhaupt in der Lage ist, flexibel und mit genügend Selbstbewusstsein etwas zu tun, was nicht der eigenen Geschichte und der damit verbundenen Absicherung zu entsprechen hat. Ich habe in den letzten Jahren immer wieder Menschen getroffen – sie waren um einige Jahre jünger als ich, also zwischen vierzig und fünfzig –, um mit ihnen über das Thema Zukunftsprognosen zu sprechen. Wenn wir über ihre Ausblicke bzw. Perspektiven sprachen – meistens war es die Frage an mich, der freischaffend und ohne Absicherungsnetz sein Leben jonglierte – war ich über ihre Aussagen gleichermaßen überrascht und irritiert. Sie verbrachten im Hier und Jetzt erstaunlich lange Nachdenkzeiten bereits damit, wie sie ihre Pensionszeit aktiv gestalten wollten und zerbrachen sich den Kopf über zusätzliche Geldanlagemöglichkeiten, die ein Mehr an Rente ermöglichen würden. Diese anstrengende Auseinandersetzung fällt für die Gemeinschaft in Auroville ohnehin weg. Achilles wäre bereits im Pensionsalter und Otto auch schon knapp dran. Der hatte folgendes zum Thema zu sagen: »Niemand geht in Auroville in Pension. Du reduzierst vielleicht deine Aktivitäten und arbeitest ein paar Stunden pro Woche weniger. Aber die Leute bleiben hier alle aktiv. Sie sind wesentlich agiler als im Westen, mental und körperlich, und bleiben in die Gesellschaft eingebunden. Die sind genauso wichtig mit 70 als sie mit 40 waren. Man wird hier nicht zum alten Eisen gelegt und niemand sagt: ›Du bist 65, geh jetzt in Pension!‹ Das passiert hier nicht! Es sind so viele Sachen, die zu machen sind, wo du dich nicht unbedingt körperlich anstrengen musst. In Entscheidungsprozessen haben wir viele Leute, die wesentlich älter sind. Die sind hier seit langer Zeit und haben Erfahrung. Es ist sehr wichtig diesen Leuten zuzuhören, weil sie vielleicht etwas bieten, was ich noch gar nicht erfahren habe. Das ist eine Notwendigkeit in jeder Gesellschaft.«

Im Rahmen meiner Vorrecherche versuchte ich jüngere Menschen aus Auroville zu finden, die auf gut verständliche Weise »Mach doch was du willst!« in die Praxis umsetzten. Schließlich hatte ich eine Liste mit Empfehlungen auf dem Schreibtisch liegen. Jede einzelne Geschichte wäre es wert erzählt bzw. niedergeschrieben zu werden. Ich habe mich schließlich für die Geschichte von Jane entschieden, welche am stärksten zeigte, wie einfach ein Beruf, der, abgesehen von langen Jahren des Studiums, auch eine bedeutende Karriere- und Einkommensperspektive aufwies, an den Nagel gehängt werden kann. Und an dessen Stelle etwas vollkommen Unvorhersehbares trat.

JANE UND DIE SCHOKOLADENFABRIK

Von Martin erhielt ich per E-Mail folgenden kurzen Steckbrief zu Jane Mason: Australierin, 34 Jahre, früher Rechtsanwältin, seit 5 Jahren Mitglied der Auroville-Gemeinschaft, gründete eine äußerst erfolgreiche Schokoladenmanufaktur. Die paar Zeilen an Information reichten mir aus, um Jane über mein Buchprojekt zu informieren. Ihre E-Mail-Antwort auf meine Anfrage zu einem ersten Gespräch kam umgehend: »Yes, sounds great. Why not?«

An einem Montag, bereits um 8 Uhr morgens, warte ich auf Jane im La Terrace Cafe. Auf einer großen Terrasse über Aurovilles Kantine Solar Kitchen stehen an die zwölf Tische, zwei Drittel davon überdacht und von Ventilatoren mit kühlender Luft bestrichen. Ich selbst wählte für meine Gespräche immer einen der hinteren Tische. Diese standen im Freien, aber im Schatten eines riesigen Baumes. Der Vorteil: Hier war es angenehm ruhig und ein leichter Windzug kühlte auf natürliche Weise. Auch einen Nachteil gab es: Immer wieder fielen aus dem Blattwerk des Baumes große Ameisen auf Tische, Stühle und Personen, natürlich auch auf mich – und sie konnten hin und wieder gewaltig zubeißen.

Jane holt noch Kaffee und Kuchen vom Tresen und dann sitzt sie mir gegenüber. Sehr groß, extrem schlank, sportlich, gesund aussehend. Ein Händedruck, so kräftig wie der eines Mannes. Nicht viel Vorgeplänkel an Worten. Jane ist »very busy« seit ihre Schokoladenkreationen in Indien zum Verkaufshit wurden. Ich habe ihr zwei Stunden Gesprächszeit abgerungen, aber sie kann heute nur eine Stunde bleiben. Die zweite Hälfte dann eine Woche später am selben Ort. Wir beginnen dann gleich mit dem positiven Anlass ihrer Vielbeschäftigung.

»Ich habe gehört, dass du noch vor zwei Jahren Schokolade in deiner Privatküche gekocht hast. Also es war ein ganz bescheidener Anfang. Aber wie kam es überhaupt dazu?«

»In meiner kleinen Küche hier in Auroville habe ich zu experimentieren begonnen. Es war zu diesem Zeitpunkt eigentlich mehr ein Hobby. Ich hatte überhaupt noch nicht an ein Schokoladenbusiness gedacht. Der Grund war ein einfacher: Ich konnte in Auroville keine Schokolade finden, die mir schmeckte. Also begann ich meine eigene Schokolade zu machen. Von der haben Freunde gekostet und gefragt: ›Wo hast du die gekauft?‹ Dann erzählte ich, dass sie in meiner Küche entstanden ist. Sie sagten dann sofort: ›Die schmeckt großartig. Die kannst du verkaufen!‹«

»Hattest du eine Verbindung zu Schokolade, irgendetwas aus deiner Familie oder aus deiner Vergangenheit?«

»In meiner Familie haben wir immer schon sehr gerne gut gegessen. Ich habe irgendwann begonnen, mich ausführlicher mit Ernährung zu beschäftigen. Und da wurde mir bewusst, dass Schokolade nicht nur etwas sehr gut Schmeckendes, sondern auch etwas ziemlich Gesundes ist. Aber mehr an Verbindung gab es nicht.«

»Aber dass es dir gelungen ist, in Auroville Schokolade in bester Qualität herzustellen, das muss dich doch selbst überrascht haben. Und es hat auch mich sehr beeindruckt, als mir Martin ein wenig von deinem Leben vor Auroville erzählte. Das ist ein gewaltig großer Veränderungsschritt, den du getan hast. Wie kam es dazu?«

»Ich habe irgendwann während meines Jura-Studiums mit Yoga begonnen. Du weißt, diese Art von Yoga, wie wir es im Westen pflegen und welches absolut unterschiedlich zu dem ist, was hier in Auroville darunter verstanden wird. Für mich war das aber damals wichtig und richtig. Ich habe mir, wie viele andere auch, dadurch Antworten auf verschiedene Fragen meines Lebens erwartet. Du kennst diese Fragen sicher: Wer bin ich? Wer möchte ich sein? Wohin geht die Reise? Als ich das erste Mal ein Upasana (meditative Verinnerlichung) machte, passierte etwas Entscheidendes: In mir veränderte sich etwas. Ganz plötzlich von heute auf morgen. Das war vor sieben Jahren und wurde zum Beginn eines Umdenkens in meinem Leben. Ich war Rechtsanwältin in Sydney und hatte meinen Beruf sehr gerne. Es gibt gar nicht so wenige, die ihre Arbeit und die Menschen nicht mögen und deshalb eine Veränderung anstreben. Das war bei mir nicht der Fall. Ich hatte einen tollen Chef, den ich sehr schätzte und wirklich großartige Kollegen. Alles war gut in meinem Leben. Es ist sogar so, dass ich manchmal diese Zeit, und besonders die Menschen von damals, noch vermisse.«

Was mir Jane im Weiteren erzählt, ist den anderen Geschichten, die ich hier an diesem Ort in Folge hörte, nicht unähnlich. Es gibt wohl einen kleinsten gemeinsamen Nenner. Und genau der scheint auszuschließen, dass Auroville »rein zufällig« jemandem passierte. Selten entspringt die Veränderungsabsicht einer Unzufriedenheit. Aber am Anfang stehen immer ganz bestimmte Fragen zur Einleitung dieses weitreichenden Prozesses. Die Suche nach Antworten beginnt sich zu verdichten, so lange bis Handlungsbedarf gegeben ist. Auch Jane erkannte bald, dass für dieses Handeln ein Ortswechsel notwendig würde.

»Es war mir klar, dass ich diese Entwicklung nicht in der Umgebung machen konnte, in der ich mich befand. Ich hätte dafür nicht die notwendige Energie aufbringen können, die für so einen Weg aber unbedingt notwendig ist. Im gewohnten Umfeld gibt es einfach zu viel an ablenkenden Einflüssen.«

»Aber einen neuen Lebensweg zu beschreiten, heißt noch nicht zwangsläufig in Auroville zu landen. Ich glaube mich zu erinnern, dass du anfangs ein ganz anderes Ziel vor Augen hattest?«

»Alles, was geschah, kannst du als vorbestimmt erkennen. Aber im Nachhinein ist so etwas immer einfach zu sagen. Ich hatte vor fünf Jahren dann den Entschluss gefasst, mein Leben auch vom Ort her zu verändern. Ich war eigentlich auf dem Weg nach Südamerika und wollte dort mit einem Freund eine Surfschule eröffnen. Aber mein Yogalehrer lebte damals hier in Indien und ich verbrachte einige Monate bei ihm, um Yoga zu praktizieren. Als ich damit fertig war, hatte ich noch einige Wochen zur Verfügung, bevor ich nach Südamerika weiterreisen wollte. Yoga-Bekannte fragten mich dann, ob ich mit ihnen nach Auroville reisen wolle. Ich hatte von diesem Ort schon gehört und war neugierig. So habe ich mich ihnen angeschlossen.«

Ziemlich bald nach ihrer Ankunft in Auroville lernt sie den Franzosen Fabien kennen, ihren späteren Lebenspartner. Also ist Jane über die Liebe an diesem Ort gelandet? Ja, sagt sie. Aber es war ihr wichtig zu erkennen, ob das, was sich da anbahnte, auch tragfähig war. Sie reiste deshalb zwei Wochen später von Auroville nach Südamerika und traf dort ihren Geschäftspartner für das Surfschulprojekt. Dieser Mann erkannte recht bald, dass Jane nicht mehr richtig von der gemeinsamen Geschäftsidee überzeugt war. »Ich habe ihm immer wieder von Auroville erzählt und dann hat er mir eines Tages geraten, wieder dorthin zurückzureisen und da auf eine entscheidende Antwort zu hoffen.« Fünf Monate blieb Jane dann doch noch in Südamerika, bevor sie wieder in Auroville ankam.

»Es sind also etwas über vier Jahre vergangen, als du dann zum zweiten Mal in Auroville eingetroffen bist. Wie waren anfangs deine Erfahrungen mit diesem Ort und seinen Menschen, irgendwie befandest du dich doch in einer außergewöhnlichen und unvergleichlichen Situation?«

»Ja, sicher. Durch Fabien erlebte ich Auroville schon anfangs ganz anders. Andere müssen langsam Schritt für Schritt und oft sehr mühevoll Auroville kennenlernen. Ich konnte durch meinen Partner ganz rasch mit vielen Leuten aus der Gemeinschaft in nahen Kontakt kommen. Das war eine große Hilfe und Erleichterung, die vielen anderen nicht zur Verfügung steht. Auroville kann sehr schwierig für Neuankommende werden und gerade am Anfang kann man sich hier recht einsam fühlen. Das wirst du sicher schon öfter gehört haben, oder?«

»Ja, das haben einige erzählt. Aber sie sagten auch fast im selben Atemzug, dass sie so stark spürten, dass es ›ihr Ort‹ sei. Hattest du auch sehr rasch das Gefühl, dass es der Platz ist, wo du gerne dazugehören wolltest?«

»Ja, ganz sicher. Ich glaube, dass das sehr unterschiedlich sein kann. Ich hätte nie meine Absichten in Südamerika so rasch aufgegeben und wäre sofort wieder hierher gekommen, wenn da nicht etwas bereits ganz stark in mir geschwungen hätte.«

»Wie lange hat es gedauert, bis du deine endgültige Entscheidung getroffen hast und wie oft bist du dann noch zwischen Sydney und Auroville gependelt?«

»Once – nur einmal. Ich bin von hier dann nicht mehr abgereist, nachdem ich aus Südamerika zurückgekommen bin. Ich hatte bereits davor meinen Job als Anwältin in Sydney gekündigt und ich habe mein Leben in Australien mit allem was dazugehört abgeschlossen.«

»Was haben deine Freunde, dein Chef, deine Arbeitskollegen zu deiner Entscheidung gesagt?«

»Die fielen natürlich aus allen Wolken, als ich ihnen von meiner Absicht – eigentlich war es zu diesem Zeitpunkt bereits ein Entschluss – erzählte. Aber andererseits kannten sie mich auch gut genug und wussten, dass so etwas bei mir immer passieren konnte. Für meine Mutter war es sicherlich sehr überraschend, denn sie wusste, dass ich eigentlich sehr glücklich war mit meinem bisherigen Leben. Sie war schon schockiert und auch meine Schwester verstand nichts mehr. Und mich natürlich schon gar nicht. Aber ich habe von den letzten 13 Jahren meines Lebens ohnehin nur zwei in Sydney verbracht. Die meiste Zeit lebte ich in London und auf Bali oder bin viel gereist. Diese neue Entscheidung, einige Zeit in Auroville zu verbringen, war jetzt nicht wirklich außergewöhnlich für mein bisheriges Leben. Wahrscheinlich war es eher der Ort, der meine Familie erschreckte.«

»Darf ich noch etwas mehr über Fabien erfahren? Wie lange lebt er schon in Auroville?«

»Fabien lebt schon sehr lange hier, seine Mutter ist mit ihm und seinem Bruder vor 20 Jahren nach Auroville gekommen. Er hat eine intensive Auroville-Vergangenheit. Durch ihn habe ich auch erst erkannt, wie sehr sich das Leben von angereisten Aurovillianern wie mir von jenen unterscheidet, die bereits hier aufgewachsen oder sogar hier geboren wurden. Das Verständnis für diesen Ort ist für eingesessene Aurovillianer ein vollkommen anderes.«

»Glaubst du, dass dieser Unterschied im Verständnis des Ortes auch ein Problem im gegenseitigen Verstehen untereinander bewirkt?«

»Ganz sicher! Ganz, ganz sicher! Ich denke, dass die hier aufgewachsenen Aurovillianer manchmal eine Naivität gegenüber dem großen Rest der Welt aufweisen. Aber andererseits sich unglaublich zu entfalten vermögen, wenn sie in die Welt hinausgehen. Hingegen glaube ich, dass es für jene, die sich im Erwachsenenalter entschließen hierher zu kommen, ganz andere Schwierigkeiten gibt. Ich glaube, dass es für diese Gruppe oft wirklich schwierig ist, die Geschichte von Auroville in Verbindung mit der Lebenspraxis der Alteingesessenen zu akzeptieren. Es ist nicht einfach, die richtigen Worte zu finden – aber ich denke schon, dass es da genügend Konflikte und Probleme zwischen diesen beiden Gruppen gibt.«
Ich erzähle ihr von dem Brasilianer Cristiano, der mit mir im Guesthouse wohnt und nun mit 57 Jahren als Newcomer seinen Eintritt nach Auroville vorbereitet.
»Glaubst du, dass Menschen, die mit einem riesigen Rucksack an bereits gelebtem Leben hier ankommen, in der Lage sind, sich auf etwas völlig anderes noch einzulassen, ohne ständig in Bewertungen und Vergleichen zu enden?«
»In der Tat ist das hier ein sehr schwieriges Kapitel. Ich glaube aber gar nicht, dass das Alter dafür ausschlaggebend ist. Ich glaube, dass unsere westliche Mentalität vor allem im Bewerten und Kontrollieren ihre Erfüllung findet – und ich erkenne mich dabei selbst im Spiegel, während ich das jetzt ausspreche. Das ist richtig, das ist falsch, und was weiß ist, kann nicht schwarz sein. Besonders hatte ich zu akzeptieren, nicht immer davon auszugehen, dass mein Vorschlag der bessere sein muss. Als ich endlich verstand, dass es nur darauf ankommt, einfach hier zu sein, ohne ständigen Behauptungsdrang, und ich in der Lage war das zu akzeptieren, ging es mir schlagartig besser und mein Leben wurde zusehends einfacher.«
»Aber ich habe eigentlich Auroville als einen Platz erfahren, an dem alles diskutiert wird. Ständig und immer. Für einige Aurovillianer ist das mittlerweile schon zu viel an Diskussionsfreiheit.«
»Ja, das erkenne ich auch. Hier wird alles in Grund und Boden diskutiert. Wenn du lange genug etwas fokussierst, dann wirst du immer etwas Fehlerhaftes finden. Die ganze Struktur von Auroville, also wie

Zusammenleben hier definiert wird, das bietet ständig Anlass, um sich über etwas zu beschweren oder sich in Diskussionen zu überbieten, wie etwas besser funktionieren könnte. Aber schließlich versuchen viele hier dann auch das Beste zu geben. Ganz einfach, weil sie es aus ihrem Inneren heraus möchten.«

»Wie siehst du die Verbindung zwischen der Auroville-Charta, diese drei tragenden Säulen einer umfassenden menschlichen, aurovillianischen Lebensabsicht, und dem gegenwärtigen Alltag hier vor Ort? Sind die Ideale von damals mit den heute notwendigen Maßnahmen, um Auroville in eine Zukunft zu führen, vereinbar?«

»Ich denke, wenn du unterschiedlichen Menschen hier diese Frage stellst, dann bekommst du genauso viele verschiedene Antworten. Ich kann nur sagen, die Gründungscharta muss es geben, auch wenn nicht jeder sich an deren Inhalte hält und diese nicht in sein eigenes Leben übertragen kann. Wenn kein verlässliches, solides Fundament existiert, auf dem gebaut werden kann, dann wäre jede Absicht hier unsinnig. Und ich glaube auch, dass jeder hier wirklich versucht nach den Inhalten der Charta zu leben, auch wenn die Voraussetzungen für diese Erfüllung sich manchmal von Tag zu Tag dramatisch verändern. Ich habe das bei mir selbst beobachten können. Da gibt es Phasen, wo ich wieder in meinen alten hedonistischen Lebensstil hineinfalle und dann muss ich mich da wieder herauszerren. Und natürlich sind dann solche Gewichte wie die Charta oder Mutters Traum extrem notwendig, um dich selbst wieder einzufangen und zu erden. Also ich glaube nicht, dass es allen jeden Tag gelingt, in tiefer Erkenntnis der Charta zu leben, aber das Fundament ist ein wirklich solides und starkes.«

»Vor zwei Jahren habe ich den Film über die kleine Gruppe Österreicher hier in Auroville gedreht. Da ist mir aufgefallen, dass jene, die schon lange hier leben, also Otto, Aurelio und Achilles, eine, wenn nicht mehrere Fotografien von ›Mutter‹ in ihren Privaträumen stehen haben. In Martins Haus hingegen war von ›Mutter‹ nichts zu sehen. Würdest du dazu eine Aussage machen wollen?«

»Also, zuerst einmal würde ich es gerne sehen, wenn die alteingesessenen Aurovillianer und die neu Hinzugekommenen viel mehr im Austausch stehen würden. Ich für mich würde wirklich gerne zu einem von den Pionieren gehen, wenn ich z. B. ein Problem habe, bei dem ich selbst nicht weiterkomme. Der würde es wahrscheinlich schaffen, mich wieder auf die Schiene zu stellen, weil ihn ein riesiger gelebter Erfahrungsschatz mit diesem Ort verbindet. Aber das wird in Zukunft immer seltener funktionieren, da die Zeit vergeht und es irgendwann diese Wissenden nicht mehr gibt. Die neuen Generationen haben keine Verbindung mehr zur physischen Erscheinungsform von ›Mutter‹, weil sie diese ja nie gekannt haben. Aber das ist ein natürlicher Weg, der da gegangen wird und es ist klar, dass es in Zukunft noch weniger Verbindung zur physischen Person der Mutter geben kann. Aber wenn wir darüber sprechen, ob die Ideale und die Prinzipien von Sri Aurobindo und von ihr weiterhin von Bedeutung sein werden, dann ist das eine Frage, die ich nicht beantworten kann. Ich kann nur sagen, dass aus dem Geist dieser beiden großen Menschen Auroville erst entstehen konnte. Und das sollte uns, die hier leben, immer bewusst sein.«

»Wovon siehst du Aurovilles Zukunft abhängig? Ist es das Bewahren der Geschichte? Oder sind es die Innovationen, für die Auroville ebenfalls bekannt ist?«

»Es kann nur in einer Verbindung von beidem gesund weitergehen. Das Vergangene hat insofern seine Wesentlichkeit und Berechtigung, weil es uns vermittelt, warum wir überhaupt an diesem Ort dieses Experiment wagen können und sollen.«

»Jane, du befindest dich gegenwärtig auf einem beruflichen Höhenflug. Deine Schokoladenproduktion kann die Nachfrage nicht mehr erfüllen. Darüber werden wir dann noch mehr von dir erfahren. Aber siehst du dich als Person, die zumindest einen Teil von Aurovilles Zukunft auf den Schultern weiterzutragen hat?«

»Nein, so denke ich nicht. Es ist sehr schwierig ein authentisches Leben zu führen, wenn du eine Last auf deinen Schultern spürst, die dich daran hindert, frei zu agieren. Ich möchte aber noch etwas zu deiner vorherigen Frage sagen: Ich gehe öfter zu Treffen, wo dann Sri Aurobindos Werke gelesen und erklärt werden, und da wirst du nur ganz selten junge Menschen und jüngere zugewanderte Aurovillianer treffen. Die jungen, hier aufgewachsenen Aurovillianer haben vielleicht kein Foto von Sri Aurobindo und Mutter in ihrem Zimmer stehen, aber sie wissen wahrscheinlich doch noch einiges über ihr Leben und Wirken. Wesentlicher erscheint mir, dass man versuchen muss, die jüngeren und zugereisten Menschen mit den Lehren der beiden zu verbinden. Das ist ein schwieriger Weg, wie man erkennen kann. Individualismus wird hier in Auroville sehr groß geschrieben. So auf die Art: Jeder macht was er will, ohne Anordnungen und ohne Vorschriften. Das ist auch das Großartige an diesem Ort hier. Aber darin liegt natürlich auch das Missverständnis. Ich glaube nicht, dass man ohne die Anleitungen von Sri Aurobindo und der Mutter den richtigen Weg finden kann. Aber sich mit ihren Texten auseinanderzusetzen, das muss man auch wollen. Vieles davon ist nicht einfach zu verstehen. Das ist richtige Arbeit. Für meine Entwicklung hier sind die Texte von beiden entscheidend. Auch wir haben von beiden ein Foto in unserem Haus. Aber das ist eher eine visuelle Hilfe. Wenn es dir einmal nicht so gut geht und du wirfst einen Blick auf die Fotos, dann ist das wie eine Bestärkung: ›Komm, gehe weiter! Es ist schwierig, aber der Weg ist gut!‹ Es ist eine mentale Unterstützung. Aber ich bin mit beiden mehr über das gelesene Wort verbunden.«

»Jane, wie schon zuvor gesagt, es geht ziemlich steil bergauf mit deiner Karriere als Chocolatière. Es wäre sehr interessant zu erfahren, wie weit in diesen Prozess Aurovilles Geist integriert ist. Kannst du mir dazu etwas mehr sagen?«

»Als ich kommerziell mit der Schokoladenherstellung begann, stellte ich rasch fest, dass ich sehr stark in die westliche Vorstellung von Geschäftemachen verfiel. Wir waren ja gleich von Beginn an erfolgreich. Weder Fabien noch ich hatten damit gerechnet, dass es in Indien eine so große Marktlücke auf dem Schokoladensektor gab. Die rissen uns die Schokoladen aus den Händen. Die Supermärkte wollten immer mehr, die Nachfrage war riesig. Und wir hatten auch das Gefühl, dass alles so passte, wie wir es anlaufen ließen. Wir hatten glückliche Mitarbeiter, die in einer guten Arbeitsatmosphäre arbeiteten, uns ging es gut. Aber dann tauchte diese Verführung plötzlich auf: Im westlichen Geschäftsverständnis sollten wir vergrößern und

expandieren. Wir folgten dieser Versuchung und mussten nach einigen Monaten feststellen, dass wir trotz des enormen Erfolgs nur noch Stress hatten. Und ich merkte sehr rasch, wie schlecht eine Stressatmosphäre sich auf alles andere auswirkt. Stress ist eine wirklich schlimme Sache, weil er Negativität schafft. Und die bekommst du nicht mehr so rasch aus dem Haus hinaus. Wir haben uns dann auf das wirklich Wesentliche unseres Tuns konzentriert. Ein erster Schritt führte dazu, dass wir radikal die Produktion zurückfuhren. Wir fragten uns ganz ernsthaft: ›Was machen wir hier an diesem besonderen Ort eigentlich?‹ So, wie wir angefangen hatten, da bräuchten wir nicht in Auroville sein. Es wurde uns glücklicherweise rasch klar, dass wir wieder auf das eigentliche Fundament von Aurovilles Zielvorgabe zurückkehren wollten. Alles, was du machst, soll eben mit einer bewussten humanistischen Absicht gemacht werden. Und jetzt haben wir unser richtiges Maß gefunden. Wir sind nicht groß, aber die Qualität ist hoch und alles ist überschaubar. Wenn wir die Nachfrage nicht befriedigen können, dann ist das so. Unsere Mitarbeiterinnen und wir empfinden jeden Tag als Glück. Du kommst in den Raum, wo die Conchiermaschinen laufen. Da ist dieser wunderbare Geruch nach warmer Schokolade. Unsere Mitarbeiterinnen sind ruhig und entspannt. Du blickst aus dem Fenster und siehst Kokospalmen, deren Wedel sich im Wind bewegen. Dann merke ich: ›Jane, du bist angekommen – jetzt gerade wieder – und morgen wirst du es ja erkennen, ob du noch immer richtig hier bist.‹«

»Ob jemand auf eine falsche Entwicklung so reagiert wie du und dein Partner es gemacht haben, zeigt doch sehr eindrucksvoll, wie sehr das Mitgebrachte und Gewohnheitsmäßige erkannt und beeinflusst werden kann. Bist du auch auf diese andere Seite hier in Auroville schon gestoßen? Also auf jene, bei denen z. B. die Verführung stärker war?«

»Ich würde mich da nicht herausnehmen. Permanent wirst du hier mit der Verlockung konfrontiert, in die alten Muster zu fallen. Oft ganz offensichtlich und deutlich erkennbar, aber auch sehr versteckt. Und um ehrlich zu sein, es gibt noch genügend alte, scheinbare Qualitäten, an denen ich festhalte, wo mir noch nicht verdeutlicht wurde, dass ich mich davon befreien sollte. Was es bedeutet, kommerziell erfolgreiche Geschäftsmodelle hier zu verfolgen, dazu möchte ich folgendes sagen: Es ist ohnehin sehr schwierig, in Auroville überhaupt ein Geschäft aufzubauen. Wenn du nicht genügend eigenes Kapital mitbringst, kommst du meistens nicht weit. Auroville unterstützt dich und leiht dir Geld, damit du dir einen Startplatz schaffen kannst. Aber so richtig weitreichende Investitionen kann Auroville nicht machen, da fehlt das notwendige Geld. In letzter Zeit versuchen einige für ihre Geschäftsidee von außen Geld zu akquirieren, sie suchen also Investoren. Das soll eigentlich nicht sein. Aber mit den in Auroville möglichen Finanzressourcen schaffst du es bis zu einer gewissen Größe und nicht darüber hinaus.«

»Aber ist das nicht vielleicht sogar ein natürlicher und sehr gesunder Vorgang und eigentlich im Sinne von Auroville? Business muss nicht immer nur auf groß, größer und noch größer ausgerichtet sein. Das hast du doch selbst erfahren können oder müssen. Ist das nicht auch ein erwünschter Effekt?«

Janes Antwort ist recht vorsichtig formuliert. Es ist für mich sehr deutlich erkennbar, dass auch sie, wie so viele andere hier, in diesem Punkt zwischen zwei Stühlen sitzt. Das Streben nach Erfolg ist auch für sie eine durchaus positive menschliche Eigenschaft. Aber ab welchem Punkt in Aurovilles ethischer Sicht über das Ziel hinausgeschossen wird, da wird auch ihre Antwort verschwommen und uneindeutig. Auch Jane argumentiert mit Aurovilles dringendem Geldbedarf.

»Man kann es auch so sehen. Aber eben AUCH. Es gibt da immer zwei Seiten und jede ist richtig. Aber, weißt du, dass Auroville mehr kommerzielle Geschäftsbereiche benötigt und dass Auroville mehr Geld dringend braucht, das pfeifen die Spatzen von den Dächern. Und so ist es kein Nachteil, wenn es hier auch Menschen gibt, die mit ihrem Geschäft in der Lage sind, gut Geld zu machen und damit wieder Auroville unterstützen. Und es entspricht auch unserem Wesen: Wenn du ein Geschäft aufziehst und es bringt dir kein Einkommen und keine Gewinne, dann wirst du irgendwann einmal frustriert und unglücklich sein und wieder zusperren. Aber es ist immer eine Münze mit zwei Seiten. Ich glaube, man muss, wenn man hier lebt, den Vergleich heranziehen: Was waren die Aufgabenstellungen hier vor 30 oder 40 Jahren?

Und was sind sie heute? Vor 40 Jahren war das ganz eindeutig: Man musste diesen Platz für Menschen erträglich und lebbar machen. Dann kam als nächste Aufgabe die Lösung des Wohnproblems hinzu. Und heute stehen wir vor ganz anderen Aufgaben. Wenn wir davon überzeugt sind, dass Auroville wachsen soll, geistig und physisch, dann geht das ohne eine solide finanzielle Aufstellung nicht. Wachsen bedeutet nun einmal Expansion. Auroville braucht Land und dieses ist sehr teuer geworden. Ich glaube, dass das, was du ansprichst, die unmoralische Komponente des Geldverdienens, natürlich auch hier die Herausforderung für manche ist. Aber einige der Spielregeln werden uns von außen aufgetragen. Klar, wir können Nein sagen. Aber dann ist die Gefahr sehr groß, dass wir als Openair-Museum enden werden, beschützt von der UNESCO: ›Hier fand einmal ein einzigartiges Experiment statt‹ wird dann am Eingang von Auroville zu lesen sein. Aber das will hier sicherlich niemand.«

»Was Auroville von der Welt unterscheidet, ist doch vor allem seine eindeutige Ausrichtung als spiritueller Ort. Siehst du darin die Chance, dass Aurovilles Gemeinschaft nicht wieder in die Fallen hineinstolpert, denen es eigentlich von seiner Absicht her entrinnen wollte? Kann die hier gelebte Spiritualität eine Art Schutzschirm um den Einzelnen bilden, um ihn vor eigenen, nicht unbedingt als redlich zu bezeichnenden Eigenschaften, zu schützen?«

»Ich würde es so sagen: Es kommt immer auf das Individuum an. Wir haben alle hier wahrscheinlich die gleiche Absicht. Doch wir sind von Grund auf verschieden. Aber es wäre schon sehr eigenartig, wenn jemand an diesen spirituell so hoch entwickelten Ort kommt, ohne selbst den Anspruch zu erheben, sich zu entwickeln. Und ich gebe dir recht: Richtig gelebte Spiritualität ist ein Schutzmantel und noch viel mehr. Aber wenn ich sage ›richtig‹, dann hat das nur für mich seine Gültigkeit. Eine andere Person erkennt in ›richtig‹ etwas ganz anderes.«

»Aber da auch in Auroville jeder bloß Mensch ist, sind auch die Wesenseigenschaften oder Charakterzüge vergleichbar, selbstverständlich auch die nicht guten. Du hast gesagt, dass Yoga hier so ganz anders praktiziert wird, als du es in deiner Vergangenheit kennengelernt hast. Du meinst wahrscheinlich damit dieses ständige Einfließen in den gelebten Alltag?«

»Ganz genau. Yoga à la Auroville, also Integrales Yoga, ist bestimmender Inhalt deines Tagesablaufs – oder sollte es sein. Du kannst dafür ins Matrimandir gehen. Das machen viele und ich auch. Du hast ganz viele Möglichkeiten, hier in Auroville für diese Selbstbegegnung geschaffene Plätze aufzusuchen. Aber darüber hinaus erkenne ich zum Beispiel bei mir selbst, dass es täglich mehrere Situationen gibt, in denen ich mich eingehend und intensiv mit meinen Gedanken und mit meinen Vorsätzen zu befassen habe und diese überprüfen muss. Und da hüpfe ich dann nicht gleich auf das Motorrad und fahre zum Matrimandir-Garten und setze mich unter den Banyan-Baum, um zu meditieren. Genau das soll es ja nicht sein. In jeder Situation deines Lebensalltags soll die innere Sammlung gewährleistet werden.«

»Also gehe ich davon aus, dass deine vorzügliche Schokolade eigentlich auch etwas davon in sich trägt. Zumindest ist sie ein Produkt eines doch sehr bewussten Prozesses. Oder sehe ich das etwas zu verklärt?«

»Nun, so weit würde ich nicht gehen. Aber natürlich liegt in einer ausgereiften Absicht bereits die Auswirkung oder ist die Konsequenz schon beinhaltet. Aber es sind schon noch andere Dinge, die maßgeblich beteiligt sind: die wachsende Erfahrung, die guten Mitarbeiterinnen, die Auswahl der besten Zutaten...«

»Du sagst es selbst: die Auswahl der besten Zutaten. Wie erkennt jemand das Beste? Er kann das Glück haben und einen besonderen Geschmackssinn in die Wiege gelegt bekommen haben. Oder es ist ein Bewusstwerdungs- und Sensibilisierungsprozess. Und alles in Auroville strebt doch einem höheren, entwickelten Bewusstsein entgegen. Ich hoffe, dass ich da nicht blasphemisch wirke: Aber die Konsequenz kann doch sogar in der kleinsten Nebensache ihren Niederschlag finden. Im Westen würde man für deine Schokolade sofort den Slogan ›Yoga-inspired‹ anwenden.«

Jane lacht und meint dann über den scherzhaften Slogan, dass es gar nicht so schlecht wäre, wenn es jemanden gäbe, der Auroville und seine Fähigkeiten etwas zeitgemäßer darzustellen vermöge. Sie blickt auf ihre Uhr. Ein eindeutiges Zeichen für das baldige Ende des Gesprächs.

»Jane, bevor du gehst: Du hast mir mit deinem letzten Satz jetzt den Ball gut zugespielt. Du selbst wirkst auf mich mit deinen Ideen und deinen Umsetzungsfähig-

keiten doch sehr zeitgemäß. Es ist eine hypothetische und etwas unbeholfene Frage, die ich dir abschließend stellen möchte: Wäre es anzunehmen, dass Auroville sehr anders wäre, wenn Mutter heute hier noch leben würde? Wäre sie in der Lage, das Gestern mit dem Morgen zu einem gegenwärtig Kraftvollen zu verbinden?«

»Die Frage ist gar nicht so unbeholfen. Ich kann sie für mich so übersetzen: Was braucht es, damit die unglaubliche Kraft dieses unvergleichlichen Menschen nicht nur erhalten bleibt, sondern weiterhin ihre Wirkung tut? Was ich selbst nicht befürworten kann, ist, dass wir uns in die Abhängigkeit von jemand anderem begeben, um unser eigenes Wachstum zu ermöglichen. Das geschieht aber, wenn wir beginnen, eine Person zu verherrlichen. Ich begnüge mich damit zu lesen, was sie geschrieben hat. Ihre Gedanken, ihr Yoga zu erfahren und zu begreifen. Das ist etwas doch sehr unterschiedliches zu Verehrung. Aber es wäre sicher großartig für mich gewesen, ihr persönlich zu begegnen. So viele haben mir erzählt, dass sich nach einer Begegnung, nach der Berührung durch ihren Blick, etwas nachhaltig in ihnen zu verwandeln und sich eine unaussprechliche Liebe im Inneren zu entfalten begann. Aber auf meine Weise begegne ich ihr ja auch, ständig. Warum wäre ich sonst hier gelandet? Und in Sydney hätte ich nie im Leben Schokolade erzeugt.«

MIRRA ALFASSA – DIE MUTTER

DER TRAUM DER MUTTER

Es sollte irgendwo auf der Erde einen Ort geben, den keine Nation als ihr grundsätzliches Eigentum beanspruchen kann, einen Ort, in dem alle Menschen guten Willens, aufrichtig in ihrem Streben, frei als Weltbürger leben können und nur einer einzigen Autorität gehorchen: der höchsten Wahrheit. Ein Ort des Friedens, der Eintracht und der Harmonie, wo jegliche kämpferischen Instinkte des Menschen ausschließlich dazu benutzt werden, die Ursachen seines Leidens und Elends zu bezwingen, seine Schwäche und Ignoranz zu überwinden, triumphierend über seine Begrenzungen und Unfähigkeiten hinauszuwachsen. Ein Ort, an dem die spirituellen Bedürfnisse und die Pflege um Fortschritt Priorität haben vor bloßer Befriedigung von Verlangen und Leidenschaften, vor Suche nach Vergnügungen und materiellen Annehmlichkeiten.

In diesem Ort sind Kinder fähig, sich integral zu entwickeln und aufzuwachsen, ohne den Kontakt mit ihrer Seele zu verlieren. Erziehung würde nicht gegeben, um Prüfungen zu bestehen, Zeugnisse und Posten zu bekommen, sondern um vorhandene Fähigkeiten zu fördern und neue hervor zu locken. In diesem Ort würden Titel und Positionen ersetzt durch Gelegenheiten zum Dienen und Organisieren. Die Bedürfnisse des Körpers würden für alle und jeden in gleichem Maße unterstützt.

In der allgemeinen Organisation würde die intellektuelle, moralische und spirituelle Überlegenheit ihren Ausdruck nicht durch die Maximierung von Vergnügungen und Macht im Leben finden, sondern in einem Zuwachs von Pflichten und Verantwortlichkeiten. Künstlerische Schönheit in jeder Form – Malerei, Bildhauerei, Musik, Literatur – würden allen gleichermaßen zugänglich sein; Gelegenheit, die Freuden zu teilen, die sie geben, seien nur durch die Fähigkeiten des einzelnen beschränkt und nicht durch seinen materiellen Wohlstand oder seine soziale Position. Denn an diesem idealen Ort wäre Geld nicht mehr länger der höchste Herrscher. Individueller Verdienst hätte größere Bedeutung, als der Wert, welcher materiellem Reichtum und sozialer Position gezollt wird. Arbeit wäre nicht da, als Mittel, seinen Lebensunterhalt zu verdienen, sie wäre das Mittel, wodurch jeder sich ausdrückt, seine Kapazitäten und Fähigkeiten entwickelt, während er gleichzeitig dem Wohl der ganzen Gruppe dient, welche ihrerseits dessen Lebensunterhalt und seinen Arbeitsbereich unterstützt. Kurz gesagt, wäre es ein Ort, wo die Beziehungen zwischen Menschen, die gewöhnlich zumeist ausschließlich auf Wettbewerb und Streit gegründet sind, ersetzt wären durch Beziehungen des Strebens für Verbesserungen, für Zusammenarbeit, Beziehungen wirklicher Brüderlichkeit. Die Erde ist sicherlich nicht bereit, ein solches Ideal zu verwirklichen, noch besitzt die Menschheit bislang das nötige Wissen, es zu verstehen und zu akzeptieren, ebenso wenig wie die unerlässliche bewusste Kraft, es auszuführen. Daher nenne ich es einen Traum.

Mein erster Auroville-Aufenthalt geht auf das Jahr 1981 zurück. Während einer langen Indienreise verbrachte ich genau einen Tag an diesem Ort. Gemeinsam

mit einem Freund reiste ich aus Sri Lanka an. Er wusste über Auroville aus Literatur oder Gesprächen und war am praktischen Leben vor Ort interessiert. Ich hingegen war ahnungslos. Auch meine Erinnerung an diesen ersten Besuch ist marginal: viel wild wuchernde Natur, einige Häuser und mehrere Baustellen. Begegnung mit wenigen Menschen, die meiner Erinnerung nach sehr reserviert waren. Was mir hingegen bis heute stark in Erinnerung blieb, waren zwei riesengroße Fotografien. An welchem Ort sie sich befanden, ist mir entfallen. Ich glaube, dass sie hoch über meinem Kopf in einem sehr großen Raum frei hängend erschienen. Das eine zeigte Sri Aurobindo in einer der berühmt gewordenen Fotografien des französischen Starfotografen Henri Cartier-Bresson. Das andere Bild war eine Vergrößerung eines Portraits von Mirra Alfassa. Bis heute sind mir ihre Augen in Erinnerung geblieben. Damals und noch Jahre später lösten sie ein unbestimmtes, auch etwas unheimliches Gefühl in mir aus. Der Intensität dieses Blicks hatte ich nichts Entschärfendes entgegenzusetzen. Es lag etwas für mich Unbenennbares darin, welches sich eben nur mit Hohlheiten wie »geheimnisvoll« oder ähnlichem am einfachsten bezeichnen ließ. »Tief erkennend und auf ihre Weise beschützend« wäre heute, so viele Jahre später, vielleicht meine neue Deutung. Ein Blick, der in Weiten vordringt, die wahrscheinlich nur mit einer entsprechenden Befähigung überhaupt erkennbar werden. Was dieser Blick aus jenen Gegenden mitzunehmen und in sich aufzunehmen vermochte, ist Teil dieser Unergründlichkeit. Aber von welchen Gegenden ist die Rede? Einfacher erscheint es mir, das dafür ausschlaggebende Bedürfnis von Mirra Alfassa zu beschreiben: Es war eine umfassende Sehnsucht nach Erfahrung des Göttlichen, die schon in Kindheitsjahren bei ihr zum Ausdruck kam. Mirra Alfassas frühe Lebensphase vermag die Umstände dafür zu erhellen. Denn bereits die ersten drei Jahrzehnte ihres langen Lebens bargen das gesamte Potenzial eines außergewöhnlichen und signifikanten Lebensweges in sich, so dass alles Weitere in ihrem Leben als logische Schlussfolgerung gesehen werden kann. Ihre Eltern kamen aus der Türkei und Ägypten. Der Vater, Maurice Alfassa, ein türkisch-persischer Bankkaufmann, war sephardisch-jüdischer* Abstammung. Die Mutter, Mathil-

de Ismalun, wurde in Alexandria geboren und stammte ebenfalls aus einer geachteten jüdisch-ägyptischen Bankiersfamilie. Geboren wurde Blanche Rachel Mirra am 21. Februar 1878 in Paris. Als Adresse der Familie wird der noble Boulevard Haussmann genannt. Mirra Alfassa wuchs innerhalb ihrer Familie geschützt und sorgenfrei auf. Auch wenn weltliche Finanzgeschäfte das großbürgerlich-feudale Leben der Familie gewährleisteten, war durch die Familienhistorie beider Elternteile ein direkter Strang in die geheimnisvolle Welt jüdischer Mystik und orientalischer Rätselhaftigkeit vorhanden. Im Alter von 12 Jahren stellte das Kind Mirra sonderbare Bewusstseinsveränderungen an sich fest. In späteren Jahren schreibt sie von diesen seltsamen Erlebnissen während der Nächte: »Fast ein ganzes Jahr lang erschien es mir, dass ich, nachdem ich zu Bett gegangen war, aus meinem Körper heraus stieg, um dann nach oben zu schweben. Ich schwebte dann über unser Haus und schließlich über die Stadt Paris. Währenddessen verwandelte sich mein Nachthemd in einen wunderschönen goldenen Umhang. Umso höher ich stieg, desto länger und größer wurde diese Robe. Schließlich bildete diese ein goldenes Dach über die ganze Stadt... Ich sah, dass sich unten in der Stadt von überall Menschen, Alte, Kinder, Bedürftige, Kranke und die Unglücklichen, vom Leben Benachteiligten, unter diesem goldenen Dach versammelten und um Hilfe flehten. Daraufhin verlängerte sich dieses goldene Kleid bis zum Boden und alle Bedürftigen und Hilfesuchenden bemühten sich den Stoff zu berühren. War das gelungen, entledigten sie sich ihres alten Schicksals. Sie wurden frei. Diese Nachterlebnisse bedeuteten für mich, dass mein wahres Leben und alles, was ich während des Tages erlebte und machte, dagegen verblasste.«
Mirra Alfassa erhielt eine profunde Ausbildung, die ihren weiten Bogen von naturwissenschaftlichen Inhalten bis zu unterschiedlichen Kunstrichtungen zog. Sie spielte gut Klavier und besaß enorme Begabung in den bildenden Künsten. Ihre Mitstudenten an der Kunstschule beschrieben ihr Wesen als immer ernst, geheimnisvoll und verschlossen. Deshalb wurde sie von ihnen »Sphinx« genannt. Neben dem weltlich orientierten Leben begann sich in diesen Jugendjahren ihre immer stärker erkennbare spirituelle Sehnsucht zu entfalten. In ihren späteren

Aufzeichnungen ist zu lesen, dass sie mit 19 Jahren das bestimmende Gefühl in sich trug, mit dem Göttlichen in einen untrennbaren Bewusstseinskontakt getreten zu sein. Sie heiratete mit 19 den französischen Maler Henri Morisset. Ein Jahr später wurde ihr gemeinsamer Sohn André geboren. 1904, sie ist 26 Jahre alt, begegnet ihr in einem Traum die dunkle Figur eines indischen Mannes, den sie Krishna nennt. Im Traum wird er zum Weiser ihres geistig-spirituellen Weges. 12 Jahre später wird sie die Vision als Sri Aurobindo erkennen, dem sie in Pondicherry zum ersten Mal begegnet.

Gemeinsam mit ihrem Ehemann reist sie 1906 in die algerische Küstenstadt Tlemcen. Dort lebt der polnische Kabbalist und Mystiker Max Theon. Okkultismus war in den Jahrzehnten um die damalige Jahrhundertwende in Europa en vogue. Die Beschäftigung mit Irrationalem wurde gesellschaftlich weder verteufelt noch abgelehnt. In London gab es ein angesehenes Institut, welches weltweit diverse sogenannte Geheimlehren unter die Lupe nahm, um sie auf ihre Ernsthaftigkeit der Absicht und weniger auf Beweisbarkeit zu überprüfen. In den besseren Bürgerkreisen dienten okkult angehauchte Gesellschaftsspiele zur kultiviert-prickelnden Unterhaltung. War man in der Lage in die Konversation einige Sätze zu Spiritismus und Theosophie einzubringen, galt man als weltoffen. Wer die Thematik aber wirklich ernst nahm, reiste für Studien und zur Erforschung okkulter Phänomene zu lehrenden Persönlichkeiten auf diesem Gebiet. Über den ganzen europäischen Kontinent waren sie verstreut. Manche von ihnen schlugen ihre Zelte der spirituellen Erfahrung direkt an den Ursprungsquellen auf. Sie zogen in Länder des Maghreb, des vorderen und mittleren Orients oder auch nach Indien. Die Beschreibung dieses geistigen Nährbodens erscheint wesentlich, um den späteren Weg von Mirra Alfassa mit seinen Entwicklungen und Konsequenzen besser nachvollziehbar zu machen. Was waren die Anlässe für eine deutliche Herausbildung dieser europaweiten spirituellen Sehnsucht? Industrialisierung und Technisierung brachten gewaltiges Bewegungspotenzial und enormes Wachstum in die Gesellschaften der zweiten Hälfte des 19. Jahrhunderts. Aber auch das Gegenteil – Ermattung und Verlangsamung. Die Opfer der technologischen Rationalisierung kamen aus allen Schichten. Sie betraf aber vorrangig die nach wie vor unterprivilegierte Arbeiterklasse. Steigende Arbeitslosenzahlen zu Gunsten technologischer Innovationen waren damals im ähnlichen Maße bekannt wie heute. Aber beginnende Hoffnungslosigkeit und Sinnverlust grassierten auch innerhalb der adeligen Familienclans. Das hohe Bürgertum und nicht mehr ausschließlich der Adel kontrollierte immer mehr die Finanzgeschäfte innerhalb Europas. Standesbarrieren waren zwar noch existent, hatten aber keine ausgrenzenden Auswirkungen mehr. Vormals namen- und bedeutungslose Aufstrebende auch unterer sozialer Ebenen wurden Unternehmer oder bauten große Handelsbetriebe auf. Alleine die Idee und das Geschick waren ausschlaggebend, um daraus Kapital und Wohlstand zu generieren. Der Begriff des »Emporkömmlings« definiert eindrucksvoll den Wertewandel und damit einen neuen wohlhabenden Stand innerhalb der Gesellschaft. Ein neues, in Europa bis dahin unbekanntes Krankheitsbild wurde zum Inbegriff dieser Veränderungen: Neurasthenie oder umgangssprachlich auch Nervenschwäche genannt. Eine beachtliche Anzahl der jungen männlichen Adeligen fielen in den innerlichen Erstarrungszustand dieser neuen Art von Melancholie. Sogar ihre vorgezeichneten Militärkarrieren oder sorgenfreien Existenzen in hohen Beamtenfunktionen des Staates waren nicht mehr gesichert. Die neue Geistesfrische war auch hier gefragt, wenngleich in geringerem Ausmaß. Blickt man auf die europäische Gesamtsituation dieser Jahre des beginnenden 20. Jahrhunderts, dann ist zu erkennen, dass sich quer über Europa eine mächtige und höchst unstabile Wolkenmasse bewegte. Im Inneren der Gesellschaften begann sich eine gefährliche Mischung aus Ernüchterung, Entmutigung und Sinnleere zu festigen. Die einzelnen Staaten sahen sich einer immer stärkeren gegenseitigen Abgrenzung ausgesetzt. Nationale Ideologien gewannen die Oberhand und Kriegstreiber begannen langsam aber stetig mit ihrem schließlich fruchtbaren Hetzwerk. Für viele Menschen wurde die Suche nach Stabilisierung des eigenen Bodenhaftungsverlustes zu einer wesentlichen Aufgabe. Nur wenige Jahre später mündete die europaweite Verwirrung in die Katastrophenereignisse des Ersten Weltkrieges. Doch noch kurz vor Kriegsausbruch war diese Suche nach innerer Festigung auch auf die metaphysischen Seiten des menschlichen Daseins ausgerichtet. Hilfreich zur Seite stand das boomende Genre der phantastischen Literatur. Gustav Meyrinks Roman »Der Golem« erschien 1913 und wurde in den Kriegsjahren zum meistgelesenen Buch der deutschen Frontsoldaten. Die zumindest gedanklich-literarische Reise in höhere, unbewusste Zonen wirkte in den Zeiten der materiellen wie seelischen Not auf viele inspirierend und auch Halt gebend. Dahinter stand nichts anderes als die Suche nach verloren gegangener Spiritualität.

Der österreichische Mediziner und Dramatiker Arthur Schnitzler hingegen beschrieb in seinem Werk eindringlich die irritierende, weil ausweglose Seelenkrise des europäischen Mannes innerhalb der alten, verkrusteten Gesellschaftsrituale. In den meisten seiner Dramen und Erzählungen sieht sich der Mann von Welt einem zersplitternden Gerüst von Lebenslügen und seiner eigenen symbolischen Kastration gegenüber stehend. Diese wird durch einen neuen emanzipierten Frauentypus sinnbildlich vollzogen. Schon gegen Ende des 19. Jahrhunderts erkannten Frauen erste Möglichkeiten ihrer Selbstbestimmung. Für viele blieb es bei einem Hoffnungsschimmer, ohne Chance auf rasches Verlassen der alten Strukturen. Aber einige außergewöhnliche und starke Naturen wie z. B. die Schweizerin mit russischer Herkunft, Isabelle Eberhart, oder die Engländerin Alexandra David-Neel wurden Symbole für ein Frauenleben der körperlichen wie mental-geistigen Stärke, abseits ihres männlich vordefinierten Lebensweges der Tugendhaftigkeit und Passivität. Sie wurden Entdeckungsreisende im doppelten Sinne. Der Orient und Afrika waren vorrangig ihre Reiseziele, die sie notgedrungen oft auch in Männerkleidung bereisen mussten. Diese Abenteurerinnen beendeten die bis dahin bestimmende »fußlose« Reiseart der Frauen: Kutschen oder Sänften waren die bis dahin einzigen – moralisch – angemessenen Fortbewegungsmöglichkeiten. Es waren ebenfalls vor allem Frauen, die eine ernsthafte Auseinandersetzung mit okkultem und theosophischem Wissen (in England existierte dafür sogar ein Lehrstuhl) betrieben und sich mit der Spiritualität der Religionen Asiens intensiv beschäftigten. Mirra Alfassas eigene geistige Entwicklung und ihr Interesse an spiritueller Wahrheit war in dieser Hinsicht weder für die Epoche noch für die gesellschaftlichen Umstände besonders außergewöhnlich. Weitere Stationen ihrer frühen Lebensjahrzehnte in Stichworten: 1907 reist sie nochmals nach Algerien. Im Jahr darauf trennt sie sich von ihrem Mann. 1911 heiratet Mirra Alfassa zum zweiten Mal. Der neue Ehemann an ihrer Seite wird der Franzose Paul Richard, ein studierter Theologe und Rechtsgelehrter. Richard versucht in der Politik Fuß zu fassen. Bekannt wird er für seine große Begabung zum Abhalten freier Reden, die er mit Enthusiasmus zu gestalten weiß. 1910 reist Paul Richard im Auftrag der französischen Regierung das erste Mal nach Pondicherry. Im Auftrag der Regierung soll er einen französischen Kandidaten für die bevorstehenden Wahlen im damals französisch befehligten Pondicherry beraten und unterstützen. Statt diese Arbeit auszuführen, macht sich Richard in Pondicherry selbst auf die Suche nach einem Guru. Mirra Alfassa beschreibt später ihren Mann als einen Suchenden und gleichzeitig Irrenden zwischen den Welten. Metaphysische Sehnsucht stand rein rationaler Denk- und Handlungsweise diametral gegenüber. Der Name Sri Aurobindo wird ihm genannt. Es kommt zu einer ersten Begegnung, die von Sri Aurobindo im Nachhinein kritisch dokumentiert wird. Vier Jahre später, 1914, wenige Monate vor Ausbruch des Ersten Weltkrieges, treten Richard und seine Frau die erste gemeinsame Reise nach Pondicherry an. Ende März, wenige Wochen nach ihrem sechsunddreißigsten Geburtstag kommt es zum ersten Zusammentreffen zwischen Sri Aurobindo und Mirra Alfassa. Sie erkennt in ihm den dunklen Inder aus ihrem immer wiederkehrenden Traum. Aus ihren Aufzeichnungen der späteren Jahre ist zu entnehmen, dass sie im Augenblick der Begegnung die Gewissheit erhielt, an ihrem Lebensziel angelangt zu sein. Ein knappes Jahr später muss sie aber wegen der weltweiten Entwicklungen, ausgelöst durch den Ausbruch des Ersten Weltkrieges, Pondicherry in Richtung Frankreich verlassen. Ihre Aufzeichnungen zeugen von einer ernsten seelischen Krise. Sri Aurobindo macht keine Anstalten, sie länger in Pondicherry zu halten und sie reist ab. Auf der mehrwöchigen Rückreise befindet sie sich in einem Zustand »der seelischen wie geistigen Entwurzelung«. Bereits 1916 tritt sie gemeinsam mit ihrem Mann eine weitere entscheidende Reise an. Ihr Ziel ist Japan, wo Paul Richard im Auftrag des französischen Staates tätig wird. Über drei Jahre verbringt sie in diesem Land und erlebt hier auch das Ende des Weltkrieges. Zuerst in Tokio, später in Kyoto. Hier kommt es zu ihrer Begegnung mit dem bedeutenden indischen Philosophen, Dichter und Nobelpreisträger Rabindranath Tagore*, der zufällig im selben Hotel Quartier genommen hat. Später bezeichnet der zu diesem Zeitpunkt 60-jährige Tagore die Französin als »vom Göttlichen umarmten Menschen«. Bevor Tagore Japan verlässt, beschenkt er Mirra Alfassa mit seiner Schreibmaschine. 1920, nach Beendigung der Arbeiten ihres Ehemanns, reisen beide wieder per Schiff nach Pondicherry. Sie beziehen Quartier in direkter Umgebung zu Sri Aurobindo. Monate später begibt sich Paul Richard ohne seine Frau auf eine einjährige Pilgerreise durch Nordindien. Nach seiner Rückkehr wird er die Scheidung von seiner Frau einreichen. Mirra Alfassa bleibt und wird Pondicherry bis zu ihrem Lebensende 1973 nie mehr verlassen.

Das Zusammenwirken der beiden Energiewelten Sri Aurobindo und Mirra Alfassa ist besiegelt. Was hat man sich vorzustellen? Beide begegnen sich, ausgelöst durch ihr bisheriges Erleben in ihren eigenen Welten, auf einer geistigen Metaebene und trachteten auf dieser nach Verschmelzung. Auch Mirra Alfassa hatte schon lange die Reifungsabsicht nach einem allerhöchsten Göttlichen Bewusstsein in sich getragen. Sri Aurobindo unterstellte seine Lehre, seine Forschung, ja sein gesamtes Leben diesem Entwicklungsprozess. Für beide war die Erlangung eines höchsten, wie sie es bezeichneten, »supramentalen Bewusstseins« das Ziel einer zukünftigen menschlichen Existenz. Diese konnte ihren Erkenntnissen nach nur durch einen bewusst eingeleiteten und ausgeführten Evolutionsschritt erreicht werden. Die Entwicklung dieses mächtigen Bewusstseins sollte nicht einzelne Individuen, sondern die gesamte Menschheit erreichen. Umso früher mit der Einleitung dieses langwierigen Prozesses begonnen werde, desto besser die Prognosen für erste notwendige Loslösungsschritte von den destruktiven und zerstörerisch wirkenden Eigenschaften des gegenwärtigen Menschseins. Ein komplizierter, nicht einfach zu begehender Weg würde sich vor jedem auftun, der mit ähnlicher Erkenntnis dieser Notwendigkeit ausgestattet sei. Integrales Yoga war das ebenfalls schwierig zu handhabende Werkzeug für diesen Weg, welches Sri Aurobindo im Laufe der Jahre seiner inneren geistigen Entwicklung entwarf. Um eine authentische und damit optimale Umsetzung von Sri Aurobindos Erkenntnis zu gewährleisten, musste ein passender Ort zur Verwirklichung der Absicht gefunden und geschaffen werden. Zuerst in Form eines Ashrams*. 1926 kommt es zur Gründung des Sri Aurobindo-Ashrams. Sri Aurobindo selbst zog sich noch im selben Jahr aus allen weltlichen und öffentlichen Funktionen zurück und sollte bis zu seinem Tod im Jahr 1950 seine Gemächer nie mehr verlassen. Nur noch Meditation und das Integrale Yoga sollten in seinem Dasein eine bedeutende Rolle einnehmen, um der Erfahrung des Überbewusstseins immer näher zu kommen. Sri Aurobindo erkannte in Mirra Alfassa die Inkarnation der »Göttlichen Mutter«. In ihren Händen sollte die Pflege und Umsetzung von Aurobindos geistigem Vermächtnis und die Zukunft des Ashrams liegen. In einem weiteren Überlegungsschritt beider Masterminds sollte es zur Gründung einer universellen Stadt kommen, deren Bewohner sich im Sinne des Integralen Yoga ausschließlich um den eigenen, persönlichen Entwicklungsweg kümmern sollten. Keine Ablenkungen und Erschwernisse eines normalen Lebens dürften diesen Weg beeinträchtigen. Deshalb könnte die Stadt keinem Land, keiner Regierung und keiner Religion verpflichtet sein. Der hier lebende Mensch sollte von allen Behinderungen und Barrieren zur Entfaltung der eigenen inneren Möglichkeiten beschützt werden und gleichzeitig müssten alle Irritationen zur Verhinderung einer harmonischen kontinuierlichen Entwicklung ebenfalls vermieden werden. Keine Staatsgewalt wie Polizei oder Militär, keine Behördenstrukturen, kein politisches Parteiensystem, aber auch keine Vertretungen von Großreligionen, sollten in dieser Stadt erlaubt sein. Das Leben innerhalb dieser Stadt war als menschliches Experiment gedacht. Und das bedeutet, dass ein Miteinander nur dann ein sinnvolles ist, wenn es nicht von behördlichen Geboten und Verboten reguliert wird, nicht von Staatsgewalt misstrauisch auf Regelverstöße beobachtet wird, son-

dern von den Teilnehmern der Gemeinschaft in der täglichen Übung gepflegt wird. Die tägliche Selbstüberprüfung der eigenen Eigenschaften und menschlichen Unzulänglichkeiten würde nach und nach auf den Weg des weitreichenden Erkennens und damit zu jenem erhöhten Bewusstseinszustand des Daseins führen. Es wäre damit nicht mehr als ein erster, aber unverzichtbarer Schritt gesetzt. Aber wenn dieser immer wieder und über Generationen gepflegt und bewusst getätigt werde, wäre ein Verlassen des bisherigen fatalen Weges der zerstörenden menschlichen Eigenschaften gewährleistet. Bis zur Gründung von Auroville sollten noch mehrere Jahrzehnte vergehen. Vorrang hatte die Schaffung des Ashrams in Pondicherry. In den Zwanzigerjahren waren es nur einige Handvoll Schüler und Sri-Aurobindo-Jünger. Kontinuierlich wuchs aber deren Zahl an. Im Todesjahr von Sri Aurobindo, 1950, waren es dann 750 im Ashram Lebende. In dieser Zeit begann Mirra Alfassa, zu diesem Zeitpunkt bereits »The Mother« genannt, mit den Aktivitäten zur Schaffung »der universellen Stadt, die niemanden im Besonderen, aber der ganzen Menschheit gehören sollte« (1. Satz der Auroville-Charta). 1968 hatte sie mit unvorstellbarer Energie im Alter von 89 Jahren den Traum realisiert. Am 28. Februar dieses Jahres fanden sich auf dem Hochplateau des heutigen Auroville Vertreter aus 124 Ländern, der indische Präsident und eine kleine Abordnung erster Bewohner zur Einweihungsfeier ein. Jeder der 124 Staatsvertreter hatte Erde aus seinem Heimatland mitgebracht. Diese wurde als Symbol der universellen Zusammengehörigkeit in eine Urne gefüllt und diese versiegelt. Aus dem 10 Kilometer entfernten Pondicherry verlas Mirra Alfassa die vier Punkte der Auroville Charta. Ihre Worte wurden vom indischen Hörfunk in den gesamten Subkontinent übertragen.
Am 17. November 1973, fünf Jahre nach dem Gründungsakt, verstarb Mutter ohne jemals ihren Fuß auf Aurovilles Boden gesetzt zu haben. In Auroville leben heute noch Menschen der ersten Siedlergeneration, die in der Erinnerung noch lebhaft ihre persönliche Begegnung mit »The Mother« in sich tragen. Beide, Sri Aurobindo und Mirra Alfassa, lehnten religiöse Verehrung ihrer Personen ab. Schaut man Fotografien und Filmaufnahmen aus den 1960er-Jahren des Lebens im Sri Auro-

bindo-Ashram an, so fällt dabei immer diese riesige Menschenmenge auf, die sich vor dem Balkon der Mutter versammelt hatte. Wenn sie dann heraustrat, eine luzid-durchscheinende und zarte Persönlichkeit, dann verstummte diese Masse schlagartig und eine tiefe Ergriffenheit befiel alle Anwesenden. Bis heute wird Mirra Alfassa in Indien in der Gesellschaft als Guru gesehen und verehrt. Aber Indiens Verehrungsfähigkeit scheint eine besondere Form von Liebesbezeugung darzustellen und hat nichts mit westlicher Vorstellung von Verherrlichung und Anbetung gemein. Ich habe herausgehört, dass jene, die Mirra Alfassa persönlich begegneten, von einer besonderen Liebesausstrahlung zu berichten wussten. Eine Liebe, die sich unbeeinflussbar auf jeden übertrug. Diese Geschichten – und ich habe derer mehrere gehört – haben mich doch sehr berührt.

FRANCIS MÖCHTE FRANZÖSISCH SPEISEN

An Samstagen betreut Francis zwischen 6 und 8 Uhr morgens den Eingang des Matrimandir. Es ist eine Art freiwilliger Wach- und Servicedienst, den einige Aurovillianer über die Woche hindurch abwechselnd ausführen. Zwei Mal lud er mich zum Besuch in den inneren Raum der Stille ein. Mitglieder der Gemeinschaft hatten die Möglichkeit nach ihrem Gutdünken Menschen von außen, wie mich, dafür einzuladen. Pünktlich um 6:30 Uhr traf ich an diesem Morgen ein. Er saß schon mit seinem Tablet-Computer auf einer Steinstufe direkt vor der riesigen Goldkuppel und las in Sri Aurobindos Epos »Savitri«*. Um und über ihm sangen und zirpten die Vögel. Ansonsten war eine enorme Stille zu erleben. Ich empfand diesen Augenblick von einer dichten, friedlichen Atmosphäre geschwängert. »Zum Augenblicke möcht' ich sagen…« fiel mir spontan dazu ein. Bevor ich im Inneren des Matrimandir verschwand, sprachen wir noch Zeitpunkt und Platz für das Interview ab. Francis ist 75 Jahre alt und hat immer viel zu tun. Rechtzeitigkeit für Terminabsprachen ist hier generell notwendig und auch Francis war da keine Ausnahme. Gemeinsam mit seiner Lebenspartnerin Doris sind sie das Filmteam von Auroville. Ihre Aufgabe besteht vorrangig in der Erstellung und ständigen Ergänzung des Filmarchives von Auroville. Seit einigen Jahren sind sie mit einem Riesenprojekt ausgelastet: Alle Pioniere sollen filmisch interviewt werden. Ihre Geschichte soll als Grundlage für alle kommenden Generationen, nachvollziehbar im bewegten Bild mit ihren eigenen Aussagen versehen, zur Verfügung stehen. Ein wesentlicher Baustein in Aurovilles

Unternehmung gegen ein Vergessen. Die Arbeit ist weit gediehen und soll demnächst beendet werden. Doch das Auftragsbuch des filmenden Paares ist weiterhin gut gefüllt. Während meines Aufenthalts wurde ein Jugendmusical zur Aufführung gebracht. Eine hochprofessionelle Arbeit der 100 Beteiligten, davon 60 Kinder. Francis und Doris waren die VJs (Videojockeys), welche mit drei Kameras Generalprobe und Aufführung filmten und auch noch ein Making-of produzierten. Beide erfüllen Aurovilles Absicht nach Ausübung einer unterschiedlichen Beschäftigung zum früheren Leben optimal: Doris war in ihrem Vorleben Stewardess in Deutschland und Francis hatte ohnehin die unterschiedlichsten Jobs in seinem Leben während und vor Auroville ausgeführt. Zum abgesprochenen Termin treffe ich bei Francis ein. Er lebt in der Siedlung Alchemy in einem sehr schönen Haus, welches mir durch seine ungeheuer luftige Konstruktion und Großzügigkeit in Erinnerung geblieben ist. Im Garten stehen Metallskulpturen. Ich habe vergessen ihn zu fragen, wer der Schöpfer ist, nehme aber an, dass er es selbst wohl gewesen ist. 200 Meter vom Haus entfernt befindet sich Francis' ganzer Stolz: der von ihm selbst entworfene und gebaute Swimming Pool. Geschaffen für die Bewohner der angrenzenden Siedlungen und damit ein Symbol für optimale Investition in die Gemeinschaft. Kein Vergnügungspool betont Francis, sondern eine Vorrichtung zur ausschließlich körperlichen oder sportlichen Anwendung. Francis sitzt bei meinem Eintreten in der Mitte des nach drei Seiten offenen Wohnzimmers. Ein geöffneter Pappkarton steht in der Mitte des Wohnzimmers und Francis strahlt eine Freude aus, die mich tief beeindruckt. Was ist der Anlass? Ein privater Paketdienst hatte ihm eine GoPro-Kamera (Kleinkamera für Effektaufnahmen) geliefert. Er will sie für spektakulärere Filmaufnahmen einsetzen. Sein Glücksgefühl spiegelt sich in seinen Worten. Sie teilen mir mit, was Francis mit diesem wunderbaren neuen Werkzeug plant. *Tue hier und jetzt, denke an keinen Erfolg.* Immer mehr wurde dieser Satz zum in mir kreisenden Mantra. Auf seine Weise beantwortet mir Francis das Warum. Er freut sich hier und jetzt und zwar so großartig, dass es ansteckend ist. Morgen werde er dann mit seiner Action-Cam bei der Musicalaufzeichnung arbeiten, erzählt er mir. Nach einer ausführlichen Vorführung der Minikamera bringt er noch zwei Gläser mit selbstgemachter Limonade, bevor unser langes Nachmittagsgespräch beginnen kann.

»Ich war 27 Jahre alt, als ich im Oktober 1968 hierher gekommen bin. Nicht zur Einweihungszeremonie von Auroville. Die fand acht Monate davor im Februar statt. 11 Jahre später, 1979, bin ich dann finanziell am Boden gewesen. Ich hatte nichts mehr. Ich kam mit ziemlich viel Geld hier an und ich habe das alles hier ausgegeben, also investiert: um Brunnen zu graben, um Staudämme zu bauen, um Aurovilles Aufbau zu unterstützen. Ich hatte nichts mehr, gerade noch ein paar hundert Rupien. Also musste ich zurück nach Amerika, um Geld zu verdienen. Ich habe mir gedacht: Ja, ein Jahr wird reichen, dann hast du wieder genug Geld verdient, um hier weiter zu arbeiten. Denn viel Geld zu verdienen war nie ein Problem für mich. Ich konnte das wirklich gut.«
Francis lacht dieses erfrischende, jugendliche Lachen und ich glaube in diesem Lachen so eine kleine, ferne Bewunderung für einen Francis zu erkennen, den es da vor Jahrzehnten einmal gegeben haben muss.
»Und dann kam ich zurück nach Amerika und ich konnte es nicht mehr.«
»Was konntest du nicht mehr? Du kamst nach Amerika und musstest feststellen, dass du kein Geld mehr verdienen kannst?«
»Ja, ich kam dort an und erkannte, dass ich es nicht mehr tun konnte.« Er lacht wieder, wie wenn er heute noch daran zweifle. »Nein, ich konnte es einfach nicht mehr!«
Ich vermute bereits zu diesem Zeitpunkt einen Zusammenhang und frage deshalb vorsichtig in die andere Richtung weiter.
»Du hast Geldverdienen verlernt, während du in Auroville lebtest?«
»Ja.«
»Du hast doch sicher Mutter getroffen? Hattest du bei ihr Audienzen?«
»Ja, natürlich, nicht nur eine.« Er erinnert sich an deren mehrere zwischen 1968 bis 1972. »Wir sahen sie in der Gruppe vier Mal im Jahr und persönlich habe ich sie sicher zwei, drei Mal im Jahr getroffen.«
Es ist wie in einem Annäherungsratespiel:

»War Mutter dafür verantwortlich?«

Jetzt lacht er, dass ihm die Tränen kommen.

»Du hast es erfasst. Sie hat mich das Geldverdienen verlernen lassen.«

»Francis, lass uns noch einen entscheidenden Schritt zurückgehen. Erzähle mir von deinem Leben, das du davor geführt hast. Wie war dieses Leben vor Mutter und Auroville? Ich glaube, dass du mir schon einmal kurz erzählt hast, dass du schon einiges erlebt hast, was nicht so jedem widerfährt.«

»Ja, ja, ja, ja – da hat einiges stattgefunden, davor. Ja, ja, ja, ja.....«

In Francis scheinen die Erinnerungen an weit Zurückliegendes wach zu werden. In dieser Kette von »Jas« ist für mich nicht ein unbeholfenes Orientieren zu erkennen, sondern das nach wie vor nicht erloschene Staunen über seine eigene Existenz, vor 50 und noch mehr Jahren. Und dann beginnt er zu erzählen. Es ist seine Geschichte, die mich verblüffen lässt, wie Leben ohne Netz gelebt werden muss. Und es ist eine Geschichte, die mir beim bloßen Zuhören ebenfalls öfter die Tränen in die Augen treibt – vor Lachen über Absurdes und kaum zu Glaubendes. Aber auch vor Ergriffenheit und Berührung.

»Ich wurde 1940 in Brooklyn in New York geboren. Ich bin dort als Straßenkind aufgewachsen. Meine Eltern hatten beide massive Alkoholprobleme. Wir waren drei Geschwister und ich war der Älteste. Hauptsächlich bin ich als Kind unter den Augen der Kinderfürsorge aufgewachsen. Ich muss ein Albtraum für die Lehrer der Grundschule gewesen sein. Aber die hatten mich dann sogar für die Highschool vorgeschlagen. Ich war ja nicht dumm, überhaupt nicht. Aber ich glaube, der Grund dafür war, dass ich dann nicht mehr an ihre Schule zurückkommen würde. Die wollten mit mir nichts mehr zu tun haben und haben sich gedacht: Wir loben ihn hinaus und haben dann unsere Ruhe. Dann hatte meine Mutter einen neuen Partner und die Probleme wurden damit größer. Mit diesem Mann kam ich überhaupt nicht aus. Als meine Mutter ihn dann auch noch heiratete, hat er mir einfach gesagt, dass er nicht will, dass ich mit ihnen gemeinsam weiter unter einem Dach wohne. Ich war knapp über 18 und so blieb mir nur der Weg zur Armee und dort verbrachte ich drei Jahre und drei Monate. Und da habe ich schon eine Menge Sachen fürs Leben gelernt.«

»Du meinst, diese drei Jahre, die du bei der Armee verbrachtest, waren eine gute Zeit?«

»Vom Lernen und von der Ausbildung her waren es gute Jahre. Von der menschlichen Erfahrung her war es eine Katastrophe. Und nur darüber nachzudenken, auch nur einen Tag länger dabei zu bleiben, brachte mich schon zum Schreien. Ich habe in dieser Zeit bei der Armee genug Geld gespart und habe mich dann in unterschiedlichen Geschäftsbereichen ausprobiert. Es war meine Überzeugung, dass mein Leben immer so irgendwie weitergehen würde. Es war für mich nicht schwierig immer irgendetwas zu machen und damit Geld zu verdienen. Aber ich habe sehr bald gemerkt, dass es nicht die Erfüllung meines Lebens sein kann. Ich konnte mir einfach nicht vorstellen in so komischen Berufen den Rest meines Lebens zu verbringen. In mir entstand dieses Bild, in dem jeder nur danach strebt einen Job zu bekommen, zu heiraten, Kinder zu bekommen, Kredite für das Eigenheim aufzunehmen und dann eine Hypothek auf seinem Haus zu haben. Ich war nicht wirklich begeistert, dass mein Leben in diese Richtung gehen sollte. Ich habe dann spontan beschlossen zu reisen. Hauptsächlich im Mittelmeerraum war ich unterwegs. Quer durch Nordafrika: also Marokko, Algerien, Tunesien, Libyen und Ägypten. Dann nach Israel und wieder über die Türkei nach Griechenland. In Israel habe ich dann einen Typen kennen gelernt. Er hieß Dan, bloß Dan. Er hatte für mich nie einen Nachnamen und er war auch Amerikaner. Er arbeitete für eine Firma, die sich ›Swiss Investment‹ nannte, was absurd war, denn er war so was von amerikanisch, wie man nur amerikanisch sein konnte. Aber wie auch immer – schließlich arbeitete ich für Dan und seine Firma – nicht in Israel, sondern in Laos.«

»Warum Laos?« Ich erinnere mich, dass Laos ab Mitte der sechziger Jahre in das Geschehen des Vietnamkrieges miteinbezogen wurde. Und genau davon erzählt jetzt Francis.

»Ja, das war eine Zeit, in der die Nordvietnamesen den Weg über Laos als eine Art Hauptstraße in den Süden von Vietnam verwendeten. Diese Straße wurde dann als ›Ho-Chi-Minh-Pfad‹ bekannt. Die Aufgabe der Amerikaner war es nun, in Laos diese Verbindung zwischen Nord

und Süd zu unterbrechen und zu zerstören und damit diese Straßenverbindung unbrauchbar zu machen. Die US Army achtete natürlich sehr darauf, dass nicht ihre eigenen Leute, also Amerikaner, diese Arbeit verrichten mussten. Und so waren es hauptsächlich Thailänder. Thailändische Soldaten und einige wenige Weiße aus Europa. Die Weißen waren eigentlich keine ausgebildeten Soldaten. Dann gab es noch eine andere Gruppe, die ›Air America‹ genannt wurde. Das waren vor allem Piloten aus vielen unterschiedlichen Nationen. Aber niemand hat so richtig gewusst, für wen die eigentlich ihre Einsätze flogen, wer dahinter stand. Aber sie wurden alle gut bezahlt.«
Francis' Lachen bestimmt wieder kurz seine Erzählung, bringt diese ins Stocken. Die Absurdität des Geschehens, Menschen im Kriegsdienst, ohne direkt zu wissen, wer ihre Auftraggeber waren, für wen sie das taten, was immer sie taten: Sein Lachen ist die für mich stärkste Äußerung, eine Quintessenz, zur Verdeutlichung des vollkommen Sinnlosen, des nur durch Geld Gerechtfertigten.
»Es war eine Zeit vor GPS und man musste immer zu einem bestimmten Punkt gelangen. Dort hatten wir immer Leute persönlich zu treffen. Man musste diese Orte mathematisch, also mit Berechnung der Schnittstelle von Längen- und Breitengraden ermitteln. Das hatte ich in meinen Jahren bei der Armee gelernt. Ich wusste wie man das macht. Nun war das in Laos auch nicht so schwierig. Der geografische Breitengrad wird durch den Fluss Mekong bestimmt, der heute wie damals die Grenze zu Thailand und Myanmar bildet. Und der verändert sich geografisch so gut wie nie. Und dann gab es ja nur zwei Möglichkeiten sich in Laos zu bewegen: mit dem Boot oder mit dem Flugzeug. Straßen existierten nicht. Es wurde so viel Equipment von Thailand nach Laos gebracht, das konnten sie nur mit dem Schiff machen.«
»Francis, was hast du eigentlich da gemacht, darf ich dich das fragen?«
»Also – ich möchte es so beginnen: Bevor ich New York für meine Reisen verließ, habe ich einige Zeit in der Textilbranche gearbeitet. Meine Arbeit war es, die Hemden, die Hosen, die Röcke und die T-Shirts zur gleichen Zeit für den Versand zu den einzelnen Wiederverkäufern zusammenzubringen und dann richtig aufzuteilen und zu

versenden. Ich habe das damals nicht gewusst, aber heute nennt man das Logistik. Also, du kannst es dir jetzt zusammenreimen: Mein Job in Israel und dann in Laos war so ziemlich das Gleiche, aber mit unterschiedlichen Waren.«

»Also keine T-Shirts und Hosen? Andere Produkte?«

»Yes, yes, andere Waren...«

»Waffen?« frage ich vorsichtig.

»Auch das, ja! Und zu bestimmten fixen Zeiten musste ich mich eben immer an gewissen geheimen Orten einfinden, um da andere Personen zu treffen. Die Amerikaner, die da waren, hatten grüne Barrets, das waren jene, welche die Eingeborenen trainierten, wofür auch immer. Sie brauchten immer irgendwelche Ausrüstung und Geräte. Also Munition, Waffen und auch Nahrung. Und ich musste diese Typen eben immer an solchen Kreuzungspunkten für die Übergabe treffen. Ich war ja nicht alleine. Eine unserer Aufgaben war es auch, den Diebstahl dieser Sachen auf ein Minimum senken. Es war unmöglich Diebstahl zu verhindern, aber wir mussten versuchen, ihn zu reduzieren. Und wenn z. B. ein Europäer bei diesen Gruppen dabei war, also bei diesen Ausbildern, dann passierten erstaunlicherweise weniger Diebstähle. Wenn es nur Amerikaner waren, wurde mehr geklaut. Zu dieser Zeit hattest du in Laos nur zwei Möglichkeiten: Entweder du warst für die eine Seite oder eben für die andere. Niemand konnte sagen, ich spiele da nicht mit. Du musstest mitspielen, entweder hier oder dort. Und so hat man diese armen Leute, diese Eingeborenen, mit hineingezogen, die mit dem Ganzen überhaupt nichts zu tun haben wollten. Und das war also mein Job – ich arbeitete für diesen Typen Dan. Der hatte acht Gruppen und irgendwann hatte ich die Verantwortung für eine von diesen Gruppen erhalten.«

»Also du warst im Geschehen des Vietnamkrieges sozusagen als Nachschubverantwortlicher unterwegs und federführend für eine dieser Gruppen verantwortlich?«

Jetzt kann sich Francis nahezu vor Lachen nicht mehr halten.

»Ja, das klingt so wichtig. Aber das alles war überhaupt nicht das, was es scheinbar war. Alles war wie eine Scheinwelt.«

»Bitte genauer. Das verstehe ich jetzt nicht!«

»Dieser Dan, der hat uns immer was vorgegaukelt. Der hat das Eigentliche, worum es ging, immer vor uns verborgen. Er sprach nicht über die Sachen, die wir da transportierten und versuchte immer alles zu verschleiern. Das gelang ihm ganz gut, glaube ich. Außerdem haben wir alle auch viel zu viel getrunken und zu viel Haschisch geraucht. Das war eine Scheinwelt, in die wir da geraten waren. Dann gab es da noch etwas: Die Mitglieder der Tribal-Stämme von Laos lebten in der Gegend, in der wir unsere Arbeit verrichteten. Da gab es auch die meisten Mohnfelder für die Opiumproduktion von Laos. Es war eher schwierig mit den Menschen dieser Stämme zusammenzuarbeiten, da sie immer wieder ihre Auszeit nahmen, um ihr Opium zu verkaufen. Die dachten ganz anders als wir Typen aus dem Westen. Sie arbeiteten zwar für die Army, aber wenn sie ernten mussten oder verkaufen wollten, waren sie weg. Es dauerte einige Zeit bis sich die Amerikaner entschlossen, das Opium von den Stämmen selbst aufzukaufen, damit sie ihnen nicht immer wegliefen und was anderes machten. Und so entstand ein neuer ›Geschäftszweig‹. Darin war ich glücklicherweise nicht involviert. Das alles fand um mich herum statt.«

»Also wenn ich richtig interpretiere, Francis, dann hat die amerikanische Armee mit Opium gehandelt und einige Leute dieses ominösen Dan haben das praktisch ausgeführt?«

Francis antwortet jetzt wie chiffriert: »Du konntest innerhalb deiner Gruppe über alles reden, was da so gemacht wurde. Aber es war nicht ratsam, außerhalb der Gruppe mit anderen darüber zu sprechen, was das Business der eigenen Gruppe war.«

»Hatte das eigentlich alles System, was da ablief, oder war das mehr oder weniger ein wildes Geschehen ohne Strukturen?«

»Nein, nein! Dieser Dan, der hatte die absolute Kontrolle über das Ganze. Der wusste alles. Also, dass immer wieder einmal wo Waren verschwanden, dass eine Gruppe oder bestimmte Waren nicht da waren, wo sie sein sollten, das wusste er alles. Und ich glaube es war Teil seines Spiels. Ich habe mir oft selbst die Frage gestellt, was Dan eigentlich machte und wer der eigentliche Mensch hinter dieser Rolle war. Aber ich stellte mir ja selbst immer die Frage: Was mache ich eigentlich hier? Darüber wunderte ich mich wohl am meisten.«

»Wo war dieser Dan? Auch in Laos, oder saß der in Israel und steuerte von dort das Geschehen?«

»Nein, der war natürlich auch in Laos. Wir trafen uns zwar zum ersten Mal in Israel. Aber die nächste Destination, wo er hingeschickt wurde, war eben Laos. Ja, so war das.«

Francis legt eine kleine Pause ein. Das Kapitel Laos scheint für ihn abgeschlossen.

»Dann bin ich von Südostasien nach Indien gekommen. Ich erinnere mich noch gut, ich kam nach Indien mit schweren, vollen Taschen. Gefüllt mit Geld und mit Waren. Es war im September 1968 und ich hatte einen Entschluss gefasst: Ich wollte in den Süden, um von der Kälte der Himalaya-Region weg zu kommen.«

»Hattest du zu diesem Zeitpunkt schon einmal etwas von Auroville gehört? Oder war das so gar nicht deine Welt?«

»Nein, ich hatte davor natürlich noch nie etwas von Auroville gehört. Wie du dir vorstellen kannst, war das überhaupt nicht meine Welt – und ist es ja bis heute nicht wirklich!«

Ja, ich kann es mir sehr gut vorstellen. Und ich muss jetzt lachen und dann wir beide. Lange und laut. Das ist Francis' spezieller Humor, hinter dem sich einfach eine grandios reine Form von Wahrheit zu erkennen gibt. Eine Wahrheit, die über das Lachen zum Nachdenken bringt. Bis heute ist Auroville nicht so wirklich seine Welt, aber er hat hier einen Platz gefunden, an dem er es seit 40 Jahren aushält. Das ist gleichermaßen absurd und einleuchtend. Ich möchte und muss mehr erfahren.

»Ich bin dann in Chennai, dem damaligen Madras, in Südindien angekommen und wollte hier auf einige Leute warten, die aus Singapur anreisen wollten. Schon nach kurzer Zeit in Indien hing mir ›Rice and Dhal‹ (Reis und Linsen) als tägliche Nahrung zum Hals heraus. Was wirklich so großartig an Südostasien ist, das ist die Küche. Dort gibt es auch fantastische französische Küche. Ich war sehr verwöhnt von dem Essen in Laos und dann musste mir Reis mit Linsen in Indien widerfahren. Also lief ich aus meinem Hotel in Chennai und machte mich auf die Suche nach einem französischen Esslokal. Ich ging davon aus, dass es da so etwas geben musste. Ich war mit einem anderen Typen zu

diesem Zeitpunkt unterwegs, der auch mit mir aus dem Norden kam und auch von Reis und Linsen die Nase voll hatte. Und wir fragten jetzt die Leute, wo wir französisches Essen bekommen könnten. Und die sagten immer nur...«
Francis beginnt nun so herzhaft zu lachen, dass ihm die Tränen kommen.
»... fahrt nach Pondicherry, dort gibt es französisches Essen. Dann fragte ich, wie ich dort hinkäme. Und die Inder sagten, nimm einfach einen Bus, da fahren viele hin. Sie erzählten mir dann auch noch, dass die Fahrt 2 Rupien und 50 Paisa kosten würde. Und so glaubte ich, weil es so billig war, dass Pondicherry ein Vorort von Chennai wäre. Also gleich um die Ecke. Ich bin dann in einen Bus gestiegen, der kein Express-Bus war, sondern ein sogenannter Lokalbus. 8 Stunden später bin ich in Pondicherry wieder ausgestiegen und habe während der Fahrt gelernt, dass es kein Vorort war.«
Francis schüttelt unentwegt seinen Kopf, als er diese Geschichte erzählt. Er weiß ja bereits, was er mir, dem noch Unwissenden in den kommenden Minuten erzählen wird. Aber jetzt im Nachhinein ist mir zu gut verständlich, dass er selbst an all die kommenden Ereignisse auch heute, so viele Jahre danach, noch immer nicht recht glauben will.
»Ich habe dann ein Hotel gefunden, es hieß ›Hotel l'Europe‹. Es wurde von einem Typen geführt, der Guy hieß. Er kochte hervorragendes Essen und gab mir ein sehr nettes Zimmer. Kein Luxus, aber sehr zum Wohlfühlen, sehr sauber, gut gearbeitete Möbel. Als nächstes suchte ich ein Postamt, da ich ein Telefonat nach Chennai zu meinem Reisebegleiter machen musste. Das war auch ein Erlebnis: Es dauerte 15 Minuten bis eine Verbindung zustande kam. Und dann, du kannst es dir vorstellen, lief es so: Hello, hello, hellooo? ...Hello! ...Hello?? Es klappte dann und ich sagte ihm, dass ich hier in Pondi sei und er alle unsere Sachen zusammenpacken und sich auf den Weg machen solle. Er kam dann am nächsten Tag und wir hingen die meiste Zeit im Restaurant von Guy herum. Bis uns Guy dann einmal sagte: ›Hört zu, ich habe ab morgen ein volles Haus und ich brauche euer Zimmer.‹ Ich fragte ihn, wohin wir gehen konnten. Er hatte keine Idee, meinte aber, dass der Ashram normalerweise Zimmer in seinen vielen Gästehäusern

anbiete. Ich fragte ihn, was für ein Ashram. Und er sagte: der Sri Aurobindo-Ashram. Und ich sagte: Super! Als wir dann vor dem Haupteingang des Ashram standen, musste ich meinen Begleiter auf einen Fehler aufmerksam machen. Über dem Eingang stand groß auf einer Tafel Sri Aurobindo-Ashram. Ich stieß ihn in die Hüfte und sagte: ›Die können nicht einmal ›Sir‹ richtig schreiben.‹«

Ich bin nach diesem Kommentar vor Lachen fast vom Stuhl gefallen. Francis' Geschichte wuchs immer mehr zum perfekten Filmdrehbuch. Aber kein Schreiber hätte diese Inhalte besser erfinden können, als es von Francis so unmittelbar und herzhaft gelebt wurde. Aber vor allem eröffnet sich vor mir der ungeheuer weit gespannte Bogen eines Menschenlebens. Vor mir sitzt ein drahtig-muskulöser Mann, im letzten Viertel seines Lebens angekommen. Vor wenigen Tagen habe ich ihn angetroffen, als er Sri Aurobindos zentrales Werk »Savitri« gelesen hat. Und fast ein halbes Jahrhundert davor steht dieselbe Person vor dem Eingangstor des Ashrams und bringt durch einen unqualifizierten Kommentar über den falsch geschriebenen Namen innerhalb von Sekunden ein System der Erhabenheit ins Wanken.

»Dann ging ich hinein und da waren alle in weiße Kleider gehüllt. Und noch was musst du wissen: Wir hatten eine Menge so elektrische Sachen aus dem Norden mitgenommen: Dartboards, Kassettenspieler, Radios, Spiele. Aber wir waren wirklich erbärmlich gekleidet. Das war schon an der Grenze zum Bettler, wie wir angezogen waren. Wir hatten schon ein paar Mal gehört, dass wir unsere Kleider wechseln sollten. Das war uns aber nicht wichtig. Hauptsache unsere Taschen waren voll mit diesen Sachen und mit Geld. Als wir nach Kalkutta kamen, haben wir das meiste von diesem Zeug verkauft. Die Inder waren da oben alle ausgehungert nach diesen Geräten, die hatten keine Möglichkeit so etwas zu kaufen und wir machten richtig gut Kohle. Die zahlten das Doppelte und Dreifache von dem, was wir dafür in Laos bezahlt hatten. Als wir also dann im Ashram standen, schauten diese Weißgekleideten auf mich und sagten: ›Nein, wir haben keinen Platz für euch.‹ Und dann redete ich zurück und die erwiderten darauf etwas und dann kam plötzlich ein anderer Weißgekleideter dazu und sagte: ›Pssst, ihr seid hier in einem Ashram, da ist alles leise, und was ist denn das Problem?‹ Da erzählte ihm der andere Weiße, dass ich hier wohnen wolle, aber kein Geld hätte. Da unterbrach ich ihn ziemlich schroff. Ich war zu dieser Zeit ein absolut arroganter und dummer Amerikaner und man hätte mir eine Medaille verliehen, wenn es da einen Wettbewerb gegeben hätte. Ich sagte ›Entschuldigung‹ und legte einige Rupienpakete auf den Tisch. Amrita, so hieß der nettere Weißgekleidete, sagte dann, er müsse Mutter fragen, ob wir hier wohnen könnten und verschwand. Dann kam er wieder und sagte, dass Mutter es gut fände, wenn wir bleiben würden. Aber er sagte nicht, wer Mutter sei. Und ich hatte mir schon gedacht, dass die alle nicht so ganz richtig im Kopf waren. Sie schickten uns dann zu einem wunderschönen Gästehaus des Ashrams, etwas weiter entfernt, mit einem netten Garten und riesigen Familienräumen, in denen acht Betten standen. Ich mietete einen ganzen Saal, sagte dem Mann, er solle alle Betten bis auf zwei hinaustragen lassen. Wir würden Platz benötigen. In kurzer Zeit wurden wir zu einer Art zentralen Anlaufstelle der Europäer in Pondicherry.«

»Was war denn der Grund, dass die alle zu euch kamen, was hattet ihr denn so Besonderes?«

»Wir hatten Musik, wir hatten Dartboards. Wir hatten alle möglichen Spiele dabei, also wir hatten schon etwas vorzuweisen. Und dann kam da ein Typ eines Tages herein und fragte mich, ob ich mich mit Gebäuden auskenne. Nein, ich kann dir alles andere erzählen, aber nichts über Gebäude. ›Komm trotzdem mit und hilf mir,‹ sagte der, und wir gingen los. Und dann fuhren wir nach Auroville. Wir kamen zum Zentrum, da wo jetzt der Matrimandir-Garten ist. Damals war da gar nichts. Kein Baum, überhaupt nichts. Und es passierte auch nichts an diesem Ort. Da war irgendwo eine einzige Hütte stehen geblieben von der Einweihungszeremonie, das war's. Nichts! Ich half dann Gene beim Bau seines Hauses. Ich liebe es bis heute meinen Körper zu benutzen, mich physisch zu betätigen, und ich war müde geworden, immer in unserem Rec-Room zu sitzen und nichts zu tun. Wir nannten unser riesiges Zimmer Rec-Room, was von Recreation kommt. Aber in diesem Erholungsraum gab es nie Besinnlichkeit und Ruhe, da war immer jemand zu Besuch, andere blieben hier einfach ein paar Tage. Und jetzt konnte ich plötzlich mit Gene arbeiten und da fühlte ich mich großartig. Und dann kam ich nach dieser Arbeit wieder zurück in unser Gästehaus. Da klopfte diese junge Lady an die Zimmertüre. Sie sagte: ›Ich suche Gene Maslow.‹ und ich sagte ihr, dass er gerade nicht hier sei. Da sagte sie, ›Oh, mein Name ist Maggie und ich bin Mutters Sekretärin und ich bin zuständig für die Betreuung der Europäer im Ashram. Schön dich zu treffen.‹ – ›Ja, auch schön dich zu treffen.‹ Und dann rückte sie mit dem Grund ihrer freundlichen Worte heraus: ›Da gibt es ein Problem!‹ und ich fragte sie nach dem Problem. Sie erzählte, dass da ein junger Mann in einem Hotel sei, der nicht in Verbindung mit dem Ashram stünde. Es schien, als hätte er irgendeine Droge zu sich genommen und sei nun massiv selbstmordgefährdet und sie wisse nicht, was sie jetzt tun solle. Da sagte ich: ›Aber ich weiß es.‹ Wir sind gemeinsam zu diesem Hotel gegangen. Da wartete schon die Freundin des Mannes und die war ziemlich fertig und nervös. Sie erzählte mir, dass sie beide gestern einiges an Drogen zu sich genommen hatten und er darauf hin völlig ausgerastet sei. Ich musste sie noch einiges mehr fragen, da ich wissen musste, was der Mann für Drogen genommen hatte. Das war entscheidend, um mit den Typen richtig umzugehen. Dann habe ich zuerst lange mit ihm gesprochen und später mit beiden. Es hat alles gut geklappt und ich habe ihn eigentlich recht rasch aus seinem Zustand herausbekommen. Sie haben ihre Sachen gepackt und am nächsten Tag haben sie Pondicherry und dann bald Indien verlassen.«

Was mir Francis nicht erzählt, ist die Tatsache, dass er den beiden die nötigen Tickets für ihre Heimreise bezahlte. Das habe ich dann von ganz anderer Seite erfahren.

»Maggie wollte mich dann auf einen Kaffee einladen. Und da war dann auch Nathan dabei. Das war ein recht netter Italiener, der seit vielen Jahren im Ashram wohnte. Er war in seinen jungen Jahren Ingenieur und Autorennfahrer in Italien gewesen. Ein wirklich interessanter und liebenswerter Mensch, der immer ganz viel mit seinen Händen und dann auch mit seinem Mund sprach – Italiener eben. Wir haben ihm dann immer gedroht, seine Hände zusammenzubinden, wenn wir wollten, dass er ruhig sei. Und dann sagte Maggie, wir sollten jetzt etwas ›social conversation‹ machen und sie fragte mich gleich, wann ich denn Geburtstag hätte. Und ich antwortete ihr, dass der vor zwei Tagen gewesen sei. Da wurde sie ganz aufgeregt: ›Hast du Mutter getroffen? Sie möchte alle sehen, die eben Geburtstag hatten.‹ Und ich habe ihr gesagt, dass ich Mutter schon lange nicht getroffen hätte – und meinte damit meine eigene. Es sollte ein Scherz sein, aber Maggie war ganz aus dem Häuschen. Und sie bestand darauf, dass sie unbedingt ein Treffen mit Mutter arrangieren wollte. Ich willigte ein und musste noch einen Witz loslassen: Ich hätte schon die Pyramiden gesehen, das Taj Mahal und so einiges andere Wunderbare – und warum sollte ich dann nicht auch jetzt Mutter sehen? Weißt du, meine Haltung, meine Art, das war einfach unglaublich rotzig zu dieser Zeit.«

»Hattest du nie davor gehört oder gelesen, welch große Lichtfigur Mutter war?«

Er sucht nach Worten: »Indien verkauft Yoga und Ashrams seit ewigen Zeiten, die machen gute Geschäfte damit. Überall wo du in Indien hingehst, gibt es einen Guru. Nicht jeder ist echt. Also war ich jetzt nicht so sehr beeindruckt von dieser Einladung. Maggie sah Mutter jeden Tag um 3 Uhr am Nachmittag. Das gehörte zu ihrem Job, sie jeden Tag um die gleiche Zeit zu treffen, um mit ihr anstehende Dinge abzuklären. Und sie sagte mir, ich solle um diese Zeit am Ashram sein. ›Ok‹ erwiderte ich und ging dann am nächsten Tag zum Ashram und wartete in diesem großen Eingangsbereich auf Maggie. Da gingen diese ganzen Ashramis an mir vorbei und alle trugen wieder weiße Gewänder und jeder brannte Räucherstäbchen ab. Ich musste plötzlich an Federico Fellinis Film ›8 ½‹ denken. Und dann fiel mir auch noch sein Film ›Julia und die Geister‹ ein. Da gab es auch solche Szenen mit wallenden Gewändern und Räuchernebel und mir war in diesem Augenblick ganz klar: Federico muss hier gewesen sein! Und dann kam Maggie herein und ich muss sie geradezu überfallen haben, als ich aufsprang und laut herumschrie, dass Federico hier gewesen sein musste. Sie war nicht sehr von meiner Darstellung beeindruckt und sagte bloß ›Komm bitte mit und beruhig dich etwas‹. Und so bin ich mit ihr diese Treppe hinaufgegangen, die zu Mutters Räumen führte. Sie wohnte ganz oben im letzten Stock. Das hatte mit den Ausschreitungen zu tun, die hier in Pondi einige Jahre zuvor stattgefunden hatten. Man wollte sie so sicher wie möglich wissen und verlegte ihre Räume in das oberste Stockwerk des Ashrams.

Also ich stieg mit Maggie hinauf und mein Kopf war noch immer gefüllt mit diesem Fellini-Unsinn. Ich konnte mich kaum beruhigen und an gar nichts anderes denken. Schon gar nicht gelang es mir ernst zu werden, um der bevorstehenden Audienz mit Mutter zu entsprechen. Maggie sprach dauernd leise auf mich ein: Beruhig dich, beruhig dich doch. Und dann brachten sie mich in diesen großen Raum. Da standen so ein, zwei andere Ashramis vor einer alten Frau, die in etwas nach vorne geneigter Haltung auf einem Stuhl saß und anscheinend zu Boden schaute. Ich stand direkt vor ihr. Plötzlich war jemand hinter mir und versuchte mich mit seinen Händen auf meinen Schultern vorsichtig niederzudrücken, damit ich in eine kniende Haltung gelangen sollte. Und das irritierte mich derartig, dass ich versuchte mich davon zu befreien und aufstehen wollte. Und ich erinnere mich nur an eines: dass sie plötzlich ihren Kopf hob, um mich mit ihren Augen zu erfassen. Ihre Augen fanden mich. Und sie lachte mich an und sie lachte mit ihren Augen und sie, ah...«

Francis unterbricht sich an dieser Stelle und versinkt nun für längere Zeit in Schweigen.

»... das nächste, an das ich mich erinnere: Ich stehe vor dem Postamt gegenüber dem Ashramgebäude mit einem riesigen Strauß dunkelroter Rosen in meinen Armen. Was da in diesem Raum stattgefunden hat, ich habe bis heute keine Erklärung oder Erinnerung. Aber ich wusste, dass etwas geschehen ist...«

Wieder sucht er nach Worten. »Dieses Ereignis, ich kann es nicht anders nennen, das hat alles in mir um 180 Grad gedreht! Ich war ein Mensch, der bis dahin immer Schwierigkeiten und Ärger gesucht und auch gefunden hat. Die Welt war mein Spielplatz und ich war immer unterwegs, um eine gute Zeit zu haben. Und dann plötzlich dreht sich alles in mir um 180 Grad! Die Leute, die auf mich in Chennai warteten, das waren jene, die aus Singapur verspätet ankamen, die riefen mich dann an und sagten: ›Jetzt ist es höchste Zeit, um wieder zu neuen Zielen aufzubrechen, pack zusammen und komm.‹ Und ich sagte denen nur noch: ›Habt eine gute Reise.‹ Ich konnte dieses ungeheure Gefühl nicht mehr aus mir herausbekommen. Das In-mir-Tragen dieses Augenblicks, dieses Blicks, dieses Lächelns. Dieser Kontakt, diese Berührung war so überwältigend, dass ich es mir so zu erklären versuche: Sie hatte in ihrem Blick auf mich wiedergegeben, wie ich sie angeschaut haben muss. Wenn du das verstehen kannst, wenn du darin einen Sinn erkennen kannst? Ich sah sie und konnte ihr nur Liebe entgegenbringen. Mir bis dahin unbekannte Liebe. Und ich erinnere mich nicht mehr, wie ich aufgestanden bin. Ich erinnere mich nicht mehr daran, wie ich die Treppe hinuntergekommen bin. Ich erinnere mich auch nicht, ob wir irgendwelche Worte ausgetauscht haben... Ich erinnere mich an gar nichts...«

»Warst du zu diesem Zeitpunkt mit Mutter alleine?«

»Maggie war mit mir und ein anderer.«

»Und die haben dir nicht erzählt, was da stattgefunden hat?«

»Mutter sowieso nicht. Und Maggie, die hat mich ab diesem Zeitpunkt nur mehr komisch angeschaut.« Er lacht wieder sein Lachen. Und dann möchte ich von ihm erfahren, ob er von einer Sekunde auf die nächste wusste, dass er hier bleiben musste.

»Es war nicht eine Frage des Müssens. Ich weiß nicht, ob du so etwas schon einmal erlebt hast, aber vielleicht kennst du das: Wenn man eine Straße entlang geht und plötzlich hört man aus einem Haus, aus einem Fenster, einen Teil von einem Lied und dieses Lied fängt plötzlich deine Gedanken ein, du kannst dich nicht mehr davon befreien. Und dann verbringst du den Rest des Tages damit, im Radio herumzusuchen, um dieses Lied wieder zu finden. Also, ich verbringe seither mein Leben damit, dieses Lied wieder zu finden. Und das hat mich komplett gefesselt. Warum es mich nicht mehr loslässt, dazu habe ich keine Erklärung. Ich glaube, es gibt da keine Fragen mehr nach dem Warum.«

»Francis, kennst du auch die Situation, wo Mutter am Balkon oben erschien und unten standen diese vielen Menschen und wenn dann eine Person diesen Blick von ihr empfing, das war's dann auch?«

»Ja, das kenne ich auch. Da standen tausende Menschen unter dem Balkon auf der Straße und da ist so ein ständiges Pulsieren gewesen, während die Menschen miteinander gesprochen haben. Da kamen auch Erdnussverkäufer durch mit ihren Klingklang-Glocken und ihren Rufen und Softdrink-Verkäufer machten laut Werbung für ihre Getränke. Also, es war so eine Art Karnevalsumzug. Sie ist dann auf ihre Terrasse geschritten… «

Jetzt vergeht fast eine Minute, bis Francis mit ganz leiser Stimme weiter spricht.

»… und du hast nicht den leisesten Laut irgendwo noch gehört, nichts, absolut still – und sie stand da nur oben und schaute jeden einzelnen von mehreren tausend Menschen an. Und jeder wurde durch diesen Blick berührt. Da ist keine einzige Person nachher weggegangen, die nicht das Gefühl hatte, von ihr mit dem Blick berührt worden zu sein und von dieser Liebe, die darin lag. Und nur dafür leben wir hier noch immer.«

Seit dem oben niedergeschriebenen Ereignis sind 47 Jahre vergangen. Francis verbrachte diese Zeit mit Ausnahme eines länger als beabsichtigt ausgefallenen Amerika-Aufenthalts von acht Jahren ausschließlich in Auroville. Diese Zeit benötigte er, um in den USA wieder genug Geld zu sparen, mit dem er Aurovilles Projekte weiterhin unterstützen konnte. Dann kehrte er nach Auroville zurück und ist seither geblieben. Francis kennt als direkt Betroffener auch die unfriedlichen Zeiten in Auroville gut. Jene Jahre der harten Konfrontationen und tätlichen Auseinandersetzungen mit Vertretern der Sri Aurobindo-Gesellschaft. Diese versuchte nach dem Tod der Mutter die gesamte Verfügungshoheit über Auroville an sich zu reißen. Die Befugnisse der Sri Aurobindo-Gesellschaft waren enorm, da über sie die gesamten Landkäufe des Ashrams für Auroville getätigt wurden. Francis war einer der Kämpfer für die Unabhängigkeit Aurovilles. Und er kämpfte auch mit den Fäusten. Gemeinsam mit anderen Auroville-Verteidigern landete er im Gefängnis und wurde in Folge aus Indien verwiesen. Auf Umwegen kehrte er wieder zurück und konnte bleiben. Sein aggressives Engagement für Auroville blieb nicht unbedankt. 1988 wurde von der indischen Regie-

rung durch den »Auroville Foundation Act« die Unabhängigkeit Aurovilles und besonders die selbstständige Verwaltung seines Grund und Bodens beschlossen.
Jetzt im Alter sprach aus Francis noch immer eine innere Jugend. Aber noch etwas anderes strahlte aus ihm heraus: Menschenliebe ohne Anspruch auf Erwiderung. In der Abenddämmerung, wenn ich von meinen Terminen zurück in mein Guesthouse fuhr, sah ich ihn und Doris immer wieder Hand in Hand über die Wege spazieren – ein junges, frisch verliebtes Paar könnte nicht stärker seine Zuneigung und Verbundenheit ausdrücken. Die etwas herbe und doch immer hilfsbereite ehemalige Stewardess Doris und der Amerikaner, dessen leichtsinniges und gefährdetes Leben wegen eines einzigen Lächelns der Mirra Alfassa eine so unglaubliche Wendung vollzog.

WARUM IST HIER (FAST) NIEMAND DICK?

In der Tat begegnet man in Auroville extrem selten beleibten Menschen. Übergewicht als Abbild der Schlaraffenlandmentalität und des unkontrollierten Überkonsums ist mit Aurovilles Streben nach Verbesserung der in Mitleidenschaft geratenen geistigen und spirituellen Kondition des Menschen unvereinbar. Beleibte und Dicke sind unter Aurovilles Bewohnern derartig auffallend selten, dass vorerst die Annahme von der Existenz einer Gesellschaft im Schlankheitswahn entsteht. Das ist noch kein Grund darüber ausführlicher zu schreiben, wäre da nicht zu erkennen, dass hinter der Schlankheit als eigentliches Motivationselement eine ganz bestimmte Haltung zu erkennen ist. Nicht das zwanghafte Diätdiktat westlicher Prägung zeichnet dafür verantwortlich, sondern ein Hauptgrundsatz aurovillianischer Entwicklungsabsicht: Richte dein Leben nach den wesentlichen Bedürfnissen und nicht nach Begierde und Habenmüssen aus. Haben- bzw. Besitzentscheidungen nach dem Kriterium der Notwendigkeit zu fällen, ist ein bedeutender Schritt auf dem Weg der Veränderungsabsicht – ob in Auroville oder anderswo. Bereits dieser Schritt ist so schwierig auszuführen, dass er für den Großteil der Gemeinschaft zur bestimmenden Herausforderung wird. »Yogaübungen zu machen ist einfacher, als auf Gewohnheitsbedingtes zu verzichten.« Dieser Satz, den mir Otto im Laufe des Interviews sagte, weist eine einprägsame Klarheit und Erkenntnis auf und entlarvt auch beeindruckend unsere eigene westlich geprägte Mentalität. Es gibt auch bei uns genügend Möglichkeiten Dinge zu tun, die unserer geistigen Reifung auf die Sprünge zu helfen vermögen. Yoga, Meditation und Klosterexerzitien sind dabei mittlerweile durchwegs gefragte Optionen. Aber die Maßnahmen und Absichten erscheinen fragwürdig, fadenscheinig und mager, wenn auf der anderen Seite die Kasteiungsaskese mit Belohnungskonsum ausbalanciert wird. Jede Erschwernis und jegliche Enthaltsamkeit verlangt anscheinend nach Ausgleich. Einige Tassen Ingwer-Kräutertee verlangen nach einem Glas

Prosecco. Und eine Woche Ayurveda-Askese verlangt nach zwei Wochen Maledivenurlaub oder Toskana-Weinverkostung. Verzicht ohne Entschädigung wird in unserer westlichen Kultur als ein »unfair game« angesehen. Besonders im Bereich der Nahrungsreduktion treibt dieses Belohnungsprinzip sonderbare Blüten. Diäten fordern Belohnung ein. Das Martyrium der Entsagung würde ansonsten eine Lücke der Unbefriedigtheit hinterlassen. Aber schon die Absicht zur Entsagung ist hinterfragbar, da sie ja prinzipiell zur Betonung und Hervorhebung von äußerlichen Werten dient: perfektes Aussehen und eine damit erwartbare Wirkungsabsicht. Wir hungern also eher selten, um den Geist zu sättigen, sondern um den »Body zu shapen«. Was erstaunt ist die Tatsache, dass dieser Wille so vorherrschend und potent ist, dass eine geistige Fokussierung maximal als Nebenprodukt stattfinden kann. Wie sonst ist es erklärbar, dass Yoga im Angebot der Fitnessstudios landen konnte? Ein genauerer Blick auf unsere Gesellschaftsrituale mag erhellen: Eigenständigkeit wird über den Status des Uneingeschränkten definiert. Diese Definition von freier Entscheidung erhält gerade im Bereich des Nahrungskonsums, sowohl bei der Beschaffung als auch im Konsum, ihre Berechtigung. Ein übervoller Kühlschrank und Teller sind Zeichen für Wohlstand, Reichhaltigkeit, Möglichkeiten der Auswahl und dient primär dem Stillen eines ausgeprägten Haben-Verlangens. Denn Hunger kann es in unseren Breiten wohl nicht sein. Dann doch Gier und damit das Streben nach unnotwendigem Besitz? Also ist Reduktion dieser Überfülltheit, ob sie nun Nahrung oder andere Bereiche unseres übersättigten Lebens betrifft, nur dann erstrebenswert, wenn in unserem Kopf gesichert ist, dass der Napf trotzdem immer gut gefüllt bleibt. Ist das garantiert, dann sind wir bereit, uns in der Askese auf Teilzeit zu versuchen. Was daraus resultiert, ist ein fälschliches Gefühl der Bewältigung ohne eigentliche Erkenntnis. Denn auch hier ist, zumindest unbewusst, der Wettbewerb federführend. Wir leben nun einmal im Zustand eines Vergleichsheldentums und deshalb weist auch die Abenteuerreise zum Südpol oder das – gefahrfrei inszenierte – Expeditionsevent durch die Wüste Gobi eigentlich keinen Unterschied zur erduldeten entbehrungsreichen Diätwoche auf. Bewusstmachen des

Wesentlichen – dieser Schritt scheint schwierig, so lange das Vergleichbare dominiert. Dass es in diesem Punkt in Aurovilles Gemeinschaft sehr unterschiedlich funktioniert, ist evident. Bleiben wir deshalb noch beim Essen, welches ein gutes Beispiel dafür abzugeben vermag: Es gibt keine eigene aurovillianische Küche. Menschen aus fast 50 Nationen bringen mit ihrer Geschichte auch die eigene Ernährungskultur nach Auroville mit. Diesem Faktum wird in Auroville mit der Zubereitung von sehr interessanter Cross-Over-Ernährung Tribut gezollt. Diese ist durchwegs vegetarisch zubereitet und versucht das Gesunde und Bekömmliche aus den unterschiedlichen Esskulturen zu verbinden. Ausschlaggebend dabei sind folgende Kriterien: eine leichte, fleischlose aber energiereiche und sättigende Nahrung, die besonders die klimatischen Bedingungen und den damit verbundenen Energieverbrauch berücksichtigt. Die verwendeten Grundnahrungsmittel sollten möglichst aus biologischer Landwirtschaftsproduktion stammen. Viele Mitglieder der Gemeinschaft haben durchaus Sehnsüchte nach Speisen aus ihrer Heimat. Und so gelingt es Auroville recht beeindruckend z. B. auch französischen Käse zu produzieren, um auf diese Weise auch hartnäckige Heimwehgefühle zu lindern. Was hier aber im achtsamen Umgang mit Nahrung besonders auffällt, sind der Einsatz einfachster, bewusstseinsfördernder Mittel, denen man hier so oft in den unscheinbarsten Zusammenhängen menschlichen Handelns begegnen kann.

Essen ist in der westlichen Welt ein Thema, welches immer öfter im engsten Zusammenhang mit Verschwendung genannt wird. Die Wegwerfgesellschaft scheint unbelehrbar oder nur schwer zu überzeugen, was die Vergeudung von Nahrungsmitteln verhindern würde. Auch in Auroville ist dieser Punkt nicht unbekannt.

Aber der Umgang mit der Problematik zur bestmöglichen Vermeidung des Missstandes ist exemplarisch. Bei meinem letzten Aufenthalt in Auroville war an der Essensausgabe von Solar Kitchen, Aurovilles Großküche, eine Schiefertafel angebracht, auf der jeden Mittag bereits vor Beginn der Nahrungsausgabe an ca. 300 Menschen mit Kreide aufgeschrieben wurde, wieviel Restabfall an Nahrung am Tag davor weggeworfen werden musste. Damit waren jene Essensreste gemeint, die auf den Tellern der Essenden verblieben sind. 160 Gramm waren es am ersten Tag meines Besuches, die durchschnittlich auf einem Teller verblieben. Bei ca. 300 konsumierten Essen immerhin 22 Kilogramm Speisereste. Auch am Ende meines Aufenthalts gab es diese Tafel noch. Da waren es dann 140 Gramm oder 19 kg in Summe. Entscheidend war also nicht der sofortige Reduktionszwang auf Null. Menschen sind in ihrem Veränderungsverhalten äußerst träge. Und das selbstverständlich auch in Auroville, denn schon kleine Veränderungen benötigen auch hier manchmal lange Zeit. Aber der tägliche Blick auf die Tafel wird irgendwann einmal eine Starthilfe zur Bewusstseinsbildung leisten. Eine entscheidende Voraussetzung für darauf folgendes richtiges Handeln mit geändertem Bewusstsein. Mich faszinierte der Umstand, dass die Information auf der Tafel nichts enthielt, was als erzieherische Maßnahme mit dem Annex einer Bestrafung zu erkennen gewesen wäre. Keine Maßregelung wäre fällig, wenn jemand zukünftig nicht aufessen würde (ich habe von Maßnahmen in Brasilien gelesen, wo mittlerweile vereinzelt in Selbstbedienungsrestaurants mit Strafzahlungen auf nicht geleerte Teller reagiert und experimentiert wird). Als ich diese Bekanntgabe zum ersten Mal las, beging ich den üblichen Fehler der meisten Besucher mit westlich geformter Denkprägung: Ich verglich. Welche Kilogrammmenge würde auf einer ähnlichen Tafel z. B. in einer Kantine der großen Unternehmen in Deutschland zu lesen sein, die eine vergleichbare Quantität an Essen für ebenso viele Menschen bereitstellen? Wahrscheinlich wäre es hier ein Vielfaches, dachte ich. Wie oft haben wir schon gelesen, dass eine Stadt wie Wien mit ihren knapp 2 Millionen Bewohnern einen täglichen Brotabfallberg verursacht, der wiederum alle Einwohner der Stadt Graz mit fast 300.000 Einwohnern versorgen könnte? Es erschien mir also naheliegend, dass es in Europas Kantinenlandschaft noch viel mehr Essensabfall geben müsste. Erst zu diesem Zeitpunkt dämmerte mir, dass es um den Vergleich »besser-schlechter« oder »braver-schlimmer« gar nicht ging. Nur das Anbringen einer ähnlichen Bewusstmachungstafel wäre der einzig richtige und entscheidende Schritt, um ebenfalls eine Klientel auf den wesentlichen Umstand der Nahrungsmittelverschwendung elegant und gleichzeitig spielerisch hinzuweisen und in Folge Speisereste zu reduzieren. Wer aber hat bei uns schon einmal eine solche Tafel bzw. einen Hinweis dieser Art in einer Kantine entdeckt? Die Idee und ihre Ausführung sind so einfach wie rasch gemacht. Eine Waage, eine Tafel, ein Kreidestück. Die Arbeitszeit zur Ermittlung ist vollkommen zu vernachlässigen, da die Essensreste ohnehin in Tonnen zur Entsorgung vorbereitet werden müssen.

Bleiben wir noch kurz in Aurovilles Sonnenküche, also der Großküche, die ihre Energie für die Kochprozesse zu 80 Prozent aus einem riesigen Solarreflektor auf dem Dach des Gebäudes gewinnt – die restlichen 20 Prozent stammen dann an Tagen, an denen Sonnenlicht in nicht genügender Stärke vorhanden ist, aus Dieselaggregaten. Abnehmer der Essen sind alle Bewohner Aurovilles. 550 Essen gehen täglich an Aurovilles Schulen, an die 300 werden direkt im Speisesaal ausgegeben, der Rest geht an Mitglieder der Gemeinschaft, die entweder in weit entfernten Siedlungen leben oder krankheitsbedingt ihr Essen zugestellt erhalten. Aber auch Gäste und Besucher mit entsprechender Berechtigung können hier essen. Die Nahrungszubereitung in Solar Kitchen ist einfach, nahrhaft, aus biologischem Anbau, extrem preiswert und orientiert sich hauptsäch-

lich an der indischen Küche. Roter und weißer Reis, Rohkost in Form von Gurken, Tomaten, Zwiebeln. Linsensuppe (Dhal), zwei Gemüsecurrys, indisch-scharf oder westlich-mild, oft rote Beete, ein Schälchen Joghurt, frische Chutneys, Wasser oder Limettensaft als Getränk. Serviert wird in Form der südindischen Thali – ein großer flacher Chromteller, auf dem Reis aufgehäuft wird, dazu in kleinen Metallschälchen die Currys, die Linsensuppe, der Joghurt. Die Rohkostsalate finden neben dem Reis dann noch genügend Platz auf dem Metallteller.

Das Essen aus Aurovilles Großkantine ist für Aurovillianer nur mit einem äußerst geringen Eigenkostenanteil verbunden, so dass es vor allem von jenen in Anspruch genommen werden kann, die entweder freiwillig oder auch aus Notwendigkeit mit dem zur Verfügung gestellten monatlichen Mindestauskommen von umgerechnet 120 Euro ihr Leben in Auroville zu bestreiten versuchen. Die Absicht ist, das zur Speisenzubereitung verwendete Gemüse nach Möglichkeit aus den eigenen Anbaugebieten des Grünen Gürtels zu beziehen. Seine Funktion war und ist die Schaffung von Anbauflächen für Obst und Gemüse, um damit alle Bewohner zu versorgen. Gegenwärtig gibt es in Auroville sieben Farmen und eine größere Anzahl kleinerer Anbaugebiete. Eine flächendeckende Versorgung der 2.500 Menschen ist damit nicht gewährleistet. Heute werden die fehlenden Mengen an Gemüse, Obst und Hülsenfrüchten vor allem vom Großmarkt in Pondicherry zugekauft, um den täglichen Bedarf abdecken zu können.

Warum ist hier niemand dick? Bewusste Ernährung ist ein bestimmender Teil dieser Haltung. Aber der andere maßgebliche Aspekt betrifft die Ausführung des normalen Lebensalltages. Dabei sind mir vor allem die Pioniere in Erinnerung geblieben. Es war und ist vor allem körperliche Arbeit, die ihr Leben hier kennzeichnet. Johnny, Kireet, Francis, John, Achilles, Wolf, B und Otto: Alle Interviewpartner aus den Anfangszeiten Aurovilles und jenseits der 60, wiesen eine deutliche Abstinenz gegenüber übermäßigem Konsum auf. Ihre Körper waren sehnig, muskulös und frei von Wohlstandsfettschichten. John und Otto fuhren nach wie vor täglich mit dem Fahrrad zu ihrer Arbeitsstätte und zu allen anderen Orten ihrer Beschäftigung. Wie oft hörte ich in ihren Erzählungen von Radfahrten, die sie mehrmals wöchentlich zwischen Pondicherry und Auroville zu machen hatten. Es war die einzige kostenfreie Transportmöglichkeit in den 1970er-Jahren. Die meisten von ihnen schienen mir aus einem anderen Holz geschnitzt oder wurden im Laufe ihres Auroville-Lebens zu diesem äußerst widerstandsfähigen Holz verwandelt. Enorme Ausdauer, anscheinend nicht erlahmende Energievorräte und eine an Bedürfnislosigkeit grenzende Mäßigkeit waren Grundbedingung, um die extrem fordernde physische Arbeit unter härtesten Lebensbedingungen durchzuführen. Ob sie dann in der subtropisch-schwülen Hitze Bäume pflanzten, harten Boden rodeten und beackerten, Staudämme bauten oder nur mit ihrer Hände und Arme Kraft das Matrimandir aus dem Boden stampften – was immer sie taten, geschah aus einer tiefen inneren Überzeugung etwas Richtiges zu tun. Und das war genug für ihre Lebensentscheidung, die auf noch etwas anderes zu verzichten verstand: Lebenserleichterung im Sinne eines auf Bequemlichkeit ausgerichteten Daseins. Die Konsequenz daraus: Heute, so viele Jahrzehnte später, wirken sie auf mich noch immer sprühend und erfrischend jugendlich.

Nicht dick und nicht übergewichtig trifft größtenteils auch auf Aurovilles Teenager-Generation zu. Oberhalb von Solar Kitchen ist La Terrace Cafe ein beliebter Nachmittagstreffpunkt der 14- bis 17-jährigen Aurovillianer. Für sie ist der Platz ein schicker Hot Spot im ansonsten eher sehr bodenständigen Lokalangebot der Stadt. Die in der Küche tätigen Inderinnen sind sogar in der Lage, einen durchaus heimatlich schmeckenden Apfelstrudel zu backen. Es gibt da hervorragendes, unbedenklich zu konsumierendes Speiseeis, ein großes Angebot an frischen, tropischen Fruchtsäften, wunderbare vegetarische Sandwiches, grandios zubereitete Omelettes, ebenso gute indische Dosas (dünne gefüllte Pfannkuchen) und verschiedene Suppen und Pastagerichte. Alles vegetarisch und aus Aurovilles Landwirtschaft. Für die Teenager, die es sich leisten können, ein Schlaraffenland. Ich sah sie vor großen Sandwich- und Kuchentellern sitzen. Aber ihre Schlankheit war beeindruckend. Erst später wurde mir klar, dass sportliche Betätigung in Auroville nicht ein schulischer Nebenschauplatz ist. Gemeinsam mit Kunst bildet Sport einen zentralen Ansatz der von Sri Aurobindo und Mutter entworfenen Vorlage für eine optimale Kindheits- und Jugendentwicklung und zählte für die meisten Jugendlichen zum Tagesprogramm. La Terrace Cafe ist auch – so eigenartig es auch klingen mag – Treffpunkt des aurovillianischen Mittelstands. Frauen wie Männer kamen auf einen Cappuccino oder Espresso und wählten dazu Schokokuchen oder Mangoeis. Auch sie waren schon wegen ihrer sportlichen Körper als sehr attraktiv zu bezeichnen und ich war verwundert, wie mühelos und ohne die bekannten Gewissensbisse sie ihre Kuchen und Eisportionen verzehrten. Ihren Gesprächen war zu entnehmen, dass sie am Abend noch Radfahren, Reiten oder Joggen gehen würden. Keine Kraftkammern und Fitnessstudios, dafür riesige Freigelände für alle erdenklichen Sportarten. Unter ihnen gab es viele, die in Gruppen an Wochenenden Trekkingtouren per Rad oder ausgedehnte Wanderungen durch nahe Urwälder unternahmen. Und seit kurzer Zeit wird auf Aurovilles Roterdepisten und -pfaden sogar der Auroville-Marathon abgehalten. Unter den Teilnehmern eine beachtliche Menge von Mitgliedern der Gemeinschaft. Das war das primäre Erscheinungsbild von Aurovilles Bevölkerung, wie ich es während meiner Aufenthalte wahrnehmen konnte. Zweifellos gab es auch solche für die »no sports« die einzige Chance für ein beschwerdefreies Überleben in dieser Klimasituation schien. Es waren vorrangig ältere Zugereiste und eine Minderheit.

Ich erinnere mich: Jeder an diesem Ort ist dazu angehalten, sein Leben bestmöglich daraufhin zu untersuchen, was Notwendigkeit für ihn bedeutet und was darüber hinaus Wunscherfüllung und damit verzichtbar ist. Jeder muss für sich entscheiden, nichts soll vorgeschrieben werden.

Und so ist es auch klar, dass es nicht nur die Schlanken und Sportlichen hier geben kann. Eben: Jeder wie er kann. Beeindruckt hat mich im Zusammenhang mit dem Inhalt dieses Kapitels die Geschichte einer jungen Schweizerin. Nicht wegen ihrer Schlankheit, die zweifellos für jeden ersichtlich ist. Julia kam an diesen Ort ohne die geringste finanzielle Absicherung. Nur mit dem enormen Selbstvertrauen hier eine illusionsbefreite Verwirklichung ihres Lebens anzustreben. Und ihr Auroville-Weg ist markant und gebietet Respekt.

JULIA – ILLUSIONEN UND EIN BEAUTYSALON

Julia ist zum Zeitpunkt unseres Gesprächs 34 Jahre alt und lebt seit 9 Jahren in Auroville. Alles fand seinen Anfang im Jahr 2006 bei ihrem ersten Besuch. Bereits zwei Jahre später war ihr Entschluss für ein Leben in Auroville gereift und gefällt. Hier betreibt die gelernte Kosmetikerin seit einigen Jahren Aurovilles einzigen Beauty Salon und arbeitet gelegentlich als Visagistin bei Film- und Fotoproduktionen. Bei unserem ersten Zusammentreffen, einige Tage vor unserem Gespräch, stand sie selbst als Modell für eine neue Kollektion des Auroville-Modelabels Upasana vor der Kamera. Julia schlägt vor, uns für das Gespräch in ihrem neuen Haus zu treffen. Das Haus befindet sich in der Siedlung Shanti, in unmittelbarer Nähe zum Matrimandir-Garten und damit in bester Auroville-Lage. Trotz ihrer guten Beschreibung des Zielortes irre ich vorerst einmal umher. Im ganzen Auroville-Gebiet sind Schilder mit den Namen der oft sehr verborgenen Siedlungen aufgestellt – trotzdem fahre ich immer wieder an ihnen vorbei. 134 dieser Siedlungen gibt es in Auroville auf einer Fläche von 20 Quadratkilometern verteilt. Die städtebauliche Planung eines homogenen Stadtgefüges sah zur Gründung Aurovilles ganz anderes vor, als es die gegenwärtige Baurealität zeigt. Wohl lässt sich aber eine Art sozialer Strukturierung bzw. Ausrichtung der Siedlungen und ihrer Bewohner gut erkennen. Da gibt es die sehr noblen Wohngegenden, durchaus vergleichbar mit den Villenvierteln europäischer Großstädte. Schicke Appartementsiedlungen sind gegenwärtig sehr begehrt und beherbergen meist gut betuchte Teilzeit-Aurovillianer – auch die gibt es. Viele Wohngegenden Aurovilles weisen eine architektonische Unverwechselbarkeit auf. Oft sind die Bauten von sehr graziler und feinfühliger Architektur geprägt, hin und wieder auch das Extrovertierte zur Schau stellend. Hauptsächlich sind die Bauten zweckmäßig gebaut, aber auch dann oft mit gestaltenden Kunstgriffen dem bloß Funktionalen entzogen. Da Auroville noch kein homogenes Stadtgefüge erkennen lässt, sind die diversen Siedlungen oft unzusammenhängend über das Gebiet verteilt und durch Sandstraßen oft viele Kilometer voneinander getrennt. Auf meiner Suche nach Julias Haus konnte ich zwar das Hinweisschild »Shanti« auf Aurovilles Hauptstraße finden, aber vor mir lag eine ziemlich große Wiese auf der gleichgültig wirkende Kühe mit ihren Kälbern weideten. Auf der anderen Seite befand sich nur der Zaun, welcher die Straße von der beeindruckenden Gartenanlage des Matrimandir trennte. Ich fuhr also zuerst ein Stück die Hauptstraße vor und wieder zurück, um vielleicht doch einen übersehenen Pfad zu erkennen und wagte es schließlich, vorbei an Kühen und Kälbern, die Wiese zu erkunden. Am hinteren Ende derselben entdeckte ich dann eine Art von Gitterrost, der Kühe und andere Tiere am Besuch des dahinter befindlichen Ortes hindern sollte. Es war mein gesuchter Eingang und nach nochmaligem Verfahren stand ich endlich vor Julias Refugium. Ein Haus mitten im Wald, von Kokospalmen umgeben, schön wie das Knusperhaus aus einer südindischen Märchengeschichte. Trotz der gefahrenen Umwege war ich zu früh und wartete auf der weitläufigen Terrasse. Julia kam dann etwas später auf ihrem Motorrad angerattert, da sie noch für jeden von uns ein Stück veganen Schokoladenkuchen erstanden hatte. Wir begannen dann gleich mit der Führung durch das Haus, welches sie erst vor wenigen Wochen bezogen hatte. Es war ihr Juwel und, wie ich mir bald zusammenreimen konnte, ein wichtiges Zeichen für ihr Arrangement mit Auroville. Es stand als deutliches Symbol für ihre Absicht einer Lebensentscheidung an diesem und für diesen Ort. Die Parallele zu Ottos Aussage wird mir rasch in Erinnerung gerufen: »Ich bin zu Hause angekommen.« Direkt von der Terrasse betraten wir den zentralen Raum im Erdgeschoß des Hauses. In einer Ecke der Küchenbereich mit hermetisch vergitterten Aufbewahrungsschränken, um Insekten, vor allem Ameisen, keine Zugangsmöglichkeit zu geben. Auf der anderen Seite ein großer Tisch mit mehreren Stühlen. An den Tagen, an denen es im Freien auf der Terrasse zu heiß ist, wird dann auch einmal im Inneren des Hauses gelebt und gegessen. Der Boden ist mit spiegelblanken Fliesen ausgelegt. Für das rechtzeitige Erkennen von Eindringlingen wie Spinnen und Skorpionen sei so ein Boden gut geeignet, erzählt Julia. »Am Morgen musst du halt schauen, wo du hintrittst, da kommt es schon ab und zu einmal vor, dass sich ein ungebetener achtbeiniger Gast einschleicht.«

»Leben auf eigene Gefahr«, denke ich reflexartig. Julia, mit ihren 1,80 Meter, einer beachtlich attraktiven Figur, ihren langen Haaren, immer geschmackvoll und stilsicher, wenngleich nicht teuer gekleidet, strahlt auf den ersten Begegnungsblick doch eher etwas anderes aus, als in einer natürlichen Umgebung mit Skorpionen, Schlangen und anderem Getier manchmal unter einem Dach zu leben. Aber als sie mir das erzählt, weisen ihre Worte nichts Spektakuläres auf, kein Oh und Ah der Gefahr. Eigentlich ist es nur ein Nebensatz von ihr und nicht mehr. Schließlich, nach eingehender Besichtigung, nehmen wir Platz in den bequemen Stühlen auf der Terrasse. Sie muss über mein Klischéedenken doch recht lachen, als ich unser Gespräch mit der Frage eröffne, was eine Frau wie sie hier verloren habe.

»Ich glaube, dass die Weichen dafür schon vor sehr langer Zeit gestellt wurden. Aber alles der Reihe nach: Bis zu meinem 18. Geburtstag war ich so eine richtige Partyknalle. Ich habe da nichts ausgelassen, was mit Spaß und easy-going-life zu tun hatte. Ganz plötzlich hatte ich aber die Nase davon voll. Und dann unternahm ich mit 18 meine erste weite Reise nach Afrika. Ich reiste ganz alleine und sprach auch kein Englisch. Also da könnte ich dir schon viele Stunden nur über diesen Trip erzählen. Das war der Beginn einer Zeit, in der ich ganz viel zu reisen begann. Ich hatte meine Kosmetikerausbildung absolviert und verdiente dann immer so viel Geld, dass ich meine nächste Reise antreten konnte. Als ich dann 20 war, wurde Yoga zum Mittelpunkt in meinem Leben. Das war ein anderes Extrem. Vorher die wilden Partys, ein Leben in Saus und Braus, und dann der Beginn meiner Yogazeit, die voll in die andere Richtung ausschlug. Kein Rauchen mehr, kein Alkohol, jeden Tag mehrere Stunden Yogaübungen, ich ging da sehr extrem ran.«

Es folgten Reisen nach Thailand und Rumänien. In Thailand lebte sie bei einem Guru. Der Tagesablauf beinhaltete mehrere Stunden Hatha-Yoga*, Meditation und Unterricht. Julia erzählt mir von einem sehr einfachen und disziplinierten Leben, das ihr gut tat. Sie bemerkte, ausgelöst durch das dichte Programm, nach und nach Veränderungen an Körper und Geist, eine Sensibilisierung ihrer gesamten Persönlichkeit.

»Ich habe mir dann gesagt: Ja, das ist es. Jetzt bin ich auf dem richtigen Weg! Der bringt mich dorthin, wo ich immer schon hin wollte. Dann musste ich aber bemerken, dass es zwar eine gute und wichtige Erfahrung war, aber es war keine Erfüllung. Ich konnte mich zwar physisch sehr fordern und mich auch energetisch intensiv wahrnehmen, aber die innere, tief gehende Entwicklung, die passierte nicht. Und vor allem war es nicht wirkliches Leben, sondern ein Leben unter besonderen Umständen. Jetzt hier in Auroville führe ich ein Geschäft. Ich bin jeden Tag intensiv mit der Bewältigung meines Alltags beschäftigt. Ich pralle hier in Auroville jeden Tag viel intensiver an mir an, als in dieser Yoga-Kommune, wo doch alles mehr oder weniger ein geschlossener und damit sicherer Raum war. Das hatte nichts mit einer Sicht auf das wahre Leben zu tun.«

Da fällt Julia noch etwas ein. Sie hat vergessen mir das schönste Badezimmer von Auroville zu zeigen. Wir unterbrechen unser Terrassengespräch und gehen zum Bad. Es ist ein kleiner Zubau an Julias Haus. Ein mit wunderschönen Fliesen gekachelter Raum, der kein Dach aufweist, abgedeckt nur vom dichten Blattwerk eines riesigen Baumes. Zur Abschirmung vor Zweigen, Ästen und den unvermeidlichen Tieren ist bloß ein feinmaschiges Netz oberhalb des Baderaumes befestigt. Es ist kein Designerbad für viele Tausende von Euro, was ich hier sah. Die verwendeten Mittel waren einfach und günstig, aber so gekonnt eingesetzt, dass der Eindruck von etwas unvergleichlich Schönem entstand. Sie erzählt mir, wie toll es im Bad ist, wenn so ein richtiger Tropenplatzregen abgeht. Ich verstehe sie gut. Auf dem Weg zurück setzt sie ihre Erzählung fort: »Am Anfang meiner Aufenthalte bei den Yogalehrern hatte ich immer den Eindruck ›Ha, ich bin so nah bei mir wie noch nie!‹ Am Schluss dann hatte ich das Gefühl ›Oh, ich bin mir noch nie so fern gewesen.‹ Ich konnte schon sehr viel lernen. Aber irgendwann musste ich bemerken, dass in meinem Kopf so eine Art Filter installiert wurde. Eigentlich wollen wir nicht urteilen, eigentlich wollen wir ganz frei sein und eigentlich wollen wir im Moment leben. Du kennst alle diese Sätze sicher! Und ich erkannte, dass all das, was ich da die ganze Zeit gemacht habe, mich genau von dem entfernte, was ich eigentlich erreichen wollte.«

»Aber du hast das anscheinend rechtzeitig gemerkt?«

»Ja, das war mein Glück. Ich bin nach Thailand und dann noch nach Rumänien gereist. Dort gab es eine Art Fortsetzung des thailändischen Yogapraktikums. Ich bin dort angekommen, habe eine Zeit lang mitgemacht und mir nach einigen Tagen gesagt: ›Du musst da jetzt weg. Das bringt dir gar nichts mehr!‹ Aber ich muss es betonen: Was ich lernte, war auch wirklich gut: Was geschieht mit und in dir, wenn du wirklich fastest? Wie reagiert dein Körper, wenn du ihn an Grenzen bringst? Das war super. Aber ich wusste, da ist auch viel heiße Luft dabei, was uns da erzählt wurde. Da musste ich dann weg. Denn viele bleiben in dieser Illusionswelt stecken und die glauben dann, das war's.«

»Du sprichst da etwas an, was am besten mit dem Begriff Pseudospiritualität, also der Schaffung neuerlicher Einbildung, zu definieren ist?«

»Ja, genau. Das findest du ganz oft bei Menschen auf ihrer Suche. Und auch hier in Auroville wirst du dem begegnen. Da ist Auroville keine Ausnahme, was die Schaffung von Illusionen betrifft. Schau, bei mir war es so, dass ich durch alle meine Erfahrungen, die ich gemacht habe, letztendlich sehr geerdet wurde und gut eingewurzelt bin. Ich habe glücklicherweise erkannt, wem ich vertrauen kann und wovon ich mich besser zurückziehe. Ich habe vieles gesehen was auch nicht so toll war und auch mit Okkultismus verbunden war. Ich erkannte das alles sehr klar. Am Beginn einer solchen inneren Reise hast du Wörter zur Verfügung, du liest sehr viele Bücher, aber du verstehst nur eingeschränkt, was da geschrieben steht, weil du nichts davon richtig gelebt hast. Aber wenn du mit all dem einmal in Berührung gekommen bist, dann beginnt sich das in dir anders zu manifestieren. Und deshalb war all das Zeug, das ich gemacht habe, wirklich super, weil es mir einen sicheren Boden unter den Füßen geschaffen hat.«

»Glaubst du, dass falsche Spiritualität gefährden kann?«

»Nicht nur falsche oder nicht ernst gemeinte. Wenn du nicht geerdet bist und nicht den Boden unter den Füßen spürst, dann fällst du ganz rasch um, wenn du dich auf einen Weg der Suche begibst. Auch wenn dieser Weg ein guter und richtiger ist. Es liegt ganz einfach daran, dass niemand von uns im Westen es gewohnt ist, sich solchen Energien auszusetzen, die da frei werden.«

»Julia, glaubst du, dass man für das Einschlagen eines guten Weges zum Finden seiner eigenen Spiritualität schon etwas mit sich bringen muss? Wird da schon etwas sozusagen in die Wiege gelegt?«

»Nein, das glaube ich nicht. Ich denke, das hat jeder Mensch in sich. Vielleicht ist das bei vielen nicht sofort offensichtlich und es besteht auch keine Notwendigkeit zur Entfaltung.«

»Du kommst aus der Schweiz, einem sehr reichen Land im Zentrum Europas, wo eine ziemlich klare Lebensausrichtung die Gesellschaft in ihrem Handeln definiert. Die heißt Streben nach Wohlstand. Kann das einer spirituellen Entwicklung nicht im Wege stehen?«

»Ich möchte es anders sagen: Es gibt einen ganz bedeutenden Begriff der Verhinderung: Manipulation. Du hast in diesen Gesellschaften, ob das jetzt die Schweiz ist oder andere Länder in Europa, keine Chance so zu leben, dass du wirklich du selbst bist. Aber es wird dir etwas eingeredet und vorgegaukelt und du lebst in großem Komfort. Dann hast du irgendwann das Gefühl, du entscheidest ohnehin alles, was du willst. Aber genau das Gegenteil ist der Fall. Und ob das jetzt die Medien sind oder die Werbung, immer wird dir suggeriert: Du kannst dir alles leisten: ein Haus, ein großes Auto und noch so viel mehr. Schließlich wirst du nicht mehr danach gefragt wer du bist, sondern danach qualifiziert, was du alles hast. Und wenn du diesen Versprechungen folgst, dann verlierst du so vieles, was dich irgendwann einmal als Wesen mit menschlichen Absichten ausgemacht hat. Entweder sind diese Menschen immer am arbeiten oder sie lenken sich immer mit etwas ab, um eigentlich vor sich selbst zu flüchten. Die Konfrontation mit sich selbst, die macht anscheinend ungeheure Angst. Und es beginnt ja schon damit, dass sich Menschen gar nicht mehr fragen: ›Was würde mir eigentlich wirklich gut tun?‹ Und weißt du warum? Weil sie gar keine Vorstellung mehr davon haben, was ihnen persönlich gut tun könnte. Sie machen das ja alles mit Auto, Urlaub, Kreuzfahrt und großem Haus aus.«

»Was du sagst, erinnert mich sehr an die zugrunde liegende Botschaft vieler Sagen. Du kennst sie sicher auch. Da gibt es eine Person, die Not hat, oder sie glaubt, dass das Leben es nicht gut mit ihr meint. Und dann steht plötzlich ein eigenartiger Fremder vor ihr und der verspricht nun ein Leben mit der Erfüllung aller Wünsche, mit Reichtum und mit Überfluss. Die Person muss dem Fremden aber für diese Großzügigkeit eine Unterschrift mit ihrem Blut geben. Das ist alles – vorerst. Es ist ein Vertrag, ein Pakt. Und zwar mit dem Teufel. Und irgendwann ist eine bestimmte Zeit abgelaufen, der Mann hat das versprochene Leben des Habenwollens gelebt und der Teufel holt ihn jetzt.«

»Ja, der Vergleich passt. Statt Teufel nimmst du heute eben den Begriff System, welches dich schluckt. Du gehörst irgendwann diesem System. Und es funktioniert perfekt.«

»Es ist anzunehmen, dass alle deine Erfahrungen für dein Leben hier sehr wichtig waren?«

»Also zuerst einmal: Auroville ist ganz bestimmt kein einfacher Ort. Es ist nicht so: Ach, hier ist's so schön und nett und jetzt bin ich hier und Juchhu! Nein! Es ist hier eine ständige Anforderung, dich weiter zu entwickeln.«

»Verstehe ich dich richtig? Du forderst ausschließlich von dir selbst ein, kein Einfluss von außen?«

»Nein. Was hier fordert, ist diese Energie von Auroville. Das ist diese Energie von Sri Aurobindo und Mutter.«

»Jetzt lebst du noch dazu in unmittelbarer Nähe des Matrimandir – da hast du dir ja mit deinem schönen Haus noch einmal einen besonders intensiven Platz gewählt.«

»Ja, daran habe ich aber gar nicht gedacht, als ich das Haus fand. Also, so schwierig es hier auch ist...« Julia sucht nach Worten. »Das Lustige ist... also, es ist mit Worten schwer zu erklären. Also das Lustige ist, es kann noch so schwierig hier sein, es kann dir noch so schlecht gehen, du kannst vor einem wirklich großen Problem stehen, aber du hast immer ein Lachen in dir, weil du genau weißt: Ok, das ist also meine nächste Herausforderung! Was muss ich jetzt wieder lernen? Anders gesagt: Du kannst hier einen Tag gut drauf sein, setzt dich am Morgen aufs Motorrad und hast einen Tag mit ganz viel Lachen und kannst davon ausgehen, dass der nächste Tag vielleicht Tränen bringt. Das Energetische ist hier an diesem Platz ganz extrem! Es gibt hier nie nur ein ›So und nicht anders‹ und das ist schwierig, weil es so oft wechselt, bei mir zumindest.«

»Ich habe das von anderer Seite auch bereits mehrmals gehört. Du bist da sicher nicht alleine.«

»Nein, das ist mir bewusst. Alle, die es hier ernst nehmen, gehen auf diesem heftigen Weg dahin. Aber ich merke andererseits auch ganz genau, wie sehr ich wachse. Ich habe mich an anderen Orten auch entwickelt. Aber hier ist es so, als ob du einen Turboknopf drückst, und eine Stimme in dir sagt: ›Hier! Willst du das wirklich? Ja? Gut, da hast du es!‹« Sie atmet tief durch. »Das ist wirklich nicht einfach.«

»Ist es deshalb so schwierig, weil wir in unserer Kultur nie an solche Herausforderungen gebracht werden?«

»Nein, das glaube ich gar nicht so sehr. Wenn du hier bist und hier leben willst, dann musst du hier alles mit dir ausmachen. Keine Zuflucht, keine Ausrede! Du musst dich jeden Tag neu bewältigen.«

»Was du sagst, ist beeindruckend. Wie war das bei dir? Merkt man sehr bald, welche Herausforderung hier auf einen wartet? Oder wächst man im Laufe der Zeit hinein mit seinen Aufgaben, die man ja auch sucht?«

»Was es hier sehr schwierig macht, ist, wenn du mit einer gewissen Vorstellung kommst, wie Auroville auf dich einwirken sollte oder könnte. Das ist so, wie wenn du noch nie meditiert hast. Da sitzen die Leute dann da und sie haben eine Vorstellung, wie sich das anfühlen sollte – und es passiert einfach nichts. Sie sitzen eine halbe Stunde und es fühlt sich immer noch gleich an. Und die Füße tun weh und alles ist denkbar unspektakulär. Das ist ungefähr das Gleiche, wie nach Auroville zu kommen und sich einzureden ›Da ist was ganz Spezielles.‹ Man hat eine Vorstellung – und dann erkennt man, dass es ohnehin bei jedem anders läuft.«

»Julia, an diesem Punkt wäre es doch wichtig zu erfahren, was denn nun der Anlass für dein Kommen war?«

»Ich habe nach Thailand und Rumänien zwei Jahre in Solothurn gelebt. Das war ein Ort, wo ich absolut niemanden kannte, aber ich wollte das, um mich ausschließlich dem Yoga intensiv zu widmen. Ich wusste aber schon davor, dass irgendwann einmal Indien in meinem Leben eine wesentliche Rolle spielen würde. Und dann habe ich gespürt, dass die Zeit dafür reif ist und ich genügend festen Boden unter den Füßen habe. Denn ich habe auch immer gewusst, wenn ich ungeerdet nach Indien reise, dann wäre die Gefahr sehr groß, dass ich mich dort verlieren könnte. Ich reise immer nur alleine – ausnahmslos – und das ist natürlich schon eine ganz andere Herausforderung als in einer scheinbaren Absicherung so etwas anzugehen. Ich habe in Solothurn in einem Kosmetikstudio gearbeitet. Aber die haben so wenig bezahlt, da konnte ich mir das Geld für Indien nicht sparen. Ich musste aus meiner Wohnung raus, die auch viel zu teuer war und habe nach einer Unterkunft gesucht. Meine Idee war es, schöne Karten auszuschicken, wo darauf stand wer ich bin, was ich mache und dass ich dringend eine leistbare Unterkunft suche. Ich habe ganz viele davon weggeschickt und mir schrieb dann eine Ärztin zurück. Ihre Mutter lebe alleine in einem riesigen Haus und für ein wenig Hilfe und Unterstützung könne ich dort ein schönes Zimmer beziehen. Ich würde nichts für die Arbeit erhalten, aber ich könne dann ohne Miete zu bezahlen dort wohnen. Aber dann wollte ihre Mutter das doch nicht. Sie argumentierte, dass sie schon 30 Jahre alleine wohne und sich jetzt nicht mehr auf einen neuen Menschen einstellen könne.«

Es war wieder einer dieser erstaunlichen Verläufe von Lebensgeschichten, an deren Ende dann immer wieder der Name Auroville stand. Im Falle von Julia war es nicht anders. Sie erzählte mir in Folge, dass diese Ärztin ihr das Wohnzimmer in ihrem eigenen Haus zur Verfügung stellte. Julia zahlte nur wenig Geld dafür und hatte so in relativ kurzer Zeit ihren Flug nach Indien zusammengespart.

»Hast du in dieser Zeit Kontakt zu deiner Familie gehalten? Ich habe von dir noch nie gehört, dass du bei deinen Eltern einmal um finanzielle Hilfe angeklopft hättest.«

»Ja, ich habe ständig Kontakt gehabt, wir hatten ein sehr gutes Verhältnis. Aber meine Eltern hatten nicht viel Geld. Es war für sie nicht möglich mich zu unterstützen. Alle meine Tickets, die ich für meine Reisen gekauft habe, habe ich mit meinem Geld bezahlt. Ich habe immer sehr viel gearbeitet und hatte auch neben meiner Lehre Nebenjobs. Meine Eltern haben mich auf andere Weise unterstützt. Sie befürworteten immer meine persönlichen Entscheidungen. Und das war großartig!«

»Das ist wirklich ein großer Unterschied zu vielen anderen Erzählungen. Da hörte ich immer von verzweifelten Eltern und traurigen Geschwistern, wenn ihnen die Entscheidung für Auroville mitgeteilt wurde.«

»Es ist auch ganz schwierig. Man hat eine Entscheidung für seinen gesamten weiteren Lebensverlauf zu treffen. Deshalb hat Mutter zu ihren Lebzeiten den Menschen mit Bleibeabsicht immer ganz genau diese Frage gestellt: ›Welche Konsequenz bewirkt deine Entscheidung? Bei den Menschen, die in deiner Heimat zurückbleiben und bei dir selbst?‹ Ich habe gelesen, dass Mutter dann recht oft den Menschen auch gesagt hat: ›Geh wieder zurück, kläre dort deine Situation und warte ab.‹ Aber sie hat immer wieder Menschen auch ganz klar verdeutlicht, dass Auroville nicht ihr Platz ist. Ich sage dir ehrlich: Das fehlt heute absolut hier. Wer sollte dieses Gespür hier besitzen? Mutter hat den Leuten ins Gesicht geschaut und hat gewusst, wohin der Weg gehen wird. Sie war in der Lage, Menschen mit ihrem Rat wirklich zu helfen.«

Julia beginnt mir nun von ihrer Indienreise zu erzählen. Und ich erkenne am Ende dieser Geschichte, dass ihr eine Odyssee als Aufgabe gestellt wurde.

»Am Anfang war meine Indienreise so ein bisschen Guru-Hopping. Ich wollte gleich nach Rishikesh. Das ist ja das indische Mekka aller Yogainteressierten aus dem Westen. Und dann nach einigen Monaten bin ich in Hampi* gelandet. Und da ist etwas Entscheidendes geschehen. Ich habe aus der Schweiz ganz viele Bücher mitgenommen, die mir wichtig waren und ich habe auch viele Aufzeichnungen von meinen Reisen, meinen Kloster- und Ashram-Aufenthalten gemacht, also viel niedergeschriebenes Material. Das war mir immer sehr wertvoll. Aber in Hampi war ich dann so weit, dass ich das alles verbrannt habe.«

»Also hast du voll bewusst die ersten Jahre deiner spirituellen Suche weggelöscht. Kann man das so sehen?«

»Ja, definitiv. Ich wollte einen symbolischen Schlussstrich ziehen. Ich habe dann in Hampi ein nettes älteres Ehepaar getroffen und die erzählten mir von Auroville. Ich habe mir gedacht, das klingt sehr interessant, vielleicht komme ich da einmal hin. Dann habe ich noch einen Schotten und einen Türken kennengelernt. Beide waren auf dem Weg nach Chennai. Da habe ich mich angeschlossen und wir sind dann gemeinsam weiter nach Auroville gereist. Wir kamen genau am Auroville-Geburtstag an. Ich kann mich heute noch so gut erinnern, was ich da erlebt habe: Wir hatten große Probleme eine Unterkunft zu finden, alles war voll. Schließlich haben wir zu dritt ein Gästezimmer gefunden und dafür 1.000 Rupien bezahlt. Das war extrem teuer und ich habe mir dann gleich gedacht: Nein, das geht hier gar nicht! Und dann habe ich mich sehr bald gefragt: Was hat das hier eigentlich mit Spiritualität zu tun? Alles reiche Leute und diese Protzhäuser und überhaupt. Und ich weiß noch genau, ich bin dann ins Visitors Center gegangen und da spielten sie Jazzmusik und alle Leute, also die Aurovillianer und die Touristen, saßen da im Restaurant und aßen Pizza. Da hat es mir einen Schlag gegeben. Das war absolut nicht für mich zu akzeptieren. Für mein Verständnis von Spiritualität war das eine Gegenbewegung. Und am nächsten Tag bin ich schon wieder abgereist.«

Julias weitere Erzählung weist einiges an schwer erklärlichen Vorkommnissen auf. Aber ich glaube durch ihre Geschichte etwas zu erkennen: Wenn du genügend klaren Einblick in dein Sein gefunden hast, dann wird das Wort Zufall obsolet. Denn diese geklärte Innenschau erlaubt erst das Erkennen von Zusammenhängen, die wir in unserem rationalen Alltagszwang negieren, als Hirngespinst abzuschwächen versuchen. Julias Weg erschien mir

im Laufe ihrer Erzählung wie die Fortsetzung einer Suche ohne klar erkennbares Ziel. Aber dann kam es zu jenen entscheidenden Ereignissen, die doch plötzlich einen deutlichen Verlauf erkennen ließen. Sie reiste im Süden Indiens umher und landete schließlich in Gokarna, einem malerischen Ort an der Westküste Südindiens. Dort erkrankte sie schwer an Typhus. »Ich musste in das Krankenhaus einer nahen Stadt und wurde dort für mehrere Tage an Infusionen gehängt, da ich dehydriert war. Ich bin dann zwar bald wieder aus dem Krankenhaus entlassen worden, aber ich war so geschwächt, dass ich kaum stehen und gar nicht gehen konnte. Alle Leute, die im Krankenhaus und auch in meinem Gästehaus waren, sagten: ›Geh nach Auroville! Das ist die beste Chance wieder gesund zu werden.‹ Ich sagte ihnen, dass ich dort nicht mehr hin will, einmal hätte mir gereicht. Aber die sagten immer nur: ›Geh nach Auroville. Für deine Gesundheit ist es das einzige Richtige!‹ Also bin ich nach einer kurzen Erholungszeit wieder hierher gefahren. Ich fand Leute, bei denen ich wohnen konnte. Fast sechs Wochen brauchte ich dann, um wieder ganz gesund zu werden. In diesen Wochen habe ich dann einen ganz anderen Einblick von Auroville erhalten. Ich bin viel tiefer in dieses seltsam paradoxe Leben hier hineingekommen und am Ende spürte ich dann sogar eine gewisse Begeisterung.«

»Du bist also hier wieder gesund geworden. Ich denke, das ist nicht unwesentlich für alles Weitere, oder?«

»Ja, das war das eine. Denn ohne Erkrankung wäre ich nicht zurückgekommen und hätte nicht diese ausreichende Zeit des Erkennens gehabt. Ich merkte dann sehr rasch, dass es hier ganz viel zu lernen gibt. Das Angebot an Erlernbarem war und ist hier ungeheuer groß. Das hat mich wirklich sehr beeindruckt. Ich war sehr an ganzheitlich-medizinischen Praktiken interessiert und wollte mehr über Homöopathie erfahren und lernen. Das konnte ich alles hier machen. Aber trotzdem konnte ich mir beim besten Willen noch nicht vorstellen hier zu leben. Überhaupt nicht!«

Ich muss Julia an dieser Stelle unterbrechen. Warum sagte mir diesen Satz fast jeder meiner Interviewpartner, den es hierher verschlug? »Ich wollte nie im Leben hier bleiben! Hier mein Leben zu verbringen, das war völlig unvorstellbar!«

»Hast du eine Erklärung dafür?«

Nein, sie weiß es nicht. Auch sie kennt einige, denen es so ging. Viele verschwanden sogar auf mehrere Jahre wieder, bevor sie dann doch zurückkehren »mussten«. Sie selbst ist dann auch nochmals abgereist. Im Gepäck hatte sie aber ein einziges Buch aus Auroville mitgenommen. Ein Buch von Mutter. »Ich habe es einfach ungelesen eingepackt und dann ging es weiter: Nepal, Tibet.«

»Du hast dich wieder auf die Reise begeben. Was war diesmal der Grund: Suche oder die Reise selbst?«

»Ich glaube das war nicht zu trennen. Es war bei mir immer beides. In Nepal lebte ich dann mehrere Wochen in einem Kloster. Mit Vorlesungen und natürlich wieder Yoga. Aber ich merkte, dass ich irgendwie zu allem was ich tat eine Distanz hatte. Keine Ahnung wieso...«

»War das auch ein Schutz für dich, diese Distanz?«

»Schutz? Nein, das glaube ich nicht...«

»Aber ein Schutz vor neuen Illusionen, wie du es ja selbst erklärt hast?«

»Aber ich glaube, man braucht manchmal diese Illusionen, um überhaupt weiter zu kommen.«

»Hattest du nicht schon genügend Illusionen davor?«

»Oh ja, mehr als genug, und ich habe sie ja jetzt noch. Die sind ein Teil von uns. Die begleiten uns bis ans Ende unseres Lebens.« Julia lacht in sich hinein, wie um das Unglaubliche des nächsten Schrittes selbst zu bezweifeln. »Ich bin wieder zurück in die Schweiz gereist. Erst dort habe ich dieses Buch von Mutter gelesen und das war schon sehr eigenartig. Ich habe es gelesen, und habe dann genau gewusst: Es ist das, was ich will. Ich geh! Und noch etwas war eigenartig: Ich bin doch so viel gereist und das war immer ganz normal. Aber vor dieser Abreise habe ich eine riesige Party veranstaltet. Ich hatte vor, für sechs Monate nach Auroville zu gehen, um eine Homöopathie-Ausbildung zu machen. Aber es wurde dann meine Abschiedsparty. Ich bin seit damals nie mehr richtig zurückgekehrt. Das waren dann nur noch vereinzelte Besuche. Heute, so viele Jahre später, ist es eigentlich klar, dass ich hierher geführt wurde. Ich hatte da nicht viel mitentschieden.«

»Also, es war nicht eine eindeutige Entscheidung, sondern eine Vielzahl von kleinen Zeichen und Wegabschnitten?«

»Ja, ich weiß nicht, ob du das kennst. Es gibt so etwas, da wächst im nicht-Ersichtlichen etwas heran und dann kommt ein Augenblick und du kannst nur noch ›Ja‹ sagen. Das ist es dann. Du musst nichts mehr hinterfragen. Dein Entschluss ist eindeutig und vor allem sicher.«

»Was hat dieser Entschluss alles an Konsequenzen mit sich gebracht?«

»Anfangs ging es noch. Aber irgendwann gegen Ende des ersten Jahres habe ich dann meine Schweizer Krankenversicherung aufgelöst. Die war zu teuer, für mich nicht mehr bezahlbar. Das ist etwas sehr Entscheidendes gewesen. Das ist so, wie wenn ein anscheinend lebensnotwendiges Halteseil durchgeschnitten wird.« Sie unterbricht sich nun selbst:

»Da muss ich dir noch etwas erzählen: Ich versuche jeden Sommer auf zwei Monate in die Schweiz zu fahren, es hat hauptsächlich mit meinen Eltern zu tun. Und jedes Mal, wenn ich dort ankomme, wird mir ganz komisch. Das hat damit begonnen, dass ich aus der Versorgungskasse hinausgeflogen bin, weil ich zwei Monate zu spät meinen Beitrag bezahlt habe. Ich darf jetzt kein Bankkonto mehr in der Schweiz eröffnen, obwohl ich nach wie vor Schweizerin bin. Es ginge nur, wenn ich jeden Monat 35 Schweizer Franken für das Konto bezahlen würde, was ich mir niemals leisten kann, weil 35 Franken hier in Auroville sehr viel Geld sind. Ich habe dann bald gemerkt, dass ich behandelt werde wie ein Ausländer, aber eigentlich noch schlimmer: wie eine Abtrünnige. Das war ganz extrem! Dann habe ich auch noch in meinem Umfeld die Ratlosigkeit gemerkt. Die Leute können dich nicht platzieren, was ich aber zum Teil auch verstehen kann. Es hat dann sofort immer die Sektenvorstellung gegeben. Ich habe mir auch rasch angewöhnt nicht mehr über mein Leben hier zu erzählen. Meine Worte wurden verdreht und ich hatte immer Angst, dass sie dann so komische Vorstellungen aufbauen, die mit mir überhaupt nichts zu tun haben, bloß Scheinbilder sind. Da sage ich dann lieber nichts. Aber es gibt andererseits immer mehr Menschen, die sich sehr ernsthaft für mein Leben hier in Auroville interessieren. Und denen erzähle ich natürlich gerne davon. Also, ich musste erkennen – das hat natürlich auch mit dem Tod meiner Mutter zu tun, die ich vor kurzer Zeit verloren habe – dass ich nach und nach meine Wurzeln verloren habe.«

»Es bleibt dir eigentlich als einzige Verbindung zur Vergangenheit nur noch die Sprache«

»Ja, die Sprache, die bleibt immer. Und dann noch so kleine Dinge, die man liebt.«

»Fährst du eigentlich noch jedes Jahr wegen der Visumsverlängerung wieder zurück?«

»Nein, ich habe jetzt ein 5-Jahres-Visum und das kann ich auch hier in Auroville beantragen. Das empfinde ich schon auch als Glück, dass ich dieses große Visum erhalten habe. Man weiß ja nie: Die können auch sagen: ›Heute kein Visum mehr.‹ Also theoretisch.«

»Du kennst sicher Otto?«

»Ja, natürlich. An Otto führt in Auroville kein Weg vorbei. Der ist der oberste Finanzverwalter...« Sie lacht schallend. »An Otto hat mich besonders diese absolute Konsequenz beeindruckt. Er ist seit 35 Jahren in Auroville und nie mehr nach Österreich zurückgefahren. Er sagte mir einmal, dass er zwar überhaupt kein Heimweh verspürt, aber dass ihn doch nach wie vor so etwas wie Liebe zu Österreich verbindet. Und dann sagte er, dass er zwei Heimaten habe: Indien und Österreich. Es war so unglaublich tief und echt, gleichzeitig berührend, das zu vernehmen, aber es war eben nicht traurig. Ich glaubte damals spüren zu können, was es wirklich bedeutet, sich für ein vollständiges Leben hier zu entscheiden. Hundertprozentig hier sein. Ich habe nicht so viele getroffen, bei denen ich das so konsequent spüren konnte.«

Julia erzählt mir, dass sie eigentlich nicht mehr so oft in die Schweiz fahren möchte. Aber sie hat in diesem Jahr ihre Mutter bis zu deren Tod gepflegt und nun lebe noch ihr Vater da. Zu dem hat sie auch ein sehr nahes Verhältnis und er benötigt vermehrt ihre Hilfe. Aber eigentlich ist die jährliche Reise nach Europa für sie zu teuer. Ihre Entscheidung ist definitiv für ein Leben in Auroville gefallen. Automatisch sind wir nun bei dem Punkt des Miteinanderlebens an diesem Ort angekommen. Für Julia eine Bedingung des guten Funktionierens. Andererseits sieht sie das eigene Leben ohne bewusste Abgrenzung nur sehr schwierig realisierbar. Sie beginnt mit einer weiteren starken Aussage:

»Schau einmal, knapp 2.500 Menschen: Das ist in Europa eine winzige Stadt oder ein größeres Dorf. Ich tendiere eher zur Sicht auf das

Dorf, denn auch die Mentalität der hier Lebenden entspricht eher einer Dorfgemeinschaft. Jeder weiß etwas über den anderen zu erzählen. Alle wollen wissen, was der andere so macht. Man sollte es nicht glauben, aber man steht hier schon unter Dauerbeobachtung. ›To gossip‹, sie verwendet den sympathischeren englischen Begriff für Tratsch, ist hier nicht anders als bei uns. Alles ganz menschlich.« Dann erzählt sie mir in ihrer offenen Art von den ermüdenden Diskursen mit den ständig Unzufriedenen hier in der Gemeinschaft. »Wenn ich mit Leuten über Auroville diskutiere und die dann nur sagen: ›Ja, das ist so schlecht und das auch‹, dann antworte ich ihnen: ›Ja, mit dem und dem bin ich auch nicht so zufrieden, aber habt ihr euch schon selbst etwas einfallen lassen, um da etwas zu verändern?‹ Auroville ist auch nichts anderes als ein System mit bestimmten Spielregeln und funktioniert wie alle anderen Gesellschaften der Welt. Aber was der große Unterschied ist: Hier kannst du alles beeinflussen. Du bist sogar aufgefordert, die Dinge zu verändern, die dir nicht gefallen. Aber du musst eben etwas dazu tun und sollst dich nicht nur beschweren. In Auroville ist wirklich echte Kreativität gefragt. Gegenwärtig gibt es aber immer mehr Nörgler und Schwarzmaler hier. Ich bemerke auch, dass hier plötzlich verstärkt Ängste und Befürchtungen aufkeimen. Die Leute haben Angst etwas falsch zu machen, trauen aber andererseits auch nicht den Entscheidungen der anderen. Kommt dir das irgendwie bekannt vor?«
Die Ängste holen Auroville ein? Oder sind es doch vielleicht jene, die bereits mit Ängsten hier ankommen und diese verbreiten? Martins Satz, der dieses Buch einleitet, taucht wieder in mir auf: Wenn du schon unzufrieden und mit Angst hierher kommst...
»Und du weißt wohl, was da als Konsequenz zu entstehen beginnt? Verstärkte Bürokratie und Absicherungsmechanismen beginnen zu wirken: Nicht mehr selbst entscheiden, sondern irgendwelche neu gegründeten Groups und Committees sollen das tun. Wir gehen mittlerweile in Arbeitsgruppen unter. Das allerwichtigste Gut unserer Gemeinschaft wird dadurch gefährdet: die eigene Handlungs- und Entscheidungsfähigkeit.«
Und dann spricht sie etwas aus, was ich bisher – wenngleich öfter – nur gedacht habe:

»Ich bin ja selbst eine Zugereiste. Aber diese Ängste und die Unzufriedenheit, ich glaube, das wird schon sehr stark von außen hereingetragen. Die Leute kommen, so wie ich, mit ihrer Vergangenheit im Gepäck. Und obwohl sie hierher gekommen sind, um sich zu verändern, glauben dann viele von ihnen, dass sie Auroville verändern müssen. Hier ist alles im ständigen Wandel. Das finde ich so wichtig. Alles ist weit weg von Perfektion und wir sind weit weg von dem, was wir erreichen wollen und sollen. Das ist allen klar, die wirklich HIER SIND, also im Sinne Sri Aurobindos Lehre und Absicht.«
Julia betont das letzte Wort mit großem Nachdruck. Hier zu sein, das ist wieder die Suche nach einer Antwort auf diese Frage aller Fragen: »Wer bin ich?« Wie schwierig muss es sein, ständig zu versuchen BEI SICH zu sein und zu bleiben? Schon für jene, die sich tagtäglich hier vor Ort damit abmühen, ist es eine kaum zu bewältigende Herausforderung. Während ich Julia vor unseren mittlerweile leeren Tellern gegenüber sitze, glaube ich plötzlich etwas mehr zu begreifen, worauf es hier in Auroville wirklich ankommt: Jene, denen es gelingt HIER ZU SEIN, vermögen den Geist, die Gemeinschaft, den Ort zu bewahren und zu tragen. Sri Aurobindo schrieb von einer kritischen Masse, die vorhanden sein müsse, um seine Utopie eines entwickelten Menschen mit höherem Bewusstsein auf der ganzen Welt zum Leben erwecken zu können. Gegenwärtig scheint diese kritische Masse für Aurovilles Fortbestand gerade einmal ausreichend, aber immer wieder der Gefahr ausgesetzt, von mächtigen Gegenkräften der trivialen menschlichen Machart geschwächt zu werden.
»Wenn man in der Nähe des Matrimandir wohnt, kommst du zwangsläufig rascher mit Besuchern in Kontakt. Und da kann ich öfter etwas sehr Interessantes beobachten: Viele von denen kommen nach Auroville, weil es so ein schöner, angenehmer und sauberer Ort ist. Das ist für die Inder sehr wichtig. Man kann das Wasser hier aus der Wasserleitung trinken, die Toiletten sind super sauber. Und dann gibt es solche Besucher, die haben sich schon davor mit Auroville ein wenig auseinandergesetzt. Die glauben etwas zu wissen. Das sind dann oft Menschen aus dem Westen. Und die haben eine unsichtbare Liste bei sich. Dann

kommen die hierher und beginnen auf dieser Liste Häkchen zu machen: Das funktioniert hier, das nicht, das könnte besser sein. Am Ende haben sie eine Plus/Minus-Aufstellung gemacht. Ich sage denen dann: ›Hallo, wir können jetzt stundenlang über die Gesellschaftspolitik Aurovilles reden, aber akzeptiert vielleicht als erstes, dass wir auch bloß Menschen sind.‹ Uns geht es da um etwas viel Wichtigeres und Tieferes: die innere Entwicklung des Individuums. Das bedeutet, dass jeder Einzelne hier für sich entscheiden muss, wie er etwas macht.«

»Worin erkennst du die Ursache für dieses Bewerten und diesen ständigen Drang, Fehler und Probleme aufzuspüren? Glaubst du, dass es mit Missgunst zu tun hat?«

»Es hat mit unserer Erziehung zu tun. Beginnend mit unseren ersten Lebensmonaten werden wir durch ein System der Beurteilung durchgeschleust. Zuerst das Elternhaus, dann natürlich ganz enorm prägend die Schule und dann deine Integration in den Berufsalltag. Du kennst doch auch diesen Satz, der mich immer wahnsinnig gemacht hat, wenn ich ihn hörte: ›Loben ist nicht nötig. Es ist Voraussetzung, dass alles bestens gemacht wird.‹ Da ist natürlich auch ganz viel Religion drin – Calvin lässt grüßen. Wir werden darauf justiert, alles so zu durchleuchten, dass es Beurteilung und Kritik standhält. Das kann ich noch nachvollziehen. Aber wenn auch etwas bemängelt wird, was die kritisierende Person gar nicht versteht, dann ist das ein enormer Drang zur Behauptung. Ich bin besser als du. Wird das von allen so gelebt, dann zerstört es irgendwann die Bereitschaft zu einem guten Miteinander.«

»Ich denke, dass es uns auch immer schwerer fällt, Farbabstufungen zu erkennen. Es gibt nur noch Schwarz oder Weiß in der Beurteilung. Eine diffizile Differenzierung wird gar nicht mehr als notwendig erachtet.«

»Dieses Schwarz-Weiß-Denken und -Handeln ist aber genau das, warum das westliche System anscheinend so gut funktioniert.«

»Meinst du das im optimistischen Sinn?«

»Nein, leider überhaupt nicht. Wer nicht mehr differenzieren kann, wird automatisch irgendwann zum Mitläufer, der nur noch einer lauten Stimme folgt. Wer am lautesten brüllt, dem läuft man nach. Schau dir an, wie es sich bei uns in der Schweiz derzeit entwickelt. Diese ganze gesteuerte Panik vor allem Fremden. Und deshalb glaube ich, dass für die

Systemlenker Menschen mit dem Vermögen zur Wahrnehmung vieler Farbnuancen gefährlich sind. Die werden nämlich aktiv, vielleicht sogar kreativ, und haben eine eigene Meinung. Wir werden immer wieder bei diesem einen Punkt landen: In dem Moment, wo du wahrnimmst, wer du bist, kannst du gar nicht mehr anders als nachzudenken und selbst zu handeln. Deshalb sind alle Systeme, die kontrollieren wollen – darunter leider auch immer mehr jene mit dem Deckmantel des Demokratischen auf den Schultern – darauf ausgerichtet, Abhängigkeit als Gewinn von Sicherheit anzupreisen. Sie schalten gekonnt das Hinterfragen, das Spüren, das Denken ab, indem sie etwas anscheinend viel Großartigeres zur Verfügung stellen. Konsum, materielle Werte und Sicherheitsstrukturen. Sri Aurobindo hat das ganz klar schon vor hundert Jahren erkannt. Ein erster ganz kleiner Schritt zur Entwicklung ist die Fähigkeit differenzierter Wahrnehmung, um sehr rasch erkennen zu können, in welche Richtung die Absichten von Weltverbesserern laufen.«

»Aber, Julia, denkst du nicht auch, dass diese Missverständnisse und diese Vorverurteilungen, wie sie hier ja häufiger von Besuchern und Touristen gemacht werden, vielleicht sogar ein notwendiger Bestandteil von dem sind, was Auroville in seiner Gesamtheit darstellt?«

»Also, erst einmal: Ich glaube, dass es nicht nur die Besucher sind, die da mit ihrer Gut/Schlecht-Liste umherlaufen. Die findest du auch hier in der Gemeinschaft. Aber du hast da absolut recht: Auroville könnte ja nicht das sein, was es ist, wenn ohnehin jeder hier alles toll finden würde. So setzt eine ganz natürliche Auswahl schon recht früh ein, was es ja jeder Seite erleichtern könnte. Wenn du ein sehr ausgeprägtes Verlangen nach gesichertem Leben hast, dann kommst du besser gar nicht hierher. Sich verloren zu fühlen, ist schon für fast alle, die hierher kommen, einmal der Beginn. Du kommst, bist alleine und erst einmal verloren. Dann besorgst du dir ein Fahrrad oder ein Moped, fährst herum, und gehst wieder verloren. Alles ist hier grün, komische Sandwege führen irgendwohin. Die Vorstellung einer Stadt mit ihren sicherheitsgebenden Strukturen wird hier nicht befriedigt.«

»Wem sagst du das! Bei meinem ersten Besuch vor drei Jahren erfolgte die Orientierung nur durch das häufige Verfahren und Herumirren. Wenn du nach einem

Weg fragst, geben dir die Leute ja auch keine präzisen Informationen. In Japan würden sie sich überschlagen, um dir bis ins Detail den Weg zu erklären, weil sie Angst haben, dass du dich verirrst und es dann ihre Schuld wäre – und das wäre Gesichtsverlust. Hier sagt man dir eine Richtung und dann – und das ist entscheidend – wird bereits an dein eigenes Vermögen appelliert. Suche selbst deinen Weg!«

»Ja, das meinte ich damit, dass es eine natürliche Vorauswahl gibt. Wenn du so etwas nicht akzeptieren kannst, also dir selbst deinen Weg zu suchen, dann wirst du ganz rasch wieder abfahren. Ich habe einen Freund in der Schweiz, der kam nach Auroville, obwohl ich nicht hier war. Aber er war auf Reise und konnte nur zu dieser Zeit kommen. Mein Partner hat ihn etwas herum geführt. Aber der ist sehr bald wieder abgereist. Er hat mir dann erzählt, dass er von Auroville enttäuscht war. Die Menschen hatten ihn nicht willkommen geheißen. Er hatte das Gefühl, man müsse auserwählt sein, um hier zu leben. Also lauter Unsinn. Das war halt Pech, dass ich nicht in Auroville war und er sich alleine zurechtfinden musste – oder wie ich sehen musste, eben nicht.«

Wir sitzen bereits seit zwei Stunden auf Julias Terrasse. Ein Platzwechsel wurde notwendig, da mir die Sonne mit geballter Kraft auf Nacken und Kopf schien. Ein Satz, den man hier sehr oft vernimmt, spricht die Kosmetikerin und Hautexpertin Julia jetzt aus: »Hüte dich vor der Sonne. Unterschätze sie nie!« Zwangsläufig komme ich so zu den letzten beiden Punkten meines so intensiv verlaufenden Gesprächs mit Julia. Seit einigen Jahren führt sie selbstständig einen Beautysalon. In einer ehemaligen Garage hat sie ihr Schönheitsstudio eingerichtet. Und was mich überrascht: Ihr Laden läuft sehr gut. Neben Aurovilliane-

rinnen, die hier immer wieder Julias Verschönerungshilfe beanspruchen, gehören Menschen mit durch intensive Sonnenbestrahlung entstandenen Hautschäden zur Klientel in ihrem Salon.

Ein drittes Betätigungsfeld, das mich am stärksten beeindruckt, hat sich in den letzten zwei Jahren eröffnet. Einmal wöchentlich behandelt sie tamilische Frauen aus den umliegenden Dörfern. Viele der Frauen leiden an durch psychische Probleme verursachter Akne. Neben der eigentlichen kosmetischen Behandlung nutzt Julia die Möglichkeit mit den Frauen über die Ursachen ihrer Hautprobleme zu sprechen und leistet damit auch seelische Hilfe. In den Dörfern ist noch immer der alte Geist indischer Familientradition bestimmend, was im schlechtesten Fall nichts anderes heißt als: Männer machen was sie wollen und unterdrücken; Frauen machen alles, was getan werden muss und werden unterdrückt. Julia erzählt von der Vertrauensbildung, die zwischen diesen sehr einfachen Frauen und ihr stattgefunden hat. Und sie erzählt, wie sehr die kosmetisch-therapeutischen Maßnahmen zu einem neuen Selbstbewusstsein zu führen vermögen. Von den Dorffrauen verlangt sie für ihre Leistung einen sehr geringen Betrag, der mehr einer symbolischen Geste gleich kommt. Auch für die normalen kosmetischen Behandlungen verlangt die Kleinunternehmerin gerade so viel, dass es ihr zum Leben in Auroville reicht. Sie könnte viel Geld verdienen, da es ja genügend Reiche in Auroville gibt und einige von denen gehören zu ihrer Klientel. Aber so wie sie es jetzt macht, ist sie zufrieden. Und wenn sie einmal eine Touristin als Kundin hat, dann bezahlen die so viel, dass sie dann wieder eine der Dorffrauen mit ihren großen Hautproblemen umsonst behandeln kann. Geld hatte sie nie zu viel in ihrem Leben und ihr Eintritt in Aurovilles Gemeinschaft erfolgte ohne jegliche finanzielle Absicherung, was für Neueinsteiger gegenwärtig selten ist. Als mir Julia von ihrer damaligen finanziellen Situation in unserem Vorgespräch erzählte, wurde mir bewusst, was Otto mit seinen Worten meinte: »Auroville ist keine soziale Institution. Wir können das Leben von niemandem finanzieren. Wer in der Lage ist, bereits mit finanziellen Mitteln hierher zu kommen, wird es – was das Wohnen betrifft – sicherlich am Beginn leichter haben. Aber wenn du jung bist und genügend Selbstvertrauen im Gepäck hast, dann wird es auch ohne Geldreserven funktionieren. Vielleicht dauert es dann länger, aber was du dann geschaffen hast, das ist solide und wird dich auf deinem Weg hier gut tragen.«

»Wusstest du, was dich hier in Auroville im Zusammenhang mit Wohnungsfinden und Geldverdienen erwarten würde?«

»Nein, ich hatte überhaupt keinen Schimmer davon. Ich war da sicher etwas naiv. Ich leistete in den ersten vier Jahren hier Freiwilligenarbeit und fragte nie nach einer Rupie. Meine Einstellung war immer die: Ich kann ja arbeiten. Ich wohnte zuerst im Haus meines Lehrers. Bei dem habe ich die Homöopathieausbildung gemacht. Aber nach einem Jahr, ich wurde gerade Newcomer, habe ich beim Housing Service um eine Wohnung angefragt. Ich zog dann in ein ganz kleines Zimmer mit einer kleinen Küche. Das war nicht so schön. Aber ich bin fürs erste einmal geblieben.«

»Das heißt aber, dass du nie sehr hohe Ansprüche gestellt hast?«

»Ich habe immer sehr einfach gelebt. Habe zum Beispiel Handwäsche gemacht. Seit kurzer Zeit besitze ich eine Waschmaschine und die ist das größte Geschenk für mich! Aber damals: Du musst dir vorstellen, ich war alleine und kannte fast keine Leute. Ich habe meine Ausbildung gemacht, unheimlich viel gelesen und Sport getrieben.«

»Hast du Yoga hier dann auch noch praktiziert?«

»Nein, nicht mehr. Das hat sich alles verändert. Ich habe durch Sri Aurobindo erkannt, dass Yoga ganz etwas anderes ist. Da geht es nicht um die Perfektionierung von Übungen. Yoga ist Leben, das ist gelebter Alltag. Alles was du machst, ist Yoga.«

»Du sprichst jetzt bereits das große Kapitel des Integralen Yoga an, diese ganz bestimmende Erfindung von Sri Aurobindo?«

»Ja, genau. Auch Hatha-Yoga, was ich davor so lange gemacht habe, ist wichtig und gut. Sport und die Entwicklung eines körperlichen Bewusstseins ist ohnehin ganz wesentlich für das Leben. Aber das hier ist etwas ganz anderes, das ist eine andere Welt!«

»Julia, bleiben wir noch einmal beim Thema Geld. Du hattest also nichts?«

»Ich habe hier immer sehr viel gearbeitet und dabei extrem sparsam gelebt. Ich musste es mir wirklich sehr gut einteilen. Ich habe dann auch als Newcomer Maintenance erhalten, weil ich eben nichts hatte. Da musst du anfragen und erhältst dann diesen Betrag, wenn dein Arbeitgeber in der Lage ist zu bezahlen. Das ist schon eine wichtige Unterstützung, nicht sehr viel, aber es hilft dir weiter. Und dann haben einige Bekannte gesagt: Mach doch einen Beautysalon auf. Wir können so etwas hier gebrauchen. Das war eigentlich auch mein großer Wunsch. Ich glaube, dass ich recht gut in meinem Beruf bin, doch da war ich auf einmal unsicher. Einen Laden zu eröffnen, das bedeutete wieder Geld zu investieren. Ich habe dann angefangen zu sparen und habe beschlossen: Ich investiere nicht mehr in ein Haus, sondern in Arbeit, in meine Firma. Ich habe dann eben gespart und eine gute Freundin hat mir 1.000 Franken als Unterstützung geschenkt. Einem sehr guten Freund in der Schweiz erzählte ich ganz euphorisch von meinen Plänen. Zu diesem Zeitpunkt fand ich auch schon die alte Garage, dort wo jetzt meine Firma ist. Ich habe ihm erzählt, dass die 100 Franken pro Monat Miete dafür verlangen und das sei schon sehr viel Geld für mich. Und dann hat der Freund einfach gesagt: ›Weißt du was, Julia, ich schenke dir ein Jahr lang die Miete für dein Studio. Hundert Franken im Monat, das merke ich nicht einmal, da gehe ich halt einmal weniger essen.‹ Ich glaube, dieser Freund ist sich gar nicht bewusst, wie sehr er mir geholfen hat. Ich habe dann lernen müssen was es heißt, eine Firma zu führen: über Konten, über Buchhaltung. Ich musste organisieren und recherchieren, wo ich meine Sachen und Mittel herbekomme. Aber ich habe das alles hingekriegt. Jetzt bin ich wirklich gut ausgelastet, also es geht mir gut. Ich habe auch schon wieder eine neue Idee, ein Ziel: Ich möchte so weit kommen, dass ich zwei, drei tamilische Dorffrauen ausbilden kann, die dann in der Lage sind, in ihrem Dorf oder woanders ein eigenes Studio zu eröffnen. Aber Tamilen nur als Arbeiterinnen zu beschäftigen, das will ich nicht.«

»Das scheint aber hier doch noch erstaunlich oft der Fall zu sein?«

»Ja, leider ist es so. Da gibt es zwei Seiten. Auf der einen gibt es leider Aurovillianer, welche die tamilischen Bewohner der Dörfer rein als Arbeitskraft sehen, die man benutzt. Aber ich muss auch sagen, dass es Tamilen gibt, die wollen gar nicht mehr sein als Arbeiter. Mein Freund kommt ja aus dem Nachbardorf Kulapalayam, er ist Tamile. Seine Mutter kann weder schreiben noch lesen, aber die will das auch gar nicht lernen. So gibt es in den Dörfern viele, die zwar Geld verdienen wollen, aber von Weiterbildung nichts halten.«

»Wie sprichst du mit der Mutter deines Freundes? Tamil?«

»Ja, ich beginne. Ich mache jetzt Kurse in Tamil. Das ist etwas extrem Wichtiges hier in Auroville. Das haben viele aber noch immer nicht erkannt, wie wichtig es ist, die Sprache der Menschen zu sprechen, die hier immer schon gelebt haben. Es ist wirklich schwierig Tamil zu lernen, aber was du für dein Bemühen dann zurück bekommst und wie viele Konflikte vermieden werden könnten, das ist so ergreifend! Da hat Auroville einen gewaltigen Nachholbedarf!«

»Wie erlebst du diesen Konflikt in deiner privaten Situation? Es hat ja schon Zeiten gegeben, wo das ziemlich eskaliert ist. Die Tamilen lehnen die Aurovillianer ab, empfinden sich von diesen unterdrückt und bevormundet. Die Aurovillianer haben Probleme mit der Kriminalität der umliegenden Dörfer, die nach Auroville zu kippen droht. Wenn man News & Notes liest, dann bekommt man schon so ein Gefühl, dass es hier nicht mehr so ein friedlicher Ort ist. Die Diebstähle nehmen zu, Frauen werden sexuell belästigt, physische Übergriff scheint es auch schon gegeben zu haben.«*

»Also diese Kleinkriminalität steigt deshalb, weil wir keine Mauer um Auroville haben – zum Glück wird es die auch nie geben. Aber natürlich bleibt es auch nicht unbemerkt, dass es eine Reihe von Bewohnern gibt, die nicht verbergen, dass Wohlstand für ihr Leben wichtig ist und das auch zur Schau stellen. Das führt alles zu sehr wunderlichen Entwicklungen: Es gibt Aurovillianer, die mittlerweile Alarmanlagen in ihren Häusern montiert haben. Aber mein Gefühl ist eigentlich eher, dass es weitgehend harmonischer zwischen Auroville und den Tamilen wird. Immer mehr Menschen aus der Nachbarschaft interessieren sich verstärkt für das, was in Auroville geschieht, wie hier gelebt wird und warum. Aber noch einmal: Vieles würde noch besser funktionieren, wenn die Sprachbarriere nicht so ausgeprägt wäre. Aber natürlich gibt es in Auroville auch Menschen, die Indien überhaupt nicht lieben. Vor allem sind es Ältere, die mit viel Geld hierher kommen und sich eigentlich fürchten.«

»Aber warum kommen sie dann überhaupt hierher?«

»Tja, das hat viel mit dem Ego zu tun. Oder vielleicht ist es ein alter Jugendtraum, den sie zu erfüllen versuchen. Ich weiß es nicht genau.«

»Ich kann es nicht verstehen. Wenn ich mich fürchte, Angst habe und unwohl fühle…?«

»Ja, aber sie bauen sich dann ein gemütliches Nest. Sie wissen, dort kann ich gut essen und der geht für mich einkaufen und die kocht für mich. Die haben hier ein zehn Mal besseres Leben, als sie es jemals in ihrer ursprünglichen Heimat geführt haben. Und sie können erzählen ›Ich bin in Indien, ich beschäftige mich mit Spiritualität!‹ Sie pflegen ein Image und da glaube ich schon, dass das eine Generationssache ist.«

»Julia, ich plage dich jetzt schon so lange mit meinen Fragen. Eine letzte sei mir noch gewährt! Denkst du, dass Auroville nur auf indischem Boden entstehen konnte?«

Julia denkt sehr lange nach. Es ist drückend heiß auch unter dem Terrassendach geworden und unser Gespräch dauert nun schon fast drei Stunden.

»Ich kann es wirklich nicht sagen, ob es NUR in Indien stattfinden kann. Aber ich verstehe, warum es hier dazu kam. Ich bin so viel gereist, aber Indien hat etwas so Besonderes. Das beste Beispiel ist wirklich die Geschichte von Mutter. Sie hat hier ihren Platz gefunden, obwohl sie auch so viel gereist ist. Sie hat in Marokko gelebt, in Japan und kam dann an diesen winzigen Ort. Und was sie dann hier ausführte, das ist nicht wirklich begreifbar. Aber an ihrer Seite stand Sri Aurobindo mit seiner eigenen Geschichte. Und das ist eine absolut indische.«

KONFLIKTE UND LÖSUNGEN »MADE IN AUROVILLE«

Das Gespräch mit Julia über ihr Leben in Auroville und ihr eigenes Bild über den Ort und die hier lebenden Menschen lassen mich an Michael Endes Riesen Tur Tur denken. Diese grandios entworfene Figur des Scheinriesen aus »Jim Knopf und Lukas der Lokomotivführer« dient mir als aussagestarke Metapher für meine eigene Auroville-Wahrnehmung. Die Tatsache, dass sich etwas aus der Ferne übergroß und beeindruckend mächtig Erscheinendes bei Annäherung und genauerer und intensiver Beobachtung rasch auf eine zugängliche und damit leichter akzeptierbare Größennorm reduziert, trifft auch auf die Stadt der Morgenröte zu. Auroville ist in mancher Hinsicht für mich ein solcher Riese Tur Tur. Seine Gemeinschaft beugt einer illusorischen Selbstüberhöhung sehr bewusst vor. Immer wieder habe ich vernommen, dass hier ohnehin gar nichts besser wäre als in anderen Gesellschaften dieser Welt. Was mich nicht besonders zu überraschen vermochte. Wo Menschen konzentriert zusammenzuleben versuchen, entsteht Reibungswärme. Die besonderen Absichten und Bedingungen an diesem Ort vereinfachen dabei nur teilweise. Aurovilles offenes Bekenntnis zu dieser Reibung ist einerseits wohltuende Korrektur zwischen dem theoretischen Anspruch und einer Realsituation, welche sich immer neuen Gegebenheiten anzupassen hat, ohne den eigentlichen, bestimmenden Faden aurovillianischer Lebensauffassung zu verlieren. Aber das Unterfangen hat seine rein menschlichen Tücken. Auroville ist weder durch Zäune noch durch Mauern von der Außenwelt getrennt und vor dieser geschützt. So erreichen Einflüsse aller Art ungehindert die Gemeinschaft. Was sich nicht immer zum Vorteil für deren Mitglieder erweist. Aber es bestehen auch keine Grenzen in die andere Richtung. Diese Tatsache ist wiederum ein großer Vorteil für Auroville und die Verbreitung seiner Absichten. Aber hier ist auch ein Schwachpunkt im System zu erkennen. Gemessen an Aurovilles unglaublich großem Auftrag erscheint mir sein Außenauftritt in der Welt relativ bescheiden. Was ist dafür verantwortlich? Es scheinen Ungereimtheiten innerhalb der Gemeinschaft zu sein. Denn das Interesse an diesem Ort ist mit Sicherheit steigend. Besonders der Punkt einer einheitlichen strategischen Positionierung des Innovations- und Wirtschaftsfaktors Auroville in der internationalen Wahrnehmung scheidet verstärkt die Geister. Was diese delikate Situation betrifft, scheint die Gemeinschaft inmitten einer nicht unbedeutenden Probe für den inneren Zusammenhalt des Systems zu stehen. Die Befürchtung der einen wird zum Auftrag der anderen: Auroville soll sich nicht nur als ernstzunehmender Dienstleistungsanbieter, besonders bei seinen Kernkompetenzen erneuerbare Energie, nachhaltige Landwirtschaft und innovative Entwicklungen im landwirtschaftlichen Bereich (z. B. Permakultur-Landwirtschaft) marktfähig positionieren. Die eigentliche Verpflichtung besteht vor allem gegenüber dem bisher noch nicht Gedachten und Gemachten: der Utopie. Mein Eindruck während meiner Aufenthalte war, dass es darüber sehr große Auffassungsunterschiede innerhalb der Generationen und auch der einzelnen Beschäftigungsbereiche gibt. Die Geschäftsleute wollten ihre Chance erkennen, um auf dem Wellenkamm der globalen Nachhaltigkeits- und Ökobedürfnisse gut mitzusurfen. Vertreter der älteren Generationen bezeichnen diese Entwicklung als Bauchladenmentalität des Ausverkaufs, die wenig bis gar nichts mit der Essenz aurovillianischer Entdeckungskultur gemeinsam habe. Die Positionen sind abgegrenzt und anscheinend unverrückbar. Und es ist deutlich zu erkennen, dass es dabei – wie sollte es anders sein – um die Reibung zwischen anscheinend veralteten Traditionswerten und den Vertretern des Neuerungsgedankens geht. Dabei spannt sich ein meiner Ansicht nach gefährlicher Stolperdraht: jener der Ignoranz. Aurovilles Pioniere, soweit ich sie kennenlernte, erschienen mir nie als Zukunftsverweigerer. Über das Beschreiten visionärer Pfade könnten sie wahrscheinlich besser Auskunft geben als die heutigen wirtschaftlichen Reformer. Die Utopie dieser Pioniere scheint in bestimmten Bereichen doch Realität geworden zu sein. Vor allem war aber das Zusammenspiel von Aufbruchsgeist und der eigentliche Aufbruch dieser Generationen mit ihren Taten ein wesentlich harmonischeres und einheitlicheres Ganzes als es bei den gegenwärtig Steuernden der Fall ist. Da scheint doch die Erwartungshaltung zur Veränderung der eigenen Lebensabsicht ausschlaggebend zu sein. Der kollektive Prozess scheint zumindest hier angehalten. Ein genauerer Blick auf das alte Wertesystem mag diese Vermutung unterstreichen: Dieses war für Aurovilles frühe Generationen sehr nahe an den Überlegungen und Planungen von Mirra Alfassa für den Fortbestand des Versuchslabors ausgerichtet. Ihre Gedanken, über Jahrzehnte akribisch zu Papier gebracht, stellen für die Mehrheit der älteren Bewohner bis heute eine Art geistigen Leitfaden dar, der mit der ziemlich exakt beschriebenen Anleitung zu einem praktizierbaren Leben verknüpft ist. Ohne diese 12 Bände umfassende Agenda jemals gelesen zu haben, ist für mich aus den vielen Gesprächen erkennbar geworden, dass auch die Gedanken und Überlegungen eines so außergewöhnlichen Menschen, wie es die Französin gewesen sein muss, von der neuen Zeit und ihren Menschen eingeholt wurden und sich verstärkt gegenüber kritischen Argumentationen ausgesetzt sehen. Was noch in früheren Jahren nicht möglich erschien, gewinnt zunehmend an Boden: Die Ideen und Idealvorstellungen der großen Überfigur Mirra Alfassa finden sich plötzlich auf dem internen Prüfstand. Während meines letzten Auroville-Aufenthalts las ich das Buch »A Passage to more than India« des Engländers Dick Batstone. Er schreibt darin über die schwierigsten Monate seines Lebens, in denen er eine Entscheidung finden musste: für ein Leben im Sri Aurobindo-Ashram oder doch wieder in seiner englischen Heimat. Er kam als kritischer europäischer Besucher und erkannte am Ende, dass nur das eigene Vertrauen in die vollkommene Hingabe seinen Aufenthalt sinnvoll machen würde. Menschen aus Europa und Amerika und auch sich selbst erkannte er als mit ständig rotierenden Gedanken beschäftigte Wesen. Viele von ihnen waren an ihren Verstand gebunden und sahen in Mirra Alfassa eine Person, die Menschen ihre Unabhängigkeit nehmen würde. Sich Mutter zu überlassen, war das größte Hindernis für sie. Aber er konnte für sich erkennen, dass sein Weg nur unter Erfüllung dieser Bedingung begangen werden könnte, obwohl auch er anfangs damit ernste Schwierigkeiten hatte. Es scheint mir, dass sich die heutigen internen Kritiker genau mit der gleichen Problematik konfrontiert sehen, die Batstone bereits Ende der 1950er-Jahre beschrieb. Auroville zu leben, hat ganz viel mit Hingabe zu tun. Da liegt der Unterschied: zwischen Selbstüberzeugung westlicher Prägung und Aufbau eines neuen Selbstbewusstseins. Mutter und ihre Visionen beginnen allmählich zu verblassen. Unantastbar erscheint nur der fertig gestellte Bau des Matrimandir und seine bis heute unvollendete Gartenanlage. Diese anstehenden Ausführungsarbeiten können als Symbol für Aurovilles interne Polarisierung, aber auch für die Fähigkeit zur besonderen Lösungssuche stehen. Schon zu ihrer Lebzeit wurde von Mirra Alfassa selbst die Planung eines riesigen Parkareals um das geistige Zentrum, dem Matrimandir, vorgenommen. Eine künstlich geschaffene Naturlandschaft mit Seen und Teichen, diversen Plätzen zur Kontemplation und inneren Einkehr war vorgesehen und sollte realisiert werden. Aber erst nach weit über 30 Jahren Bauzeit konnte Matrimandir fertiggestellt werden. Unter anderem benötigte die Ausführung ihrer Vision, den Kugelbau mit großen vergoldeten Scheiben zu bedecken, diese lange Zeit, um die damit verbundenen hohen Kosten zu bewältigen. Ein zweiter Verzögerungsgrund war die zeitaufwendige Entwicklung der Halterungen dieser Goldscheibenelemente. Erst nach mehreren Fehlschlägen konnte schließlich eine geeignete Lösung gefunden werden. Was die anstehende weitere Realisierung des Parks anbelangt, ist die Gemeinschaft geteilt. In diesem Zusammenhang erscheinen mir die Sätze des Österreichers Aurelio sehr aufschlussreich, die er am Ende meiner Filmdokumentation sprach. Aurelio hat in Auroville eine gut gehende Manufaktur zur Erzeugung von Klanginstrumenten aufgebaut. Am Ende unseres damaligen Gesprächs habe ich ihn gefragt, ob er einen Grund für das vorzeitige Ende des Auroville-Experiments nennen könnte. Er erzählte mir von seiner Begegnung mit einem japanischen Universitätsprofessor und Zen-Meister. Gemeinsam besuchten sie den unvollendeten Matrimandir-Garten. Während des Spazierganges sprachen beide über den Fortbestand des Experiments. Der Zen-Meister war der Überzeugung, dass dieser Garten – symbolisch und real – niemals fertiggestellt werden dürfe. Es müsse an diesem Ort alles in Bewegung bleiben. Nur dann sei Auroville ebenfalls niemals im Zustand der Vollendung. Für ihn, den Zen-Meister, war es das wesentliche Kriterium für die Fortdauer des Experiments. Heutige Überlegungen der Park-Kritiker sind hingegen rationalen und durchaus ernst zu nehmenden Ursprungs. Besonders Aurovillianer ohne Wurzeln zu den Anfängen des Experiments sehen in den Überlegungen zur aufwendigen Gestaltung des Gartens nicht so sehr ein drohendes geistiges Ende, sondern vor allem eine Verschwendung der ohnehin nie genügend vorhandenen Finanzmittel. Hinzu kommt noch die sehr ernst zu nehmende Realsituation der schwindenden Grundwasserreserven. Künstlich geschaffene Seen und Teiche würden diese sehr rasch verbrauchen. Dann wäre Aurovilles physische Existenz ernsthaft gefährdet. In Auroville kennt dieses Problem jeder. Was ist nun die Konsequenz? Streit und laute Worte gibt es in großer Menge. Das ist zeitraubend, aber basisdemokratische Entscheidungsfindung verlangt nicht nach dem müden Kompromiss. Und Konfliktbewältigung bedeutet hier »bis ans Ende« zu gehen, was die Lösung von anstehenden Aufgaben nicht vereinfacht. Aber es gibt auch noch etwas anderes und, wie ich meine, das Entscheidende. Gegenwärtig widmet man sich in Auroville verstärkt dem Thema Meerwasserentsalzung und forscht an neuen Wasseraufbereitungstechniken. Und daran ist gut zu erkennen, was Aurovilles eigentliches Kapital ist: Eine beunruhigende, nach dringender Abhilfe verlangende Situation wird als Herausforderung erkannt. Keine Ängste und negative Energien wirken nachhaltig auf Schöpfungs- und Kreativpotenziale, die zur Problemlösung benötigt werden und darüber hinaus vielleicht sogar eine Innovation mit Zukunftspotenzial hervorbringen. An diesem Punkt beginnt Aurovilles kreativer Umgang mit utopischen und visionären Potenzialen bzw. er sollte hier beginnen. Ich habe selbst lange gebraucht, um diesen Zusammenhang zu erkennen und auch akzeptieren zu können. Aurovilles Gemeinschaft wuchs bisher definitiv durch seine Schwachstellen und Unzulänglichkeiten. Diese Erkenntnis scheint mir nun doch maßgeblich aufschlussreich, wie unterschiedlich ein Zugang zu Problemlösungen erfolgen kann. In Auroville bildet ein vorhandenes Problem eine Aufforderung, um über die eigentliche punktuelle Lösung viel weiter hinauszudenken und zu handeln. Im Problem liegt sozusagen die Keimzelle für das noch niemals Gedachte und noch nie Ausgeführte. Es bedeutet damit das Betreten von Zukunftsland. Das ist schon schwierig zu verstehender Stoff für unsere Sichtweise, in der immer öfter die kosmetische Maßnahme als Behebungsoptimum anerkannt wird. Unsicherheit und Furcht scheinen als die maßgeblichen Hemmnisse für kreatives und gestaltendes Handeln aus einer Notsituation heraus. Statt der inneren Überzeugung für eine notwendige Maßnahme Ausdruck zu verleihen, wird aus Selbstschutzüberlegungen strategisch agiert. In Aurovilles Charta ist im dritten Punkt folgendes zu lesen:

AUROVILLE MÖCHTE EINE BRÜCKE SEIN ZWISCHEN VERGANGENHEIT UND ZUKUNFT. INDEM ES SICH ALLE ÄUSSEREN WIE INNEREN ENTDECKUNGEN ZUNUTZE MACHT, WIRD ES SICH MUTIG ZU KÜNFTIGEN VERWIRKLICHUNGEN HIN ENTWICKELN.

Klingt gut. Auch bei uns werden Entschlossenheit ausdrückende Sätze oft genug als Motivationsstimulanz eingesetzt. Da ist also noch kein Unterschied. Aber diesen paar oben stehenden Sätzen sind dann doch maßgebliche Worte zu entnehmen: *Das Zunutzemachen äußerer wie innerer Entdeckungen.* So etwas oder ähnliches habe ich noch in keinem Konzernleitfaden über Unternehmenskultur gelesen. Noch kein Politiker hat in einem Interview davon gesprochen, dass er auf dem Weg seiner inneren Entdeckung auf visionäre Erkenntnisse gestoßen ist. Das Gegenteil ist mir von einem – mittlerweile verstorbenen – deutschen und einem ehemaligen österreichischen Bundeskanzler in Erinnerung geblieben: Beide rieten ihren Politkollegen mit Visionen zur eingehenden fachärztlichen Untersuchung, um diese Krankheit zu beheben. Visionen zu haben und vielleicht gar zu leben versuchen, wird als geistiges Gebrechen deklariert. So werden Pfeiler für Brücken in die Zukunft auf Treibsand gebaut. Äußere und innere Entdeckung. In diesem Satz liegt das, was als fundamental für Aurovilles Suche nach einem anderen, zukünftigen Weg des menschlichen Daseins zu sehen ist. Das dem menschlichen Sein inhärente äußere Entdeckungsbedürfnis führt zur Herausbildung von Vergleichs- und Beurteilungsmaßstäben. Das kennt man in allen Gesellschaften. Im Äußeren liegt die Möglichkeit und Qualität des Vergleichs. Damit natürlich auch des Verbesserns, aber auch des Be- und Verurteilens. Das wesentliche Instrumentarium der äußeren Entdeckung ist das Messende und Erkenntnisschaffende. Schon in der frühen europäischen Neuzeit waren Entdeckungsreisen logistisch und rational aufwendig organisierte Unternehmungen und man strebte nach ebensolchen Resultaten. Menschen und Tiere wurden vermessen, Berge in ihrer Höhe bestimmt, Flüsse und Seen auf ihre exakte Tiefe, Länge und Fläche festgelegt. So wurde auch der fernste Ort dieser Welt handhabbar. Es wurde gezählt, nummeriert, archiviert und geschätzt, um schließlich und schlussendlich auch ein Relief des Beurteilungsfähigen zu erhalten. Die Entdeckungsreise in das Innere scheint uns hingegen nur dann notwendig, wenn ein Mensch sich nach dem Durchschreiten zahlreicher äußerer Entdeckungsräume vor der Frage findet: »War es das oder gibt es da eventuell noch etwas anderes?« Das Experiment Auroville ist ohne innere Entdeckungsreise unvorstellbar. Die innere Entdeckung ist dem Explorieren des äußeren Weges nicht bloß gleichberechtigt. Sie ist diesem definitiv vorangestellt bzw. übergeordnet. Ein Beispiel: Aurovilles Fläche ist mit ihren 100 Hektar ein eng bemessener Raum. Und sollte die Anzahl der hier ansässigen Menschen doch einmal stärker zu steigen beginnen, dann wird das Vermeiden von Konflikten ein noch wesentlicherer Auftrag für das Zusammenleben. Schon heute scheint mir dieses respektabel eingeübte und dadurch relativ entstresste Miteinander, trotz der Anwesenheit von Menschen unterschiedlichster Nationalitäten, eine der wirklich bedeutenden Auroville-Entwicklungen darzustellen. Warum das funktioniert? Ich vermute, dass es zu einem bedeutenden Teil an dieser inneren Entdeckungsreise liegt, die jeder Einzelne hier als seinen persönlichen Pilgerweg anzutreten hat. Es ist die Erforschung der eigenen spirituellen Fundamente, die dabei im Zentrum steht. Die geistige Basis und das besondere Wirken an diesem Ort dienen dabei gleichzeitig als Schutz und Abschirmung vor Störeinflüssen und Illusionsfallen. Diese würden ein Beschreiten des ohnehin schwierigen Weges maßgeblich in Frage stellen. Meine eigene Schwierigkeit über diese zentrale Thematik zu berichten, ist dann nachvollziehbar, wenn erkannt wird, dass innere Entdeckung eben nichts ist, was einer Beurteilung nach den äußeren Vermessungskriterien Stand halten könnte. Um trotzdem im bestmöglichen Miteinander zu existieren, haben sie in Auroville eben auch das Experiment einer Gemeinsamkeit mit Gegensätzen zu leben gelernt. Und das schließt unsere dominierende Sehnsucht nach dem Vergleichbaren im Vorhinein bereits weiträumig aus. Was der Denker Sri Aurobindo durch seine über drei Jahrzehnte andauernde Phase des Nachdenkens an Erkenntnis aufzubereiten vermochte, ist Botschaft und Aufruf für Menschen des Heute und von Morgen. Es ist ein zeitloser Inhalt, der sich nicht mit Moden und Zeitgeistspäßchen beschäftigen kann. Deshalb ist auch das Wirken und Tun der bisherigen drei Auroville-Generationen bloß eine kleine, aber sehr bedeutende und unverzichtbare Zutat für den gesamten Weg. In mir rufen gerade diese bis heute gültigen Aufbauarbeiten der Pioniergenerationen ehrliche Wertschätzung hervor. Es mag auch an einer heute kaum noch nachvollziehbaren Entschlossenheit und am Vorhandensein eines schier unerschöpflich scheinenden Energievolumens dieser Menschen liegen, was mich so beeindruckt. Damit meine ich vor allem die Schaffung einer Grundlage für Menschen, die hier zukünftig leben wollen. Spätestens als sie hier in den 1970er-Jahren den steinharten, erodierten Boden zu bearbeiten begannen, die ersten tausend von mittlerweile über zwei Millionen Bäumen pflanzten, muss auch den wirklich verwegenen Goldgräbern unter ihnen gedämmert haben, dass ihr Tun und Wirken nicht Bestandteil eines Spiels auf einem überdimensionierten Abenteuerspielplatz war. Sie sollten nach und nach erkennen, dass sie im Dienste eines höheren Auftrags standen, den es zu erfüllen galt – und der bis in die Zukunft erfüllt werden soll. Jene, die es akzeptierten, blieben. Andere gingen. Neue kamen.

Dieses Bewusstsein, durch Disziplin und Verzicht etwas Großes zu erschaffen, hat sich in dieser Gruppe – damit meine ich die jetzt zwischen 60- und 80-Jährigen – gefestigt und wurde damit automatisch und

unvermeidlich zum Bestandteil ihres Wertekanons. Ich kann die Emotionen aus ihren Reihen verstehen, die irgendwo zwischen Resignation und Unmut pendeln, wenn sie zu erkennen haben, dass es heute gar nicht wenige Aurovillianer gibt, die noch nie ihren Fuß in den Greenbelt gesetzt haben. Über so bedeutende Auroville-Pioniere wie Johnny wissen sie nichts zu sagen, außer der verzichtbaren Aussage, dass er ein komischer alter Kauz sei, der irgendwo im Wald lebe. Oft ist zu vernehmen, dass sich besonders junge Menschen mit der Akzeptanz von Geschichten schwer tun, die sich um die Erscheinung der Mirra Alfassa ranken. Ihrer Meinung nach wird der Gründerin von den älteren Generationen ein Zuviel an fast schon religiös-ikonenhafter Verehrung entgegengebracht. Die Entscheidung für ihren persönlichen Verbleib in der Gemeinschaft ist von ganz anderen, für sie viel schwerwiegenderen Problemen geleitet, als der Zwist um den Matrimandir-Garten.

Jeder wie er kann. Aber immer im Sinne der Unterstützung und Erhaltung der Gemeinschaft und mit der filigranen Überzeugung an die Entfaltung des Besseren in uns. Dieses »Jeder wie er kann« ist aber der springende Punkt für die eigene Verständnislosigkeit, mit der man so oft an diesem Ort reagieren wird, solange man die tiefere Botschaft des Satzes nicht akzeptiert. Ich selbst habe mir an nicht wenigen solcher paradoxer Situationen Kopfschmerzen des Nichtverstehens zugezogen. Und auch heute noch erscheinen mir manche Diskrepanzen als das, was sie sind: unverbindbare Widersprüche. Aber gerade darin könnte man den Auftrag zur Lösungsfindung erkennen. Denn: Paradox mag hier zwar mit folgewidrig, aber sicher nicht mit unsinnig oder absurd übersetzt werden. Wieder einige Beispiele dazu: Warum beruht eine der wichtigsten Aufgaben für ein aurovillianisches Leben in der Kontrolle des eigenen Strebens auf Verzicht und Reduktion der materiellen Sehnsüchte, wenn doch daneben fast schon im gleichen Atemzug der Satz *»Jeder kann hier ein Leben nach seinen Bedürfnissen führen, aber sollte dabei nicht die Überprüfung auf deren Notwendigkeit vergessen«* zu vernehmen ist? Wenn ich also überprüfe und feststelle, dass Designerklamotten oder eine andere als verzichtbar erscheinende Luxusmarotte für mein eigenes Leben – noch immer – notwendig erscheint, tue ich mir dann den Gefallen, um mich aus unleidlichen seelischen Situationen wie Missstimmungen oder gar Depressionen zu befreien und umgebe mich mit diesen Belohnungen für ein ansonsten auf Entbehrung ausgerichtetes Leben?

In der Tat bietet die Gemeinschaft Aurovilles ein Kaleidoskop an bunter Unterschiedlichkeit auf der Habenseite ihrer Bewohner. Da gibt es einen ehemaligen Arzt. Ich habe ihn nie getroffen, glaube mich aber zu erinnern, dass er ursprünglich aus Deutschland stammt. Er bezog in Auroville ein geräumiges Haus, welches in Deutschland als Villa zu benennen wäre. Das wäre auch noch nicht erwähnenswert, denn in beachtlich großzügig gebauten Luxushäusern wohnt eine ganze Reihe von Aurovillianern. Aber er reiste mit einem Steinway-Konzertflügel an. Das Klavier und die darauf gespielte Musik waren und sind für ihn bestimmende Notwendigkeit. Ab und zu konzertiert er für Aurovilles Musikbegeisterte, wurde mir erzählt. Damit ist auch der Anspruch auf sinnvolle Unterstützung der Gemeinschaft von ihm gewährleistet. Es ist ein etwas seltsames, aber doch taugliches Beispiel für die persönliche Positionierung und den Brückenbau hinein in die Gemeinschaft.

Aber es gibt auch andere Beispiele. Hier konnte ich auch beim besten Willen das soziale Engagement im Sinne einer Nährung der Auroville-Gemeinschaft nicht erfassen. Dazu muss aber vorerst eine der wesentlichsten aurovillianischen Regeln erklärt werden: Niemand in Auroville darf Haus, Grund und Boden sein Eigen nennen. Es gibt keinen persönlichen Besitz. Alles ist Eigentum der Auroville-Stiftung* und diese verkörpert die Gemeinschaft in ihrer Gesamtheit. Hat man die finanziellen Möglichkeiten, dann kann sich jeder, dem danach verlangt und soweit Grund und Boden es zulassen, ein Märchenhaus mit allem erdenklichen Luxus bauen lassen. Und von dieser Möglichkeit haben Aurovillianer – und auch Nicht-Aurovillianer – in der Vergangenheit verstärkt Gebrauch gemacht. Du bewohnst dieses Haus solange du Auroville als deinen Lebensmittelpunkt wählst. Nach Ablauf einer bestimmten Zeit, die du Auroville ferngeblieben bist, fällt das Haus automatisch an die Stiftung und wird vom Housing Service wieder weitergegeben. Mit dem Tod erlischt ebenfalls das Wohn- und Nutzrecht an der Immobilie. Eine direkte Weitergabe an eigene Kinder ist möglich. Zwei Punkte sind es, die mir in diesem Zusammenhang Kopfzerbrechen verursachen: Zum einen ist die viel gepriesene aurovillianische Besitzlosigkeit bzw. Reduktion materieller Werte für mich obsolet, wenn ich Bauherr und Nutznießer eines Refugiums bin, welches in gleicher Erscheinungsform die Leistbarkeitsgrenzen der meisten Bewohner an diesem Ort bei weitem überschreiten würde, wenn der Bau in europäischen Preiskategorien ausgeführt worden wäre. Es sind aber die gleichen Absichten, die sich dahinter zeigen: die Sehnsucht und das Streben nach dem Besonderen und nach dem Großen.

In Auromodèle, eine der ältesten Siedlungen Aurovilles, gibt es Eigenheime, die von der Straße nicht mehr einzublicken sind. Sie verbergen sich im Zentrum von Gärten, die eher als Parks bezeichnet werden sollten. Eingesäumt von hohen Steinmauern und Zäunen und mit großen geschmiedeten Eisentoren versehen, weisen diese gleichermaßen auf den materiellen Wert der Liegenschaft und auf das Absicherungsbedürfnis der dahinter Wohnenden hin. Wenn ich dann nahezu an jedem Tag meines Aufenthalts vernehme, dass eines der »major problems« von Auroville die immer schwierigere

Beschaffung von Grund und Boden ist, und damit einhergehend die leistbare Schaffung von Wohnraum immer stärker stagniert, dann habe ich ein – zugegebenermaßen – durchaus westliches Problem von Verständnis des Akzeptanzbegriffs, der hier an diesem Ort über allem anderen schwebt. Manche dieser Parks weisen Flächen auf, die einer mittelgroßen, neu zu schaffenden Siedlung als Ausgangsfläche dienen könnten und damit den dringend notwendigen Wohnraum für eine beachtliche Anzahl neuer Zuwanderer, besonders jüngere, derer Auroville so dringend bedarf, schaffen könnte. Ein weiteres Beispiel für das Widersprüchliche mit Konfliktpotenzial? Reich ist in Auroville ja niemand. Oder sollte niemand sein. Oder kann jeder sein, der es will. Es ist wieder so schwierig, das zu verstehen. Aber ich denke sofort an das Gelernte: »Entweder UND oder« ist hier möglich. Und so verstehe ich es zwar nicht vom moralischen Standpunkt, wenn doch soziale Unterschiede hier aufgelöst werden sollen, aber die gar nicht dumme Frage sei mir gewährt: Wie kommt man hier zu Geld, welches andererseits aber überhaupt nicht erstrebenswert ist? Zwei Möglichkeiten gibt es dafür: Entweder bringen Neuankommende eine beachtliche finanzielle Absicherung aus ihrem alten Leben mit, was der einfachste Weg für ein angenehmes Leben in Auroville ist. Oder du bist wirklich erfolgreich mit einer Geschäftsidee, findest die dafür nötigen Finanziers außerhalb Aurovilles und ermöglichst dir auf diese Weise ein durchaus komfortables Leben. Auch in der Stadt der Reduktion ist das möglich. Steuern gilt es ja nicht zu bezahlen. Dreißig Prozent eines Gewinns hat ein prosperierendes Unternehmen an die Gemeinschaft abzuführen. Dieses Geld wird wiederum für Investitionen im sozialen Bereich verwendet. Dazu zählen u. a. Entwicklung des Bildungs- und Sozialsystems, Bedürftigen- und Altenbetreuung und Erhaltung von sozialen Einrichtungen wie Schulen. Abhängig von den Gewinnen und ihrer persönlichen Entwicklungssituation können sich Unternehmer und Geschäftsleute ein Gehalt selbst ausbezahlen. Wie hoch dieses ist, interessiert hier niemanden, da es ja wieder eine ganz persönliche Ermessensentscheidung des eigenen Entwicklungsstandpunktes ist. Vermag ich mit wenig(er) zu leben und kann mehr in die Gemeinschaftskasse einzahlen? Oder soll ich es für eine sinnvolle Expansion meiner Geschäftsidee verwenden? Dann ist dadurch Au-

rovilles Ideal der reduzierten Bedürfnisbefriedigung eher gewährleistet, als wenn die Gewinne in den Bau eines neuen, noch größeren Wohnhauses fließen. Auch Geschäfts- und Dienstreisen der aurovillianischen Businessleute, immer öfter auch mit dem Flugzeug innerhalb und außerhalb Indiens, vermitteln auf den ersten Blick ein verzerrtes Bild von Absicht und gelebter Realität. Indien ist riesig und effiziente Reisetätigkeit ist oft nur noch per Flugzeug sinnvoll. Aber für mich, mit meinem westlich-sozialen Wertegerüst und dem Wissen um den Begriff des ökologischen Fußabdruckes, beißt sich da die Katze in den eigenen Schwanz. Wenn Nachhaltigkeit und Naturbewahrung eindeutig an oberster ideologischer Stelle positioniert werden, wie verträgt es sich mit dem Umstand, dass doch Flugreisen im gesteigerten Maße genau jenen ökologischen Fußabdruck vertiefen? Gegen Ende meines letzten Aufenthaltes wuchs in mir der Drang zu einer entscheidenden Fragestellung: Was möchte Auroville aus sich selbst heraus darstellen und wie kann es das verständlich machen? Und vor allem: Welche Richtung sollte gewählt werden? »Entweder UND oder« ist im Westen keine einfach zu akzeptierende Spielversion. Mit Widersprüchen zu leben, ist schon etwas Besonderes und muss gar nicht als Kritikpunkt gelten. Schöne, ökologisch einwandfrei hergestellte Kleidung und ansprechendes Kunsthandwerk zu produzieren und der Außenwelt anzubieten, ist auch nicht schlecht und, bezogen auf Aurovilles Finanzbedarf, durchaus Notwendigkeit. Aber – und ich meine es ganz sicher nicht ironisch, sondern mit der Erwartung eines Interessierten und eventuell sogar Ratsuchenden, wenn ich dann aber folgende Frage am Ende dieses Kapitels stelle: Ist das alles, was dieser besondere Ort für Außenstehende und Fragende zu bieten hat? Schicke indische Kleider und Räucherwerk? Oder gibt es da nicht doch noch etwas wirklich Essentielles, welches ganz nahe an den Visionen eines Sri Aurobindo seinen Platz findet?
Im Wohnzimmer meines Gesprächspartners Martin lag auf einem Tisch Michel Foucaults Buch »Wahnsinn und Gesellschaft«, das Standardwerk über Bedeutung und Sinn der Unvernunft und des Wahnsinns. Das Abwegige und auch Wahnwitzige als willkommener und erwünschter Bestandteil des Auroville-Experiments? Wo, wenn nicht hier an diesem besonderen Ort, könnte so etwas seine großartigsten Blüten ausbilden?

MICHAEL BONKE – AIRCONDITION FÜR ALLE

Schon während der Dreharbeiten zur Filmdokumentation »Eine andere Welt ist möglich« im Jahr 2013 wurde ich auf den Namen Michael Bonke aufmerksam. Er wurde nicht oft, aber immer wieder von Aurovillianern genannt. Und immer dann, wenn es um wirklich gewichtige Veränderungen oder Aktivitäten ging, die Auroville im Gesamten betrafen und die vor allem mit hohen finanziellen Investitionen in Zusammenhang standen. Fragte ich nach, wer Herr Bonke sei, erfuhr ich, dass es sich um einen deutschen Millionär handle, der sein Vermögen mit dem Schleifen und dem Handel von Diamanten gemacht hatte. Er liebe Auroville und die dahinter stehende Idee und war bereit, enorme Summen seines Vermögens in zukunftsweisende Projekte von Auroville zu investieren. So wurde es mir erzählt. Er war es, der die Befestigungstechnik für die Goldelemente am Matrimandir entwerfen ließ – und bezahlte. Sein neuester Innovationswurf sollte Aurovilles gesamte Bevölkerung von den monatlichen Stromrechnungen befreien. Ziel ist es, den für Auroville notwendigen Strom über eigene Windgeneratoren zu erzeugen und dann der Gemeinschaft kostenlos zur Verfügung zu stellen. Bei meinem letzten Aufenthalt des vergangenen Jahres war das Vorhaben bereits in die Realität umgesetzt. Mehrere große Windmühlen zur Stromgewinnung wurden von einer von Bonkes zahlreichen Firmen im Umland von Auroville aufgestellt und lieferten die erzeugte Energie in Aurovilles Stromnetz. Eine echte finanzielle Erleichterung für viele und ein nicht unerheblicher Schritt in Aurovilles angestrebte geldlose Gesellschaft. Aber wo viel Sonne, kann der Schatten nicht fern sein. Michael Bonkes Pläne sind ehrgeizig und verlangen nach großen Schuhnummern. Er agiert in anderen Größenordnungen als es bestimmten Gruppen in Auroville recht und lieb ist. Und so war es eigentlich nicht verwunderlich, dass ich bei meinem letzten Aufenthalt den Namen des reichen Deutschen immer öfter hörte. Es gab kein einziges Gespräch mit meinen 34 Interviewpartnern, in dem nicht von

Michael Bonke zumindest kurz die Rede war. Gegenwärtig scheint es zwei größere Lager und ein drittes kleineres innerhalb der Gemeinschaft zu geben. Ich sage das mit aller gebotenen Vorsicht, da ich meine Rückschlüsse ausschließlich aus den erhaltenen Informationen meiner Gesprächspartner zu fertigen im Stande war. Die Aufregung um seine Person erklärt sich meinem Verständnis nach folgendermaßen: Michael Bonke hat Ideen, die er seiner Überzeugung nach ausschließlich für Aurovilles Zukunft in die Tat umzusetzen versucht und das auch tut. Langwierige Diskussions- und Entscheidungsprozesse sind seine Sache nicht. Er macht oder lässt machen, was seiner Überzeugung entspricht. Sein Stromgeschenk wurde niemals einer internen Abstimmung in Auroville unterzogen. Und wer wollte auch zu diesem Geschenk »Nein« sagen? Bonke hat dementsprechend nicht nur Freunde und Befürworter seiner Ideen und Taten, was er auch weiß. Einflussreiche Gruppen innerhalb der Gemeinschaft erkennen in seinem Engagement und, man muss es so sagen, seinen finanziellen Möglichkeiten eine Bedrohung der eigenen Position und Autorität. Andere wieder sehen die Machtanhäufung bei einer einzelnen Person (die Windräder gehören anscheinend Bonkes Firma und nicht Auroville) als reale Gefährdung für den Fortbestand Aurovilles. Sie stellen sich und ihm Fragen dieser Art: Wie ehrlich ist seine helfende Absicht wirklich gemeint? Was geschieht, wenn Herr Bonke dann doch einmal droht, den Stecker zu ziehen? Man könnte es sehr vereinfacht so beschreiben, dass mehrheitlich die Vertreter des administrativen Bereichs in Michael Bonke eine Bedrohung erkennen und er, so eigenartig es für Auroville sein mag, bei ihnen Unsicherheit verursacht. Hingegen konnte er verständlicherweise unter den Unternehmern und Geschäftsleuten Aurovilles eine größere Schar an Jüngern und Befürwortern gewinnen. Eine dritte, kleine Gruppe scheint für Balance sorgen zu wollen. Sie mahnen zu Besonnenheit. Man solle ihn machen lassen und beobachten. Denn eines ist Realität: Ohne Bonkes finanzkräftige Unterstützung wäre Auroville in vielen Bereichen weiter zum »Treten am Stand« verurteilt. Deshalb wäre es doch sinnvoll, nicht alles was der Spender vorhabe, als versteckte oder auch offensichtlich machtergreifende Aktion zu bewerten. Aber wie soll ich mit dem Erfahrenen umgehen? Bei diesen Fragen erscheint mir wieder das Bild des Scheinriesen Tur Tur. Wenn man sich Auroville annähert, indem man ein Buch zu schreiben beabsichtigt, werden nach und nach bestimmte Bereiche und Zonen erkennbar, die aus der Ferne vielleicht zu vermuten, aber nicht offensichtlich waren. Auroville kann aus der Ferne natürlich sehr leicht als etwas unvergleichlich Großartiges gesehen werden. Seine Absicht ist so beeindruckend, außergewöhnlich und vor allem einzigartig, dass die Gefahr einer Überhöhung ganz natürlich im Raum steht. Ich weiß nicht, wie nahe ich Auroville wirklich gekommen bin. Ich habe das Gefühl zu manchen Menschen eine ehrliche und auch nahe Beziehung aufgebaut zu haben. Was vor allem für mich bedeutete, dass ein hohes Maß an gegenseitigem Vertrauen entstehen konnte. Darüber hinaus glaube ich aber eine übergeordnete, wortlose Stimmung wahrgenommen zu haben. Diese Stimmung vermittelte mir, dass Auroville vor einer entscheidenden Phase seiner Orientierung steht. Oder sich vielleicht sogar schon mittendrin befindet. Am besten ist jene Situation, die ich vorfand, mit dem Satz »Jeder kocht sein eigenes Süppchen« darzustellen. Niemand wusste so recht in welche Richtung der Zug Auroville abfahren sollte, aber es gab viele Sichtweisen. Geschäftsleute glauben mehr als je zuvor an Aurovilles wirtschaftliche Expansionsnotwendigkeit, wussten aber auch nicht so recht, wie sich diese als einheitliche Produktionsgemeinschaft nach außen darstellen ließ. Wenige Wochen vor meinem letzten Besuch ging eine interne, mehrwöchige Klausur zu Ende. Sie wurde ausgerufen, als in Auroville einige Fragen von Indiens Regierung aus New Delhi immer deutlicher zu vernehmen waren: »Was habt ihr anzubieten? Wohin soll euer Weg führen? Habt ihr euch darüber in der Vergangenheit genügend den Kopf zerbrochen?« Jeder in Auroville kennt die Spielregel: Solange Indiens Regierung eine Ernsthaftigkeit und Sinnhaftigkeit in Aurovilles praktischem Tun erkennt, wird sie ihre schützenden Hände über das Experiment halten – und auch weiterhin mit Millionenbeträgen unterstützen. Was so manchem Aurovillianer möglicherweise gar nicht bekannt sein dürfte, ist die Tatsache, dass im indischen Parlament in New Delhi eine einzige Statue eines besonders wesentlichen und großen indischen Den-

kers steht. Es ist nicht Gandhi und es ist nicht der große Denker und Dichter Rabindranath Tagore. In der Vorhalle des Parlaments steht die Statue Sri Aurobindos, der auch für Indiens politische Macht am nachhaltigsten und am besten verständlich eine zukunftsweisende geistige Synthese zwischen alter hinduistischer Mystik und einem modernen, gleichzeitig visionären Weltbild zu schaffen wusste.
Aurelio war es, der während eines langen Abendgesprächs in der Gemeinschaftsküche seiner Wohnsiedlung Aurovilles problematische Situation mit einfachen Worten sehr gut darzustellen wusste. Das Problem lag in einer Zerrissenheit. Ich konnte erfahren, dass sich in den letzten Jahren die Kluft zwischen kommerziellen Interessen und der Erfüllung des spirituellen Auftrags immer mehr verstärkte. Es wurde zu wenig an der Synthese gearbeitet. Zwei Wertesysteme, vielleicht irgendwann einmal vereint, hatten sich zu trennen begonnen und schwebten gleich zweier Wetterfronten über dem Ort. Eine Gruppe sah das wirtschaftliche Entfaltungspotenzial als unabdingbar für Aurovilles Zukunft. Es hatte sehr viel mit Geldmache zu tun und wollte sich an Indiens hochbeschleunigten Wirtschaftsmärkten orientieren. Bangalore, der Hochdruckkessel indischer Wirtschaftseffizienz, ist von Auroville eine knappe Flugstunde entfernt. Ein merkbar verstärkter Austausch von Wirtschaftstreibenden aus der indischen Wirtschaftsmetropole und Auroville-Repräsentanten hat bereits eingesetzt. Aurovilles Ruf als Innovationsschmiede war und ist in Indien anerkannt und einer der bedeutsamen Pluspunkte im Außenauftritt der Gemeinschaft. Was anderen Mitgliedern der Gemeinschaft aber, wie ich meine, berechtigte Sorgen bereitet, ist ein weiterer daraus resultierender Schwund des spirituellen Potenzials. Und da verstärkte Aurelio mit seinen Gedanken und Worten meine eigene Befürchtung: Aurovilles Einzigartigkeit lag in einer Synthese dieser beiden Welten, wie ich sie schon beschrieben habe: einer weitreichenden inneren Erfahrungswelt und einer Verbindung der daraus resultierenden Erkenntnisse mit einem weltlichen Handeln. Darin lag für meine Wahrnehmung das Unvergleichliche und Besondere des Experiments. In diesem Buch war schon mehrmals von der drohenden Trennung zwischen einer alten und neuen Auroville-

le-Gesellschaft die Rede. Neuangekommene, die sich nur im geringen Ausmaß die Mühe machten die vorhandenen Ergebnisse und Leistungen zu respektieren. Traditionalisten und Verwaltungsbeamte mit nur wenig Erkennensspielraum für die Notwendigkeit neuer Weichenstellungen. Im Laufe meines spannenden und aufschlussreichen Gesprächs mit Aurelio wurde erkennbar, dass es Vermittlerfiguren bedurfte. Eine großformatige Mediation für die Gemeinschaft auf der Suche nach ihrer schwierigen inneren Vereinbarung scheint anzustehen. Aber wer sollte da tätig werden?
Mir erscheint es so, als ob an Michael Bonke derzeit in Auroville kein Weg vorbei führt, wenngleich ich in ihm wohl am wenigsten den Mediator erkennen kann. Aber: Die alten Strukturen sind ihm nicht unbekannt. Er ist selbst ein Kind der ersten, frühen Auroville-Jahre. Und aus eigener Erfahrung kennt er das Konfliktpotenzial innerhalb der Gemeinschaft. Er weiß über die historische Entwicklung sicherlich besser Bescheid als die meisten Neu-Aurovillianer und er ist ein weltgewandter Geschäftsmann. Schließlich ist ihm Sri Aurobindos und Mirra Alfassas geistiges Vermächtnis gut bekannt. Und der Mann ist in der Lage, sich selbst Visionen zu gestatten und zu leben, wie ich bei unserem Treffen dann doch feststellen durfte. Ich befand mich in einem mittleren Dilemma: Es war meine ehrliche Sehnsucht und Überzeugung, diesen ganz besonderen Ort mit seinem geistigen Auftrag einer Leserschaft vorzustellen, die irgendwo zwischen gesteigertem Interesse, Neugierde und Skepsis ihre Einordnung finden würde. Ich wollte aber nicht zu sehr in die sensiblen Problembereiche der Gemeinschaft vordringen, um damit Wasser auf die Mühlen süffisanter Ironiker und ewiger Besserwisser zu gießen. Wie groß wäre deren Freude, käme unter dem hochgeistigen Scheinglanz der ohnehin bloß utopischen Absicht doch nur das Banal-Menschliche zum Vorschein? Und es ist ja auch gar nicht so falsch: Auroville ist nicht aus einer anderen Welt und es sind auch an diesem Ort immer noch Menschen, die ihre eigenen Geschicke und jene der Gemeinschaft tagtäglich durch alle Wettersituationen ihres Menschseins zu manövrieren versuchen. Es sind bloß Menschen wie du und ich, wenngleich ein höherer Geist zumindest bis jetzt seine

schützende Hand über dem Experiment zu halten scheint. Und es sind Menschen, die noch immer anfällig für alle Arten von Verführungen und Verblendungen sind. Und auch sie haben (leider) noch immer zu erfahren, dass gekonntes zwischenmenschliches Miteinander von einer ganz großen Menge an Stolpersteinen und Fußangeln beeinträchtigt wird. Sie tappen in die gleichen Fallen, wie wir es tagtäglich machen. Es gibt Freund und Feind, es gibt Konkurrenten und Verbündete. Und nun gibt es auch noch Michael Bonke.
Sehr lange habe ich nachgedacht, ob ich bei Herrn Bonke anklopfen sollte, um ihn zu einem Gespräch einzuladen. Wem wäre damit geholfen? Was wäre der Nährwert? Würde es nicht doch nur bei einem plakativ-voyeuristischen Blick auf eine klischéegefüllte Story bleiben: der Millionär und die aufrichtig nach Spiritualität Suchenden. Und das alles im feuchtheißen Süden Indiens unter subtropischer Sonne. Zugegeben, es wäre eine reizvolle und erfolgversprechende Bank, vorausgesetzt ich würde einen Roman oder ein Filmdrehbuch schreiben wollen. Schließlich entschied ich mich dafür, diesen als eher scheu, leise und zurückhaltend beschriebenen Mann persönlich begegnen zu wollen. Alles was ich über ihn wusste, war aus zweiter bzw. dritter Hand, also eigentlich kein Wissen, sondern Information vom Hörensagen. Aber ich wollte nun seine Worte hören, seine Gedanken erfahren, ungefiltert, um mein eigenes Bild zu erhalten. Zwei Monate kam aus seinem Büro keine Antwort auf meine Anfragen. Dann war er eines Tages selbst am Telefon. Das Problem wäre nur, einen passenden Termin zu finden. Er sei immer unterwegs, pendle eigentlich ständig zwischen seinen Wohn- und Arbeitsadressen in der Schweiz, Deutschland, St. Petersburg und Pondicherry. Dann fand sich doch sehr rasch eine Möglichkeit. Am Flughafen von Düsseldorf könne er sich für zwei Stunden Zeit für ein Gespräch nehmen.
Wir treffen uns in einem dieser international genormten Cafes, wie sie auf allen Flughäfen dieser Welt zu finden sind. In Jeans und einem hellen Sweater sitzt er mir dann gegenüber. Bonke ist 64 Jahre alt, wirkt aber dank seiner Drahtigkeit um einiges jünger. Die Augen fallen auf. Sie bringen etwas Klares und gleichzeitig Intensives aus der Tiefe des Blicks

zum Vorschein. Er überlegt seine Worte gut und scheint recht fokussiert meine Fragen aufzunehmen. Der einleitende Kennenlern-Smalltalk ist kurz, was auch mit der begrenzten Zeit unseres Gesprächs zu tun hat. Bonke erzählt gleich von einem neuen Projekt, welches ihm spürbar am Herzen liegt: Eine besondere Uhr will er auf den Markt bringen und dazu ein Buch über eine andere Philosophie der Zeitbetrachtung. Dabei geht er von einem interessanten logischen Ansatz aus: »Wer ein Vakuum in seiner Selbstfindung hat, kauft sich – je nach Leistbarkeit – entweder einen Ferrari, eine Superuhr oder ein cooles Smartphone.«

Michael Bonke wird seine Uhr zum Großteil in Auroville bauen lassen. Das hat zwei Gründe. Natürlich der pekuniäre Aspekt für Auroville und Aurovilles geistiger Background, der sich auch oder vielleicht gerade in einem Produkt wie einer Uhr niederschlagen sollte. Sein Uhrenprodukt ist ein Experiment und hat nichts mit der hinlänglich bekannten Zeitmessung zu tun. »Asiatische Religionen, allen voran der Hinduismus, haben sich mit dem Thema Zeit schon vor dreitausend Jahren beschäftigt. Die hinduistischen Schöpfungsmythen handeln Zeit auf eine Art und Weise ab, die extrem nah an den heutigen wissenschaftlichen Erkenntnissen ist, wo hingegen die westlichen Religionen, also Christentum, Judentum und Islam, davon ganz weit entfernt sind.«

Bonke spricht über den römischen Philosophen Seneca und dessen außergewöhnliches Verhältnis zu Zeit und besonders zu Vergänglichkeit. Sein Ausspruch »Ich rechne nie mit einem ganzen Tag, den ich noch zu leben hätte« wurde zum Vorläufer des Satzes »Lebe so, als hättest du nur noch einen Tag zu leben.«

Er setzt fort: »Es ist die Angst, die uns ständig verfolgt und besetzt. Jene Angst, die mit dem ständigen Denken an unsere Endlichkeit verbunden ist. Religionen wie das Christentum mit ihrer Überzeugung von der Einmaligkeit des Lebens ohne wiedergeboren zu werden, machen da sicherlich nicht angstfreier, wie sich mühelos am Verhalten heutiger westlicher Gesellschaften erkennen lässt. Unser Leben wird in einer vergleichbaren Weise behütet wie ein materieller Wertgegenstand: ein teures Auto oder ein ähnlich wertvoller Besitz. Deshalb wird es beschützt, wo und wie immer nur möglich. Risiken werden minimiert, Absicherungsmöglichkeiten erhöht. Und wir leben in ständigen Bedrohungsszenarien, dass alles vor der Zeit vorbei sein könnte.« Bonkes Uhr soll nicht mehr das Verstreichen der Zeit anzeigen. Sie soll aus den Erkenntnissen des Hinduismus oder eben aus Senecas Lebenssicht auf die Vergänglichkeit gespeist werden. Was sie anzeigen wird, wollte oder konnte er mir noch nicht verraten. Er werde mich auf dem Laufenden halten. Ich muss sagen, diese ersten 15 Minuten mit Bonke machten mich zum sehr interessierten Zuhörer. Was und wie Michael Bonke denkt direkt von ihm zu erfahren, würde sich also auf jeden Fall lohnen. Ich frage warum es für ihn so wichtig ist, Produktionen nach Auroville zu bringen.

»Wenn man so wie ich im Diamantengeschäft tätig ist, dann erkennt man erst einmal, wieviel Geld es zum Beispiel in einer Stadt wie München oder Düsseldorf gibt. Es ist unvorstellbar. Und in Auroville gäbe es so unglaublich viele tolle Konzepte und Ideen. Aber von der finanziellen Substanz ist dort alles sehr dünn. Und da versuche ich für Auroville eine Industrie aufzubauen, wo dann auch eine finanzielle Substanz da ist, um dem Ganzen dort auch Ausdruck zu verleihen. Schauen wir einmal, ob es sein soll.«

»Sie kennen Auroville sehr gut, nehme ich an?«

»Ja, ich denke schon. Ich habe sogar Mutter noch gekannt. Nicht persönlich. Aber ich bin 1973 nach Auroville gekommen und bin auf diesem Platz gestanden, vor ihrem Balkon im Ashram von Pondicherry, auf den sie immer herausgetreten ist. So bin ich ihr begegnet.«

»Wie sind Sie mit Auroville in Verbindung gekommen?«

»Ich habe schon sehr früh eine große Lust verspürt, über philosophische und mystische Dinge des menschlichen Daseins nachzudenken. Ich komme aus diesem kleinen bayerischen Ort Deggendorf und ich erinnere mich, dass wir einmal einen Schulausflug nach München machten. Da wurde in einem Theater das Musical ›Hair‹ aufgeführt. Es wurden verschiedene Schulklassen aus der Provinz hingekarrt. Ich war fünfzehn und mich hat das überhaupt nicht interessiert. Da habe ich mich vor dem Theater so ein bisschen abgesondert, während alle hineingegangen sind und verkaufte meine Karte. In der Nähe gab es eine große Buchhandlung und in der bin ich gelandet. Dort habe ich für dieses

Geld philosophische Bücher gekauft. ›Swami Vivekananda‹* war dabei und ein Buch von Sri Aurobindo, ›Das Abenteuer des Bewusstseins‹. Dieses Buch hat mich derartig fasziniert, dass ich schon damals wusste, ich muss Auroville kennenlernen.«

»Wie lange hat es dann gedauert, bis Sie praktisch dort landeten?«

»Ich war 19 Jahre alt, als ich 1973 dort ankam. Bin aber nicht ständig geblieben, sondern immer wieder hingefahren. Erst von 1980 an bin ich fünf Jahre geblieben. Ich betrieb davor mit einigen Freunden so ein paar Läden und Boutiquen in München und Regensburg und mit dem Geld, das wir verdienten, haben wir den Bau des Matrimandir unterstützt. Ich habe meine Anteile dann 1980 verkauft, meine Zelte abgebrochen und bin nach Auroville gezogen. Wir waren insgesamt vier, fünf Leute, die hingezogen sind. Einer lebt jetzt noch dort, die anderen sind mit Auroville noch immer eng verbunden, leben aber wieder in Deutschland.«

»Herr Bonke, bitte noch einmal einen Schritt zurück. Was hat Sie an Sri Aurobindos Buch so gefesselt?«

»Das ist schwierig zu beantworten. Es gibt viele unterschiedliche Philosophen und wenn sich ein Mensch dafür interessiert, wird er einen finden, dem er persönlich näher steht. Und Sri Aurobindo war der einzige unter allen namhaften indischen Denkern, der es vermochte, den Grundcharakter des hinduistischen Mystizismus mit der modernen Geistesentwicklung der westlichen Aufklärung zu verknüpfen. Wie Sri Aurobindo die Upanishaden* und die Veden*, beides wesentliche indische Schöpfungsmythen, aufgearbeitet und sie so dem modernen gebildeten Verstand zugänglich gemacht hat, das ist seine große Leistung. Wie er dem westlichen, wissenschaftlich-mathematisch denkenden Menschen den alten Schatz des Hinduismus erklärt, dass dieser Mensch dann einen Zugang findet. Wohingegen der indische Zugang ja ganz anders funktioniert. Das geht nicht über den Intellekt, sondern da ist bereits eine Bereitschaft für spirituelle Erfahrung vorhanden, die nicht über den Kopf geht. Wir würden sagen, es ist ein Gefühl. Aber ich glaube, es ist noch einmal etwas anderes. Aber ich kann es nicht benennen. Was Sri Aurobindo da gelungen ist, das ist einmalig. Das machte ihn einsam und alleine auf diesem Level.«

»Herr Bonke, Sie sind ja kein Aurovillianer, also kein Mitglied der Gemeinschaft, sondern haben den Status eines Freundes von Auroville. Dort an diesem Ort beschäftigen sich fast 2.500 Menschen mehr oder weniger mit der praktischen Umsetzung von Sri Aurobindos Lehren. Wie sehen Sie diese Praxis, was können Sie darin erkennen?«

»Ich glaube, was in Auroville tatsächlich stattfindet, ist nicht wirklich das Relevante für mich. Ich möchte es so erklären: Wir haben in unserer Natur schon ein gewisses Element des Experimentierens und in gewisser Weise auch des Verrücktseins eingebaut. Nehmen wir ein Beispiel aus dem Tierreich: Da gibt es in jeder Spezies einen von tausend, der so programmiert ist, dass er sich anders verhält. Nehmen wir Tauben als Beispiel. Die haben ein bestimmtes Verhalten. Wir sitzen hier am Flughafen und wissen, dass Tauben ein Problem für die Flugsicherheit darstellen. Wenn die von den Triebwerken angesaugt werden, dann kann das sehr ernste Konsequenzen haben. Deshalb hat man ausprobiert, mit Raubvögelschreien die Tauben fernzuhalten. Das geht eine gewisse Zeit gut. Wenn die ihre Habichtschreie quer über die Rollbahn schallen lassen, dann fliegen alle Tauben weg, bis auf eine einzige Taube, die anders programmiert ist, sich da überhaupt nicht drum kümmert und ganz friedlich ihre Grassamen frisst. Im normalen Leben draußen wäre die sofort tot. Da würde der Habicht kommen und sie auffressen. Aber hier am Flugfeld gibt es ja keinen Habicht. Das sehen dann die anderen Tauben und kommen nun zurück, weil sie sich an der Verrückten orientieren. Und letztendlich hat diese eine Taube durch ihre Verrücktheit einen Fortschritt für die ganze Sippe erzielt. Die Vermeidung der Gefahr ist ja ein menschliches Anliegen und geht nicht von den Tauben aus. Das ist einprogrammiert in der Natur und jede Spezies hat einen, der verrückt ist und der die Grenze zu überschreiten in der Lage ist. Im Normalfall bedeutet diese Verrücktheit sein Ende. Aber in bestimmten Situationen eben nicht. So, und jetzt haben wir auf gesellschaftlicher Ebene viel zu wenige solcher verrückten Experimente, welche eventuell die Gesellschaft voranbringen. Wenn wir uns einmal anschauen, wann unsere Kultur einen großen Fortschritt gemacht hat, dann sind das immer Phasen gewesen, in denen politisch eine ganz starke Diversifizierung stattfand. Zum Beispiel hier in Indien. Als die Veden und die Upanishaden entstanden, war Indien von unzähligen kleinen Königreichen überzogen. Oder hier im Westen die großen kulturellen Fortschritte: Die Entstehung der Demokratie in Athen, da gab es ganz viele kleine Stadtstaaten in Griechenland. Es war eben kein großes tyrannisch-diktatorisches System, das solche Entwicklungen verhindert hätte. Oder die italienische Renaissance. Ganz viele kleine Fürsten- und Herzogtümer und einige ebenfalls kleine Königreiche. Und wenn wir uns Russland anschauen, die letzten 80 Jahre, da war absolut null Fortschritt und in China war es im gesamten letzten Jahrhundert nicht anders. Oder die Globalisierung, die führt letztendlich dazu, dass kein Fortschritt geschieht, da die Diversifizierung fehlt und es keine Ausweichmöglichkeiten gibt. Da ist Auroville im Moment das wirklich einzige groß angelegte Projekt weltweit, das versucht, eine alternative Gesellschaft zu entwickeln. Ohne Geld, auf ganz anderer Wertebasis. Und das ist das wirklich Interessante. Ob das jetzt zum Erfolg führt oder scheitern wird, ist dann sekundär. Wenn wir 100 solche Experimente hätten, würde eines zum Erfolg führen, aber die anderen 99 sind genauso notwendig. Ob Auroville scheitert oder ein Erfolg wird, steht gar nicht zur Diskussion. Sondern man muss schauen, dass gesellschaftliche Experimente mit voller Vehemenz durchgeführt werden. Sie sind dringend notwendig, um unsere Gesellschaften zu befruchten. Und wenn Sie sich anschauen, dass der Kapitalismus jetzt an einer Stufe angelangt ist, wo es nicht mehr weiter geht. Ich kann nicht erkennen, wo die letzten 20 Jahre ein Fortschritt in diesen Systemen stattgefunden hätte. Es ist eher fast rückläufig. Wenn Sie sich diese große Überwachungswut anschauen. Das ist ein wirklich schlimmes Symbol für Erstarrung und Absterben.«

»Und Auroville ist genau das Gegenteil. Die sagen: ›Es geht uns gut, jetzt strengen wir uns einmal so richtig an, um etwas weiterzubringen und handeln nicht unter dem Zwang des Überdrucks.‹ Würden Sie das so sehen?«

»Ja, das ist die normale Realität. Immer setzt Handlungsbereitschaft erst ein, wenn es schon an allen Ecken qualmt und brennt. Es ist schlimm, dass das die Normalität des Menschen darstellt.«

»Wie realistisch ist es für Sie, dass noch 99 andere Aurovilles entstehen könnten?«
»Was extrem ermutigt, ist die Tatsache, dass die indische Regierung dieses Experiment wirklich aus Überzeugung unterstützt. Dass die in Delhi bereit sind, für dieses Experiment einen vom indischen Staat her gesehen exjuristischen, also rechtsfreien Raum zu schaffen, in dem keine Polizei und Staatsgewalt Zugangs- und Handlungsberechtigung hat und dann sogar noch sagen ›Hier können die Menschen ihre eigenen Gesetze machen und sie brauchen auch keine Steuern an den Staat bezahlen‹, das ist einzigartig und in Europa eigentlich nicht vorstellbar. So etwas könnte in Deutschland nie passieren und in den USA schon gar nicht. Und das macht mir schon Freude, da mit meinen Möglichkeiten mitzumachen und zu schauen, ob man es zum Erfolg bringen kann. Ich glaube, Auroville hat eine gute Chance.«
»Aber was wäre für Auroville ein Erfolg? Denken Sie da an Wachstum oder an die Fortsetzung der Idee? Können Sie mir ein wirklich weisendes Beispiel nennen?«
Bonke kommt nun zu einem der spannendsten Themen des Experiments. »Wir arbeiten hier ja an der geldlosen Gesellschaft. Ich selbst bin eigentlich überzeugt, dass die geldlose Gesellschaft wird kommen müssen. Wenn wir uns die Geschichte der Menschheit anschauen, dann kann man erkennen, dass die erste Gesellschaftsform auf dem Recht des Stärkeren aufgebaut war. Das haben wir aus dem Tierreich übernommen. Im Wolfsrudel gibt es einen Boss und alle müssen machen was der will, weil er es durch physische Gewalt durchsetzen kann. Und dann kam die monetäre Gesellschaft auf, zunächst in Ägypten. Das ist eine ganz spannende Geschichte. Tempel hatten damals bereits eine soziale Funktion und Menschen konnten z. B. einen Krug Getreide dort abgeben, da der Tempel auch als Lagerhaus diente. Und dann haben jene, die das Getreide abgaben, im Gegenwert dafür ein kleines rundes Metallplättchen erhalten. Und so wusste jeder: vier Metallplättchen bedeutete vier abgegebene Krüge Getreide. Dann haben sie begonnen mit den Plättchen zu handeln, anstatt der schweren Krüge, und so ist das Geld entstanden. Derzeit befindet sich die gesamte Welt in dieser monetären Phase. Die einzige Ausnahme bildet Nordkorea. Und ich bin davon überzeugt, dass die Menschheit auf eine neue Entwicklung zusteuert. Die geldlose

Gesellschaft ist so viel effektiver als die monetäre. Wenn wir uns nur anschauen wie heute beabsichtigt produziert wird: Alles wird so gefertigt, dass man es nach ein paar Jahren ersetzen muss. Das nährt die Marketingstrategen. Aber die Werbebranche würde in einer geldlosen Gesellschaft wegfallen, da ja genau die umgekehrten Werte Gültigkeit hätten. Wir haben jetzt in Auroville mit dem kostenlosen Strom begonnen. Ganz Auroville zahlt keine Stromrechnungen mehr. Da gibt es sehr spannende Entwicklungen. Wir, also meine Firma Varuna, die den Strom produziert, wir versuchen jetzt den Stromkonsum zu drosseln. Normalerweise ist das umgekehrt: Der Stromproduzent in der monetären Gesellschaft schaut, dass so viel wie nur möglich an Energie konsumiert wird und versucht den Verbrauch anzuheizen. Und wir stellen da jetzt Prozesse fest, die wir vorher gar nicht angedacht hatten. Unterm Strich lässt sich ablesen, dass eine geldlose Gesellschaft um vieles effektiver wirtschaftet als die monetäre. Da kann also gar kein Weg daran vorbei führen. Was die Rohstoffverschwendung betrifft, fahren wir ja derzeit den Planeten an die Wand. Stellen Sie sich vor: Gegenwärtig hat jeder einzelne Europäer an die 9.000 Gegenstände bei sich zu Hause. Vor 100 Jahren waren es 150. Und vielleicht werden es in 10 Jahren 15.000 Dinge sein. Aber vielleicht auch nur noch 2.000. Wir brauchen dringend ein neues, anderes System, ansonsten endet die Welt wirklich im Desaster. Und ich sehe die geldlose Gesellschaft als etwas, was zu dieser maßgeblichen Veränderung führen wird. Da ist es jetzt interessant, ob wir es in Auroville, in diesem Mikrokosmos schaffen, eine geldlose Gesellschaft zu etablieren. Nicht nur mit dem Strom, das ist einmal ein größerer Anfang. Aber in den nächsten Schritten wäre es wichtig die Wasseraufbereitung- und versorgung und den Verkehr in diesem Sinne zu entwickeln und zu verändern. Das heißt, jeder, der es wünscht, soll sein kostenloses, elektrisch betriebenes Motorrad erhalten. Und da liegt einer dieser gewaltigen Vorteile dieses Experiments in Auroville auf der Hand: Es würde sich recht deutlich und rasch erkennen lassen, ob die geldlose Gesellschaft ihre erwartbaren Vorteile gegenüber der monetären hätte und damit das effektivere System darstellt. Dann könnte sich von dort aus tatsächlich etwas ausbreiten und

Auroville könnte eine Vorreiterrolle einnehmen. Und die Möglichkeit wäre natürlich durchaus gegeben, aus diesen Erkenntnissen heraus den Rest der Welt zu beeinflussen.«

Michael Bonke erzählt mit sehr ruhigem und besonnenem Ausdruck. Und dabei spricht er über Dinge so selbstverständlich, die nicht nur visionär scheinen, sondern gleichermaßen eben jene evolutionäre Veränderungssubstanz in sich bergen. Es ist stark zu erkennen, wie sehr ihm dieses Thema persönliche Herausforderung bedeutet. Nein, Michael Bonke ist wahrlich kein Mann des Backens kleiner Brötchen. Und trotzdem liegt mir ein nicht unwichtiges »Aber« auf der Zunge:

»Herr Bonke, Sie sprechen von Entwicklungen, die meinem Gefühl nach so fundamental sind, nicht nur in ihrer Auswirkung, sondern auch in ihrer Ausführung, dass ich zu bezweifeln wage, ob alle dafür notwendigen Weichen in Auroville schon für die richtige Richtung gestellt sind. Glauben Sie, dass Aurovilles Gesellschaft für Unterfangen dieser Art bereits den nötigen Reifungsgrad aufweist?«

»Lassen Sie mich so beginnen: Unsere Windräder produzieren wesentlich mehr Strom, als derzeit in Auroville benötigt wird. Es werden ca. 9 Millionen Kilowatt im Jahr produziert und Auroville benötigt etwa 3,5 Millionen Kilowatt. Also ist da ein gewaltiger Überschuss. Der könnte nun als profitabel angesehen werden. Wir bieten den Stromüberschuss der staatlichen Energieverwaltung von Tamil Nadu an. Aber die Regierung von Tamil Nadu ist derzeit noch immer gegenüber allen ökologischen Entwicklungen extrem feindlich eingestellt. Die haben die Notwendigkeit dafür noch nicht in ihre Köpfe und Herzen bekommen. Und so verkaufen wir den Strom derzeit noch mit einem Minus. Wir bekommen von Tamil Nadu dreieinhalb Rupien für ein Kilowatt und die Produktion des Stroms für Auroville steht mit sieben Rupien pro Kilowatt in den Büchern. Man wird hier für ökologische Energieerzeugung noch immer bestraft. Aber man muss es trotzdem machen. Nur durch das Tun kann auch Überzeugungsarbeit geleistet werden – auch bei dem langsamen Verwaltungsapparat von Tamil Nadu. Und so ist es auch mit dieser Idee der geldlosen Gesellschaft. Für Auroville wurde das von Sri Aurobindo und Mutter bereits erkannt. Sie hat ganz genau aufgeschrieben, welches Entwicklungspotenzial darin steckt.

Wir haben jetzt mit dem Strom begonnen. Ich bin mit Daniele, dem Geschäftsführer der Pizzeria Tanto in Auroville, befreundet. Wir haben eine gemeinsame Idee: Irgendwann wird er Pizza für alle Aurovillianer kostenlos anbieten. Erst einmal nur an einem Tag im Monat, dann einmal die Woche und schließlich wird er Pizza für alle und immer anbieten. Das bedeutet, dass die anderen Restaurants natürlich mitziehen müssten oder sie würden kaputt gehen. So versuchen wir Ebene für Ebene Auroville geldlos zu gestalten. Und in dem Moment, wo diese geldlose Wirtschaft eine gewisse Größe erreicht hat, wird das bisherige, alte System der Geldwirtschaft kollabieren. Jene, die sich damit anfangs schwer tun, werden durch die Veränderung lernen.«

»Aber wie kann Daniele, der Pizzabäcker, permanent kostenlose Pizza zur Verfügung stellen, ohne selbst zu kollabieren?«

»Indem er die Ressourcen, die er ohnehin schon hat, bündelt und dann das System verändert. Wir machen bei Varuna nichts anderes. Am Anfang haben wir sechs Windmühlen für die Stromerzeugung gekauft. Die waren dann schon einmal da. Und jetzt produzieren die die dreifache Menge des für Auroville notwendigen Stroms. Diese zwei Drittel Überkapazität sollen dann theoretisch – noch sind wir nicht so weit, aber wir hoffen dort hinzukommen – durch den Stromverkauf das nötige Geld einspielen, damit der Windpark immer mehr wächst. Wir kaufen wieder neue Windmühlen, so dass der Windpark immer ein bisschen schneller wächst als der Stromkonsum in Auroville. Das bedeutet für zukünftige Zeiten, wenn wir diese Ratio erhalten, dass nur ein Drittel des erzeugten Stroms konsumiert wird, wir Auroville für alle Zukunft mit kostenlosem Strom versorgen können. Mit dem Überschuss wird Wachstum garantiert.«

»Herr Bonke, Sie haben jetzt schon mehrmals von ›wir‹ gesprochen. Wer ist damit gemeint? Sie und die Auroville Foundation?«

»Nein, nein. Wir sind fünf Geschäftsführer bzw. Vorstände bei Varuna. Die anderen vier sind Aurovillianer und leiten vor Ort das Geschäft. Es gibt dann noch einige andere Mitarbeiter, um Projekte umzusetzen und die Produktion am Laufen zu halten. Ich selbst bin ja oft in Europa, um Geld zu verdienen und kann nur auf kürzere Zeit immer wieder nach

Auroville kommen. Ich wollte aber noch etwas sehr Interessantes zum Stromverbrauch in Auroville sagen: Wir alle haben anfangs sehr stark befürchtet, dass es beim Strom einen sogenannten ›Suppress-Demand‹ geben wird, also, dass sich der Stromverbrauch in Auroville verdoppeln wird. Viele Leute können sich hier keine Klimaanlage leisten, weil für sie der Strom zu teuer ist. Also war es erwartbar, dass es zu diesem Anstieg kommen würde. Und dann war das Gegenteil der Fall. Der Stromverbrauch ist zurückgegangen, nur ganz leicht, aber doch.«

»Warum? Weil doch nicht alle Leute mit Aircondition beglückt werden wollten?«

»Ja, mag sein. Aber wer sich in Auroville zwischen März und Juni aufhält, der weiß, dass zu dieser Zeit ein aktives Leben wegen der enormen Hitze nur eingeschränkt möglich ist. Und diese Tatsache ist der Absicht Aurovilles entgegengesetzt. Man sollte für seine innere und äußere Entwicklung die besten Bedingungen zur Verfügung haben. Aber ich glaube, dass da etwas anderes entscheidend war. Es gibt ja genug Menschen hier, die schon vor dem Freistrom eine Aircondition verwendeten. Und ich nehme an, dass die, weil sie dafür bezahlten, darin eine Berechtigung erkannten, zu machen, was sie wollten. Wer zahlt, hat kein Verantwortungsgefühl. In dem Moment, wo die jetzt den Strom kostenlos erhalten, hatten sie auf einmal Verantwortung zu übernehmen, die sie zuvor nicht als notwendig empfanden. Die haben verschwendet. Mir ist aus einer Erzählung bekannt, dass einer seine Aircondition laufen ließ und gleichzeitig die Fenster im Haus geöffnet hatte, weil er auch noch die Frischluft von draußen zur abgekühlten Luft wollte. Er hatte gegenüber dieser Verschwendung überhaupt kein schlechtes Gefühl, weil er ja für sein Vergnügen selbst bezahlte. Und jetzt ist das schlagartig anders geworden.«

Jetzt ist doch der Punkt erreicht, an dem in mir wieder dieses große Fragezeichen erscheint: Ein Mensch, der bewusst verschwendet und eigentlich unsinnig lebt, was hat der in Auroville zu suchen? Diese Art von Verrücktheit kann die betreffende Person (ich denke, es sind gar nicht so wenige) auch in ihrem Heimatland ausleben, wo Ressourcenverschwendung noch immer eher als Kavaliersdelikt eingestuft wird. Aber dann denke ich mir, wie weit doch eigentlich in manchen Belangen bereits

Problembewusstsein und damit verbundene Lösungsansätze in unserer Gesellschaft gediehen sind. Energie zu sparen steht da doch beweisbar sehr weit oben. Gut, ich stelle außer Frage, dass europäische Gemüter für ein Leben bei über 40 Grad Außentemperatur nicht geschaffen sind. Aber dann erscheint in mir gleichzeitig eine andere Frage: Warum ist man überhaupt hier, wenn schon das Klima eine unüberwindbare Hürde darstellt und man wieder zu enorm energieverbrauchenden Techniken wie einer Klimaanlage greifen muss, um das Leben akzeptabel zu machen? Michael Bonke scheint meine Gedanken zu erraten.

»Ich nehme an, dass trotz dieser ersten überraschenden Ergebnisse in Folge der Stromkonsum steigen wird. Viele werden sich eine Aircondition beschaffen. Und ich halte das auch für gerechtfertigt, denn wir sind nicht hierher gekommen, um gegen das Klima eine Schlacht auszutragen. Sich den ganzen Tag damit auseinanderzusetzen, wie man der Hitze trotzen kann, da geht so viel menschliche Energie verloren und das ist kontraproduktiv.«

»Bei allen Aktivitäten, die Sie in Auroville initiieren, und bei allen Lebenserleichterungen, die Aurovilles Gemeinschaft damit empfangen kann – wo ist in all dem eine Vereinbarung mit dem spirituellen Auftrag von Sri Aurobindo und Mutter zu erkennen?«

»Ja, das ist das Wesentliche und die Triebfeder des Ganzen. Wenn wir das alles, was wir vorhaben oder bereits machen, nicht versuchen würden aus einer anderen Perspektive anzugehen, dann könnten wir auch hier in Deutschland oder Amerika bleiben. Was in Auroville derzeit erlebbar wird, ist ein Kampf zwischen verschiedenen Kulturen, Grundhaltungen, Philosophien und Einstellungen. Und es wird sich dann zeigen, welche Einstellung effektiver ist und sich durchsetzen wird.«

Ich bin sehr zufrieden, dass Michael Bonke dieses heiße Eisen von sich selbst aus anspricht: die bereits skizzierte Konfliktsituation innerhalb der Gemeinschaft.

»Eine Synthese, also eine Verbindung von unterschiedlichen Einstellungen, halten Sie nicht für möglich?«

»Ja, schon. Es wird nie etwas ganz Reines geben. Alles wird sich durchmischen. Auch hier. Aber ich glaube, dass die Auseinandersetzung, die Diskussion oder auch der Kampf um verschiedene Sichtweisen und Konzepte das Wesentliche ist. Ich glaube nicht, dass diese Auseinandersetzungen, wie sie derzeit geführt werden, die eigentliche Sache behindern, sondern vielleicht sogar das Gegenteil bedeuten. Ich vermute, dass die Auseinandersetzungen ein guter und solider Nährboden sein werden.«

»Ich habe in meinen Gesprächen immer wieder Menschen getroffen, für die Sri Aurobindo und besonders Mutter noch immer die maßgeblichen und bestimmenden Figuren für ihre eigene Lebensausrichtung in Auroville sind. Natürlich waren das Vertreter der älteren Generationen oder indische Mitglieder der Gemeinschaft. Junge Menschen und besonders die zugereisten Aurovillianer haben hingegen sehr wenig bis gar keinen Bezug zu diesen beiden Masterminds. Sie halten das für übertriebene, nahezu religiöse Verehrung. Aber ich glaube, wenn es da nicht zu einer Vereinbarung und gegenseitigen Akzeptanz kommen wird, dann wird genau diese spirituelle Triebfeder nicht mehr vorhanden sein und was hier geschieht, wird beliebig.«

»Also, Sri Aurobindo und auch Mutter, aber vor allem er, hat sehr viel geschrieben. Über seine Werke hat er für Leute, die auf dieser Wellenlänge sind, ein Fenster geöffnet. Er hat da etwas Objektives geschaffen und man versucht nun das Geschriebene oder Teile davon umzusetzen bzw. man orientiert sich daran. Beide, Mutter und Sri Aurobindo, haben immer wieder deutlich betont, dass es das Schlimmste wäre, was passieren könnte, wenn ihre Bewegung zu einer Religion verkommt. Das ist definitiv eine gewisse Gefahr. Und ehrlich gesagt ist ein Großteil der Aurovillianer voll in diese Falle getappt und die Ashramiten* von Haus aus. Wenn Auroville für die Zukunft eine Chance haben soll, dann müsste es sich an den Werten oder Grundsätzen orientieren, welche die beiden propagiert oder dargelegt haben. Und man müsste sich von diesem personenidentifizierenden Verhalten doch etwas zurückziehen. Ok, man kann das für sich individuell ausleben und das ist in Ordnung. Aber es kann meiner Ansicht nicht Grundlage einer Gesellschaft sein. Im Prinzip sagt das Grundkonzept von Sri Aurobindo folgendes: Wir haben eine Evolution und wir können sehr genau feststellen, wie sich diese Evolution in Schritten vollzieht. Im ersten Schritt wurde die tote Materie mit Leben erfüllt. Dann kommt der zweite Schritt und hier wird es interessant: Da kommen die Emotionen auf dem Planeten ins Spiel. Und diese Emotionen sind so kalibriert, dass bei allen Tieren und bei uns Menschen immer die gleiche Empfindung auftaucht. Ob es ein Känguru in Australien oder eine Wespe in Afrika oder ein Mensch in Europa ist: Das emotionale Handeln ist immer gleich, ob Eifersucht, Wut, Fürsorge oder etwas anderes der Auslöser ist. Wir haben eine Gesetzmäßigkeit, die sich mit diesem zweiten Evolutionsschritt überall etabliert hat. Und dann erfolgt der dritte Schritt: die Entwicklung des Intellekts und des abstrakten Denkens. Jetzt kommt Sri Aurobindo und sagt: Da kommt eventuell noch etwas nach. Es ist nun eine recht feudale Situation für den Menschen. Er kann zurückgelehnt mit seinem Intellekt ausgestattet solche Fragen analysieren wie ›Wo kommen wir her?‹ und ›Wo gehen wir hin?‹ Was bisher passiert ist, war eine passive Evolution, an der wir nicht mitwirken konnten. Aber ab jetzt können wir aktiv teilnehmen. Was können wir machen, um die Evolution zu beschleunigen, sie zu lenken, eine positive Entwicklung zu bewirken? In welche Richtung wollen wir gehen? Das ist jetzt das Grundkonzept von Auroville. Und es ist ja völlig unabhängig, ob das jetzt Laotse oder Mutter oder Sri Aurobindo gesagt hätte oder wer auch immer. Dieses Grundkonzept wurde von Sri Aurobindo und Mutter stark vertreten und sie haben ihrerseits schon versucht, diese religiöse Falle, wo man etwas glaubt, was man aber nicht verifizieren kann, zu verhindern. Wenn nur ein Bedürfnis da ist, dass man irgendetwas glaubt, dann saugt man sich was rein, was man gar nicht beurteilen kann. Zum Beispiel den Wahrheitsgehalt einer Sache. Und das ist schon eine Gefahr. Wenn wir aber ganz am Boden der Realität bleiben und uns darauf konzentrieren, was wir eigentlich hier machen sollen – nämlich Einfluss auf einen nächsten Evolutionsschritt auszuüben und etwas Neues auf kollektiver Basis aufzubauen – dann denke ich, dass diese Gefahr nicht so groß ist. Ich nehme an, dass der Sri Aurobindo-Ashram in Pondicherry nicht überleben wird, weil die Menschen dort immer zu sehr auf beide Persönlichkeiten als Person fixiert waren. Und wenn kein in sich selbst bestehendes Grundkonzept da ist und die alten Ashramiten aussterben, dann wird der Ashram auch aussterben. Aber ich glaube, dass Auroville überlebt, da es ganz anders aufgestellt ist.«

Das sind sehr klare und gut verständliche Worte, die mich beeindrucken. Aber ich sehe dennoch, dass die Geschichte Aurovilles – und damit meine ich die von den normalen Menschen gelebte Geschichte und nicht jene der Verfasser des Grundkonzepts – zu wenig Anerkennung im heutigen Auroville erfährt. Denn diese Menschen haben doch genau an dieses Grundkonzept geglaubt und eindeutig mit beiden Beinen am Boden hier eine Lebensgrundlage für das Heute geschaffen. Sogar in den Schulen scheint Aurovilles Geschichte kein Thema zu sein. Ich selbst habe viel darüber nachgedacht und mich gefragt, warum es keine Plattform für Zusammenkünfte des gegenseitigen Austausches gibt. Diese Art von eigener Geschichte erzählen, wie es in Irland oder in Island immer so bedeutend war und sogar noch ist. Dahinter stand ja das Bewusstsein, dass es die einzige Möglichkeit war, die eigene Geschichte unverfälscht zu transportieren. Ich habe doch das Gefühl, dass die Vergangenheit oder die Beschäftigung mit ihr in Auroville als Wegnahme der Zukunft erkannt wird und deshalb vermieden wird.

»Herr Bonke, sehen Sie neben Ihren wirklich beeindruckenden Innovationen nicht auch die Notwendigkeit auf dem Gebiet der Zusammenführung von gestern und heute aktiv zu werden? Oder denken Sie, dass meine Vermutung einer gewissen Blauäugigkeit entspringt?«

»Ich denke schon, dass das, was wir machen, ohnehin eine Verbindung schaffen wird. Aber darüber hinaus, und das ist das, was Sie ansprechen, tun wir auch etwas für diese psychische Erlebensebene von damals und heute. Ich habe in St. Petersburg einen Verlag und dort werden u. a. ganz viele Bücher verlegt, die von den Mitgliedern dieser ersten Generationen geschrieben wurden. Die Bücher sind übrigens für alle Aurovillianer kostenlos, auch das bereits ein Schritt zur zuvor besprochenen ›moneyless society‹. Wir haben dort auch zwei wirklich beeindruckende Bücher über Sri Aurobindo und Mutter verlegt. Beides sind große Bildbände. Ich habe auch bereits in den Achtzigerjahren einen Übersetzer angestellt, der alles, was Mutter über Auroville geschrieben und gesagt hat, in Tamil übersetzt hat. Das ist eine ebenso wichtige Sache. Wenn man vorhat, an diesem Ort Zukunft zu leben, dann muss man immer die ursprünglichen Bewohner dieses Ortes in das Leben miteinbeziehen. Das sind die Tamilen, und es ist noch immer erschreckend zu erkennen, wie wenig Bereitschaft in Auroville vorhanden ist, diese Gruppe viel stärker einzubinden. Ich wollte damals mit diesen Übersetzungen die Kluft zwischen den Tamil-Aurovillianern und den mehr intellektuell ausgerichteten Europäern verkleinern. Sie haben völlig recht, diese Kluften müssen überwunden werden. Es gibt da noch eine andere Spannung. Zwischen den sehr Reichen und jenen, die am Monatsende nicht mehr wissen, wie sie es bis zur nächsten Maintenance-Auszahlung schaffen werden. Und da sind wir mit unseren Ausführungsideen zur geldlosen Gesellschaft auf einem wichtigen Weg angelangt. Denn Geld trennt. Geld hat ja nur deshalb seine Effektivität und Schärfe, weil es Menschen gibt, die keines haben und andere zuviel. In dem Moment, wo es kein Geld mehr gibt und alle genügend Strom haben, um sich eine Aircondition leisten zu können, fällt die Klassengesellschaft in sich zusammen. Vorher gab es zwei Klassen: jene, die sich eine Klimaanlage leisten konnten und jene, die es nicht konnten. Das fällt jetzt bereits weg. Je mehr wir uns nun in diese Richtung bewegen, desto rascher werden diese Barrieren zwischen Vielhabenden und Wenighabenden verschwinden. Das ist die eigentliche Aufgabe von Auroville: Wege zu finden, die das von Sri Aurobindo Geschriebene mit Leben zu füllen versuchen. Darum geht es. Und wir versuchen natürlich mit unseren Projekten die älteren, erfahrenen Aurovillianer mit den ganz jungen Menschen zusammenzubringen, sehr wohl auch in gemeinsamen Arbeitsprozessen. Ich hoffe sehr, dass damit das Herauskommen aus diesen Gruppen- und Klassenmustern möglich wird und sich die Menschen zusammenfinden und sich um ein gemeinsames Ideal gruppieren werden. Das wird dann zu irgendeiner Form des Zusammenseins führen – und hoffentlich werden dann die Unterschiede verschwinden. Aber ich sehe auch in der Vereinheitlichung, also dass dann alles zu einem Einheitsbrei wird, eine Gefahr.«

Ich kenne die von Bonke verlegten Bücher. Es sind teils eindrucksvolle, schwere, sehr aufwendig gestaltete Prachtbände und ich habe sie auch

schon in diversen Haushalten in Auroville liegen gesehen. Trotzdem glaube ich, dass im Fall dieses speziellen aurovillianischen Kommunikationsproblems vor allem das gesprochene und gemeinsam ausgetauschte Wort die notwendige Maßnahme bilden würde.
Er blickt auf die Uhr. Noch bleibt uns eine halbe Stunde und ich wechsle das Thema.

»Wir haben im Laufe des Gesprächs einen weiten Bogen gespannt. Am Ende möchte ich Sie Folgendes fragen: Haben Sie das Gefühl, dass Auroville und seine Gemeinschaft genügend unternimmt, um auf sich und seine Aktivitäten in richtiger und guter Weise aufmerksam zu machen?«

Ein längeres Nachdenken ist die erste Antwort, die ich erhalte. Dann folgt: »Ja und nein. Also zuerst einmal muss Auroville die Vorschusslorbeeren, die es bekommen hat, abarbeiten. Auroville erfährt ja eine gewisse Unterstützung, selbst hier vom deutschen Staat. Auch dieser akzeptiert jetzt die Tatsache, dass Auroville etwas Außerordentliches versucht und wertet das positiv. Natürlich in erster Linie auf Grund der UNESCO-Resolutionen, die sehr starke Auswirkung haben. Und jetzt muss Auroville für diese Möglichkeit, die man ihm gegeben hat, auch etwas tun. Sie werden es selbst gesehen haben, es gibt viele Leute, die hierher kommen und sagen: ›Hey, super, highlife! A groovy place to chill out!‹ Ich glaube, dass Auroville in dem Moment im Fokus des Weltinteresses stehen könnte, sobald es wirklich etwas Großes und Unvergleichliches schaffen würde.«

»Was wäre so etwas Großes?«

»Worum es geht: Im Moment lebt Auroville recht gut von den großen Namen Sri Aurobindos und der Mutter. Und das ganze Entgegenkommen von Seiten der indischen Regierung geht zurück auf Sri Aurobindo. Auroville verbraucht sozusagen den Kredit, dessen Basis Sri Aurobindo geschaffen hat. Aber Auroville müsste jetzt einmal etwas Eigenes vollbringen. Zum Beispiel, wenn es gelingen würde, eine geldlose Gesellschaft oder eine andere Lebensalternative wirklich praktisch lebbar zu gestalten, dann wäre der Interessensfokus sofort darauf gerichtet. Die Welt wartet sehnsüchtig auf solche Beispiele und Lösungen. Davon bin ich überzeugt. Aber es gibt noch einen Grund der Erschwernis oder

Verhinderung. Wenn man sich Aurovilles Bürokratie anschaut. Die ist ja furchtbar...«

»Entschuldigen Sie, dass ich unterbreche. Aber von bestimmten Gruppen, und wahrscheinlich meinen Sie genau jene, welche Ihrer Meinung nach die Bürokratie zu verantworten haben, wird Ihnen vorgeworfen, dass Sie ohne großes Mitteilungsbedürfnis und dem Einhalten demokratischer Wege Ihre Sachen durchziehen wollen bzw. dies auch tun.«

»Schauen Sie, ein Beispiel: In Deutschland kann ich innerhalb von 15 Minuten eine Firma anmelden. Wenn ich in Auroville eine Unit, also eine Firma, aufmachen möchte, dann dauert das mindestens ein Dreiviertel Jahr. Jeder versucht einem in die Suppe zu spucken und gibt seinen Kommentar dazu ab. Stellen Sie sich das einmal vor: Wir haben in Auroville 120 sogenannte Arbeitsgruppen, also eigentlich 120 Ministerien, die 1.500 erwachsene Aurovillianer verwalten. Also Auroville ist völlig überbürokratisiert.«

»Wie konnte es Ihrer Meinung nach dazu kommen? Das ist ja sicherlich keine erwünschte Entwicklung, sondern eine Begleiterscheinung, die sich im Laufe der Zeit eingeschlichen hat?«

»Ja, klar. In dem Moment, wo man jedem einen Zugang zur Politik eröffnet, will jeder Politik machen. Das ist natürlich eine große Gefahr. Ich gebe Ihnen ein Beispiel aus meiner Vergangenheit, wie ich mit diesen vier anderen Kollegen damals in Deutschland für Auroville Geld verdiente, ich habe Ihnen davon ja erzählt. Ich hatte eine Firma und war der einzige mit Geld. Und dann machten wir ein Experiment, bei dem wir versuchten Geld bzw. seine Wirkung zu hinterfragen. Ich sagte den anderen, dass ab jetzt jeder machen könne was er wolle, und wenn er Geld dafür benötige, dann solle er das vom Firmenkonto herausnehmen. Es werde nichts von mir kontrolliert. Was glauben Sie ist dann passiert? Nach drei Monaten war ich bankrott. Aber nicht, weil die Leute Geld herausgenommen und es verschwendet haben. Der wahre Grund war: Sie hatten auf einmal Möglichkeiten, denen sie nicht gewachsen waren und scheiterten daran. Jeder hatte irgendeine Idee, die vom Konzept vielleicht sogar gut war. Aber sie hatten nicht die Kapazitäten es umzusetzen und nach drei Monaten war mein Geld verbraucht und ich musste von vorne anfangen. Das ist die große Gefahr: Wir Menschen können nur innerhalb unserer gewohnten Grenzen effektiv arbeiten. In dem Moment, wo diese Begrenzung weggenommen wird und wir nicht die innere Größe haben, diesen sich plötzlich erweiternden Raum auszufüllen, beginnen wir Blödsinn zu machen. Und genau das passiert in Auroville auf dem Gebiet der inneren Verwaltung. Um jetzt auf Ihre Frage zurückzukommen: Im Moment versucht Auroville ein Konzept von Sri Aurobindo und Mutter umzusetzen und das ist in sich selbst schon eine gewisse Leistung. Aber wenn das jetzt keine positiven Früchte trägt, dann ist es eigentlich ein Flop. Auroville muss tatsächlich eine Gesellschaft auf die Beine stellen, die wirklich besser ist, als die Weltgesellschaft um Auroville herum. Wenn es das geschafft hat, dann wird Auroville genug Publicity erhalten und dann ist es erst wertvoll von Auroville zu berichten. Wenn man jetzt über Auroville spricht oder darüber berichtet, kann man natürlich schon einiges an interessanten Aspekten herausfiltern und beleuchten. Aber gegenwärtig ist Auroville auch ein bisschen bedauernswert. Wir wachsen nicht oder nur zaghaft. Jede Menge innerer Querelen bestimmen den Alltag. Also so ruhmreich performed Auroville im Moment noch nicht. Diesen notwendigen Schritt müsste Auroville jetzt irgendwann einmal schaffen. Im Moment ist für mich das einzige, was man wirklich an Großartigem geschaffen hat, das Matrimandir. Das ist wirklich unvergleichlich. Aber abgesehen davon arbeiten natürlich viele Aurovillianer innerlich an sich. Und das ist gut, denn wo geschieht ähnliches auf dieser Welt in der gleichen Intensität? Aber der eigentliche Anspruch Aurovilles ist die Schaffung neuer sozialer Gesellschaftsstrukturen und Verhaltensformen. Und daran müsste man jetzt arbeiten.«

»Aber glauben Sie überhaupt, dass es funktionieren könnte?«

»Wozu uns Mutter angehalten hat, war Regeln und Vorschriften durch ein höheres Bewusstsein zu ersetzen. Das ist das Grundprinzip. Deswegen keine Polizei, keine Gefängnisse, keine Gebote und Verbote. Der Grundgedanke ist, dass ein höheres Bewusstsein effektiver ist und den Menschen besser leitet als Regeln. Im Moment ist ja auch hier noch vieles durch Regeln fixiert. Das gibt natürlich eine enorme

Freiheit, aber wir müssen dann tatsächlich dieses höhere Bewusstsein auch haben. Wenn wir die Regeln abschaffen, aber wir haben das höhere Bewusstsein noch nicht erlangt, dann gibt es ein Chaos. Darin liegt Gefahr und Chance gleichermaßen. Das müssten wir schaffen, in jedem Bereich ein höheres Bewusstsein zu entwickeln. Um Ihre Frage aber komplett zu beantworten, möchte ich Ihnen abschließend ein Beispiel geben: Ein hochspezialisierter Wissenschaftler, der im alternativen Energiebereich tätig ist und der Großprojekte in Südamerika und rund um die Welt leitet, hat von Auroville gehört und ist jetzt hierher gekommen. Er sagt, er habe es aufgegeben etwas gegen den Klimawandel zu unternehmen, weil er glaube, dass wir den Point of Return verpasst haben. Es gebe für ihn nichts mehr, was die Katastrophe aufhalten könne. Er hat ein beeindruckendes Bild dazu geliefert: Er fährt mit einer Schubkarre, in dem ein kleines Bäumchen steht, welches er pflanzen will. Ihm entgegen kommen gigantische Trucks, voll beladen mit den Riesenstämmen der Urwaldbäume – es ist eine völlig sinnlose Situation. Er hat für sich eine persönliche Konsequenz gezogen, aber noch eine einzige Chance erkannt, um die Katastrophe abzuwenden. Die grundlegende Veränderung unseres Bewusstseins. Deshalb ist er nach Auroville gekommen. Er möchte auch nicht in unserer Gruppe mitmachen, wo wir mit alternativen Energien arbeiten, weil er sagt: Wir können nichts mehr bewirken, da ist der Zug abgefahren. Wir sind zu spät dran, den Punkt haben wir verpasst. Nur noch die Bewusstseinsentwicklung könnte etwas bewirken. Jetzt muss man natürlich sagen, wenn dieser Mann von Auroville nicht irgendwo gehört hätte, dann wäre er in Brasilien oder sonst wo auf der Welt verzweifelt. Es ist schon beeindruckend, wenn am anderen Ende der Welt jemand von Aurovilles Grundkonzept hört und deshalb hierher reist. So ist das Propagieren von Sri Aurobindos Aufruf an die Menschheit zu einer Bewusstseinsentwicklung wirklich etwas Wichtiges. Aber noch wesentlicher ist es, dieses hier zu leben und nicht nur zu zitieren. Auroville ist das einzige Projekt weltweit, das mit einer gewissen Substanz und Dimension versucht, solche großen Ideale umzusetzen. Und das ist schon mal was.«

IN JOHNNYS WEITER WELT

Wenn ich jetzt direkt im Anschluss von meiner Begegnung mit dem Australier Johnny schreibe, dann vielleicht auch mit einem etwas romantisierenden Blick zurück in eine Auroville-Vergangenheit, die es hier so nicht mehr gibt. Aber Johnnys Geschichte vermag auf so normale und unspektakuläre Weise eine gelebte Überzeugung vom Sinnhaften und damit einfach vorrangig Guten menschlichen Handelns zu vermitteln. Und das ist meiner Empfindung nach Auroville in lupenreiner Form.

Johnny wohnt in Fertile. Es ist eine tief im Wald verborgene Siedlung an der östlichen, äußerst dünn besiedelten Außengrenze des Grüngürtels. Kein Hinweisschild weist mir den Weg. Auch Johnny selbst, mit dem ich bis zu diesem Zeitpunkt nur im SMS-Austausch stand, war in seinen Informationen über seinen Wohnort nicht sehr großzügig. Bereits um 7:30 Uhr am Morgen sollte ich bei ihm sein. Es hatte letzte Nacht geregnet. Das bedeutete vor allem einmal: Überall war viel Wasser. Tiefe Pfützen auf den Roterdepisten und immer wieder die Möglichkeit mit dem Mopedreifen im Schlamm auszurutschen und einen kapitalen Sturz hinzulegen. Ich fuhr also recht langsam. Das Grün der überschwänglich gedeihenden Natur war an diesem Morgen äußerst intensiv. Manchmal querten teilweise recht seltsame Tiere die roten Buschpfade, auf denen ich dahin schlitterte. Hauptsächlich flinke Eidechsen, von winzig klein bis zu einem beachtlichen Einmeter-Exemplar. Dann unzählige Streifenhörnchen, ebenfalls immer in Eile, und dann – für mich sehr beeindruckend – Mungos. Oft zu zweit oder zu dritt, Mutter oder Vater mit Kindern. Wo Mungo, da auch Schlange, so war meine logische Schlussfolgerung. Aber gesehen habe ich während meiner Aufenthalte eine einzige und diese flüchtete überstürzt. Wenn ich etwas genauer auf den Boden der Pfade und Waldwege blickte, konnte ich eine weitere Auswirkung der starken Regenfälle beobachten: Eine Vielzahl an unterschiedlichen Ameisenarten versammelte sich um ertrunkene Insekten. Ich verfolgte interessiert die Zerteilung eines ziemlich großen Käfers und den darauffolgenden Abtransport der Insektenteile, wahrscheinlich in die Vorratskammern der Ameisenburgen. Schon nachmittags auf meiner Rückfahrt war von diesen perfekt organisierten Aufräumungsarbeiten nichts mehr zu erkennen. Opfer wie Hygienespezialisten waren verschwunden.

Nach zweimaligem Verfahren stand ich inmitten des hier sehr dichten Regenwaldes vor etwas vollkommen Unerwartetem: ein Hinweisschild zu einem Wellness-Tempel mit Spa. Wie ich erfahren konnte, wurde dieser vor einigen Jahren von einem Franzosen, der Nicht-Aurovillianer war, auf einem Flecken Nicht-Auroville-Land gebaut. Das Abenteuerbedürfnis des Mannes war irgendwann gestillt und er kehrte wieder in seine Heimat zurück. Die Anlage am verwunschenen Ort überließ er einer tamilischen Familie, die sich nun im Wellnessmanagement versuchte. Ich wurde neugierig und hielt an. Ein Eingang, der links und rechts von steinernen Götterstatuen bewacht war, wies mir den Weg in das Innere. Eine weitere Statue des überall in Indien präsenten Elefantengottes Ganesha* empfing mich am Wegrand. Sie war mit bunten und frischen Blüten geschmückt und wirkte auf mich sofort einladend. Ich betrat also diese im Nirgendwo befindliche Oase und war beeindruckt. Ein wunderschöner Pool, eingesäumt von bequemen Liegen, wie aus einer Hollywood-Filmproduktion der 1950er-Jahre. Eine wunderschöne Gartenanlage, überall blühende Sträucher. Aber alles war leer, es gab keine Gäste. Nur zwei tamilische Männer waren im Außenbereich tätig und versuchten die Steinwege von den Pfützen zu befreien. Der Pool war mit sauberem Wasser gefüllt und erweckte den Eindruck von sofortiger Verwendbarkeit. Ich fragte einen der beiden Hausmeister, ob geöffnet sei – ja. Ob auch weitere Treatments angeboten werden, also Massage, Ayurveda, so, wie auf der Tafel zu lesen? Nein. Nur der Pool sei verwendbar. Und wenn ich Geburtstag feiern wollte, würden sie auch kochen und dann wäre die ganze Gartenlandschaft zu verwenden. Ich fragte nach dem Preis. 400 Rupien (5,30 Euro) für die Tageskarte. Pool, Liegebett, Mittagessen und Getränke inklusive. Party kostete 300 Rupien pro Gast. Nur schwimmfähige Kinder seien erlaubt. Dann gäbe es großes indisches Buffet, auch Bier sei zu haben, da es ja kein Aurovilleplatz sei. Die Mitglieder der Gemeinschaft verzichten öffentlich weitgehend auf Alkoholkonsum und in keinem der Restaurants und Cafes ist Bier erhältlich. Später erzählte mir Johnny, dass es einige wenige Aurovillianer gibt, die diesen durchaus seltsam-schönen Ort für Geburtstagspartys und andere Feieranlässe aufsuchen. Bevor ich mich verabschiedete, fragte ich die beiden Inder, ob sie wüssten, wo Johnny wohnt. Sie lachten sehr indisch: »Just opposite« – Genau gegenüber vom Eingang sei ein Zaun mit einem Eingangstor. Dort sollte ich hineinfahren und da würde ich ihn schon finden. Es waren dann doch noch ca. 100 Meter weiter zu fahren, bis ich den beschriebenen, ziemlich umwucherten Eingang erkannte. Links des Schlammweges war hinter einem wild gewachsenen Naturzaun aus dornen- und stachelbewehrten Büschen, inmitten riesiger Bäume, eine Anreihung kleiner Bauwerke zu erkennen. Hütten, Häuschen, Plattformen ohne Wände, nur durch ein sehr simples, aber dichtes Dach geschützt. Ein Geräteschuppen und landwirtschaftliche Geräte, die wie in einem Skulpturengarten verteilt waren. Alles machte auf mich den Eindruck eines aus unterschiedlichsten Gegenständen über Jahrzehnte zusammengebastelten, landwirtschaftlichen Gehöfts inmitten des an diesem Tag triefenden Regenwaldes. Johnny bewohnte diesen beeindruckenden Platz seit Anfang der 1970er-Jahre. Inzwischen ist er mit 73 in die Jahre gekommen und die teilweise von ihm selbst gepflanzten Bäume sind ihm um ein Vielfaches über den Kopf gewachsen. Eine junge Inderin kam mir entgegen, lächelnd. Ja, Johnny warte vorne in der Küche auf mich. Und da stand er dann auch und bereitete Papayasaft zu. Das erste, was ich bei unserer Begegnung bemerkte, war die

Tatsache, dass Johnny weder humpelte, noch einen Stock als Gehhilfe benötigte. Erst drei Wochen war es her, dass der 73-Jährige bei einem seiner Lehrausflüge mit einer Kindergruppe, zwei Busfahrstunden von Auroville entfernt, in einem Urwald verunglückte. Er stürzte mehrere Meter in das zu seichte Auffangbecken eines Wasserfalls und brach sich die Hüfte. Die auf selbständiges Handeln geschulten 8- bis 10-Jährigen teilten sich in kleine Gruppen auf. Eine blieb bei dem verletzten Johnny, die anderen suchten und fanden den Weg aus dem Wald und sorgten für die Rettungsmaßnahmen. Im Krankenhaus von Pondicherry wurde er operiert. Einige Tage verbrachte er dann noch in Aurovilles neu eröffneter Klinik zur Rehabilitation und bereits nach zehn Tagen war er wieder in seiner Waldheimat. Er erzählte mir, dass er froh sei, dass sich quasi um die Ecke dieses Wellnesscenter befinde. Jeden Tag ginge er hin, um im Pool seine physiotherapeutischen Runden zu absolvieren, um die Wiederherstellung seiner Beweglichkeit zu beschleunigen. Wie er in so kurzer Zeit seine Selbstheilungskräfte derartig zu mobilisieren wusste, ist mir ein Rätsel. Aber eine ganze Stunde führte er mich zu Beginn unseres Treffens durch die Wälder und Wiesen der Siedlung. Immer wieder auf unwegsamem Terrain, über riesige Wurzeln und durch dichte Lianenvorhänge.

Dann nahmen wir Platz in seinem Openair-Wohnzimmer und unser Gespräch begann. Hin und wieder eröffne ich meine Interviews mit folgender Frage: Wenn ein Buch über Auroville nur aus drei Kapiteln bestehen würde, die mit »Vergangenheit«, »Gegenwart« und »Zukunft« betitelt wären, welches würde mein Gegenüber als erstes lesen? Mehrheitlich sprachen sich meine Gesprächspartner für das Zukunftskapitel aus. Johnny würde die Gegenwart wählen. Und er begründete es so: »Eine Menge von dem, was wir Vergangenheit nennen, ist in unsere Gegenwart eingeflossen. Schau dir nur einmal die direkte Umgebung an, in der ich wohne. Da ist vieles noch immer so einfach geblieben, wie ich es damals nach meiner Ankunft gebaut habe. Leute besuchen mich, die viele Jahre lang nicht hier waren und sagen: ›Oh, ist ja noch immer alles beim Alten geblieben!‹ Ein paar Materialien haben sich verändert. Ein paar Dächer sind neu entstanden, aber alles in allem haben wir hier immer ohne große Veränderungen gelebt. Wir bauen so viel Nahrungsmittel an, wie wir können. Unsere Wirtschaft wächst so gut, wie sie es eben vermag. Da hat sich nicht so viel verändert. Was sich hingegen verändert hat, das ist die Entwicklung von Auroville. Menschen kommen hierher und bringen neue Ideen mit und versuchen diese mit den vorhandenen Möglichkeiten zu realisieren. Das geschieht hier und jetzt. Wenn ich heute zurückblicke auf meine erste Zeit in Auroville, dann bewahre ich einiges davon an Erinnerungen auf. Aber was ich damals gelebt und getan habe, das war ja nicht etwas zum hundertsten Male zu wiederholen. Wir alle hier haben etwas Neues gemacht. Weil wir auch dazu gezwungen waren. Es gab nichts. Dann muss eben aus nichts etwas entstehen. Und heute gibt es hier einiges aus der alten Zeit. Aber wiederum wird hier etwas Neues entstehen müssen – aus dem in der Vergangenheit Geschaffenen und aus dem bis heute noch nicht Gedachten und Ausgeführten. Und das ist Leben. Zu viel erinnern macht alt. Zuviel in die Zukunft denken kann rat- und tatenlos machen.«

»Wie sah diese damalige Gegenwart aus, als du hier ankamst?«

»Als ich ankam, hatte ich zwischen drei, vier Möglichkeiten zu wählen, wie ich leben wollte. In dieser ersten Siedlung, die Aspiration hieß, war so ein bisschen städtisches Lebensgefühl. Das war vor allem die Siedlung der Franzosen, die damals hierher kamen. Die reisten in großen Autokonvois an und bildeten eher eine geschlossene, städtisch-intellektuell geprägte Gruppe. Das andere Extrem war die Siedlung Forerunners. Die wurde in einer dramatisch wirkenden, sehr stark erodierten Gegend mit tiefen Canyons aufgebaut. Und das war sehr amerikanisch. Also die Amerikaner fanden das sehr attraktiv, weil sich darin ein wenig ihre Heimat oder ein Heimatgefühl spiegelte. Ein dritter Landstrich wurde bei dem

tamilischen Dorf Kottakarai besiedelt. Dort gab es Lehmgruben und damit Baumaterial. Es ist eine sehr flache Gegend, wo Cashuarina-* und Pinienbäume standen. Wegen dieser Bäume schienen sich die Europäer da recht wohlgefühlt zu haben. Niederländer und Deutsche waren hier hauptsächlich zu finden. An diesem Ort, wo wir jetzt sind, hatte ich bei meiner Ankunft am ehesten das Gefühl, es könnte auch irgendwo in Australien sein. Hier wuchsen einige riesige Feigenbäume, die ich auch schon aus meiner Heimat kannte. Auch Eukalyptusbäume findest du hier. Das interessante ist, dass es aber keine original indischen Bäume sind. Sie kamen ursprünglich aus Australien. Als wir mit unserer Arbeit begannen, haben wir alles an Bäumen hier angepflanzt, was uns einfiel. Niemand von uns hatte einen forstwirtschaftlichen Hintergrund. Erst zwanzig Jahre später besannen wir uns dann darauf, nur noch jene Bäume zu pflanzen, die auch wirklich hier in dieses Klima, in diesen Boden gehören.«
Ich frage Johnny, wie viele Australier schon vor ihm angekommen waren. Kein einziger vor ihm, er war der erste. Insgesamt gab es nur ca. 100 Menschen, als er 1971 hier ankam. Und Johnny erzählt, dass die anderen drei Siedlungen schon etwas weiter entwickelt waren, als er gemeinsam mit seiner Frau, einem Franzosen und einer Amerikanerin die Siedlung Fertile aufzubauen begann. Noch bevor er selbst nach Auroville reiste, war schon seine Frau mit dem gemeinsamen Kind hier angekommen. »Ohne meine Frau wäre ich wohl nie hier gelandet und geblieben. Wahrscheinlich wäre ich in irgendeinem australischen Wald gestrandet. Dort hätte man mich wahrscheinlich vergessen. Meine Frau wollte nicht mehr in Sydney leben und suchte einen Platz auf dieser großen Welt, der eher ihrer Wertevorstellung entsprach. Und das hat sie hier gefunden. Ich bin dann auf Besuch gekommen, weil ich sehen wollte, wie sie mit unserem Kind hier lebt. Und dann bin ich auch geblieben. Sie ist Jahre später wieder nach Australien zurückgekehrt. Aber jedes Jahr kommt sie auf einige Wochen und Monate und lebt dann hier gemeinsam mit mir. Auch unsere Kinder kommen regelmäßig und sogar ein Enkel war schon bei mir auf Besuch.«

»Kannst du mir ein wenig über dein australisches Leben vor Auroville erzählen. Es lässt sich dann besser erkennen, warum Auroville zu deinem Lebensort wurde.«

»Ja, das ist nicht unbedeutend. Ich habe in Australien eine wirklich wunderbare und unbeschwerte Kindheit verbracht. Es war ein bisschen wie hier. Wir lebten am Rand eines großen Waldgebietes in einer neu gegründeten australischen Stadt. Ich hatte die Möglichkeit jederzeit in den Wald zu gehen und in klaren Flüssen zu schwimmen. Wenn ich aus der Grundschule kam, musste ich nur über einen Zaun klettern und war im Wald und bin oft erst am nächsten Tag wieder aufgetaucht. So war das.«

»Ich habe ja schon im Vorfeld erfahren, dass du Architektur studiert hast. Wie kam es dazu?«

»Als Kind hatte ich ein großes Interesse an Technik und mechanischen Apparaten. Technische Abläufe faszinierten mich. Da war also schon eine Anziehung vorhanden, die mich dann später zur Architektur brachte. Aber so richtig inspiriert hat mich gegen Ende meiner Schulzeit der Amerikaner Richard Buckminster Fuller. Der war Architekt, Ingenieur, Konstrukteur, Philosoph. Aber vor allem war er ein radikaler Freidenker. Er erlaubte sich Gedanken und Sichtweisen, die in ihrer Verwegenheit in andere Wahrnehmungssysteme führten. Er kam nach Sydney, um Vorträge zu halten und ich hatte die Möglichkeit dabei zu sein. Danach hat sich in mir etwas verändert.«

Der Zufall wollte es, dass ich einige Wochen vor meiner Aurovillereise eine Zeitschrift in Händen hielt, in der ein Bericht über den ebenso sonderbaren wie faszinierenden Menschen Richard Buckminster Fuller zu lesen war. Ich las diese Seiten mit wachsendem Interesse und steigender Begeisterung. R. B. Fuller war ein Kind aus gutbürgerlichem Haus. Er heiratete recht jung und hatte zwei Töchter. Die ältere starb mit vier Jahren an Kinderlähmung. Fuller geriet daraufhin in eine bedrohliche Lebenskrise, die ihn an den Rand des Selbstmordes trieb. Er schaffte es irgendwie sich zu stabilisieren und begann ab diesem Zeitpunkt sein eigenes Leben als Experiment im Dienste einer nachhaltigen menschlichen Entwicklung zu verstehen. Die Grundfrage für ihn lautete: Kann ein einzelner Mensch etwas in seinem Leben dazu beitragen, um die Welt zum Nutzen der Menschheit zu verändern? Um eine entscheidende Antwort auf diese Frage zu finden, begann er in seiner Disziplin, der Architektur, das unmöglich Scheinende denkbar zu machen. Dazu musste es ihm gelingen, sich von allen während seiner Schulzeit und seines Studiums erlernten und übernommenen Gewohnheiten und Konventionen zu befreien und ein radikal differenziertes Bild von Architektur zu entwerfen. Seine erste architektonische Meisterleistung vollbrachte er mit dem Entwurf des Dymaxion-Hauses. Es handelte sich dabei um ein komplett demontier- und verpackbares Haus, mit dem einfach umgezogen werden konnte. Das Haus wies eine Gesamtfläche von fast 100 Quadratmetern auf und wog knappe 2.500 Kilogramm. Hauptsächlich bestand es aus einer Aluminiumlegierung. Das Haus wurde zum Symbol für Fullers prinzipiellen Ansatz, optimalen Nutzen durch geringsten Aufwand an Energie und Materialien zu erreichen. Es blieb bei zwei Prototypen, da sich kein Unternehmen fand, welches das Haus in Serie produzieren wollte. Er war seiner Zeit zu weit voraus. Mitte der 1930er-Jahre konzipierte und baute Fuller mit seinem Dymaxion-Auto ein Fahrzeug, welches 10 Personen zu transportieren vermochte, dabei eine Höchstgeschwindigkeit von knapp 200 Stundenkilometern erreichte und – das Unglaubliche – einen Benzinverbrauch von etwas über 7 Liter aufwies. Ein schwerer Unfall mit Todesfolge des Fahrers in einem Prototyp des Autos machte alle Pläne für eine Serienproduktion zunichte.

Aufgescheucht von einem Hund flüchtet eine Hühnerschar mit lautem Geschrei zwischen Johnny und mir durch das Openair-Wohnzimmer. Er hat eben Masala-Chai in der gegenüberliegenden Openair-Küche zubereitet und serviert ihn mit exzellent schmeckenden Papayas, die er schon am Morgen von einem seiner zahlreichen Bäume geerntet hat.
»Unsere Studentengruppe verbrachte 10 Tage mit Fuller in Sydney. Wir hörten ihm zu und er konnte gut erzählen. Es war schon ein bisschen wie eine Zusammenkunft von Guru und Jüngern. Was mich für ihn begeisterte, war seine philosophische Sicht im architektonischen Zusammenhang. Er war nie von beständigen Formen überzeugt. Alles, was unveränderbar war, damit konnte er nichts anfangen. Diese wirklich wesentliche Botschaft von ihm, die versuche ich hier seit gut

vierzig Jahren auf meine Weise zu leben. Hier ist so gut wie nichts für die Ewigkeit gemacht.«

Schon vor unserem Gespräch hat mir Johnny während unseres Rundgangs durch die Wälder, Felder und Wohngebiete von Fertile einige seiner ausgeführten Removable Houses gezeigt. Nach Bedarf sind diese kleinen, hauptsächlich aus Holz gefertigten Häuschen in einem knappen Tag abgebaut und an einem anderen Ort in ein bis zwei Tagen wieder aufgestellt. Hier bei Johnny wohnen in diesen Häusern hauptsächlich junge Menschen aus allen Teilen der Welt. Sie machen für ein paar Monate bis zu einem Jahr bei Johnny eine Art Praktikum fürs Leben. In unserem Gespräch steuern wir einen wesentlichen Punkt an: Bis heute gilt er als der große Pionier von Aurovilles hoch entwickeltem Bildungsprogramm. Seine Ideen und deren praktische Umsetzung sind bis heute ein wichtiger Bestandteil des Praxisunterrichts in Aurovilles Schulen. Zu einem späteren Zeitpunkt unseres Gesprächs trifft eine kleine Gruppe von jungen Lehrerinnen (zwei aus Indien, eine Japanerin und eine Deutsche) ein. Sie werden von Johnny persönlich in den verschiedenen Bearbeitungsmöglichkeiten von Holz unterrichtet. Und immer wieder zieht es Studenten aus aller Welt zu Johnny, um weiteren praktischen Unterricht in seiner allumfassenden humanen Lebensschulung zu erhalten. Warum, lässt sich aus seinen folgenden Aussagen deutlich entnehmen.

»Was hier an diesem Platz zum Ausdruck kommt, ist eine Kombination von einigen wesentlichen Faktoren, die mein Leben damals in Australien nachhaltig beeinflussten. Das war einerseits mein freies Leben in der Natur, wie ich es so in meiner Pfadfinderzeit lebte. Für mich bedeutete Freiheit, in der Nacht mit anderen Kindern durch den Wald zu laufen. Es gab nur wenige be-

sondere Ereignisse in den Jahren meiner Ausbildung und schulischen Prägung, welche man als ›echte, unverfälschte Bildung‹ bezeichnen könnte. Ich meine, wo diese besondere Kombination von Liebe, Warmherzigkeit und Güte, Enthusiasmus und Kompetenz von Seiten des Lehrenden zum Ausdruck kommt. Und das ist auch meine gültige Regel dafür, was pädagogische Bildung bei einem Menschen, ganz egal welches Alter er hat, sein soll. Ich hatte insgesamt drei Lehrer während meiner Schulzeit, die dieses Vermögen besaßen und an die ich mich immer, auch viele Jahre später, gerne zurückerinnerte. Als ich hier selbst als Lehrer zu arbeiten begann, stellte dieser Erfahrungsschatz für mich etwas enorm Wertvolles dar, was ich an meine eigenen Schüler sofort weitergeben und mit ihnen teilen konnte. Ich erinnere mich noch an einen dieser Lehrer, der während einer Schulstunde – es war an einem dieser heißen, staubigen australischen Sommertage – von Marco Polos Reisen erzählte. Es gelang ihm so zu erzählen, dass ich aus dem Fenster hinaus in diesen aufgewirbelten Staub blickte und mehr und mehr wurde seine Erzählung zum selbst erlebten Zustand in mir. Und dann hatten wir auch noch einen Englischlehrer, dem es gelang, in mir das Gefühl zu erwecken, dass ich eine gute Begabung für englische Literatur hatte. Das waren Menschen, die es schafften, den Schülern Mut und Zuversicht zu geben.«

Ich erfahre im Folgenden noch einiges über Johnnys Familie. Zuerst erzählt er mir von seinen Eltern und davon, dass sie sich bis zu ihrem Tod gegenseitig zu sagen vermochten sich zu lieben. Beide waren Kinder des Zweiten Weltkrieges und nach dem Ende des Krieges gab es für sie nur ein Lebensideal: keine Probleme mehr in unserem Leben. Die Familie war wohlhabend. Johnnys Vater war Rechtsanwalt und liebte es an Sonntagen ungestört in seinem riesigen Ohrenfauteuil sitzend, mit einem Glas Scotch-Whiskey in der Hand, über eine riesige Musikanlage Klavierkonzerte von Rachmaninov zu hören. Ansonsten war Kunst kein großes Thema. Der Vater war während des Studiums ein Cricket-Champion gewesen, also spielte Sport noch eine gewisse Rolle. Ich merke durch die Art und Weise, wie Johnny von seinem Vater erzählt,

dass dieser anscheinend hauptverantwortlich für das Schicksal der Familie zeichnete. »Mein Vater kam an Sonntagnachmittagen immer sehr gut gelaunt aus seinem Golfclub zurück. Da hatte er erbauliche Gespräche mit Menschen geführt, die eine ähnliche oder gar gleiche Weltsicht der Dinge hatten wie er. Für meinen Vater war die eigene Familie dann vorzeigbar, wenn keiner der Söhne homosexuell war, wenn sie gute Berufsaussichten vorweisen konnten. Und das Wichtigste: Jedes Kind hatte ›happiness‹ vorzuzeigen. Glücklich zu sein war für meinen Vater die Bedingung für ein gutes Familienleben. No problems, please!«
Johnny hatte zwei Brüder. Einer folgte den Spuren des Vaters und wurde ebenfalls Anwalt. Der andere nahm sich mit 21 Jahren das Leben. Nach diesem Ereignis verließ Johnny 17-jährig das Elternhaus. Zu gewaltig und brutal wirkte die Klein- und Engstirnigkeit der Nachbarschaft auf die Familie. Der Tod des Bruders wurde zum Thema für die Gemeinde dieses städtischen Vororts. Jeder begann auf seine Weise den Vorfall zu interpretieren. Verantwortliche wurden innerhalb der Familie gesucht. Vermutungen und Spekulationen wurden zu Gerüchten, diese zu Wahrheiten erhoben.
Johnny zog in das libanesische Viertel von Sydney. Dort wurde anders gelebt. Wäsche wurde im Freien zwischen den Häusern zum Trocknen aufgehängt. Die Frauen kochten mit transportablen Herden auf den Straßen. Man hörte laut Musik und machte selbst Musik. Johnny bezog ein Zimmer bei einer libanesischen Familie und wurde in deren Lebensalltag integriert. In dieser Zeit begann er sein Architekturstudium. Alternative Lebensutopien und deren Realisierungsbestrebungen waren in Johnnys Heimat genauso wenig erwünscht wie in den USA. Und auch im damaligen Europa hatten jene mit ausgeprägtem Liberalisierungsgeist bald zu erkennen, dass ihr Engagement für gelebte menschliche Ideale in der Auseinandersetzung mit Staat und Behörden verloren gehen musste. Architektur ist ein sehr gut geeignetes Beispiel zur Veranschaulichung der damaligen Situation. Als Johnny in Auroville ankam, waren schon einige andere Architekten vor Ort. Sie sahen keine Verwirklichungsmöglichkeit ihrer Überzeugungen in der Heimat. Aber alle von ihnen hatten ähnliche

Vorstellungen von realisierbaren architektonischen Annäherungen an Utopien der Menschlichkeit.

»Viele von uns hatten bereits erste Erfahrungen gemacht. Ich hatte in Australien auch schon einiges ausprobiert. Aber hier am Ort konnten wir erfahren, was es wirklich bedeutet zu experimentieren und auszuprobieren. Und zwar ohne Einschränkung. Die Menschen hier brauchten billige aber effiziente Wohnmöglichkeiten. Der Bedarf war groß, also begann ich mit einigen anderen kleine Bambushäuser zu bauen. Viele hundert haben wir im Laufe der Jahre gebaut. Unser tägliches Tun war das Experiment. Es wurden viele Fehler gemacht, diese dann erkannt und behoben und so wurde im Laufe der Zeit daraus etwas Solides, etwas Verlässliches. Das, was wir da bauten, heißt bis heute ›Kapsel‹ und es gibt immer noch ein paar Aurovillianer, die am liebsten in solch einem Haus wohnen. Es braucht vier Tage und drei Arbeitskräfte, um es zu bauen. Das Dach muss man alle vier Jahre erneuern, aber das ganze Haus hält bis zu zwanzig Jahren. Und es kostet nichts.«

Dann erzählt mir Johnny von seiner ersten Begegnung mit Mutter. Er fragte um einen Termin an, erhielt diesen und stellte ihr die Frage, ob sie Einwände gegen seinen Verbleib in Auroville hätte. Wenn nicht, würde er gleich mit dem Aufbau einer Siedlung beginnen. Er erhielt sofort ihre wohlwollende Zusage und dann schloss Johnny seine Erzählung mit dem wunderbaren Satz »So I bypassed the entry group«, eine Institution, die ihm bereits damals recht bürokratisch erschien. Im Geiste des humanistischen Freidenkers Fuller begann Johnny zu handeln. Er baute die Sinnhaftigkeit seiner Anwesenheit auf zwei konkrete und bestimmende Säulen menschlicher Entwicklung: Notwendigkeit von richtiger Bildung und menschenwürdigem und leistbarem Wohnen. Er begann mit Entwürfen und Prototypen mobiler Häuser zu experimentieren, die auch minder begüterten Menschen ein Dach über ihrem Kopf gewährleisten konnten. Indien war für ihn das Paradebeispiel einer Gesellschaft, die eine beträchtliche Anzahl an Menschen auf Straßen, Gehsteige und in riesige Slumviertel ausgelagert hatte. So wie Indiens Megakonzern Tata vor wenigen Jahren das »Unter-3-Liter«-Auto auf den indischen Markt brachte, um vielen Menschen eine solide und verlässliche Grundmobilität zu gewährleisten, war auch Johnnys Vorstellung darauf ausgerichtet, dass jeder Mensch ein, wenngleich kleines und unluxuriöses, aber dafür leistbares Zuhause erhalten sollte. Für ihn kam dann auch noch der Mobilitätsgedanke dazu, der es ermöglichen sollte, ein Haus, durch welche Umstände auch immer ausgelöst, auf einen anderen Standplatz problemlos zu verlegen. Nachhaltige Auswirkung auf Aurovilles Gegenwart und Zukunft schaffte Johnny mit seinen Überlegungen und deren praktischer Umsetzung auf den Gebieten Bildung und Pädagogik. Als es Anfang der 1970er-Jahre in Auroville immer mehr Familiengründungen gab, wuchs auch die Zahl der Kinder, die schulische Bildung benötigten. In der ersten Zeit wurde innerhalb der Familien unterrichtet. Das wachsende Arbeitsengagement jedes einzelnen Menschen – vor allem die Baumaßnahmen und land- und forstwirtschaftliche Aktivitäten – gestatteten es Müttern und Vätern in immer geringerem Ausmaß ihre Kinder selbst bildend zu betreuen. Nach Mutters Vorstellung sollte ein Unterrichtsmodell entwickelt werden, welches größtmöglich die Fehler staatlicher Erziehungs- und Bildungssysteme vermied und im tief verwurzelten humanen Sinne bereits ganz jungen Menschen die Möglichkeit vom Handeln in Eigeninitiative vermitteln sollte. Johnny war einer der Lehrpioniere Aurovilles. Noch heute steht wenige Meter neben dem Openair-Wohnzimmer, in dem wir eben unser Gespräch führen, die erste Schulhütte Aurovilles. Er baute sie selbst und unterrichtete darin bis zu acht Kinder.

In diesem Moment kommt eine der Lehrerinnen, die ein paar Meter entfernt mit kleinen Messern an Holzteilen schnitzen, zu Johnny. Sie fragt etwas. Es folgen einige Erklärungen von Johnnys Seite und die Lehrerin begibt sich zur Gruppe zurück.

»Sie bauen Unterrichtsmaterialien aus Holz und erfahren gleichzeitig, wie sie Kindern die Holzbearbeitung beibringen. Jetzt in den Ferien kommen immer die Lehrer zu mir und ich gebe ihnen praktisches Know-how an die Hand. Während der Schulzeit kommen dann die Kinder zu mir. Zwei bis drei Mal in der Woche üben wir uns dann im Fach Lebenspraxis in Natur und Wald. Die Kinder lieben es.«

Dann erzählt mir Johnny von seinen beiden Söhnen. Beide wuchsen seit ihren frühen Kindheitstagen in Auroville auf und bis zu ihrem zwölften bzw. zehnten Lebensjahr hatte keiner von beiden jemals eine Systemschule betreten. Johnny teilte damit die ideale Bildungsvorstellung von Mirra Alfassa. In ihren Schriften ist zu lesen, dass alles, was ein Mensch im Leben macht und allem, dem er begegnet, bereits Bildung ist bzw. bildende Eigenschaften aufweist. Das mangelnde Bewusstsein für diese Tatsache bewirke die Schaffung fokussierter, zentralisierter Bildungseinrichtungen.

»Lernen und Lehren sind in den meisten sogenannten zivilisierten Gesellschaften Prozesse geworden, die nur an ganz bestimmten Orten von ganz bestimmten Menschen ausgeführt werden können und dürfen. Standardisierung gehört dabei zum Wesentlichen. Nicht das Individuum, das belehrt werden soll, steht im Mittelpunkt, sondern ein von Spezialisten und Ideologen zusammengetragenes Surrogat vermeintlicher Wesentlichkeit tritt an Stelle der subjektiven Bedürfnisse der einzelnen Lernenden. Mein Verständnis von Bildung ist, dass ich versuche, alles wozu ich in der Lage bin es gut zu machen, auf meine Schüler übertrage. Ich gebe ihnen weiter, was ich mir selbst beigebracht habe, was ich von anderen erfahren konnte und was sich als sinnvoll und für den Lebensalltag als gut brauchbar herausgestellt hat.«

Er fordert mich auf, mit ihm ein paar Meter weiter zu einer Ansammlung von mehreren Nutz- und Wohngebäuden zu gehen. Vor dem größten der Häuser bleiben wir stehen.

»Mein älterer Sohn hat sein Haus ganz alleine gebaut. Es ist ein großes, stabiles Haus – und er benötigte dafür keine formale Ausbildung. Er konnte es, weil er hier ständig dabei sein konnte, wenn ein Haus gebaut wurde und er immer Fragen stellen konnte, die ihm bereitwillig

beantwortet wurden. Das ist etwas Wesentliches, was Kinder bereits sehr früh einfordern: die Möglichkeit zur Mitwirkung an praktischen Prozessen zu erhalten, Fragen zu stellen, selbst etwas auszuprobieren. Du wirst das hier an Aurovilles Schulen recht schnell bemerken. Die Kinder und Jugendlichen sind es gewohnt mit Taten aktiv zu sein. Das ist schon ein sehr wesentlicher Unterschied. Ich bin kein Freund von Vergleichen zwischen westlichen Systemen und östlichen Idealen. Aber was ich feststelle: Der westliche Rechtsgrundsatz besagt: Umso weniger praktische Erfahrung du anwenden kannst und umso weniger du weißt, desto mehr wirst du dafür – scheinbar – belohnt und gleichzeitig bestraft. Honoriert, weil du auf eine beachtliche Anzahl von Menschen zugreifen kannst, die dich in deinem Unwissen und deiner Praktisierungsschwäche unterstützen wollen. Bestraft wirst du, weil du auf jemanden angewiesen bist und damit einen Teil deiner Unabhängigkeit verlierst.«
Wir verlassen wieder das Wohnhaus seines Sohnes. Überall zwischen den Gebäuden laufen Hühner und Hähne umher. Eine Glucke mit den Küken ist ebenfalls unterwegs, um ihren Kindern praktischen Lebensunterricht zu geben. Heute steht Ameisennahrung auf dem Lernplan. Mit glucksenden Lauten ermuntert das Mutterhuhn ihre ca. zehn bis zwölf Kinder Ameisen aus einem morschen Baumstumpf zu picken. Immer wieder macht sie es vor und zuerst langsam, dann immer rascher und zahlreicher beginnt die Kinderschar Geschmack am Unterricht und den Ameisen zu finden. Während ich der munteren Schar so zuschaue, denke ich über Johnnys letzte Worte nach: Umso weniger ein Mensch fähig ist, sich selbst zu verwalten, desto stärker ist die Absicht staatlicher und wirtschaftlicher Institutionen, ihn dabei zu unterstützen und gleichzeitig lenkenden Einfluss auf ihn auszuüben. Der zu bezahlende Preis für die Hilfe wird im Laufe der Zeit immer höher und mündet schließlich in den Verlust des eigenverantwortlichen Handelns. Johnny hat sich kurz zu den Lehrerinnen gesellt und befindet sich mit ihnen im angeregten Gespräch. Ich schaue aus der Distanz zu der kleinen Gruppe. Das Bild, welches ich erkenne, scheint mir Bestätigung für Johnnys Essenz vom Lehren: Warmherzigkeit, Güte, Enthusiasmus und Kompetenz. Ich denke an ein prägendes Erlebnis in meiner frühen

Gymnasialzeit: Mein handwerkliches Geschick hält sich bis heute in bescheidenen Grenzen. Der berufene Bastler bin ich nie gewesen. Vielleicht auch ein Resultat genormten Schulunterrichts? In der Unterstufe des Gymnasiums hatten wir aus Pappe und Sperrholz Modelle zu bauen: Häuser, Türme, irgendwelche Konstruktionen. Ich baute eine Brücke, die ich mit Grünzeug und Bäumen garnierte und parierte die Kritik meines Lehrers mit dem Argument, dass ich Brücken immer so leer und kalt empfand. Meine Worte führten zu keiner gesteigerten Überzeugungsbereitschaft und erhärteten sein Beharren, dass Bäume und Büsche auf Brücken nichts verloren hätten. Die Benotung fiel schlecht aus und ich war frustriert. Es fehlte mir die Erklärung, warum ein Baum keine Brücke zieren durfte. Ich hätte Friedensreich Hundertwasser* heißen müssen, dessen Überzeugung es war, Natur und Farbe in das Leben der Menschen treten zu lassen. Alle harten Ecken und Kanten seien zu vermeiden. Wo es ging, sollten Erde und Gras eine Fläche bedecken und nicht Beton oder Asphalt. Auf den höchsten Punkt der Wiener Müllverbrennungsanlage setzte er am Ende noch einen Baum. Die eigentliche Bestimmung der Anlage konnte er nicht verhindern. Aber Hundertwasser verstand die künstlerische Veränderung als Möglichkeit einer pauschalen Bewusstmachung. Natur statt Beton, Farbe an Stelle von Grau, weiche Formen im Tausch gegen alles Harte. Hundertwassers Kalkül sollte sich nur teilweise erfüllen. Konzerne kamen daraufhin auf die Idee, ihre umweltverschmutzenden Produktionsstätten mit in Hundertwassermanier gestalteten Farbfassaden zu kaschieren und damit ein naturnahes und umweltfreundliches Image zu illusionieren. Die Marketing- und PR-Spezialisten der Unternehmen waren ihr Geld wert. Denn auch heute imaginiert die grüne Fassade einer Fabrik oder das Wiesengrün einer Lebensmittelverpackung die Verlässlichkeit und Gewährleistung des Respekts vor Natur und Mensch. Und wir glauben es noch immer gerne.

Johnny ist zurück. Ich sitze bereits im Wohnzimmer auf meinem Fauteuil. Er setzt nun fort:

»Je größer dein Erfahrungsschatz ist, je fähiger du bist ein Motorrad zu reparieren, ein Haus zu bauen, an der Erziehung deiner eigenen Kinder teilzunehmen, dein eigenes Gemüse anzubauen und in der Lage bist alles mögliche zu machen, desto wahrscheinlicher ist es, dass du in diese Gemeinschaft hier in Auroville passt und außerdem nicht von der lokalen Industrie ausgenutzt wirst. Wenn du nichts kannst, dann bist du angewiesen auf andere und wirst nicht feststellen können, ob dir jemand zuviel für die Motorradreparatur berechnet und ob er seine Arbeit überhaupt effizient ausführt.«

Während meinem Gesprächs mit Johnny erhielt ich die Bestätigung für die Wahl dieses Buchtitels. Was mir dieser Mensch in jenen Stunden vermittelte, das war gelebte Umsetzung. »Leben auf eigene Gefahr« nicht als Warnung zu verstehen, sondern als weit ausholendes Befreiungsmantra gegen alle lähmenden Ängstlichkeiten und falschen Bedrohungsszenarien, denen wir uns so oft ausgesetzt sehen. Statt des »Betreten verboten«-Schildes taucht eine erste, noch unbekannte Tafel auf: »Versuche es mit Vorsicht« könnte darauf zu lesen sein. Oder: »Setze deinen Weg achtsam und bewusst fort.« Hat man das Illusorische der Bedrohung erkannt, dann kann sich reale Bereitschaft zum Selbstversuch entwickeln. Nichts anderes tut das Experiment Auroville. Und irgendwann beginnen vielleicht die diversen Notrufnummern zu verblassen.

Um die Mittagszeit, gegen Ende unseres Gesprächs, kamen zwei junge Männer auf ihren Motorrädern angebraust. Drahtige, muskulöse Erscheinungen. Der Anlass ihres Kommens: Es ging um die Planung zum aufwendigen und komplizierten Fällen eines Baumes. Im Zentrum von Johnnys Anwesen, gleich hinter dem Wohnzimmer, stand ein Baumriese. Er hatte eine stattliche Höhe von über vierzig Metern erreicht und war dadurch zu einer Bedrohung an diesem Ort geworden. Nicht jetzt und auch noch nicht morgen, aber beim nächsten Zyklon – und diese kamen in mehr oder minder regelmäßigen Abständen von zwei bis drei Jahren – stieg die Gefahr eines Baumbruchs signifikant. Die beiden jungen Männer waren Baumfäller für Spezialeinsätze. Beide waren französischer Herkunft, aber bereits in Auroville geboren und um die 25 Jahre alt. Was ich dann mitverfolgen konnte, war für mich eine kurze und eindrucksvolle Lektion in der Disziplin Bäume anschauen und daraus Erkenntnisse zu gewinnen, die mir rätselhaft und verborgen blieben. Die geplante Aktion war als durchaus gefährlich einzustufen. Spezielle Eigenschaften der Baumart zeichneten dafür verantwortlich. Holz, welches besonders in den Ästen durch eine sich verdrehende Wachstumsweise zu enormen Spannungen in der Struktur führte und beim An- bzw. Durchsägen plötzlich explosiv zu zerreißen drohte und damit auch den Sägenden innerhalb von Bruchteilsekunden vom Baum hinab in die Tiefe zu fegen vermochte. Und auch bei ausreichender Sicherung durch Gurte wäre die Unfallgefahr enorm, da der zurückschnellende Ast wie ein Katapult wirken konnte. Dann analysierten sie auf beeindruckende Weise, welche Technik überhaupt zur Anwendung kommen könnte. Dadurch, dass sich am Fuße des Riesen überall Nutzflächen und Behausungen befanden, war an ein Absägen von der Basis her mit berechneter Fallrinne nicht zu denken. Also würde nur die Methode »start on the top« in Frage kommen. Ein Mann würde gesichert in die Baumkrone klettern, um von dort das Absägen des Baumes zu starten und nach und nach die oberen Äste mit großer Vorsicht abzuschneiden. Diese würden dann, ebenfalls durch Seile gesichert, zum Boden hinuntergelassen werden. Nach maximal zwei Stunden müssten die Positionen gewechselt werden, da die Arbeit oben im Baum sowohl extrem kraft- als auch konzentrationsraubend sei. Pro Tag wären vier bis fünf Stunden im Baum machbar. Die Entfernung des Baumes und seine Aufarbeitung zu Nutz- und Brennholz würde fünf Tage benötigen. Dann sprachen sie auch noch über die Kosten, die in diesem Fall schon für Auroville-Verhältnisse recht hoch sein würden. Zwischen 20.000 und 25.000 Rupien wäre der Preis für diese Arbeit (zwischen 280 und 320 Euro). Alles inklusive, Technik, Hilfsmittel und Manpower. Der Gegenwert des Nutz- und Brennholzes würde aber ihrer Fachmeinung nach sicherlich 70 Prozent wieder einspielen.

Was hatte mich so beeindruckt? Johnny, vom menschlichen Bewusstsein getragener Pädagoge, hörte zu – und lernte. Er fragte nach, wenn es ihm nötig erschien. Was selten der Fall war, da alle Erklärungen der beiden so standfest und einleuchtend waren, dass selbst ich, der immer wieder ahnungslos in die ferne Weite des Baumes hinaufblickte, zu verstehen glaubte. Ein mit praktischer Lebenserfahrung so reichhaltig ausgestatteter 73-jähriger Lehrer kommunizierte mit zwei 25-Jährigen mit derartig beispielhafter Fähigkeit im Vermeiden des Belehrenden und Besserwissenden, dass meine Ohren so gerne noch mehr von dieser Konversation aufnehmen wollten.

Mein kleiner Beitrag am Ende des Gesprächs, bevor alle drei in der Tiefe des Waldes verschwanden, um noch andere Bäume zu begutachten, war der Vorschlag, das bevorstehende Ereignis – es musste vor Beginn des Monsuns geschehen – von Aurovilles Videoteam Doris und Francis dokumentieren zu lassen. Immerhin stand das Fällen eines der mächtigsten Bäume der Gegend an. Die beiden jungen Herren nickten wohlwollend. Aber irgendwie hatte ich das Gefühl, dass für sie die bevorstehende Arbeit nicht wesentlich mit dem filmischen Aufbereiten und auch nicht mit der Notwendigkeit des Archivierens verbunden war. Mache jetzt und hier mit dem gesamten Vermögen deines Bewusstseins. Wie stark dieser Anspruch auch bei den beiden Holzfällern zu erkennen war, verstörte mich ob des Erkennens eigener Versäumnisse – und gab mir doch Zuversicht. Denn ein anderer Satz, dem ich in Auroville oft begegnete, lautet: Es ist für nichts zu spät.

DAS AUROVILLE-EXPERIMENT BILDUNG

»Lilly, Vorsicht! Lilly, pass doch auf! Lilly, sei endlich still, oder...« Im ICE von Wien nach Frankfurt. Die fast sieben Stunden Reisezeit sind normalerweise gut mit Arbeit zu füllen, wenn die Zugfahrt nicht einschläfernd wirkt. Aber nicht an diesem Tag. Schräg gegenüber saß eine blonde Frau mit ihren beiden ebenfalls blonden Töchtern. Die eine fünf und die andere vielleicht zehn Jahre alt. Die Mutter kreiste permanent umsorgend um die Kleinere. Wovor sollte Lilly beschützt werden? Was sollte verhindert werden? Lilly saß einfach auf ihrem Platz. Kein glitschiger Baumstamm über einem tosenden Wildbach. Sie stand auch an keiner Felskante mit erhöhter Absturzgefahr. Sie trank bloß aus einer großen Plastikflasche, meiner Beobachtung nach weder unvorsichtig noch ungeschickt. Nur manchmal sprach sie etwas lauter oder hatte eine Meinungsverschiedenheit mir ihrer größeren, altklugen Schwester. Lilly musste dann lauter werden. Ihre Chancen waren ohnehin gering, sich gegen die Ältere zu behaupten oder sich zumindest Gehör zu verschaffen. Das konnte Mama nicht verstehen und dann musste Lilly vorsichtig sein, denn wenn sie beim Kartenspielen nicht mit der Schreierei und dem Streiten aufhöre, würde es am Abend Fernsehverbot geben. So lief dieser Realfilm neben mir ab. Dann saßen Lilly und Schwester schon längere Zeit ruhig auf ihren Plätzen. Bis Frankfurt waren es noch immer drei Stunden. Eine so lange Zugfahrt ist für Kinder keine einfach zu bewältigende Angelegenheit und sie wird besonders für die Kinder immer zum faulen Kompromiss. Die Welt der Erwachsenen liebt die Kinderwelt dann besonders, wenn diese in passiver Beschäftigung ihre Erfüllung findet. Es entspricht vielleicht dem altersbedingten Ruhebedürfnis so mancher Elternteile, aber ganz sicher nicht der natürlichen Veranlagung eines Kindes, Stunde um Stunde mit einem Computerspiel oder auch mit einem Buch beruhigt zu werden. Ich befand mich im seichten Schlummer als ich wieder die Stimme der Mutter vernahm. »Soll ich dich etwas abfragen? Mach doch die Füße

unter den Tisch bitte!« Die aufmerksame Frau hat erkannt, dass das schon vor einiger Zeit eingetretene Schweigen des Kindes nur als Langeweile gedeutet werden konnte. Und sie war beunruhigt. Langeweile ist negativ und muss vermieden werden. Ein 1 x 1-Rechen-Karten-Spiel wird vorgelegt. Eine gewisse Zeit lang wird Lilly mathematisch justiert und ich döse wieder vor mich hin. »Ich mach's dir! Ich mach's dir. Ich will nicht, dass der Saft über den Tisch läuft, und schon gar nicht über meinen Tablet...« Die mich aufschreckende Reaktion einer nun rücksichtslos laut besorgten Mutter auf die Unternehmung der Tochter, den Plastikdeckel auf ihre Saftflasche zu schrauben.
»Soll ich dir helfen? Soll ich noch einmal darauf gucken?« Obwohl die Mutter ihr Gesicht entweder hinter einer Zeitung oder ihrem Tablet verborgen hielt, spürte sie alles und half. Es schien mir, als wäre sie verurteilt immer zu helfen. Es wäre so einfach, bloß mit Ironie oder Gleichgültigkeit auf die sich mir so dargestellte Situation zu reagieren. Aber ich bin überzeugt, dass das wesentlich Verbindende zwischen den beiden Mädchen und ihrer Mutter Liebe ist. Und zwar von beiden Seiten. Aber zur Wirkung kam eine wesentlich geringere Qualität menschlichen Miteinanders: intolerante Einschränkung der Eigenständigkeit. Immer wieder frage ich mich: Warum? Die wirklich sehr nette Lilly war doch nur ein Beispiel für eine mittlerweile überall gültige Ein- und Unterordnungsforderung. Jeder kennt die Situation, wenn im öffentlichen Raum ganz plötzlich ein unbestimmtes Gefühl des Bedrohlichen und Störenden entsteht. Verursacht durch einen Lautstärkepegel von Stimmen, der eine Akzeptanzschranke in uns durchbricht. Ein Streit zwischen Erwachsenen, eine laut grölende, alkoholisierte Person, ein Hilferuf oder ein brüllendes Kind. Das alles bringt uns aus der Fassung. Denn die Normbreite unserer Toleranz erscheint mir als ein sehr schmales Band der Akzeptanz. Angepasstes Verhalten im öffentlichen Raum und auch in den eigenen vier Wänden ist die Konsequenz einer Vereinbarung zwischen Verunsicherung (man könnte es auch Verängstigung nennen) und vehement eingeforderter Privatsphäre, die auf größtmögliche Ungestörtheit pocht. Mein Sohn erzählte mir, dass in seiner Altersgruppe (17) Anrufe zu einem Mobiltelefon als uncool

gelten und vom Adressaten als signifikante Störung empfunden werden. Nur der Austausch von schriftlich verfassten 5-Worte-Botschaften wäre erwünscht.

Kindergeburtstage werden heute gerne in Klettergärten hoch über den Köpfen der stolz-beunruhigten Eltern auf Baumkletterpfaden zelebriert. Eine gute Idee mit guten Auswirkungen. Gut gesichert ist der Sprössling dennoch gefordert, Überwindung und Beherztheit unter Beweis zu stellen. Das Äußerste was an Negativereignissen geschehen kann, ist, dass ein selbstverständlich durch zwei Gurte abgesichertes Kind aus misslicher Lage vor den Augen aller aus den Bäumen gepflückt werden muss. Absturzgefahr gleich null. Hingegen sorgte vor einigen Jahren meine Absicht zu einem Waldausflug mit einer Handvoll 9-Jähriger zum Geburtstag meines Sohns für Aufregung. Ehrlicherweise stand auf der Einladung, dass ich den jungen Leuten Pilze und Beeren zeigen und erklären wollte. Aus den Mündern der Eltern rumpelten die Gefahren- und Verbotsschilder: Berühren verboten! Nicht in den Mund stecken! Gefährlich! Essenz der Befürchtungen: Es wäre besser von diesem Experiment Abstand zu nehmen! Auch ich zückte mein Schild: Keine Angst! Ich kenne ein, zwei Dutzend Pilze verlässlich und gut und wir wollten sie ja nicht zubereiten. Ja, aber trotzdem! Wir bauten dann Laubburgen – es war Herbst – und verzichteten auf die Exkursion zum Thema »Waldernährung«. Das Glücksgefühl der Kinder beim Laubhüttenbau war enorm und wir kamen verspätet aus dem Wald zurück.
»Leben auf eigene Gefahr«. Den Buchtitel wollte ich als Appell des Innehaltens und Nachdenkens verstehen und nicht als Aufruf zu einer leichtsinnigen Lebensführung. Nicht besteigen! Nicht betreten! Streicheln verboten! Schwimmen untersagt! Gehen rechtswidrig! Laufen ordnungswidrig! Sprechen unzulässig! Lachen strafbar! Unzulässig! Unerlaubt! Strafbar! Illegitim! Wann haben wir das letzte Mal über das Sinnhafte eines solchen Schildes oder Zeichens nachgedacht? Ich meine, wirklich nachgedacht, mit dem Versuch des Erkennens der Richtigkeit und Notwendigkeit einer Verordnung? Und ich betone es wieder: Es geht nur um das darüber Nachdenken und nicht um das praktische Ig-

norieren einer Verordnung. Wer nie in seinem Leben eine Handvoll selbst gepflückter Walderdbeeren in seinen Mund gestopft hat und diesen vollkommen einzigartigen Geschmack erleben durfte, und wer nicht das prickelnde Wonneerlebnis eines Bades in einem tiefgrünen Bergsee erfahren konnte, dem fehlt auch die bedeutende Erfahrung des »Ganz nahe bei sich und damit in der Natur Seins«. Es geht dabei um nicht weniger als die Freiheit der Selbsterfahrung. Ohne diese Zutat ist Aurovilles gesamte Absicht obsolet und ebenso mein Bericht, der ja ebenfalls in der Hoffnung entsteht, dass das Gelesene zumindest eine Sensibilisierung für das Beobachtete ermöglichen vermag. Wenn ich nun von Aurovilles Schul- und Bildungssystem schreibe, dann stand im Zentrum meiner Beobachtungen und meiner Gespräche immer die Frage: Warum ist es an diesem Ort nicht nur möglich, sondern Alltagsarbeit, einen hohen Grad an Selbstbewusstsein über den Weg der Selbsterfahrung bei jungen Menschen zu wecken? Das Thema ist weitreichend. Ich bin bemüht, die Essenz des Erfahrenen zu fokussieren und damit vor allem eine emotionale Verständlichkeit mit genügendem Informationsgehalt zu gewährleisten. Ich möchte festhalten, dass sich unter den ca. 500 Schülern in Auroville auch solche befinden, die Schule als unangenehm, den täglichen Weg dorthin als Überwindung und Hausaufgaben als Belastung empfinden. Ebenso ist es Realität, dass auch in Aurovilles Schulen das im Unterricht Geforderte für manche Schüler überfordernd ist. Da erkenne ich keine Unterschiede zum eigenen wohl bekannten System. Doch es gibt ein entscheidendes »Aber«. Lernen und Lehren besitzen höchste Priorität innerhalb des gesamten Experiments. Es mag der Hauptgrund sein, warum Schulen in Auroville niemals Institutionen der Angstverbreitung und Verunsicherung sind.

»AUROVILLE WIRD EIN ORT STÄNDIGER LERNBEREITSCHAFT UND STÄNDIGEN FORTSCHRITTS SEIN UND AUF DIESE WEISE DER SCHAUPLATZ EINES LEBENS, DAS SEINE JUGEND BEWAHRT.«

SRIMOYI

Der zweite Punkt der Auroville-Charta sagt schon sehr viel über diese Vorrangigkeit aus. Doch das wirklich Überzeugende ist die systemische Sicht zum praktischen Erreichen dieser hohen Zielvorgabe. Um diesen uns nicht vertrauten pädagogischen Weg darzustellen, ist ein Ausflug in die Welt des Sri Aurobindo-Ashrams in Pondicherry unerlässlich. Um die richtigen Informationen zu erhalten, ist ein Treffen mit Srimoyi der beste Weg. Sie ist eine sehr beeindruckende, elegante und hoch gebildete Inderin, die seit Aurovilles Anfängen hier lebt. Sie selbst ist in Bengalen geboren. Ihre Großeltern kamen in den Vierzigerjahren noch zu Lebzeit Sri Aurobindos in den Ashram nach Pondicherry. 1959, ein Jahr nach Srimoyis Geburt, besuchten ihre Eltern ebenfalls Pondicherry. Es war der Wunsch der Großeltern, dass ihre Enkelkinder die in ganz Indien gerühmte Ashram-Schule besuchen sollten. Zur ersten Begegnung mit Mirra Alfassa kommt es ebenfalls in diesem Jahr. Mutter war die eigentliche treibende Kraft hinter diesem einzigartigen Schulsystem, welches auch in Indien davor unbekannt war. Das Aufnahmeverfahren zu dieser Zeit war eindrucksvoll und einfach: Mutter ließ sich Fotos von den jungen Bewerbern vorlegen. Name und Abstammung waren unwesentlich. Die Augen der Kinder waren für sie entscheidend. Sie vermochte auf diese Weise zu erkennen, ob die Schule für das Kind geeignet wäre. Srimoyi und ihre beiden Geschwister wurden aufgenommen.

»Mutter war ein Guru,« sagt Srimoyi. Was ist ein Guru für sie, frage ich. »Ein Guru ist jemand, der – besser als du selbst – weiß, was für dich gut ist. So lange man nicht bereit ist, diese entscheidende Tatsache zu akzeptieren, ist der Besuch bei einem Guru sinnlos. Du musst akzeptieren können, dass ein Mensch in seiner eigenen Entwicklung so weit gekommen ist, dass er Richtiges zu dir selbst zu sagen hat. Sri Au-

robindo und Mutter waren beide Gurus. Dieses Verständnis ist in der westlichen Denkkultur nahezu unvorstellbar.«
Srimoyis Worte erinnern mich an ein Gespräch mit einem der bedeutenden, mittlerweile verstorbenen Psychotherapeuten Österreichs. Im Interview, welches ich mit ihm führen konnte, ging es um die Realisierung einer angstfreien Gesellschaft. Er sprach davon, dass dafür in erster Linie in Seele und Geist hoch entwickelte Menschen notwendig wären. Und zwar als menschlich überdurchschnittlich gereifte Lehrer und Theologen. Nur solche Autoritäten dürfe man auf junge Menschen loslassen. Und er nannte diese entwickelten Persönlichkeiten – Gurus. Er sprach an diesem Nachmittag viel von der kognitiven Entwicklung junger Menschen in unserer Gesellschaft. Diese Entwicklung ist seiner Überzeugung nach an überhöhte Leistungserwartungen geknüpft: Erwartungen der Eltern, der Lehrer und Ausbildungsstätten, der Arbeitgeber, der Partner, schließlich des Staates selbst an seine Untertanen. Das permanente Beharren auf Leistung führt schließlich zu Versagensängsten oder zu aggressiven Wettbewerbs- und Behauptungskämpfen. Er beendete damals seine Rede mit dem Satz »Und jetzt sagen Sie mir doch, was für eine Qualität von Menschsein uns am Ende entgegen starrt?« Das Gespräch fand vor 15 Jahren statt.

Wieder zurück in Srimoyis Büro im Matrimandir-Garten. Ob absolutes Vertrauen gegenüber einem Guru die höchste Disziplin sei, die es für das Lehrer-Schüler-Verhältnis benötige, frage ich Srimoyi. Sie lächelt und setzt dann doch recht ernst fort. »Eine solche Frage würden Menschen aus meiner, der indischen Kultur gar nicht stellen. Ein Guru schafft durch sein Dasein und seine unbedingte ethisch-spirituelle Lebensausrichtung eine absolute Vertrauensbasis – und damit die nicht mehr zu hinterfragende Ausgangsposition.«
In Auroville leitet Srimoyi seit vielen Jahren die Besucherströme zum und durch das Matrimandir. Eine logistische Meisterleistung, besonders während indischer Ferienzeiten, wenn mehrere tausend Zaungäste in nur wenigen Tagen Auroville besetzen. Sie ist auch für Logistik und Ausführung zuständig, wenn hohe Würdenträger anderer Staaten

oder Besucher der indischen Regierung Aurovilles geistiges Zentrum erkunden wollen und hat schon mehr als nur einmal bewaffnete Sicherheitskräfte des Ortes verwiesen. »No arms« – keine Waffen innerhalb des Matrimandir-Gartens gilt für alle und jeden. Ohne Ausnahme. Die amerikanische Botschafterin ging dann eben ohne ihr Sicherheitspersonal in den inneren Raum des Matrimandir. »Und schau an: Das ging auch,« erzählt sie mir und dabei rollt sie eindrucksvoll mit ihren großen Augen und ein Lächeln huscht über ihr Gesicht. Srimoyi ist eine begnadete Schauspielerin. Gemeinsam mit Otto, ihrem Lebensgefährten, der ebenfalls eine außerordentliche Begabung für das Bühnentheatralische besitzt, sind sie Aurovilles Theaterpublikumslieblinge. Was bei meiner Begegnung mit Srimoyi noch auffällt, ist ihre Haltung, sowohl die physische (ich glaube, dass sie sogar im Sitzen nur selten die Rückenlehne ihres Sessels benutzte) als auch die innere. Sie ist innerhalb Aurovilles Gemeinschaft als beharrlich und konfliktfreudig bekannt. Faule Kompromisse sind nicht ihr Ziel. Was ihr Anliegen ist, vermag sie schlüssig und überzeugend zu argumentieren. Wir sprechen von der Ursache ihrer Charakterfestigkeit. »Es war meine Zeit in der Ahsram-Schule in Pondicherry.« So beginnt ihre Erinnerung. »Heute wie damals zählt diese Schule zum Besten, was in Indien zu finden ist. Der Ansturm ist gewaltig. Die meisten Bewerber werden abgelehnt. Aufnahmekriterien sind weder Reichtum des Elternhauses noch eine herausragende Genialität oder Sonderbegabung des Kindes. Der Platzmangel und zu wenige geeignete Lehrer sind dafür ausschlaggebend. Früher war es auch für Europäer bzw. Kinder und Jugendliche anderer Nationen möglich diese Schule zu besuchen. Heute bleibt sie Indern vorbehalten.«

Absolventen der Ashram-Schule sind weltweit begehrt und finden sich vor allem in Spitzenpositionen der globalen IT-Szene. Die Schule erhält sich hauptsächlich aus Spenden- und Unterstützungsgeldern dieser Absolventen. Viele von ihnen sind wohlhabend geworden und danken für ihre einzigartige Ausbildung auf diese Weise. Was ist nun das Außergewöhnliche? Sogenannte Eliteschulen gibt es auch in unseren Breiten. Oft werden diese nicht nur über ihre pädagogische Leistung definiert,

sondern über außerordentliche Strenge. Da sagt Srimoyi den wahrscheinlich wichtigsten Satz unseres Gespräches:
»In der Ashram-Schule sind die Lehrenden verpflichtet, ihren Schülern Liebe zu geben.«
Der Satz scheint missverständlich. Aber er erinnert mich sofort an mein Gespräch mit Johnny. Er sprach ebenfalls davon, dass der einzig sinnvolle Weg für echte Bildung junger Menschen nur mit Warmherzigkeit und Güte zu begehen sei. Beides nicht als Verhalten, sondern vom Inneren heraus aufrichtig empfunden. Srimoyi setzt fort:
»Sri Aurobindo und Mutter waren überzeugt, dass Bildung auf mehreren Ebenen stattzufinden habe: natürlich die Wissensbildung, so wie du sie aus eurem Schulsystem auch kennst. Dann gibt es die Bildung des Geistes und des Herzens, ganz wesentlich ist die Schulung des Körpers, also Sport. Aber nicht in Wettkampfabsicht, sondern ausschließlich zur physischen Kräftigung. Wir sind am Morgen in die Schule gegangen und am Nachmittag nach halb fünf hatten wir jeden Tag Gymnastik, Schwimmen und allgemeinen Sport. Auch am Sonntag. Jeden Tag ca. eineinhalb Stunden. Der Ashram besitzt riesige Sportanlagen, ein eigenes Schwimmbad und Plätze für alle Ballsportarten: Hockey, Basketball, Fußball.
Mutters Absicht war nicht die Heranbildung von Hochleistungsmenschen, die dann im Beruf ihre Karriere fortsetzen würden. Sie sah den Auftrag umfassender Bildung in einem ganzheitlichen Wachstum des Menschen auf allen Ebenen, das ihn erst zum Menschsein formen würde. Deshalb war die Schule auch so gut wie kostenlos. Menschliche Entwicklung sei nicht mit Geld zu bezahlen, war Mutters Überzeugung. Meine Eltern zahlten damals pro Jahr 125 Rupien für Lehrunterlagen. Das war alles. Mutter wurde einmal gefragt, warum sie denn nicht Schulgeld einfordern würde, es gäbe genügend Familien, die sich das leisten könnten. Ihre Antwort war deutlich: Nein, dann würden nur die Reichen kommen und meine Kinder müssten der Schule fern bleiben, weil sie nicht leistbar für deren Eltern wäre. Ihre Kinder waren alle, ohne Einschränkung, ohne Kasten- und Klassenstigma.«
Ich frage Srimoyi was nun das Besondere an ihren fast zehn Schuljahren gewesen sei. Sie holt etwas weiter aus. »Es gab im Ashram bis in die

Vierzigerjahre keine Kinder. Dafür gibt es einen besonderen Grund: Das Yoga, das hier praktiziert wurde, war so mächtig und energiegeladen, dass Kinder dieser intensiven Energieatmosphäre nicht ausgesetzt werden sollten. Du kannst dir das wie Strahlung vorstellen. Konzentration bedeutet hier in Indien etwas anderes als in der westlichen Kultur. Gurus sind in der Lage, sich derartig zu fokussieren und ihr Bewusstsein so zu konzentrieren, dass eine Art von Hochspannungsenergie dabei entsteht. Das ist nicht ganz ungefährlich. Kommen dann noch mehrere Menschen mit gleicher Absicht zusammen, dann kannst du dir vorstellen, welche Energieballung da entsteht. Und davor mussten Kinder beschützt sein. Nicht weil diese Kräfte schlecht gewesen wären, aber sie waren zu intensiv. Kinder kamen erst während des Zweiten Weltkrieges, als im Norden Indiens die Gefahr einer japanischen Invasion bestand. Da schickten viele Familien ihre Kinder aus Bengalen hierher in den Ashram, wo schon andere Familienmitglieder lebten. Jetzt war natürlich auch der Bedarf für eine Schule gegeben. Zuerst gab es eine kleine Schule außerhalb des Ashrams (auch wegen der Yoga-Energien) für diese ersten Kinder und die funktionierte genauso, wie eine normale, staatliche indische Schule. Lehrer wurden engagiert und es gab Frontalunterricht in den normalen Fächern. Aber dann führte Mutter etwas ein, das sie ›System der freien Entwicklung‹ nannte. Und das war eine Revolution des bisherigen Schulsystems. Es bedeutete in erster Linie einmal ungeheuer viel Zusatzarbeit für die Lehrer. Das System war nämlich schülerorientiert. Und das hieß nichts anderes, als dass jeder Lehrer für jedes Kind ein Papier oder ein Lernprogramm zu entwickeln hatte, in welchem festgelegt war, was für die Mentalität und die Begabungen des betreffenden Kindes der effizienteste Bildungsweg war. Und das Kind selbst sollte entscheiden, welchen Weg es einschlagen wollte: den neuen Weg oder jenen der traditionellen Schulausbildung. Da gab es erst einmal unendliche Diskussionen zwischen den Lehrern und Mutter und es brauchte Zeit bis sich die Gemüter beruhigten und man sich auf das Experiment einlassen konnte. Ich wählte diesen neuen Weg der freien Entwicklung. Warum? Ich verbrachte meine ersten Schuljahre in einer Grundschule in Kalkutta und ich hasste diese Schule. Ich hasste sogar den Schulweg dorthin. Ich mochte die Lehrer nicht, die mir das Gefühl vermittelten, dass ich ein Idiot sei. Ich scheiterte in meinen Prüfungen und Tests, weil ich dieses System so ablehnte. Und ich sage dir, ich war einen Tag in der Ashram-Schule und weinte vor Glück. Was immer wieder Europäer verwundert, wenn ich es erzähle: Wir alle liebten die Schule. Es war so ein Gefühl, wie wenn sich nach oben hin alles öffnen würde. Deine Talente, deine Gefühle, alles wurde ganz sanft nach oben gehoben. Und das ist etwas, was du auch in Auroville in den Schulen finden wirst.«

Bevor ich mit Srimoyi über Aurovilles Schulen sprechen möchte, ist es mir ein Bedürfnis noch mehr über dieses Free-progress-Experiment zu erfahren. Sie beschreibt mir, dass jeder Schüler seine Fächer und darüber hinaus auch die Lehrer selbst wählen konnte. Lehrer wurden von Schülern ausgewählt. Ich wage diese Informationen fast nicht zu glauben. Dabei fällt mir ein, dass ich mir irgendwann in einer Stunde der Langeweile die Mühe gemacht habe, die Gesamtzahl meiner Lehrer zu eruieren, denen ich im Laufe meiner Schul- und Studienzeiten begegnet bin. Es waren über siebzig. Ich erinnere mich sehr gut an drei, die mir ein Gefühl des Aufgehobenseins und der Wertschätzung zu geben wussten.

»Ich wählte die Lehrer, die ich gerne mochte. Ich wählte die Fächer, in denen ich mich wohl und sicher fühlte und die ich machen wollte. Auch das war besonders an diesem System: Wir, die Schüler, wählten unsere Fächer selbst. Die Lehrer liefen wieder zu Mutter und stellten unzählige Fragen: ›Die Schüler wollen nicht Mathematik wählen. Wie sollen sie später als Erwachsene ihr Leben organisieren, wenn sie nie Mathematik gelernt haben?‹ Mutters Antwort lautete so: ›Ihr erzählt den Kindern von Mathematik und auch über den großen Sinn und Ertrag, der darin steckt. Aber ihr besteht nicht darauf, dass sie es lernen müssen. Und irgendwann, ihr werdet es erkennen, sind sie dafür bereit und machen es freiwillig.‹ Du kannst erkennen, das Geheimnis der Methode ist, dass dem Individuum so früh wie möglich die Eigenverantwortung für sein Leben überlassen werden soll. Das ist Freiheit: selbst etwas zu deinem eigenverantworteten Handeln beizutragen. Das einzige, was von uns verlangt wurde, war die Einhaltung der von uns gewählten Fächer und des Stundenplans. Disziplin war dafür eine Grundbedingung. Eigentlich hatten die Lehrer eine sehr schöne und wichtige Aufgabe zu übernehmen: Sie sollten erkennen, was wirklich für ein Kind Erfüllung und Herausforderung bedeutete. War das herausgefunden, dann war es ihre Aufgabe, das Kind auf seinem Weg sicher zu begleiten. Mit Verständnis, dem eigenen Wissen und mit Liebe.«

»Ist es richtig, dass es kein Benotungssystem gab?« frage ich Srimoyi. »Ja, das war Mutters Überzeugung. Beurteilungen in Form von Zahlenwerten seien ausschließlich ein Mittel, um Beurteilung und damit Verurteilung zu fördern. Und genau das sollte bei diesem System nicht geschehen. Ein gutes Ergebnis sollte Resultat der Freude am Lernen sein.« Am Ende der Schulzeit erhielt Srimoyi auch kein Reifezeugnis. Das brachte natürlich Probleme mit sich, wenn auf Universitäten studiert werden wollte. Auch die meisten Firmen, bei denen sich Srimoyi bewarb, verlangten zuerst ein Zeugnis. Das war die Gewohnheit. Man will über einen Menschen immer alles auf einem Blatt Papier ablesen können. Seine Eigenschaften, sein Wissen, seine erweiterten Kenntnisse, wie geht es seiner Seele? Es gab dann nochmals große Diskussionen im Ashram. Schließlich war man bereit, eine Art von Bestätigung schriftlich zu verfassen, die dann in etwa so lautete: »Srimoyi hat die Schule beendet und diese und jene Fächer erfolgreich absolviert.« Dann erzählt sie mir, wie ihre Bewerbungsgespräche abliefen. Sie bestand darauf, dass man sich mit ihr ausführlicher beschäftigen und keine Zehnminuten-Übung, wie sie es nannte, absolvieren sollte. Das sei ja wohl auch im Sinne von zehn Jahren Schulausbildung. Ein Cousin von Srimoyi war Assistent von Piero, dem Baumeister des Matrimandir. Er wollte an einer belgischen Universität Architektur studieren. Zuerst wies man ihn ab, da er nichts vorzulegen hatte. Keine Zeugnisse, keine Prüfungsunterlagen, kein Abschlusspapier. Schließlich ging man doch auf seinen Wunsch ein, ihn ausführlich zu befragen. Das Ende der Geschichte: Der junge Mann konnte zwei ganze Studienjahre überspringen, da sein theoretisches Wissen und seine praktischen Kenntnisse die Kommission so beeindruckten. »Was

wir alle in diesem Bildungssystem wunderbar entwickeln konnten, war unser Selbstvertrauen. Wir gingen aus der Schule und hatten ein derartig starkes Potenzial an Zuversicht auf unsere Fähigkeiten, sowohl die menschlichen, als auch das Wissen betreffend, dass sowohl bei Universitätsbewerbungen, als auch bei Vorstellungsgesprächen immer gefragt wurde: Was haben Sie für eine Ausbildung gemacht? Wo war Ihre Schule? Wie ist das abgelaufen? Erzählen Sie bitte mehr darüber.«

Auch in der Gegenwart sind die Abgänger der Ashram-Schule hoch begehrt. Aber wie ist es nun mit dem Schulsystem in Auroville? Mir wurde erzählt, dass es ebenfalls auf diesem »free-progress-System« aufgebaut ist. Wenngleich mit bestimmten Abstrichen. Aurovilles Schulen gelten mittlerweile in einigen indischen Bundesstaaten als Modelle für ein allgemein beachtetes Schulsystem mit Zukunftspotenzial. Immer häufiger treffen Anfragen sehr wohlhabender Inder aus den Megacities wie Mumbai und Delhi ein, die ihre Sprösslinge an einer von Aurovilles Schulen unterzubringen versuchen. Bekannt ist die Geschichte eines indischen Filmproduzenten: Sein im Umgang mit Schulautoritäten als schwierig geltender Sohn wurde nach mehreren gescheiterten Versuchen an indischen Privatschulen in ein Schweizer Internat geschickt. Die Finanzierung war kein Problem, die Familie war sehr reich. Aber auch dort trat das erhoffte Wunder nicht ein. Nach einem Jahr schickte man den Sohn zurück nach Mumbai. Man versuchte nun mit Privatlehrern sein Glück. Auch dieser Weg führte nicht zum gewünschten Ziel. Dann erzählte eine Bekannte der Familie von Auroville und seiner besonderen Handhabung von Bildung und Pädagogik. Die Familie fuhr in Indiens Süden und erhielt eine Art von Ausnahmegenehmigung für eine Testphase. Der Sohn begann sich in kürzester Zeit zu wandeln – und er blieb. Eine schöne und berührende Geschichte. Gut für die PR-Abteilung von Aurovilles Schulverwaltung, gäbe es eine solche. Aber um die zweifellose Besonderheit von Aurovilles Bildungsauftrag lebhaft darzustellen, möchte ich über die Geschichte des jungen Inders Satyavan Form schreiben. Ich habe ihn selbst interviewt und befolge damit ein weiteres Mal Joseph Roths* journalistischen Grundsatz: »Das Wesentliche ist das selbst Erfahrene.«

SATYAVAN

Satyavan ist 20 Jahre alt und kam vor fünf Jahren nach Auroville. Die Geschichte seines Kommens hatte direkt nichts mit den Lehren von Mirra Alfassa und Sri Aurobindo zu tun. Er suchte bloß eine Schule, in der er bestehen konnte, denn als 15-jähriger Teenager drohte er am indischen Schulsystem zu scheitern. Satyavan könnte bei uns genauso gut Lucas, Tobias oder Max heißen. Es wären durchwegs ähnliche, wenn nicht sogar identische Probleme, von denen auch genügend Schüler in unserer Gesellschaft zu berichten wüssten. Satyavans Schwierigkeiten begannen, als er 15 wurde. Sie stehen auch am Anfang seiner Erzählung. Ich sitze im La Terrace Cafe einem frisch und aktiv aussehenden jungen Mann gegenüber. Sein Englisch ist grandios, nahezu akzentfrei, seine Wortwahl überlegt und ausgestaltet. »Ich bin nicht in Auroville geboren. Aber in den Schulferien kamen meine Eltern und ich sehr oft hierher. Mein Onkel zog vor mehr als 20 Jahren nach Auroville und lebt hier noch immer. Er, mein Vater und auch meine Mutter besuchten alle drei die Ashram-Schule in Pondicherry. Als ich 15 wurde, verbrachte ich wieder einmal meine Ferien bei meinem Onkel und am Ende meines Aufenthalts sagte ich zu ihm: ›Ich kann nicht mehr in meine alte Schule zurück. Ich bin dort todunglücklich, habe das Gefühl nichts zu lernen. Die Lehrer sind mir nicht wohl gesonnen und ich habe keine Motivation und keine Freude. Und bei einigen Prüfungen bin ich schon durchgefallen. Alles ist eine einzige Katastrophe.‹«

»Wo bist du geboren, Satyavan? Wo hast du vor Auroville gelebt?«

»Geboren wurde ich in Hampi im Bundesstaat Karnataka, etwas über 600 Kilometer westlich von Auroville. Mein Großvater

hatte dort einen Buchladen. Meine Mutter wurde in Hampi geboren und mein Vater kommt ursprünglich aus Ahmedabad, der Hauptstadt von Gujarat. Ich ging zuerst in Bangalore zur Schule und später dann in der Heimatstadt meines Vaters in Ahmedabad.«

»Und das war dann auch jene Schule, an die du nicht mehr zurückkehren wolltest?«

»Ja, ich war in Französisch durchgefallen. Man muss sich das vorstellen: Ich hatte fünf Jahre Französischunterricht und konnte nicht einmal das Alphabet aufsagen. Mein Vater war so verzweifelt, dass er mich verhauen hat. Aber dann wurde beratschlagt, wie ich aus dieser Situation herauskommen könnte.«

In unserem Vorgespräch habe ich von Satyavan bereits einiges über ihn erfahren. So zum Beispiel, dass er seit einem Jahr als Lehrer Französisch an Aurovilles Last School unterrichtet. Das Fach, welches ihn an den Abgrund brachte, wurde zu seinem Unterrichtsgegenstand. Wie konnte das gehen?

»Mein Vater rief meinen Onkel an und dann beschlossen sie, dass ich zu ihm nach Auroville ziehen sollte, um hier die Schule fortzusetzen.«

»Was hat dein Onkel hier in Auroville gemacht? War er Lehrer?«

Satyavan lacht und erzählt mir die nächste unglaubliche Geschichte. »Mein Onkel war der Schlangenfänger von Auroville. Mittlerweile hat ein Nachfolger diesen für Auroville nicht unwichtigen Job übernommen. Im Buschland um und in Auroville gibt es viele Schlangen, die hin und wieder auch in die Gebäude oder in die Gärten der Bewohner eindringen. Für viele Aurovillianer ist das nicht sehr aufregend und sie werfen die Schlange eigenhändig hinaus. Aber für einige, besonders unter den Newcomern, war und ist eine Schlange in den eigenen vier Wänden eine schlimme und verstörende Sache. Dann rufen sie den Schlangenfänger an, der dann die Schlange kundig entfernt.

Es gibt an die zwanzig Schlangenarten im Umland von Auroville, gerade einmal fünf davon sind ernsthaft giftig.«
»In Auroville gibt es zwei Schulen, die für mich in Frage kamen. Die eine ist sehr neu und nennt sich ›Future School‹, also Zukunftsschule. Sie wurde geschaffen, da von Eltern immer stärker der Wunsch nach einem Schulabschluss mit Prüfung für ihre Kinder laut wurde. Bis dahin folgte man Mutters Vorstellung einer Schulbildung, die ohne Examen und ohne ständige Überprüfungen auszukommen versuchte. Aber Future School ist nun ein Schultyp, den man mit Abitur beendet. Die andere Schule heißt Last School, was mit ›abschließende Schule‹ am ehesten übersetzt werden kann. Last School funktioniert nach dem Ashram-Schulsystem. Da macht man eben kein Abitur am Ende, sondern erhält eine Schulbesuchsbestätigung. Das Lehrkonzept beruht auf Mutters ›free-progress-Modell‹, ihrer Innovation der freien Bildungswahl. Ich ging in diese Schule, also die Last School, und es war die beste Entscheidung, die ich treffen konnte.«
Und dann erzählt mir Satyavan, dass er als erstes gleich einmal sein Angstfach Französisch wählte. Dann noch Englisch, Italienisch und Russisch dazu. Sprachen seien seine ganz große Leidenschaft.
»Es hat alles zusammengepasst. Ich hatte großartige Lehrer für jede Sprache. Schon die ersten Wochen an dieser Schule zeigten mir eine andere Welt. Das hatte überhaupt nichts mehr mit dem zu tun, was ich in der Schule in Ahmedabad erleben musste. Alles ging ganz einfach. Ich hatte so eine Lust und Freude jeden Tag dorthin zu gehen. Niemand übte Druck aus. Ich konnte selbst entscheiden, ob ich nun für einige Wochen oder Monate Vokabeln lernen oder mich mit der Grammatik beschäftigen wollte. Ich wählte die Vokabeln. Ich wusste, dass ich irgendwann, wenn ich in mir bereit war, die französische Grammatik ebenso mit Freude lernen würde. Und so kam es dann auch. In meiner alten Schule wurde die Grammatik, und so wie sie unterrichtet wurde, zu meinem Stolperstein. Natürlich hatte ich anfangs die Befürchtung, dass diese Erinnerung an die schlimmen Zeiten in mir wieder bestimmend werden könnte. Aber es war völlig anders. Meine Lehrer sagten bloß, dass ich es in mir spüren würde, wenn der Zeitpunkt richtig sei.

Ich habe eine Leidenschaft, also ein Hobby – ich liebe Comic-Hefte. Mein Onkel hat eine ganze Menge davon in französischer Sprache. Lucky Luke und Asterix. Ich wollte sie immer selbst lesen. Und auf einmal ging das ohne Probleme, einfach so. Und diese Freude und mein Glücksgefühl waren dann entscheidend, dass ich die anderen Sprachen auch als Schulfach gewählt habe.«

Er will auch noch Deutsch als fünfte Sprache dazulernen. In Summe mit seinen indischen Sprachen Hindi, Tamil und Gujarati spricht er dann acht Sprachen.

»Was willst du dann machen? Mit diesem Wissensschatz würde sich die Welt für dich fast von alleine öffnen.«

»Für mich ist Sport ebenso wichtig wie das Lernen von Sprachen. Ich habe hier ganz viele Möglichkeiten dafür. Wir haben jetzt ein Fußballteam gegründet. Da spiele ich und trainiere auch die Spieler. Auroville möchte ich derzeit nicht verlassen. Ich habe einen wirklich schönen Beruf, kann am Nachmittag Sport machen und habe ja noch viel Zeit.« Dann lacht er verhalten in sich hinein und beginnt mir von seinem anscheinend wirklich großen Traum zu erzählen.

»Was mich aber im Moment sehr stark beschäftigt ist die Idee einen Dokumentationsfilm zu produzieren. Also von Anfang an: Buch, Kamera, Schnitt. Filmemacher würde ich gerne werden.«

»Wo kannst du das denn hier in Auroville lernen?«

»In Last School haben wir schon gute Möglichkeiten, einiges über das Filmemachen zu lernen und in der Praxis zu probieren. Es gibt einige Aurovillianer, die das als richtigen professionellen Beruf ausüben. Die kommen dann an die Schule und machen mit den interessierten Schülern Workshops. Man kann in dieser Schule fast alles ausprobieren, was man sich so vorstellen kann. Und ich werde jetzt versuchen, bei einem sehr guten Filmemacher ein Praktikum zu bekommen. Ja, und natürlich selbst ausprobieren. Das ist ohnehin das Wichtigste.«

»Kannst du erkennen, wo die beruflichen Hauptinteressen bei Aurovilles Jugendlichen liegen?«

»Viele interessierten sich für alles, was mit Computer zu tun hat, und wir haben hier in Auroville wirklich gute junge Leute für Programmiertechniken. Zwei Freunde haben sich darauf spezialisiert und sind nach Beendigung der Last School nach Kanada gegangen. Innerhalb weniger Tage bekamen sie gute Jobs angeboten. Aber sie sind wieder nach Auroville gekommen. Etwas Entscheidendes hat ihnen in der Ferne dann doch gefehlt.«

»Kannst du dir vorstellen, einmal Auroville den Rücken zu kehren?«

Jetzt denkt er, der so rasch immer seine Antworten gab, doch recht lange nach.

»Ich weiß nicht, was in einigen Jahren sein wird. Aber Auroville hat mir persönlich durch seine Ausbildung so viel gegeben, dass ich eine große Dankbarkeit in mir spüre. Außerdem bin ich erst am Anfang meines spirituellen Erkenntnisweges und dafür werde ich noch sehr viel Zeit benötigen. Zeit, die ich nur hier in Auroville verbringen wollte. Ja, ich möchte hier leben. Es gibt hier nichts, was ich entbehren muss, nichts was mir fehlt.«

»Bedeutet Dankbarkeit aber nicht auch, dass man den Geist Aurovilles hinaus in die Welt bringt? Besonders als junger Mensch mit diesem Erfahrungs- und Bildungsschatz.«

»Ja, das machen ohnehin gar nicht so wenige. Auch um zu studieren ist für die meisten ein längerer Aufenthalt in Europa die gangbarste Möglichkeit. Einige bleiben, andere kommen zurück. Noch immer liegen die Pläne über eine eigene Universität von Auroville weit oben in den Schubladen der Auroville-Foundation. Aber wie vieles andere, muss auch das Universitätsprojekt warten und wird immer wieder verschoben. Die finanziellen Mittel müssen für vorrangig wichtigere Projekte verwendet werden.«

Da fällt mir ein wesentlicher Punkt ein, der eng mit Aurovilles Bildungsanspruch zusammenhängt: Kunst. Der Begriff schwebt in überdimensionalen Buchstaben über ganz Auroville. Kunst, Musik und Poesie. Nach Sri Aurobindos Sicht sind es jene drei Dinge, welche die Seele eines Menschen zu stabilisieren und, wenn nötig, zu heilen vermögen. In Auroville gibt es ein Überangebot an Seminaren und Workshops, die im Fokus ihrer Bemühungen irgendeine künstlerisch-kreative Äußerung beinhalten. In den Schulen ist Kunst von höherer Wertigkeit als z. B. Mathematik. Ich erzähle Satyavan von den unrühmlichen Entwicklungen in meiner Heimat. Nicht nur die fehlenden finanziellen Mittel ließen Kunst immer stärker aus den Bildungsplänen der Schulen verschwinden. Oft erscheint es mir, als seien Kunst und Musik (wieder) die ungeliebten und lästigen Stiefgeschwister im Fächerreigen heimischer Bildung. Noch immer wird nicht erkannt, was der Verlust bzw. die Verdrängung von Kunst in die dunklen Randzonen bedeutet. Besonders in der Musik, aber sogar im lauten Lesen eines Gedichts oder im Betrachten einer Skulptur, eröffnen sich in unserem Inneren die oft verklebten und verstopften Kanäle des Empathischen. Kunst, besonders in der eigenen Ausübung, vermag der fortschreitenden Entfremdung gegenüber unserem Leben entgegenzuwirken. In einem Chor zu singen, ist wahrscheinlich das stärkste und gleichzeitig sanfteste Instrument zur Schaffung empathischer Gefühlszustände. Die Verbundenheit durch das gemeinsame Singen oder Musizieren bleibt in uns erhalten und bewegt uns vorurteilsfrei und unmerklich zu neuen Sozialerfahrungen. Satyavan nickt. »In Indien ist es nicht anders. Jeder ist nur noch angetan von Schul- und Studienfächern, die mit Wissenschaft und technischem Fortschritt zu tun haben. Darin sehen Inder vor allem die erfolgversprechende Zukunft ihres Landes. Die Stadt Bangalore ist ja ein international berühmt gewordenes Beispiel für diese Erfolgsstory. Indiens Silicon Valley ist in wenigen Jahren zur Stadt mit der höchsten Lebensqualität des Landes gewachsen. Dort ist alles sehr schick, sehr modern, sehr hip. Die vielen jungen Menschen haben Geld und man spürt diesen Reichtum an jeder Ecke der Stadt. Aber Ausstellungen oder Konzerte wirst du dort fast nicht mehr finden. Die Älteren haben Kunst noch ganz nett gefunden und als Unterhaltung und Zerstreuung sogar selbst konsumiert. Aber junge Menschen in meinem Alter oder ein paar Jahre älter, die finden Kunst meistens lächerlich und entbehrlich. Sie halte nur von den ihrer Ansicht nach wirklich wichtigen Dingen ab – Karriere und hoch bezahlte Jobs. Und es ist ja schon sehr eigenartig: Wer wirklich viel Geld hat, der kauft sich wertvolle Kunst und sammelt sie. Zum Vorzeigen ist sie dann doch recht nützlich und vor allem als Geldanlage.«

Die Worte dieses zwanzig Jahre jungen Inders mit seinem ausgeprägten Bildungshunger überraschen doch sehr. Nichts an ihm ist eigenartig oder verschroben, was vielleicht unsere Klischéevorstellung von einem hochbegabten Wunderkind wäre. Er spricht unaufgeregt und ruhig, aber mit einer merklich festen inneren Überzeugung. Da er selbst das Thema Geld anspricht, möchte ich erfahren, wieviel Geld ihm monatlich zur Verfügung steht.

»Ich nehme Maintenance in Anspruch, die obligate Unterhaltungszahlung, die jedem Aurovillianer monatlich zur Verfügung steht und die er auch als Lehrer beanspruchen darf. Also ca. 10.000 indische Rupien, umgerechnet rund 130 Euro.«

»Und wie kommst du damit zurecht? Ist es genug, um zu leben?«

»Ja. Ich habe ja keine Ausgaben für Wohnen und auch für das Essen nichts zu bezahlen. Mittagessen erhält jede Schule für Schüler und Lehrer täglich frisch aus Solar Kitchen. Nur mein Motorrad braucht Treibstoff, den ich selbst bezahlen muss. Abends bin ich ohnehin nicht so viel unterwegs und Freunde kann man in Auroville auch ohne Lokalbesuche treffen. Mein Tag ist voll mit Unterrichtstätigkeit, Sport und ich selbst nehme auch noch Sprachunterricht. Viel Geld gäbe man doch nur aus, wenn zu viel ungenützte Zeit zur Verfügung stände.«

Wie wahr, wie wahr. Schnell sind die eineinhalb Stunden mit Satyavan vorüber. Er muss zum Fußballtraining. Ich begleite ihn bis zu seinem vor Solar Kitchen geparkten Motorrad. Wieder einer dieser unheimlich kräftigen Händedrucke und schon zischt er mit guter Geschwindigkeit ab. Im Gewühl der Hundertschaften an abgestellten Mopeds suche ich mein unauffälliges grünes Fahrzeug. Es ist gerade später Mittag geworden und Solar Kitchen ist gefüllt mit Kantinenbesuchern. Ich habe noch Zeit bis zu meinem nächsten Treffen und beschließe spontan heute selbst hier zu essen. Ein großes Metalltablett wird mir mit Reis, Salat und verschiedenen Gemüsecurries aufgefüllt. Mich zieht es in die hintere gartenseitige Ecke der Kantine. Dort gibt es einige Tische für Menschen, die in Ruhe und im Schweigen ihre Mahlzeit einnehmen wollen. Einige Male habe ich dieses Angebot schon in Anspruch genommen. Was auch daran liegen mochte, dass ich im Getümmel nur selten jemanden treffe, den ich kenne. Für die meisten bildet Solar Kitchen die Möglichkeit zum Jour fixe. Nur wenige sitzen alleine an Tischen. In einer anderen Abteilung des riesigen Innenraumes befindet sich der Bereich der Pioniere und Alteingesessenen, wenn ich es so nennen darf. Sie bilden eine Gruppe unter sich. Ich sehe im Vorbeigehen an einem Tisch Otto und John aus Kanada im Gespräch vor ihren vollen Tabletts. John ist einer der hauptverantwortlichen Kreativgeister für die Innovation des Solarspiegels auf dem Dach der Kantine. Er muss um die siebzig Jahre alt sein und er war einer der ersten, die es Anfang der 1970er-Jahre aus behüteter Familieneinbettung auf das unwirtliche Hochplateau zog.

John stammte aus einer wohlhabenden Familie in Vancouver und studierte dort Technik und Ingenieurwesen. Jetzt arbeitet John im Büro des Matrimandir und koordiniert von dort die gesamten Instandhaltungs- und Reparaturarbeiten am Gebäude und in der riesigen Gartenanlage. Außerdem ist er noch immer die Hauptansprechperson, wenn der riesige Sonnenspiegel am Dach von Solar Kitchen technische Probleme hat. An einem der Vortage hat er mich zu einer Inspektion des Spiegels mitgenommen. Es ist wohl der heißeste Platz in ganz Auroville. Ohne Kopfbedeckung und Sonnenbrille ist ein mehr als wenige Minuten dauernder Aufenthalt am Dach bei dem Spiegel nicht ratsam, da gefährlich. Die Erfindung bzw. Entwicklung dieses Spiegels ist für mich ebenfalls eines jener signifikanten Symbole für Aurovilles entscheidende Innovationsstärke, die auch in der Bildungsabsicht ihren Niederschlag findet: zukunftsweisende Vereinbarungen zwischen Natur und Mensch zu treffen. Wöchentlich besuchen viele Schulklassen Auroville. Sie kommen aus ganz Tamil Nadu.

Hauptziele ihres Interesses sind Matrimandir und der Sonnenspiegel. An ihm wird den Jugendlichen Aurovilles ständiges Streben nach freier Entfaltung menschlichen Kreativpotenzials veranschaulicht. Das noch nicht Vorstellbare denkbar machen. Den Satz nehmen jährlich Tausende von Kindern und Jugendlichen in ihre Schulen und in ihre Familien mit hinaus. Ich denke wieder an Sri Aurobindos Überlegungen zur kritischen Menge an Menschen mit höchst entwickeltem Bewusstsein.

INGE

Es ist später Mittag. Ich werde in wenigen Minuten Inge treffen. Momentan sind die meisten Tische im La Terrace Cafe von Schülern besetzt. Wie ich erfahren habe, sind die Auroville-Cafés auch wichtige psychologische Stütze für die Newcomer. Sie gewährleisten sichernden Boden unter ihren Füßen, wenn das neue Leben in Auroville doch zu anstrengend und in seiner Neuartigkeit zu fordernd wird. Dann wird die Zuflucht zu einer Tasse Cappuccino und Apfelkuchen schon einmal zum Seelenbalsam. Die Schüler klappen die iPads zu. Wenige Minuten später wird es ruhig auf der Terrasse.

Inge lässt nicht lange auf sich warten. 25 Jahre ist sie alt, groß, schlank und mit langen blonden Haaren. Erst vor wenigen Monaten ist sie wieder aus Europa zurückgekehrt. An der Universität von Maastricht in den Niederlanden hat sie ihr Studium abgeschlossen und eben an Aurovilles Future School ihre Arbeit als Lehrerin aufgenommen. Zuerst sind es die obligatorischen Fragen, die ich stelle. Inge kam im Alter von neun Jahren mit ihren Eltern nach Auroville. Ihre Eltern, beide aus den Niederlanden stammend, lebten in Frankreich, wo auch Inge geboren wurde. Als sie acht war, beschlossen ihre Eltern, für einen Monat Auroville zu besuchen und kennenzulernen. Dann kam ein erstes Testjahr dazu und daraus wurden schließlich 15 Jahre. Ihre erste Schulzeit verbrachte Inge in französischen Schulen. Deshalb musste sie dann gleich zu Beginn in Auroville Englisch lernen. Heute spricht sie Französisch, Niederländisch, Englisch und Tamil. In Auroville angekommen, wurde sie in die Transition School aufgenommen. Übersetzt bedeutet es

Übergangsschule und ist mit der Grund- oder Volksschule vergleichbar. Inge erinnert sich noch sehr gut an ihre Sozialisierung in der Auroville-Schule: »Es gab eine Gruppe von Kindern, deren Aufgabe es war, die Neuankommenden zu betreuen. Mein zwei Jahre jüngerer Bruder und ich landeten in der sogenannten Willkommensgruppe. Da wurde geschaut in welche Klasse wir kommen sollten, welche Fähigkeiten wir schon mitbrachten. Es war das erste Mal in unserem Leben, dass mein Bruder und ich gemeinsam in einer Klasse saßen. Das war schon alles recht toll. Vieles war sehr merkwürdig für uns. Wir kamen aus einer französischen Grundschule, wo alles ganz strikt und streng ablief, mit ganz wenig individuellen Freiheiten für die Schüler. Und hier war alles so anders. Ich war in Frankreich in einer Klasse mit vierzig Schülern und hier in der Transition School waren wir zwölf Kinder. Und das war sogar schon eine größere Gruppe.«

»War das mit deinen fehlenden Englischkenntnissen ein Problem?«

»Überhaupt nicht. Es gab genug andere Kinder und Lehrer, die Französisch ebenfalls als Muttersprache hatten oder es gut sprechen konnten. Und ich lernte ganz rasch die englische Sprache, da es mich ärgerte, dass ich die Gespräche der anderen nicht mitverfolgen konnte. Das war für mich der Hauptgrund, warum ich innerhalb von einem Jahr Englisch erlernte.«

»Warum sind deine Eltern nach Frankreich gezogen, was war der Grund?«

»Der Hauptgrund war nicht der Wunsch aus den Niederlanden zu flüchten, sondern die drohende Gefahr eines ereignislosen Lebens. Für beide war es unvorstellbar nach dem Studium ihr Dasein in geregelten und geordneten Bahnen zu verbringen. Sie wussten nicht genau was sie machen wollten, aber ziemlich eindeutig war für sie, was sie ganz sicher nicht tun wollten. Also begannen sie irgendwo mitten in Frankreich mit Ziegen zu experimentieren. Sie lernten aus der Milch Käse zu machen und waren innerhalb kurzer Zeit damit ziemlich erfolgreich. Also, es reichte damit für ein Leben in sehr großer Einfachheit. Meine Eltern lebten bewusst sehr reduziert, am Anfang sogar ohne Strom. Das Wasser holten sie von einer nahen Quelle. Sie lebten diesen Traum von ›back to the roots‹ verhältnismäßig ungezwungen und mit Überzeugung.«

»Von woher kam dann der Impuls für Auroville?«

»Irgendwann hielt mein Vater eine Fotografie von Sri Aurobindo in seinen Händen. Ich weiß nicht, ob du jene kennst, die ihn in sehr jungen Jahren zeigt, mit den langen Haaren und diesen intensiven Augen…«

»Du meinst sicherlich dieses Bild, wo er trotz dieser jugendlichen Ausstrahlung so würdig in diesem bequemen Stuhl sitzt.«

»Genau, das ist es. Irgendwie kam mein Vater zu dieser Fotografie. Daraufhin begannen sie Bücher über Sri Aurobindo und Mirra Alfassa zu lesen. Es war nicht schwierig, diese in Frankreich zu erhalten. So haben sie zwangsläufig auch über Auroville gelesen und von diesem Stadtexperiment. Es war dann nur noch eine Frage der Zeit, bis der Entschluss gefasst war, sich diesen Platz anzuschauen. Das Ziegenexperiment näherte sich ohnehin seinem Ende. Die staatlichen Auflagen wurden immer strikter und schwerer erfüllbar und es wurde für meine Eltern unmöglich, ohne extrem hohe Investitionen die Käserei weiter zu betreiben. Dieses Geld hatten sie gar nicht.«

»Also genau das, wovor sie zu entkommen versuchten, hat sie schließlich wieder eingeholt: bürokratische Hürdenläufe und Auflagen, die eine Menge Geld und Zeit verschlangen.«

»So war es. Meine Eltern waren frustriert und verkauften die Ziegen und das Weideland. Damit hatten sie genug Geld, um sich aus Frankreich zu verabschieden. Wir waren zu diesem Zeitpunkt bereits fünf Personen. Mein jüngster Bruder war ein Jahr alt. Dann reisten wir ab. Als wir in Auroville ankamen, wohnten wir im Center Guesthouse. Ich glaube jeder, der damals hier ankam, stieg zuerst dort ab. Ich erinnere mich an eine so großartige Geschichte dort in diesem Haus. Es gab da einen Mann, den wir den Milchmann nannten. Jeden Morgen stand er in der Küche. Du hast sicher schon gesehen, wie Inder mit Milch oder Tee umgehen, wenn sie die Milch von einem Topf in die Tasse oder von einer Tasse in eine andere Tasse umleeren. Das ist eine Zirkusnummer. Sie machen das ja kopfüber, die Tasse oder der Topf mit der Milch ist hoch über ihrem Kopf in der gestreckten Hand und in der anderen Hand halten sie das Teeglas. Aus dieser Höhe, es ist sicherlich mehr als ein Meter, lassen sie nun diesen Milchstrahl in einem Schwall in das untere Glas stürzen. Und glaube mir, niemals ist auch nur ein Tropfen daneben gegangen. Meine Brüder und ich standen wie hypnotisiert jeden Morgen vor diesem indischen Mann und starrten sprachlos auf diese Darbietung.«

»War es für dich und deine Brüder einfach nach Indien zu übersiedeln?«

»Ich hatte kein Problem. Ich war schon in Frankreich eine begeisterte Reiterin. Meine Eltern versprachen mir hier ein eigenes Pferd und ich würde mehr Möglichkeiten zum Reiten vorfinden. Ich konnte es gar nicht erwarten bis zu unserer Ankunft. Für meinen mittleren Bruder war es schwieriger. Er vermisste seine Freunde.«

»Das habe ich mir gedacht. Und wie war es für deine Eltern? Ist das eingetreten, was sie sich erwartet oder erhofft hatten?«

»Ja und nein. Damals war der Newcomer-Status auf 24 Monate anberaumt. Zwei Jahre in denen du keine Maintenance erhalten konntest. Da musstest du von deinem Ersparten und Mitgebrachten leben. Meine Mutter arbeitete als Volunteer zuerst im Kindergarten und mein Vater setzte seinen Beruf als Käsemacher bei einer Farm hier fort.«

»Und genießt er das bis heute? Hat er seinen Weg gefunden?«

»Ich glaube schon. Es ist natürlich hier nicht einfach. Du musst Kontakte zu den Tamilen in den Nachbardörfern knüpfen. Du bist auf deren Goodwill angewiesen. Er ist ein sehr hart arbeitender Mensch und verlangt das auch immer von seinen Mitarbeitern. Manchmal kommen diese nicht zur Arbeit und dann musst du rasch improvisieren. Also ich glaube, mein Vater erfüllt auf diese Weise seinen Karma-Yoga...«

Sie lacht laut und offen und reicht gleich nach, dass ihr Vater bis heute hier der glücklichste Mensch sei. Dann erzählt sie, dass sie alle nach zwei Jahren als Aurovillianer anerkannt wurden. Sie fanden ein schönes Haus und das neue Leben hatte gut begonnen.

»Wie viele Schulen hast du in Auroville besucht?«

»Begonnen habe ich, wie schon gesagt, in der Transition School, dann war ich ein Jahr in der Last School und die letzten vier Jahre habe ich in der Future School verbracht.«

»Und dann nach deinem Abitur bist du zum Studieren nach Europa gegangen?«

»Ja, mit 18 habe ich die Schule beendet und dann den Entschluss gefasst, an einer niederländischen Universität zu studieren.«

»Wo hast du studiert und welche Studienfächer hast du belegt?«

»Ich ging nach Maastricht an die dortige Universität. Ein Bachelorstudium habe ich in Biologie absolviert und meinen Master machte ich in Global Health. Die Universität ist international berühmt für ihre alternative Lernmethode des problemorientierten Lernens. Und außerdem ist sie die Universität mit dem höchsten ausländischen Studentenanteil in ganz Europa. Also in vielerlei Hinsicht eine sehr zukunftsweisende Universität.«

»Du hast also eine Universität gewählt, die für mich schon in einem direkten Zusammenhang mit deiner Ausbildung hier in Auroville steht.«

»Hundertprozentig. Ich glaube, dass Maastricht die einzige Universität zumindest in Europa ist, die derzeit in allen Fakultäten diese Form des POL (problemorientiertes Lernen) anbietet. Es gibt viele Universitäten, die sich daran zu orientieren beginnen. Aber das braucht viel Zeit. Einmal, um das Konzept umzustellen und noch mehr Zeit benötigt es, die staatlichen Institutionen von der Sinnhaftigkeit des POL zu überzeugen.«

»Kannst du mir kurz erklären, worauf es dabei ankommt?«

»Am einfachsten erklärt es sich so: Es wird eine Problemsituation dargestellt. Schriftlich, sehr ausführlich und genau. Die Aufgabe der Studierenden ist es nun, über unterschiedliche Wege eine eigene Lösung zu finden. Dieser Weg der Lösung hat nun ganz viel mit den eigenen Initiativen zu tun. Auch die Aufgabenstellung, also die Problemdefinition, wird von den Studenten vorgegeben. Im nächsten Schritt gilt es, Hypothesen aufzustellen. Diese Phase ist besonders wichtig, da jeder alles, was ihm zum Thema einfällt, äußern soll. Wir arbeiteten da in kleinen Gruppen und es war eine Vorbedingung, dass wirklich alles geäußert werden sollte. Was von jedem gesagt wurde, stand nie zur

Diskussion oder wurde niemals in Frage gestellt. Und so musste auch nichts beschützt oder gerechtfertigt werden. Es galt nur, alles, was an Möglichkeiten zur Problemerkenntnis und zur Lösung denkbar war, zu äußern, sozusagen zum Leben zu erwecken. Im nächsten Schritt wurden die Ideen und Hypothesen geordnet und erst jetzt wurde innerhalb der Gruppe diskutiert, welche Hypothesen am ehesten für die Lösungseingrenzung des spezifischen Problems am besten geeignet erschienen. Darauf erfolgte die eigentliche Benennung der Lernziele. Diese wurden dann meistens in Einzelarbeit recherchiert und bearbeitet. Worauf es aber im gesamten Prozess ankommt, ist die soziale Komponente. Es bedarf schon einer gut entwickelten sozialen Kompetenz, um diesen Weg erfolgreich zu gehen. Erfolg liegt dabei nicht im Reproduzieren eines erlernten Lehrstoffes, sondern eben im Selbsterarbeiten und im Selbsterkennen von völlig neuen Problemsituationen.«

Und dann spricht sie noch eine unvermutete Parallele zwischen der europäischen Universität und dem aurovillianischen Bildungsmodell an:

»An dieser Universität in Maastricht hatte ich auch die Möglichkeit, meine eigenen, mir als wichtig erscheinenden Fächer, selbst zu wählen. Also von der großen Freiheit, die das Schulsystem hier in Auroville für die Schüler bedeutet, ging ich nur einen Schritt nach Europa in diese Universität, um etwas ganz Ähnliches fortzusetzen. Wenn ich das jetzt so betrachte, kam alles zu einem fokussierten Punkt zusammen. Ich wollte zuerst Wirtschaft studieren und belegte einige Fächer nach meinem Ermessen. Dann aber erkannte ich, dass ich mich in der Wissenschaft mehr zu Hause fühlte. Ich belegte Biologie und machte den Bachelor. Mir ging es dabei nie um den Abschluss eines Studiums, um dann ein Diplom oder was auch immer vorweisen zu können. Alles was gut für meine persönliche Entwicklung war, wollte ich machen. Dass ich am Ende in Global Health meinen Master machte, war nur noch eine zwangsläufige Zusammenführung von allem, was ich davor getan hatte. Damit meine ich auch meine Entwicklung hier in Auroville. Es gehörte alles zusammen. Ich studierte dann noch ein halbes Jahr in Thailand im Nebenfach Menschenrechte. Dann hatte ich den Eindruck, es ist komplett.«

»War für deinen Weg dieses aurovillianische Schulsystem ausschlaggebend?«
»Ja, zu einem großen Teil ganz sicher. Wirklich entscheidend war dabei das Vertrauen. Du lernst hier, dir selbst zu vertrauen. Deinen Entscheidungen, deinen Aktionen kannst und sollst du vertrauen, weil du sie gut und intensiv überprüft hast bzw. weil du dich ja ständig in deinem Tun und Denken überprüfst. Selbstvertrauen ist hier schon sehr groß geschrieben. Weißt du, das habe ich gut während meines Studiums erkennen können: Viele Menschen streben mit ihrem Studium nach Ankerkennung, nach einem hohen Einkommen und Wohlstand. Hier in Auroville ist das Gegenteil der Fall. Und ich glaube auch, dass es für junge Menschen, die so wie ich im Ausland studieren und dann wieder hierher zurückkommen, nicht schwierig ist, in Auroville ihren Platz zu finden. Ihre Auslandsjahre sind ja ebenfalls eine Selbsterfahrung. ›Wer bin ich?‹ und ›Was will ich?‹ sind Fragen, die dann einfacher beantwortet werden können.«
»Wie hast du die erste Zeit in Europa erlebt? Immerhin kamst du aus einem höchst unterschiedlichen Lebenskonzept zum europäisch-westlichen Gesellschaftsmodell.«
»Die ersten sechs Monate war ich wirklich einsam. Ich war nicht in der Lage, von mir aus Kontakte zu knüpfen. Und es war für mich auch ein Kulturschock aus der anderen Richtung. Zuerst diese viele Bürokratie, die mir entgegen flutete. Das war ich gar nicht gewohnt. Womit ich mir anfangs besonders schwer tat, war eine allgemeine Oberflächlichkeit. Wie Menschen miteinander redeten, was sie dachten, der ganze zwischenmenschliche Umgang erschien mir oft sehr äußerlich. Aber dann nach einigen Monaten habe auch ich mich verändert und konnte auf Menschen zugehen. Außerdem war Maastricht schon eine besondere Universität und so versammelten sich hier auch viele junge Menschen mit doch auch ähnlichen Ansichten und Gedanken. Ich wurde übrigens zu so etwas wie einer Türöffnerin für andere Aurovillianer. Fünfzehn junge Leute aus Auroville studieren derzeit in Maastricht.«
»Hast du vor deiner Entscheidung für Maastricht sehr genau darüber nachgedacht, wo du in Europa hingehen wirst?«
»Nein, überhaupt nicht. Ich bin einfach gegangen!«
Wieder lacht Inge hell auf. Mein etwas ratloses Gesicht muss sie dazu ermuntert haben.

»I just went – ich bin einfach gegangen!«
Wie oft habe ich diesen Satz in verschiedenen Ausformungen hier in Auroville schon vernommen. »Hast du lange überlegt, das zu tun?« fragte ich einige Tage zuvor Jane zur Absicht ihrer Schokoladenerzeugung. »No, I just did it.« In diesen Worten findet sich die Quintessenz von gelebtem Selbstvertrauen. Lebe doch endlich angstfrei!

Inge unterrichtet seit einigen Monaten selbst an der Future School. Jene Schule, die formal am ehesten dem uns bekannten Gymnasium ähnlich ist. Es gibt Klassen und es gibt Unterrichtspläne. Es gibt Stundenpläne und eben auch Prüfungen. Beide Schulen, also Future School und Last School, haben ihre Vorzüge und weisen ihre nicht vergleichbaren Qualitäten auf. Inge ist überzeugt, dass beide Schulen und ihre unterschiedlichen Systeme aber in absehbarer Zeit unter einem Dach zusammengeführt werden.
»Was ist für dich das wirklich Besondere am Bildungssystem? Sind es die Lehrer? Oder doch die Methode?«
»Von jedem etwas. Aber es ist etwas Grundsätzliches, was Aurovilles Bildungsidee von jener westlicher Gesellschaften unterscheidet. Bildung ist bei uns nicht etwas, was sich nur auf Schulen, Unterricht, Bücher, Hefte, Tafeln, Hausaufgaben, Autoritäten beschränkt. Bildung ist eine ganzheitliche Betrachtung und eine damit verbundene gesamtheitliche Entwicklung des Kindes. Der inneren Entwicklungsreise eines Kindes lässt man besondere Pflege angedeihen. Und in einer Schulklasse ist nicht immer entscheidend, was aus einem Buch an Wissen in die Köpfe der Schüler übertragen wird. Viel wesentlicher ist die Dynamik der Schüler und wie und welche Fragen sie stellen. Welche Inhalte werden diskutiert? Was ist das Bedürfnis der Lernenden? Wie äußern sie dieses? Da existiert eine andere Art des Zuhörens, die wir als Lehrer hier pflegen. Ganz anders als es im normalen Schulsystem Europas üblich ist. Es ist nicht einfach, in Auroville zu unterrichten und Lehrer zu sein. Du kannst dir vorstellen, bei diesen vielen Fragen und der Art der Fragen, die immer frei heraus gestellt werden dürfen, kommt man auch an eigene Grenzen. Und dann muss man diese erweitern. Zum Beispiel

ist es ganz wichtig für mich, als Lehrerin mir den Rhythmus der Klasse anzueignen. Das klingt sehr abgefahren, ist aber entscheidend, ob du mit der Klasse mitreisen kannst. Ich nenne es so, weil es den Punkt am stärksten zu bezeichnen vermag. Die Gemeinschaft der Klasse ist die Summe ihrer Individuen. Manche lebhaft und aktiv, andere verhaltener und passiver. Aber alle haben die gleichen Möglichkeiten zu fragen und Antworten einzufordern. Und sie haben auch unter sich diese gleiche Freiheit. Wie sie miteinander kommunizieren, gibt nicht eine Person vor, sondern es ist ein kollektiver Prozess. Aber trotz Unterschiedlichkeiten bilden alle Individuen eine sehr energetische Gemeinschaft, die wächst und gedeiht. Lehrer haben oft das Verlangen, diese Gemeinschaft nach ihrem Ermessen zu formen und ihr das eigene Tempo, den eigenen Rhythmus aufzuerlegen. Das ist die alte Autoritätsschulung, wie ich sie auch aus Frankreich noch gut in Erinnerung habe. Aber wenn du dich nun auf das sich natürlich auch immer wieder verändernde Tempo und den Rhythmus der Gemeinschaft einlassen kannst, dann ist eine völlig andere Aufnahmebereitschaft bei jedem, auch bei dir als Lehrer, gegeben. Es gibt Schulstunden, da habe ich ein Gefühl, das ich nur so benennen kann: der Moment einer perfekten Harmonie. Alles ist eins. Die Dinge haben sich erfüllt. Das ist ein sehr großes Gefühl, weil es nicht nur du als Lehrer, sondern jedes einzelne Mitglied in der Klasse so erfährt. Aber man kann es fast nicht erzählen. Es ist etwas nur selbst Erlebbares. Das hat nichts mit Magie oder komischen Ritualen zu tun. Es hat vielleicht etwas mit der Kunst von echter Aufmerksamkeit zu tun. Ich sage ›echt‹, weil es auch die oberflächliche gibt. Einem Menschen zuzuhören. Das ist wirklich ein fordernder Prozess. Wenn man sich dieser Aufgabe nicht stellt, dann bleibt es bei einer Vor- und Verstellung. Ich kann mich sehr interessiert geben, aber es dringt nichts in mir vom Erfahrenen in die Tiefe. Also bleibt auch die Verarbeitung in mir oberflächlich und wenig aussagend.«

In Auroville gibt es keine Wunder und auch in den Schulen wird nicht gezaubert. Also möchte ich von Inge wissen, wie es mit jenen Schülern aussieht, die nicht so große Begabungen mit sich bringen, wie es in meinem Vorgespräch Satyavan oder auch Inge selbst von sich sagen konnten. Wie ist das Schulleben für jene, die sich mit dem Mittelmäßigen oder sogar Unterdurchschnittlichen abzufinden haben?

»Ich glaube, wesentlich für unsere Schüler ist, dass sie immer vor Augen haben: Es können Prüfungen gemacht werden, aber niemand muss Prüfungen absolvieren. Das nimmt schon einmal eine wesentliche Last ab. Wählt jemand den falschen Schultyp, dann machen wir die Person selbstverständlich darauf aufmerksam und sagen dann auch: ›Pass auf, du verschwendest hier deine Zeit. Es gibt da vielleicht etwas für dich viel Richtigeres. Probiere das einmal aus.‹ Aber es wird nie Druck ausgeübt und niemand zu etwas gezwungen. Es gibt auch die Möglichkeit – und das machen doch einige, die sich z. B. mitten in der Pubertät befinden – sich für einige Zeit von Fächern, wo es gar nicht funktionieren will, befreien zu lassen. Wenn es dann wieder besser ist, steigen sie wieder ein. Was für Lehrer wieder eine große Herausforderung darstellt, ist die richtige Antwort auf die Frage: Wie weit darf ich mich in das Leben eines Schülers investieren? Denn der Punkt ist sehr rasch erreicht, wo du selbst beginnst, dich im Schüler auszubreiten. Mit deinen Ideen, deinen guten Ratschlägen, mit deinem Wissen. Auf der anderen Seite müssen wir eine Struktur anbieten, die jedem Einzelnen die Möglichkeit eines sicheren Weges anbietet. Strukturbereitstellung bedeutet aber zweifellos auch Menschen in die passende Richtung zu bewegen. Und alles können Jugendliche nicht von sich selbst aus erkennen und ausführen. Also sind wir auch immer wieder lenkend tätig. Manchmal funktioniert das, manchmal nicht. Manche Schüler bleiben trotzdem auf ihrem Platz stehen, andere drehen sich um 180 Grad und gehen mit Zuversicht weiter und wieder andere erkennen ihre Situation und sind dann zu einer Veränderung bereit. Sie gehen dann z. B. lieber in die Last School, weil es dort keine Prüfungen gibt, oder aber sie wollen das Gegenteil und wechseln in die Future School. Dort geben ihnen die regelmäßigen Überprüfungen Stabilität. Aurovilles Schulsystem bietet auch Mentorenhilfe an. Oft werden Schüler in einer Krisensituation durch Kunst ermutigt. Sie können dann Theater spielen oder Musik machen oder im Chor singen. Das sind besonders wichtige und sehr hilfreiche Instrumentarien. Besonders das Theaterspiel ist eine so wunderbare Hilfsmaßnahme, die vor allem das Selbstbewusstsein und das Selbstvertrauen ungeheuer zu steigern vermag. Wichtig ist es, Möglichkeiten anzubieten, die auf den ersten Blick überraschend wirken. Auch bei uns kommt es vor, dass Schüler einen Lehrer nicht mögen. Dann muss darüber gesprochen werden. Wenn es ein sehr guter Schüler ist, dann kann man ihn auffordern, dass er einen Teil seiner Schulzeit, die er ja ohnehin in der Klasse verbringen muss, für die Auseinandersetzung mit sich verwendet. Warum mag ich den Lehrer nicht? Was sind meine Beweggründe? Also die Anhaltung zum ständigen Überprüfen, was im Inneren abläuft, ist überaus wichtig. Nicht nur bei den Schülern, auch vielen Aurovillianern würde diese Überprüfung zur Frage ›Warum reagiere ich auf jemanden so?‹ gut tun.«

»Dein letzter Satz bringt mich zum abschließenden Thema. Wir sprechen jetzt schon zwei Stunden über ein so hervorragendes und durchdachtes System der Jugendbildung. Am Ende kann dann eine ausgereifte Persönlichkeit stehen, die es gelernt hat, angstfrei und mit Eigenverantwortung in das Erwachsenenleben zu treten. Glaubst du nicht, dass es manchmal in dieser Weise auch Erwachsenenbildung hier in Auroville geben sollte? Ich habe doch mehr als nur einmal vernommen, dass es eine Zunahme an Unsicherheitsgefühlen, ja sogar an Ängsten gibt. Also ›Welcome back to the past‹ könnte man ironisch sagen.«

»Aurovilles Gesellschaft steht vor einer großen Veränderung. Das ist meine persönliche Überzeugung. Die ist zwar nicht wichtig. Aber du fragst nach etwas, was wir alle hier selbstverständlich merken, und ich möchte dir so antworten: Es ist noch nicht gelungen, ein Mittel gegen diese Verunsicherungen zu finden. Deshalb glaube ich, dass es wie in jeder Gesellschaft auch hier Phasen gibt, die eine Entscheidung nur über die Reibung, vielleicht auch über den Konflikt hervorbringen können. Viele erkennen mittlerweile, dass bürokratische Erschwernisse das kleine Auroville-System, welches eigentlich gut und effizient funktionieren könnte, an den Rand der Bewegungslosigkeit steuern. Die eigentlichen Gründe dahinter sind sehr, sehr menschlich und banal, aber leider von noch keinem höher ausgebildeten Bewusstsein getragen: Misstrauen gegenüber anderen, Egoverliebtheit und damit verbundene ›Ich-bin-wichtig-Mentalität‹. Und, wie ich denke, in allen Lagern. Der innere Zusammenhalt ist derzeit nicht gut spürbar. Das Ziehen am Seil in eine gemeinsame Richtung fehlt.«

»Ich konnte im Laufe meiner Gespräche erkennen, dass ein Austausch zwischen den Generationen hier nur sehr zäh, eher gar nicht stattfindet. Wenn ich es sehr plakativ darstelle, dann würde ich sagen, die alten Generationen haben sich zurückgezogen und leben ein mehr oder weniger autarkes Leben am Rande der Gemeinschaft. Die Jungen hingegen sagen: Lasst uns mit dem Religionsschrott der Alten in Ruhe. Ich habe mir gedacht, dass die Schaffung einer Austauschplattform vielleicht sogar in Schulen oder zumindest in einem geschützten Bereich von Auroville, z. B. Savitri Bahvan als ein Geisteszentrum des Ortes, ein erster Ansatz zur Entspannung und zur sinnvollen Begegnung wäre. Denn ich selbst konnte sehr oft erkennen, dass Menschen in deinem Alter und die Neuangekommenen in der Gemeinschaft nur noch wenig Ahnung vom Leben aus dieser Zeit hatten. Ich meine damit nicht das Nacherzählen großer, vergangener Taten. Aber im Tun von vielen dieser Menschen lag so viel Innovationskraft. Wir sprechen jetzt die ganze Zeit von diesem Bildungssystem. Es beruht zu einem großen Teil auf Mutters Vorstellungen. Aber der Australier Johnny, den du sicher kennst, der hat so vieles dazu bloß aus seinem eigenen Menschsein beigetragen. Ich war bei ihm und er bringt noch immer jungen Lehrerinnen den Umgang mit Holz bei. So menschlich und so effizient – und anscheinend so unwichtig für viele hier. Ich bin so beeindruckt von dieser Vielzahl an kleinen Schritten, welche da stattgefunden haben und auch noch immer gesetzt werden... Andererseits könnten junge Menschen über ihre eigenen Ideen und Vorstellungen sprechen.«

Inge unterbricht.

»In diesen Wochen ist für Jugendliche eine erste eigene Interessenvertretung gegründet worden. Diese ermöglicht ihnen endlich Mitsprachemöglichkeit in den wichtigsten Gremien. Bisher verlief die Zukunftsgestaltung der jungen Menschen ohne ihre Mitwirkung. Das habe ich in der Vergangenheit als sehr eigenartig empfunden, an diesem Ort, der gleich zu Beginn in seiner Charta festhält: Auroville wird der Ort einer nie endenden Erziehung sein, eines immer währenden Fortschritts und einer Jugend, die niemals altert.«

»Umso mehr wäre doch ein solcher ständiger Austausch wünschenswert. Gespräche und geäußerte Gedanken über Utopien und Vorstellungen der Einzelnen,

jung wie alt. Ich glaube, dass sich da anscheinend Trennendes zu einem ungeheuren gemeinsamen Potenzial verbinden könnte.«

»Du darfst aber nie die Realität hier vergessen: In Auroville gibt es unglaublich viel Freiheit für den Einzelnen. Und das bedeutet auch, dass jeder selbst entscheiden kann: Will ich an einem solchen Austausch teilnehmen oder nicht? Es gab und gibt schon einige Gedanken in die von dir genannte Richtung. Aber die guten Ideen erfüllen sich dann in Treffen, bei denen wieder die ähnlich Denkenden unter sich sind.«

»Was meinst du: Wie kann es zu einer Veränderung, oder besser gesagt zu einer Weiterentwicklung im guten Sinne kommen?«

»Ich bin überzeugt, dass Auroville über ein ungeheuer starkes Potenzial an Selbstheilungskräften verfügt. Das liegt im Geist dieses Ortes und seiner beiden Begründer. Darin liegt auch der Unterschied zur äußeren Welt. Es gibt hier eine innere Einsicht und Besinnung. Und was man nicht außer Acht lassen sollte: Ich bin mir sicher, dass an einem solchen Ort mit dieser verrückten Absicht des Experiments, Konfliktsituationen und Gegenkräfte zum Spiel der Entwicklung gehören. Wir müssen uns da schon auch selbst eine Chance geben. Viele von uns haben in ihrem Inneren eine tiefe und wahre Überzeugung für den wesentlichen Fortbestand Aurovilles. Aber vor allem gilt ihre Überzeugung der Idee und der Absicht. Und die Menschen mit diesem Bewusstsein wissen zu verhindern, dass es zu nicht mehr steuerbaren Situationen kommt, die bloß ein Endprodukt falsch gelaufener Egos sind.«

»Hast du dich bereits für ein ständiges Leben in Auroville entschieden?«

»Es müsste schon einen Platz mit vergleichbaren Möglichkeiten für die persönliche Entwicklung geben, um über diese Frage vielleicht eingehender nachzudenken. Aber ich bin noch jung und gegenwärtig ist mein Leben hier erfüllt.«

»Aber wie würde sich Aurovilles Geist in der Welt etablieren können, wenn er nicht hinaus getragen wird?«

»Ich war einige Jahre in Europa. Man hat mir viele Fragen gestellt und ich habe geantwortet. Und ich habe viele Fragen gestellt und ebenso viele Antworten erhalten. Du sitzt mir gegenüber, mit der Absicht ein

Buch über Auroville zu schreiben. Immer findet irgendwo ein Austausch statt, der auch erfahrbar macht, was wir hier wirklich machen.«

»Hast du in Maastricht auch Menschen getroffen, die dich für dein Leben in Auroville vielleicht sogar beneideten?«

»Es gab welche mit der ernsten Absicht nach Auroville zu reisen, um diesen Ort näher kennen zu lernen. Und so setzt sich Auroville in die Welt fort.«

»Gehen dir hier manche Prozesse zu langsam vonstatten?«

»Hier geht den meisten immer alles zu langsam. Du hast sicherlich schon gemerkt, dass Motorradfahren mit hohem Tempo zu den Lieblingsbeschäftigungen vieler Aurovillianer gehört. Geschwindigkeit gehört zur Darstellung der eigenen Energetik. Kraft haben viele hier in wirklich beeindruckendem Ausmaß. Aber das ist alles unwesentlich im Vergleich zum inneren Rhythmus, welcher ohnehin vom besonderen Geist an diesem Ort vorgegeben wird. Die wichtigen Entscheidungen für Auroville werden ohnehin mit diesem gemächlichen aber beständigen Tempo ausgeführt.«

WIE WIRD MAN AUROVILLIANER?

Aus 47 Nationen setzt sich derzeit Aurovilles Gemeinschaft zusammen. Eine aktuelle Statistik des Auroville Resident Service:

BREAKDOWN BY NATIONALITY

01/09/2015
THIS REPORT INCLUDES: AUROVILIANS, NEW COMERS, TO BE NEW COMERS, AND THEIR CHILDREN.

SUMMARY:

ADULTS:	1 809	M: 923	F: 886
CHILDREN:	619	M: 329	F: 290
TOTAL:	2 428		
NATIONALITIES:	47		

DETAILS:

INDIAN	1 031	FRENCH	348
GERMAN	225	ITALIAN	143
DUTCH	90	AMERICAN	83
RUSSIAN	63	SPANISH	50
BRITISH	47	SWISS	40
ISRAELI	38	BELGIAN	35
KOREAN	35	CANADIAN	25
SWEDISH	23	UKRAINIAN	20
AUSTRALIAN	16	SOUTH AFRICAN	13
CHINESE	11	JAPANESE	9
ARGENTINIAN	8	AUSTRIAN	8
SLOVENE	6	HUNGARIAN	6
UZBEKISTAN	5	MEXICAN	4
BRAZILIAN	4	BELARUSIAN	4

LATVIAN	4	TIBETAN	3
DANISH	3	NEPALI	3
ETHIOPIAN	3	SRI LANKAN	3
ICELAND	2	MOLDOVA	2
COLOMBIAN	2	CZECH	2
RWANDESE	2	BULGARIAN	2
PHILIPPINES	1	ECUADOR	1
KAZAKH	1	IRISH	1
IRANIAN	1	LITHUANIAN	1
ALGERIAN	1		

Möchte man einen signifikanten Problempunkt für Aurovilles Fortbestand erkennen, dann sind das die immer noch zu geringen jährlichen Zuwachsraten an neuen Mitgliedern der Gemeinschaft. Die »Stadt der Morgenröte« war von Mirra Alfassa für 50.000 Menschen angedacht und theoretisch geplant. Ich konnte nicht in Erfahrung bringen, warum es genau diese Zahl war. Eine festgelegte Jahreszahl zum Erreichen dieser Menge wurde von ihr nie genannt. Meine Vermutung ist, es könnte mit Sri Aurobindos Aussage zur »kritischen Menge« an Menschen, die in das Stadium der höheren geistigen Entwicklung geraten, in Zusammenhang stehen. Je höher die Gesamtzahl an Bewohnern von Auroville, desto größer die Chance auf das Erreichen dieser kritischen Menge in diesem hohen Entwicklungsstadium. Die Auswirkung: Eine bestimmte Anzahl von Menschen, die Dank ihrer konsequenten Entwicklung die evolutionäre Hürde zu einem höheren Bewusstsein überschreiten würden, wäre dann bereits ausreichend, um eine Veränderung der Menschheit unaufhaltbar zu bewirken. Rein vom Rechnerischen wäre diese Quote bei 50.000 deutlich einfacher zu erreichen, als es die gegenwärtig knapp 2.500 im Experiment befindlichen Individuen ermöglichen könnten. Aber so ist die Realität und in Auroville ist ohnehin alles als ein Prozess der Annäherung zu sehen. Wer den Entschluss zu einer Lebensabsicht in Auroville fasst, hat mehrere Schritte eines recht komplexen Aufnahmeverfahrens vor sich. Um Aurovillianer mit allen umfassenden Rechten und Pflichten zu werden, bedarf es dem Durchlauf von Zwischenstationen mit damit spezifisch vorgesehenen Aktivitäten. Gegenwärtig gibt es jährlich zwischen 80 und 100 Interessierte, die in einem ersten Schritt einen atmosphärischen Eindruck von Ort und Menschen erhalten wollen. Etwa die Hälfte entschließt sich zu einer Fortsetzung des Aufnahmevorgangs. Bei einigen Aufnahmeinteressierten entsteht die Bleibeabsicht während eines bloß aus Neugierde entstandenen Auroville-Aufenthalts. Auroville besitzt eine beachtliche Menge an Unterkünften für Besucher und Gäste. 32 Gästehäuser gab es bei meinem letzten Aufenthalt. Die meisten im durchaus ansprechenden Mittelsegment, einige ebenfalls sehr schöne Häuser im »low-budget«-Bereich und eine einzige Unterkunft im gehobenen Segment. Als Gast oder eben Besucher in Auroville zu wohnen, bedeutet immer aus diesem Angebot zu wählen. Das Preisniveau bewegt sich dabei zwischen einigen wenigen Euro pro Nächtigung bis in den gehobenen Bereich von ca. 50 bis 60 Euro pro Tag. Aurovilles Gemeinschaft hat längst erkannt, dass auch mit Gästebetten ein recht erträgliches Geschäft zu machen ist. Die Sauberkeit, die hygienischen Musterzustände und das Klima in der kühleren Jahreszeit machen Auroville sowohl bei Indern als auch Besuchern aus anderen Teilen der Welt zum begehrten Reiseziel. Die meisten dieser Unterkünfte sind für Kurzzeitbesucher ausgelegt. Wenige bieten Frühstückspension an. Durchgängige Verpflegung während des Aufenthalts ist so gut wie gar nicht zu erhalten. Manche Unterkünfte haben Küchen, die benutzt werden können. Doch die wenigsten Besucher machen davon Gebrauch. Aurovilles Verpflegungsangebot ist vielseitig, qualitativ hochwertig und reichhaltig. Und es werden immer mehr Cafés und Snackbars eröffnet. So ist es nicht überraschend, wenn auch die meisten Mitglieder der Gemeinschaft auf die Essenszubereitung in den eigenen vier Wänden weitgehend verzichten. Oder man hat den Luxus einer beschäftigten Köchin, wie es Uma in ihrem Rohinis Guesthouse handhabt. Ich selbst habe bei meinem letzten, fünf Wochen dauernden Aufenthalt in diesem Gästehaus gewohnt. Diese Unterkunft ist nur für Besucher, die mindestens einen Monat zu bleiben beabsichtigen. Die meisten, die hier absteigen, sind aber sogenannte »Long-terms«, Gäste mit einer Aufenthaltsdauer über mehrere Monate. Uma ist Gründerin und Geschäftsführerin des mittlerweile international renommierten Modelabels Upasana und eine prominente, wenn nicht DIE Vorzeigegeschäftsfrau Aurovilles. Mir ist unter anderem ihr stark soziales Engagement in unterschiedlichen Bereichen in Erinnerung geblieben: ob es nun das persönliche Engagement für die Opfer des verheerenden Tsunamis oder ihr verstärkter Einsatz zur Beschäftigung der Weber aus Varanasi ist, deren Webarbeiten seit Jahrhunderten zu den großartigsten Erzeugnissen indischer Handwerkskunst zählen. Industrielle Billigfertigung führte dazu, dass immer mehr Weber ihr Handwerk an den Nagel hängen mussten. Diese und weitere Engagements, alle im Bereich ökologisch-nachhaltiger Produktionsabsichten und im Umweltschutz angesiedelt, machen die gleichermaßen mit geistiger Standfestigkeit und smarter Geschäftstüchtigkeit ausgestattete Uma mittlerweile auch zur begehrten Vortragsreisenden. Uma stammt aus Bengalen und ist seit 1996 Mitglied der Auroville-Gemeinschaft. Mit ihrem Gästehaus hat sie eine wesentliche Lücke in Aurovilles Wohnangebot zu schließen vermocht. Rohinis ist für Gäste eine Verbindung von recht preiswerter Wohnmöglichkeit (da Mahlzeiten inkludiert sind) und der Möglichkeit einer ersten Integration in den aurovillianischen Lebensalltag. Das Wohnzimmer des Gästehauses steht Menschen aus Auroville und dem Rest der Welt ständig offen. Hier wohnende Gäste können Freunde und Bekanntschaften zum gemeinsamen Abendessen einladen. Uma selbst bringt immer wieder Personen aus nah und fern. Die Sonntagvormittage sind für einen Treff- und Kennenlernbrunch freigehalten, an dem ebenfalls auch hausferne Personen teilnehmen können. Öfter fallen diese gut gemeinten Jour-fixe-Termine aus, da Uma auf Reisen ist. Aber ihre Absicht, ein kleines Auroville innerhalb der großen Schwester in den eigenen vier Wänden zu schaffen, sollte Schule machen. Die fünf einfach und zweckmäßig eingerichteten Zimmer sind meistens besetzt. Oft von Aufnahmekandidaten, die hier an diesem Ort eine leistbare Bleibe für erste Schnuppermonate oder für ihr Probejahr vorfinden.

AUFNAHMESPIEL MIT »B«

Ich möchte nun mehr über das Aufnahmeverfahren und seine einzelnen Schritte erfahren. Man nennt mir »B«, der in seinem Leben vor Auroville William Sullivan hieß.

Er ist Aurovillianer der Gründergeneration und lebt seit 1974 in Auroville. B stammt aus Kalifornien und arbeitete dort als Lehrer und Filmemacher. Er ist Autor eines bedeutenden Buchwerkes – »The Dawning of Auroville« (Die Morgendämmerung Aurovilles) – welches Aurovilles Gründerjahre in seinen Fokus stellt. B ist Mitbegründer des Centre of Scientific Research (CSR), Aurovilles Zentrum für Wissenschaft und Forschung und entwickelt gegenwärtig das Projekt »Zero Waste«. Dabei soll anfallender Abfall und Müll wieder in Konstruktions- und Baumaßnahmen von Bauwerken und Straßen verwendet werden. Gegenwärtig entsteht mit seiner Unterstützung innerhalb eines Experiments ein Bauwerk, welches ausschließlich aus Abfall und regionalen Rohstoffen erbaut wird. Er ist derzeit auch Mitglied von Aurovilles Aufnahmekomitee (Entry Service) und damit für die Neuaufnahmen in die Gemeinschaft zuständig.

B wie »busy« – B ist sehr beschäftigt. Wir verabreden uns am Unity-Pavillon, einem sehr modernen Auroville-Gebäude, hauptsächlich für Veranstaltungen von Großgruppen wie z. B. General Meetings geeignet. B ist an diesem Nachmittag Teilnehmer einer kleinen Gruppe, die sich zum Diskurs über das im Bau befindliche Abfallhaus trifft. Es ist ein wunderschöner Spätnachmittag und ich sitze auf einer Steinbank vor dem Gebäude und warte auf B. Drinnen wird noch immer diskutiert. Fünf Minuten vor unserer vereinbarten Zeit scheint der Höhepunkt der Diskussion erst erreicht zu sein. Und in der Tat dauert es dann noch einmal eine halbe Stunde bis die ersten Gruppenteilnehmer den Raum verlassen. Noch einmal dreißig Minuten später kommt dann auch B als einer der letzten. Da ich mich nie mehr ohne Lektüre im Kleingepäck durch Auroville bewege, ist meine Wartezeit eine durchaus gut genützte geworden. Gewartet habe ich in den Tagen und Wochen meiner Aufenthalte ausreichend. Aber die anfängliche Ungehaltenheit ist einem Gleichmut gewichen. Ich habe B schon einige Tage davor kennengelernt und so kommen wir schnell zur eigentlichen Sache. Zuerst frage ich B, welche Art von Limits es für Aufnahmesuchende gebe. Aufnahmelimits im konventionellen Sinne gebe es gar nicht. Auch keine Vorschriften, wer Aufnahme finden könne und wer nicht. Und dann erzählt mir B dazu gleich eine erste zu unserem Thema passende Geschichte. Jene eines Franziskanermönchs aus den Niederlanden, der aus Europa kommend den Ashram in Pondicherry besuchte. Er traf bei diesem Besuch auch Mutter und war nach diesem Treffen überzeugt, dass in Auroville sein richtiger irdischer Platz sein würde. Er blieb und es verstrichen die Monate. Eines Tages standen einige seiner Ordensbrüder vor ihm und fragten nach, was denn geschehen war und warum sie nichts mehr von ihm gehört hatten. Er teilte ihnen mit, dass er hier seinen Platz gefunden habe und wohl bleiben müsse. Die Franziskaner waren zwar nicht begeistert, aber sie sagten ihm, dass sie ihn weiter unterstützen würden mit allem, was er an Hilfe von ihnen beanspruchen könnte. Sie reisten dann wieder ab und er blieb. Er lernte in Folge eine junge Frau kennen und lieben, die er heiraten wollte. Die Argumentation seiner Mitbrüder zu seiner Absicht war erinnerungswürdig. Sie sagten, dass er diese Frau nicht heiraten dürfe. Denn würde er es tun, dann müssten sie ihn endgültig aus dem Orden hinauswerfen. Aber er könne mit ihr zusammenleben, ohne Heirat, und das wäre dann auch für sie in Ordnung. Also heiratete er nicht, hatte aber bald darauf mit dieser Frau ein Kind. Er reiste dann in die Niederlande, um den Abt seines Ordens zu sprechen. Dieser freute sich sehr, den fernen Brudermönch wieder zu sehen, hörte sich seine aktuelle Geschichte an und fragte ihn am Ende des Gesprächs, ob der Orden für ihn noch etwas tun könne, ob er oder sein Kind weitere Hilfe benötigten. Darauf antwortete der Mönch, dass er bloß eine Armbanduhr gut brauchen könnte. Der Abt gab ihm daraufhin seine eigene und der Bruder verließ Kloster und die Niederlande wieder in Richtung Auroville. B reicht am Ende der Geschichte nach, dass er persönlich eine Menge sehr eigenartiger, aber letztendlich ebenso berührender und schöner Geschichten von Aufnahmesuchenden mitverfolgen konnte. Auroville habe eben nicht nur auf die unmittelbar vor den Toren Stehenden und Einlass Begehrenden seinen Effekt, auch die Zurückbleibenden würden nicht selten die oft sehr schwierig nachvollziehbare Entscheidung auf ihre Weise, mit ihren Möglichkeiten unterstützen und mittragen.

Nach dieser Eröffnung schlage ich B ein Spiel vor. Ich selbst sei nun Aufnahmewilliger und an Hand meines eigenen Beispiels solle mir B die nötigen Schritte eines Aufnahmeverfahrens erklären. Ich erzähle, dass ich 55 Jahre alt bin, dass meine beruflich verwertbaren Fähigkeiten das Filmemachen, das Schreiben, Kochen und das Ausüben von Musik, vor allem Singen und, weniger gut, Klavierspielen seien. Dann sagt B, dass er mich als erstes einmal willkommen heißen würde. Meine Voraussetzungen würden ihm als ehemaligem Filmemacher zeigen, dass mein Betätigungsspektrum schon bisher ein großes war. Was für ein Auroville-Leben nur von Vorteil wäre. Dann macht er mich aber darauf aufmerksam, dass eine Aufnahme für ein Leben in Auroville weder von meiner bisherigen Tätigkeit noch von einer bisherigen Religionsmitgliedschaft abhängig wäre. Aber ich müsse akzeptieren, dass meine Aufnahme nicht als Anfrage für einen neuen Job oder für die Nutzung irgendwelcher Privilegien zu verstehen sei. Auroville ist ein Platz, wo sich das Neue seinen Weg bahnen soll. Wenn ich diese Anforderung zu erfüllen glaubte, dann solle ich mir sehr genau die Charta von Auroville durchlesen. In ihr sei alles klar und deutlich niedergeschrieben, wonach ein Leben in Auroville ausgerichtet sein soll. Wenn ich noch mehr über die praktische Umsetzung dieser Charta wissen wolle, dann solle ich »Mutters Traum« lesen. Als dritten Schritt empfiehlt mir B dann die Vertiefung durch Mutters Schrift »To be a true Aurovillian«.

Dann würden B bzw. die Mitglieder des Entry Service mir empfehlen, ein Zimmer in einem Guesthouse zu buchen. Dort solle ich dann einige

Zeit wohnen und mich dann einmal in Auroville umsehen und den Ort geografisch kennenlernen. Im nächsten wesentlichen Schritt solle ich dann versuchen eine Arbeit zu finden.

»Soll das irgendeine Arbeit sein oder bereits eine Beschäftigung, die in die Nähe meiner Absicht von einer neuen Tätigkeit kommen soll, die ich hier dann dauerhaft ausüben möchte?«

»Das ist alles von dir abhängig. Wenn du mit dem Moped oder mit dem Fahrrad umher fährst und du siehst da ein paar Leute bei der Feldarbeit und du möchtest so etwas selbst einmal machen, dann kannst du sie fragen. Wenn du in einer Schule arbeiten möchtest, dann frage dort. Oder wenn du in der Küche arbeiten willst, dann versuche es einfach im Solar Kitchen. Ganz egal was du machst, Hauptsache du machst etwas. Und dann gehst du dieser Tätigkeit für einige Zeit nach. Währenddessen wirst du sicher andere Menschen kennenlernen: Aurovillianer, die dir von ihrem Leben hier erzählen. Sie werden dich wahrscheinlich zu anderen Mitgliedern der Gemeinschaft mitnehmen und so wirst du im Laufe der Zeit einen lebhaften Eindruck und Einblick erhalten. Man wird dich kennenlernen, wird wissen wer du bist, was du machst. Und dann, so nach zwei, drei Monaten, wirst du in der Lage sein, für dich festzustellen: Ja, ich habe einen Platz zum Wohnen gefunden. Ich habe eine Arbeit und ich fühle, dass ich hier leben möchte. Ich habe auch erkannt, dass ich mit dem Klima und mit den Lebensumständen zurecht komme. Wenn du dir diese Antworten geben kannst, dann kommst du zu uns und fragst nach einem Aufnahmeantrag. Diesen füllst du aus und jetzt kommt das Entscheidende: Du musst nun wieder in deine Heimat zurückreisen und dort an der indischen Botschaft um ein sogenanntes Entry-Visum ansuchen. Das ist ein besonderes Visum, welches dir erlaubt, ausnahmslos in Auroville zu leben und zu arbeiten. Nirgends sonst in Indien, ausschließlich in Auroville.«

»Also, wenn ich es richtig verstehe, dann gehe ich mit dem Aufnahmeantrag zur indischen Botschaft in Deutschland oder in Österreich und suche um dieses besondere Einreise-Visum an?«

»Ja, du erhältst von uns einen speziellen Brief, den du mit deinem Antrag für das Visum in der Botschaft abgibst. Es ist ein offizieller Brief, welcher von der Auroville-Stiftung ausgestellt wird. In den indischen Botschaften kennt man dieses Schreiben und sie wissen, welches Visum auszustellen ist. Du erhältst dieses Auroville-Einreisevisum für ein Jahr. Erst dann, wenn du es in deinen Händen hast, kommst du wieder zu uns und beginnst dein Leben als Newcomer hier in Auroville. Dieses Visum kann nun mehre Male erneuert bzw. verlängert werden, ohne dass du wieder zurück in dein Heimatland fahren musst.«

»Also hier in Auroville wird das Visum verlängert? Wie oft kann das gemacht werden?«

»Nein, das Visum wird bei den Behörden in Pondicherry verlängert und nach viermaliger Verlängerung musst du wieder zurück in deine Heimat und dann suchst du bereits um ein spezielles Entry-Visum an. Diesmal erhältst du ein 5-Jahres-Visum für Auroville. Und dieses 5-Jahres-Visum kann dann immer wieder bis zum Ende deines Lebens verlängert werden. Und zwar ebenfalls hier in Pondicherry. Du musst also nie mehr zurückgehen.«

»Aber bitte lass uns jetzt noch einmal einen Schritt zurück machen. Meine Unterkunft im Gästehaus und auch meine sonstigen Ausgaben in diesen ersten Monaten habe ich alle selbst zu bestreiten. Ist das richtig?«

»Ja, das ist prinzipiell so vorgesehen. Du hast in dieser Zeit für deine Unterkunft selbst zu sorgen, musst selbst für ein geeignetes Fortbewegungsmittel innerhalb des Auroville-Gebietes sorgen – ein Fahrrad bei sehr guter Kondition, oder ein Moped – und du hast auch für alle sonstigen notwendigen Ausgaben – Visum, Versicherungsschutz, medizinische Versorgung, Nahrung – selbst aufzukommen. Aber es gibt noch eine andere Möglichkeit Aurovillianer zu werden. Das ist der Weg des Volunteers, also des freiwillig Arbeitenden. Wenn du eine spezielle Fähigkeit mitbringst, z. B. im technischen Bereich, dann kannst du bereits aus deiner Heimat versuchen, eine Arbeit hier zu finden. Wir haben in Auroville einen eigenen Bereich, der sich mit den Volunteers beschäftigt. Du schreibst an diese Stelle, die sich SAVII nennt (tamilisches Wort für Schlüssel) und beschreibst deine Fähigkeiten und dass du denkst, dass diese in Auroville gut benötigt werden könnten. Wenn ein Unternehmen hier in Auroville diese Bewerbung liest und deine Arbeit und Kenntnisse brauchen kann, dann wirst du einen maximal einjährigen Vertrag erhalten und das Unternehmen wird dir den Visumsantrag zuschicken. Hauptsächlich machen Studenten von diesem Angebot Gebrauch. Das ist der offizielle Weg als Volunteer nach Auroville zu kommen. Und dann gibt es auch die Möglichkeit, wenn es sich die Firma leisten kann, dass du eine Maintenance-Zahlung für die Zeit, die du hier arbeitest, erhältst. Aber das bedeutet nicht gleichzeitig, dass du dann auch Mitglied der Gemeinschaft wirst. Viele junge Menschen kommen nach ihrem Abitur her und wollen dann so eine Art Entwicklungsjahr hier verbringen. Für einige wird es auch zum Schnupperjahr. Aber ihre Absicht ist es, vorerst einmal nur für ein Jahr zu bleiben. Als Volunteer hast du dann auch die Möglichkeit vor Ablauf deines Jahres, also so im zehnten oder elften Monat, zum Entry Service zu gehen und einen Antrag auf Aufnahme als Aurovillianer zu stellen.«

Wir sitzen vor dem Unity-Pavillon, es ist gänzlich dunkel geworden. Es gibt keine Lichtquelle, die uns gegenseitig erkennbar machen könnte. Nur unsere Stimmen sind zu vernehmen und ganz plötzlich löst sich aus den nahen Bäumen ein Schwall von Vogelstimmen, eine Art von Schlusskonzert für diesen Tag. Beide lauschen wir mehrere Minuten dieser Vorführung. B wird es schon öfter gehört haben, aber ich bin tief beeindruckt ob der unglaublichen Stimmenvielfalt und dem Schöngesang. Dann, im lange anhaltenden Decrescendo, beginnen die unzähligen Stimmen zu verstummen. Wir schweigen noch einige Augenblicke in die Stille hinein, bevor wir unser Aufnahmegespräch fortsetzen.
»Wie ist dann der weitere Weg, sowohl im ersten Fall nach meinen ersten zwei Monaten, als auch nach Ablauf der Zeit als Volunteer?«
»Wenn dieser erste wichtige Schritt getan ist, dann erhältst du von uns ein sogenanntes ›Newcomer-Kit‹, das ist eine schriftlich verfasste Orientierung, wie du dein Jahr als Newcomer hier in Auroville verbringen sollst.«
»Was sind die grundlegenden Schritte in diesem Jahr?«
»Also in aller Kürze: Du benötigst genügend Geld, um dich in diesem Jahr hier in Auroville über Wasser halten zu können. In diesem Zeitraum kann dich Auroville nicht unterstützen. Innerhalb dieser ersten

zwölf Monate solltest du unter allen Umständen vermeiden, zurück in deine Heimat zu reisen. Es ist in gewisser Hinsicht deine ganz persönliche Probe, der du dich aussetzt: Kann ich ein ganzes Jahr von meiner bisherigen Vertrautheit, von meinen Gewohnheiten, aber auch – und das ist sicherlich das wirklich Schwierige – von allen lieben Menschen, die mich umgaben, Abstand nehmen? Es ist eine wichtige Überprüfung. Denn deine Entscheidung für Auroville ist nur dann für die Gemeinschaft sinnvoll und hilfreich, wenn du dich hier auf lange Zeit engagieren wirst. Ein dritter entscheidender Schritt sind die regelmäßigen Gespräche, die du mit Mitgliedern des Aufnahmekomitees führst. Sie sind wichtig, da wir dir auf der einen Seite als Ratgeber hilfreich unter die Arme greifen können. Aber andererseits können und sollen wir erkennen, ob deine theoretische Absicht für eine Aufnahme auch durch dein praktisches Tun dich selbst und uns zu überzeugen vermag. Es ist kein Aufnahmetest und auch kein Bewerbungsgespräch wie in der westlichen Welt üblich, was wir hier vornehmen. Es dient alles nur einem einzigen Ziel: Bringst du alles mit, was für diesen bedeutenden und an Hindernissen reichen Weg notwendig ist? Diese Entscheidung muss wirklich mit allen Möglichkeiten hinterfragt sein. Du bist bereit, dein bisher geführtes Leben abzuschließen. Das ist ein enormer Vorgang. Du trennst dich von Menschen, möglicherweise von deiner Familie. Du kappst die Sicherheitsverbindungen in dein altes System. Deine Absicherungseinrichtungen wie Krankenversicherung und Sozialversicherung werden ab- oder zumindest ruhend gestellt. Der Schritt nach Auroville ist niemals, und ich muss es betonen, eine bloß gefühlsmäßige Entscheidung. Ja, am Anfang ist da sicherlich eine innere emotionale Bereitschaft zu spüren. Das ist ein ungeheuer großes Gefühl. Aber dann kommen die rationalen Entscheidungen. Der Kopf wird extrem gefordert und es geht auch gar nicht anders. Es gibt Menschen, die zu uns kommen und in der Lage sind, radikal einen Schlussstrich zu ziehen. Da scheint eine innere Bereitschaft schon sehr stark entwickelt gewesen zu sein. Aber das ist nicht die Voraussetzung und das kann hier auch niemand überprüfen. Deshalb ist dieses Newcomer-Jahr so entscheidend wichtig. Du wirst in dieser Zeit alles erleben: Einsamkeit, große

Freude, das Gefühl von Aufgehobensein, Ärger, Euphorie. An einem Tag wird dir alles gelingen, am nächsten fragst du dich, warum du hier bist. Aber vor allem wirst du lernen, mit dieser Zeit auf bedachtsame und sinnvolle Weise umzugehen. Du wirst sie mit Aktivitäten füllen, welche dir auch über die schwierigen Phasen helfen werden. Du wirst sie mit Gesprächen und im Austausch mit anderen Menschen gestalten. Und dabei wirst du wieder Selbstvertrauen bekommen. Wenn jemand aber zu viele Altlasten an Problemen mitbringt, dann ist es schwierig für diese Person hier die eigenen Energiequellen optimal zu öffnen. Was du hier kannst und sollst, ist, mit Selbstständigkeit und in Eigenverantwortung zu leben. Am Ende dieses ersten Jahres sollte deshalb Klarheit existieren. Ist hier die Fortsetzung deines Weges oder nicht?«

B's Worte wirken vielleicht wegen seiner eigenen Unsichtbarkeit in der Dunkelheit so unmittelbar und deutlich auf mich. Die Stimmung ist völlig irreal. Nur unsere Stimmen verbinden sich in der süßlich-warmen, schwarzen Luft. Es gibt keine visuelle Wahrnehmungsmöglichkeit zu diesem Zeitpunkt. Alles wurde vom Schwarz der rasch ausgebrochenen Tropennacht absorbiert. Die Stadt der Morgenröte hat sich in Verborgenheit gehüllt. Wir sprechen über den Geist dieses Ortes, der nicht für jeden geschaffen ist, für manche zu energetisch und kraftvoll fordernd ist. Und ich vermeine in diesen Minuten die Energie dieses Ortes erstmalig um mich wahrzunehmen. Jetzt, wenn weder Ohren noch Augen einer Ablenkung ausgesetzt sind, scheint sie sich wie ein Niederschlag auf mir, auf meiner Haut, auf meinem Kopf zu senken. Aber vermutlich ist es auch der Inhalt unseres Gesprächs, der diese intensive, gleichermaßen faszinierende wie erschreckende Stimmung in mir zu erzeugen vermag.

»Kann ich hier bestehen oder nicht? ›Leben auf eigene Gefahr‹ oder besser doch mit Absicherungsmaßnahmen?«

»Ja, das sind ganz sicher die Fragen, denen du begegnen wirst. Und die ehrliche Beantwortung ist das Kriterium. Die Gespräche mit uns stellen dafür Entscheidungshilfen dar. Von deiner und von unserer Seite.«

»Aber oft ist doch schon der finanzielle Aspekt ein Entscheidungskriterium für Bleiben oder Gehen?«

»Um in Auroville zu leben, benötigst du anfangs finanzielle Mittel. Das ist leider die Realität...«

»... und auch der Grund, warum Auroville nicht unbedingt jene Zuwanderer bekommt, die es eigentlich gerne hätte...«

»Ja und nein. Wie ich anfangs sagte: Jeder kann hier leben und sich ausprobieren, wenn er mit der richtigen Einstellung kommt. Aber wir arbeiten ernstlich und intensiv daran, junge Menschen für Auroville zu begeistern UND ihnen in Zukunft einen Start hier zu erleichtern. Viele Studenten, die hier ein Volunteer-Jahr verbringen, planen wiederzukommen. Und vielleicht wird aus einem ersten oder zweiten Besuch eine Überzeugung für Auroville. Aber es ist ein klarer Auftrag, dass sich Auroville für diese Menschen ganz anders öffnen und verändern sollte.«

Ich denke an mein Gespräch mit Otto und an Julias Worte über die Senioren mit den gut gefüllten Brieftaschen. Aber ich spreche B nicht auch noch einmal darauf an. Was sollte er mir antworten als das schon Vernommene? Sri Aurobindo hat keinen Zauberstab hinterlassen, das habe ich erkannt. Aber noch ist für mich das Thema Finanzierungsbeitrag nicht komplett erklärt.

»B, mir wurde gesagt, dass auch Newcomer, also die im Probejahr stehenden Personen, einen Beitrag an Auroville zu bezahlen haben. Wenn ich das richtig verstanden habe, dann stellen sie nicht nur ihre Arbeitskraft zur Verfügung und bestreiten mit eigenen Finanzmitteln ihren kompletten einjährigen Aufenthalt, sondern bezahlen darüber hinaus auch noch in Aurovilles Gemeinschaftskasse?«

»Aurovillianer und Newcomer bezahlen diesen Beitrag. Er ist notwendig, damit wir hier weiter in den Wohnbau investieren können. Damit wird aber auch der monatliche Mindestbetrag für jene, die ihn benötigen, mitfinanziert. Und sogar jene, die Maintenance erhalten, bezahlen von diesen ca. 15.000 Rupien ein Viertel wieder als Unterstützungsbeitrag an Auroville zurück. Niemand ist glücklich, wie es gegenwärtig läuft. Wer von den Neuankommenden die Möglichkeit hat, wird sich deshalb auch seine eigene Wohnmöglichkeit finanzieren.«

»Nehmen wir an, ich habe das Probejahr im guten Sinne beendet und meine finanziellen Mittel erlauben mir die Schaffung einer eigenen Behausung. Wie

wird festgestellt, ob ich für die Aufnahme in die Gemeinschaft geeignet bin? Ist es richtig, dass die gesamte Auroville-Gemeinschaft darüber abstimmt?«

»Das stimmt so nicht. Es wäre auch ein Ding der Unmöglichkeit, das realistisch auszuführen. Es würde doch voraussetzen, dass dich jeder im Laufe des Jahres kennenlernen konnte. Nach deiner Zeit als Aufnahmesuchender treten die Mitglieder der Aufnahmegruppe zusammen, beraten sich und geben eine Empfehlung ab. Und das ist es dann eigentlich auch schon. Aber dagegen kann Einspruch erhoben werden. Im News & Notes-Magazin wird jede Woche veröffentlicht, welche Person den Newcomer-Status erhalten hat und wer als Aurovillianer in die Gemeinschaft aufgenommen wurde. Sollte nun jemand einen Einwand dagegen vorbringen, dann muss der berücksichtigt und die betreffende Person angehört werden.«

»Kommt das häufig vor?«

»Nein, nicht häufig, aber immer wieder.«

»Das ist eine sehr kurze und trotzdem vielsagende Antwort. Du meinst damit wohl, dass persönlich-emotionale Beurteilungen doch öfter eine Rolle spielen?«

»Wir sind alle bloß Menschen.«

Leider sehe ich in diesem Moment nicht B's Gesicht.

»B, zum Ende unseres Gesprächs möchte ich erfahren, was der Status Aurovillianer nun für mich verändert.«

»Du hast ab sofort ein Stimmrecht bei allen General Meetings*. Du kannst bei der Wahl der Mitglieder des Auroville-Rates und des Arbeitskomitees deine Stimme abgeben. Du hast nun Anspruch auf die monatliche Maintenance-Zahlung. Du hast dein eigenes Konto, kannst bei Pour Tous einkaufen und die vielen Erleichterungen für Aurovillianer in Anspruch nehmen: Essen in Solar Kitchen, kostenlose Benützung des Schwimmbades, finanzielle Unterstützung bei Reparaturarbeiten an deinem Wohnraum, kostenloser Besuch aller Auroville-Veranstaltungen. Und du kannst die der Gemeinschaft vorbehaltenen Besuchszeiten im Matrimandir nutzen. Du kannst deine eigene Firma gründen. Dabei ist aber zu sagen, dass dafür oft wieder eigenes Zusatzgeld notwendig ist. Aber das Wichtigste ist wohl: Du kannst nun deine gesamte Energie in die optimale Realisierung deines Lebens lenken, in die geistige und in die kreative. Deine gesamte Bereitschaft und Kreativität wird außerdem gleichermaßen zu einem Baustein für den Fortbestand des Experiments.«

Klar, ich hätte noch einige Fragen gehabt: Ich habe erfahren, dass es immer wieder einmal auch zu Ausschließungen aus der Gemeinschaft kommt. Sehr selten finden diese statt. Wer sozusagen unverbesserlich gegen die Auroville-Ideale verstößt, ist ein solcher Kandidat. Sofortige Ausschlussgründe sind Drogenkonsum und schon die geringste Art von gewalttätigem und ethisch anstößigem Verhalten. Außer Aurovillianer, Newcomer und Volunteer gibt es auch noch andere Bezeichnungen für in Auroville lebende Menschen. Da gibt es die Freunde Aurovilles, wie auch Michael Bonke einer von ihnen ist. Was mir noch wichtig zu schreiben erscheint, ist die Tatsache, dass die Mitglieder des Aufnahmekomitees, wie die meisten anderen Komitees und Arbeitsgruppen, in regelmäßigen Abständen wechseln.

Erste Moskitos haben uns entdeckt und summen mit diesem unangenehmen Sirrton um mein Gesicht. Ein schlagkräftiger Beweggrund zur Beendigung unseres ohnehin schon recht lange geführten Gesprächs. Es ist spät geworden. B erzählt, dass er noch eine weitere Besprechung vor sich hat. Ein herzliches Good-bye und weg ist er.

Du kannst deine gesamte Energie in optimale Realisierungen legen.

B zählt auch zu den Auroville-Pionieren und damit zu den Älteren der Gemeinschaft. Aber wie schnell er sich zu bewegen weiß, erstaunt mich einmal mehr. Und sogar in der stockdunklen Nacht findet er sofort seinen Weg. Ich folge ihm so gut es geht. Draußen am Vorplatz des Gebäudes hilft das Mondlicht meiner eingeschränkten Orientierung. B sitzt schon auf dem Fahrrad und fährt zu neuen Aktivitäten, als ich mein Moped endlich erreiche und starte.

CRISTIANO – AM ENDE EINES LANGEN WEGES

Zur Zeit meines Aufenthalts in Rohinis Guesthouse wohnte dort schon mehrere Monate ein aus Brasilien stammender Mann. Cristiano stand kurz vor dem Eintritt in den Newcomer-Status und verbrachte die letzten Wochen als Volunteer. Er arbeitete damals als Researcher bei Auroville Consulting. Diese sehr erfolgreiche Firma ist verstärkt in ganz Indien mit Projekten zu *sustainable energy solutions* und in anderen Umweltbereichen effizient tätig. Cristiano war zum Zeitpunkt unseres Kennenlernens 57 Jahre alt. Das war für mich überraschend. Seine Absicht, im fortgeschrittenen Lebensalter diesen entscheidenden Schritt einer Veränderung zu setzen, interessierte mich sehr und ich fragte Cristiano, ob er mir seine zu diesem Entschluss führende Geschichte erzählen wolle. Wir haben uns für einen späten Nachmittag nach seinem Arbeitsende im La Terrace Cafe verabredet. Unsere Ankunft erfolgt zur gleichen Zeit und wir bestellen noch rasch Kaffee, Kuchen, Melonensaft und Sandwiches. Unser gemeinsamer Abend könnte länger werden.

»Warum bist du in Auroville?«
Es ist oft die gleiche einfache Frage, mit der das Gespräch ins Laufen gebracht wird. Cristianos erste Antwort durchpflügt weit ausholend die Jahrzehnte seines bisherigen Lebens.
»Ich bin zu dem Schluss gekommen, dass es der Platz ist, der mir am sinnvollsten erscheint, um mein Leben fortzusetzen. Ich habe mich schon mit 17 Jahren für ein spirituelles Dasein interessiert und bereits damals ein bisschen danach gesucht. Viel darüber gelesen und ein bisschen auch praktiziert. Wie es aber so im Leben kommt, wendete ich

mich wieder davon ab und begann ein ganz normales Leben und probierte unterschiedliche Sachen aus. Mein spirituelles Interesse ist auf viele Jahre verschwunden. Aber 2008 hat es sich ergeben, dass ich mich wieder verstärkt darauf zu konzentrieren begann. Kurz davor waren meine Eltern gestorben. Ich hatte zusammen mit meiner Schwester geerbt. Und das hat mir die finanzielle Freiheit gegeben, meine Arbeit abzubrechen und mich auf dieses Vorhaben zu konzentrieren. 2008 reiste ich für einen Monat in die USA. Ich verbrachte diese Zeit in einem buddhistischen Zentrum zur geistigen Sammlung. Während dieser Wochen wuchs in mir der große Wunsch wieder nach Auroville zu kommen. Ich denke, um zu erkennen, ob ich hier bleiben könnte. Aber es hat dann noch einige Zeit gedauert diesen Wunsch zu erfüllen.«

»Du sagst ›wieder‹ – warst du schon davor hier?«

»Ich hatte immer Kontakt mit Auroville. Über Internet und über Lesen. Ich habe immer aus der Ferne verfolgt, was hier geschieht. Aber mein erster Kontakt, der ist schon recht lange her, da muss ich etwas ausholen, wenn das für dich ok ist?«

Natürlich stimme ich sofort zu. Der große, schlanke Mann, der mir gegenübersitzt, trägt eine andere Welt in sich, als man von seinem Äußeren zuerst ableiten möchte. Graue kurze Haare erwecken den Eindruck einer gewissen Solidität und auch Gesetztheit. Eine lange Narbe an seiner Schläfe zeugt von einem Unfall. An der rechten Hand fehlen zwei Glieder des Zeigefingers. Cristiano trägt Merkmale eines auch physisch nicht verhandelbaren Lebensweges. Im Gespräch mit mir schaltet er aus dem Englischen auf perfektes Deutsch um. Der weiche Akzent seiner eigentlichen Muttersprache – Portugiesisch – macht seine Ausdrucksweise angenehm und erfüllt die deutschen Worte mit Wärme.

»Ich bin in Brasilien geboren, in Sao Paulo, und ich habe dort Maschinenbau studiert. Das habe ich gemacht, weil ich immer gerne mit Motoren und Autos gebastelt habe. Das Technische hat mich immer interessiert. Nach meinem Studium wollte ich aus Brasilien raus. Es waren damals wirtschaftlich und politisch sehr schwierige Zeiten in Brasilien, die mit hoher Arbeitslosigkeit verbunden waren. Ich habe dann zuerst versucht in Kanada zu arbeiten. Das hat nicht gut funktioniert. Daraufhin bin ich in die Schweiz gegangen. Meine Mutter war Schweizerin und ich habe dort recht einfach ein Visum erhalten, mit dem ich arbeiten und leben konnte.«

»Was war die Heimat deines Vaters?«

»Er stammt aus einer deutschen Familie, die 1890 aus Lüneburg ausgewandert ist. Von unserer Familie sind zu dieser Zeit viele in unterschiedliche Länder gegangen. Die Großeltern meines Vaters haben sich in der brasilianischen Hafenstadt Santos kennengelernt und dann geheiratet. Santos hatte eine deutsche Kolonie. Aber was wirklich komisch ist: Mein Vater wurde zufällig in Zürich geboren. Seine Mutter ist ständig durch die Welt gereist und so kam es, dass sie schwanger nach Europa reiste und in Zürich kam mein Vater zur Welt.«

»Was haben deine Vorfahren in Brasilien gemacht?«

»Also der eine Urgroßvater, der ausgewandert ist, war in Deutschland Pfarrer. Er ist zuerst nach Blumenau im Süden Brasiliens gekommen und war dort auch Pfarrer. Der andere Urgroßvater war im Handel tätig. Santos hatte mehrere deutsche Handelsniederlassungen und da wurde vor allem mit Kaffee gehandelt. Später hat er dann ein Stück Land in der Nähe von Sao Paulo gekauft und gemeinsam mit seiner Frau eine große Landwirtschaft betrieben. Da gab es Milchkühe und andere Nutztiere. Dieser Platz wurde dann immer wieder zum Treffpunkt der ganzen Familie. Alle reisten von überall her an.«

»Du hast mir in unserem Vorgespräch erzählt, dass dein Vater so gerne fotografierte. War das sein Beruf oder eher künstlerischer Ausdrucksversuch?«

»Nein, es war nicht sein Beruf. Es war sein liebstes Hobby. Er hat sich immer für Kunst interessiert. Aber vor allem für Fotografie. Er wollte das auch studieren, hat es sich dann aber anders überlegt, weil er dachte, davon kann er keine Familie ernähren.«

»Dein Studium des Maschinenbaues bringt ja eine gewisse Solidität zum Ausdruck. Da geht es viel um Physik, da geht es um Naturgesetze und vor allem geht es um begreifliche Materie im doppelten Sinn, also durchwegs um solid und rational Erfassbares. Denkst du, dass aber so etwas wie deine anfangs beschriebene Suche nach Spiritualität ihr Recht einfordert und irgendwann sich wieder zurückmelden muss? Auch wenn viele Jahre des Schweigens oder vielleicht sogar Ignorierens vergangen sind. So wie es bei dir der Fall war.«

»Ich habe immer sehr viel gelesen. Vor allem östliche Weisheit und Mystik hat mich angesprochen. Und da ist oft zu lesen, dass Spiritualität etwas ist, was man von Geburt an in sich trägt, bzw. man arbeitet seine Spiritualität über mehrere Leben in sich aus und so reift sie dann mehr und mehr heran. Ich kann das nicht aus meiner eigenen Erfahrung bestätigen, aber ich erkenne das als Möglichkeit. Meine Eltern hatten sehr viele Bücher zu Hause. Vater las sehr viel. Vor allem über westliche Philosophie. Er hat sich sehr für Nietzsche interessiert. Ich nicht so. Aber ich erinnere mich jetzt eben sehr gut an ein entscheidendes Ereignis: Ich suchte mir wieder einmal ein Buch und stand vor einem der großen Bücherregale. Da kam meine Mutter zu mir in den Raum – mit einem Buch in der Hand. Sie gab mir dieses Buch und hat dabei gelächelt. Es war von Paul Brunton, ein englischer Philosoph, und hieß ›A Search in Secret India‹, also in etwa ›Auf der Suche nach dem geheimnisvollen Indien‹. Er war ein jüdischer Journalist im London der 1930er-Jahre und hat sich sehr für Indien interessiert. Eines Tages beschloss er nach Indien zu reisen, um zu erfahren, ob diese ganzen Geschichten über Gurus, Yogis und Fakire wahr sind. Oder ob das alles nur versponnene Erfindungen waren. Er reiste dann ab und hat in Folge diesen Reisebericht geschrieben. Und darin las ich dann auch über seine Begegnung mit Ramana Maharshi, einem indischen Gelehrten und Guru. Und was er über diese Begegnung schrieb, das beeindruckte mich tief.«

»Kannst du versuchen etwas genauer zu beschreiben, was dich so ergriffen hat?«

»Es war vor allem diese unfassbare Präsenz des Ramana Maharshi. Ohne dass er überhaupt sprechen musste – er hat ja nicht gesprochen, war immer schweigend – hat seine Präsenz bei allen, die dort anwesend waren, das Bewusstsein gehoben. Brunton hat dann beschrieben, wie Ramana Maharshi auf ihn wirkte und wie sehr er, der rational geprägte Europäer, plötzlich von etwas ihm völlig Unbekannten heimgesucht wurde. Eine überwältigende Sinnkraft, wie er es nannte. Als ich das gelesen habe, da habe ich gewusst, darin steckt eine Wahrheit für mein eigenes Leben. Dabei fällt mir ein, dass ich meine Mutter nie danach gefragt habe, warum sie mir genau dieses Buch damals gab. Das ist eigentlich schade.«

Cristiano legt eine Pause ein. Er hat mir eben sein persönliches Schlüsselerlebnis erzählt. Jede dieser Erfahrungen, die ich hier in Auroville erzählt bekam, ist geprägt durch einen singulären Vorgang. Aus ihm offenbart sich für die Betroffenen eine bis dahin unbekannte Wahrheit bzw. eine Suche danach.

»Etwas, wonach du wahrscheinlich gesucht hast, steht plötzlich klar und verständlich vor dir. Nicht bewusst gesucht, vielleicht eine nicht benennbare Sehnsucht. Aber ganz plötzlich wird alles deutlich.«

Ich bemerke wie seine eher leise und verhaltene Stimme bei diesen letzten Sätzen klare Konturen angenommen hat, stärker wurde. Dann setzt er fort:

»Ich war immer ein sehr zurückgezogener und eher scheuer Mensch. Anderen zuzuhören und sie zu beobachten war mir wichtiger als selbst zu reden. Besonders älteren Menschen, die mehr wussten. Fragen und Zweifel hatte ich schon immer genug. Warum kommen Menschen auf die Welt und dann machen sie alle das gleiche? Sie werden von den Eltern in die Schulen gebracht und dann geht man vielleicht noch an die Hochschule oder Universität. Und dann lernt man noch eine Freundin kennen, beendet die Schule und dann wird erwartet, dass man heiratet, arbeitet und Kinder kriegt. Ich habe Eltern und ihre Kinder beobachtet – und niemand von ihnen hat mich wirklich überzeugt, dass das etwas ist, was ich so haben möchte, was ich anstreben sollte.«

»Da warst du Teenager zu diesem Zeitpunkt?«

»Ja. Meine Eltern haben mich und meine Schwester damals für ein Jahr in die Schweiz geschickt. Dort habe ich besonders stark gemerkt, wie wichtig es in der Schweiz damals war, – vielleicht ist es heute anders – dass man eine Arbeit findet und dann für den Rest des Lebens in einer Firma bleibt und man mit fortschreitendem Alter auch die Karriereleiter immer weiter nach oben klettert, bis man dann pensioniert wird. Und dann ist man frei zum Sterben. Das hat mich so deprimiert, dass das ganze Leben, schon bevor es begonnen hat, vorprogrammiert ist. In der Schweiz werden die Kinder schon sehr früh klassifiziert, ob sie fähig sind an die Hochschule zu kommen oder nur eine normale Schule besuchen können. Dein Leben wird schon sehr früh von außen festgelegt und vorgegeben, in welche Richtung du gehen sollst. Das hat mich wirklich traurig gemacht. Ich wollte das nicht und ich habe nach Alternativen gesucht.«

Cristianos Gesichtsausdruck ist sehr ernst. Ich spüre sein Anliegen und dass sich in ihm eine gehörige Portion Erregung noch immer angestaut hat.

»Was du jetzt von der Schweiz erzählst, erscheint mir als Miniaturabbildung von einer Entwicklung, die doch weite Teile von Gesellschaften in der ganzen Welt bestimmt. War das in Brasilien ähnlich?«

»Dort ist es nicht anders. Da ist dann auch noch der religiöse Einfluss ganz stark. Jeder muss heiraten. Dieser Druck der Kirche auf die Familie und weiter auf die Kinder ist immer noch sehr stark. Mädchen oder junge Frauen werden dort noch immer dazu erzogen. Sie haben überhaupt keine Alternativen da heraus zu kommen.«

»Du hast also sehr eindringlich gemerkt, dass dieser Weg nicht deiner sein kann. Hattest du aber eine Vorstellung, wie deine Alternative eines Weges hätte aussehen können?«

»Das Einzige, was ich wusste, war: Ich wollte nach Indien. Das klingt vielleicht ein bisschen kindisch. Aber letztendlich war es das gar nicht. Ich habe ja studiert, weil mir mein Vater nur zwei Alternativen offen ließ. Entweder du arbeitest oder du studierst. Arbeiten wollte ich nicht, also habe ich studiert. Es hat mich nicht besonders interessiert und ich war auch nie ein sehr guter Schüler und Student. War immer so knapp am Abgrund dahin schlitternd. Was mich aber dann wirklich begeistern konnte, war die forschende Auseinandersetzung mit erneuerbaren Energien. Während des Studiums ist dann in mir der Wunsch gewachsen, nach Indien zu reisen. Aber ich habe es nicht gemacht. Ich weiß nicht warum. Vielleicht weil es von Brasilien sehr weit weg war. Und Geld hatte ich zu diesem Zeitpunkt auch nicht. Meine Idee war dann in der Schweiz Geld zu verdienen und damit meine Reise zu finanzieren. Das war mein Ziel. In der Schweiz ist mir dann die Idee gekommen, als Entwicklungshelfer für erneuerbare Energien nach Indien zu gehen. Ich habe in der Schweiz dann noch ein einjähriges Ergänzungsstudium zu dieser Thematik gemacht. Und da hat mir ein Lehrer von einem Inder erzählt, der zu dieser Zeit in der Schweiz lebte und sich mit erneuerbaren Energien beschäftigte. Ich konnte diesen Mann kennenlernen. Wir sind im Laufe der

Zeit gute Freunde geworden und haben eine Zusammenarbeit begonnen. Es waren sehr spannende Themen, die wir verfolgt haben: z. B. über die Verwendung von Reiskornschalen in der Zementerzeugung: Zuerst die Reisschalen als Energielieferant durch Verbrennung und dann in Ascheform als Festigungsmaterial bei der Zementherstellung. Dieser Inder hat mir dann geholfen, das war 1986, in Indien Projekte zu suchen, die sich mit erneuerbarer Energie beschäftigten. Im Dezember dieses Jahres bin ich dann das erste Mal nach Delhi gereist. Mein indischer Partner ist später nachgekommen und gemeinsam haben wir den Initiator eines dieser Projekte in Pondicherry getroffen. Dieser Mann stand als erster Name auf einer Liste mit diesen Projekten. Ob Zufall oder nicht: Niemand kann es sagen. Dieser Inder war ein wirklich bedeutender Experte auf dem Sektor alternative Energiegewinnung in Indien. Ich habe dann an seinem Projekt über Biogasanlagen und Sonnenkollektoren einen Monat als Praktikant mitgearbeitet. Und das hat mich richtig erfüllt. Danach wollte ich gerne noch weitere Projekte in Indien mitentwickeln oder auch betreuen. Da ist mir die Schweizer Gesellschaft für Entwicklungshilfe eingefallen. Die hatten auch eine Niederlassung in der Schweizer Botschaft in Delhi und ich stellte mich dann dort persönlich vor, um eine Projektförderung zu beantragen. Das war naiv von mir. Um es kurz zu machen – da ist überhaupt nichts dabei heraus gekommen. Ich sprach später mit ehemaligen Mitarbeitern dieser Gesellschaft und die erklärten mir: Wenn du da nicht die richtigen Beziehungen hast, dann sind deine Chancen gleich Null, um mit deren Unterstützung ein Projekt zu realisieren. Die lassen dich da gar nicht rein, wenn du nicht zum ›Club‹ gehörst. Damit hatte sich Indien fürs Erste erledigt. Ich war fünf Monate unterwegs und am Ende sehr erschöpft, weil das alles sehr anstrengend für mich war. Ich hatte sehr wenig Geld und bin immer in sehr einfachen Herbergen abgestiegen und habe mich sehr billig ernährt. Also es war Zeit für mich abzureisen.«

»Vom Spirituellen war während deines Aufenthalts da nicht viel die Rede, wie ich deinen Worten entnehme?«

»Nein. Da war gar nichts in dieser Zeit. Einmal habe ich von einem Heiligen Mann gehört, ich weiß gar nicht mehr, wer und wo das war.

Zu dem bin ich mit dem Zug gefahren. Es muss weit im Süden Indiens gewesen sein. Aber als ich dort ankam, war da nur ein älterer indischer Herr. Und ich hatte rasch den Eindruck, dass er von den jüngeren Verehrern ausgestellt wurde, wenn du mich verstehst. Der ist da auf einem Stuhl gesessen und er konnte überhaupt nicht mehr sprechen. Das ist der Unterschied: Ramana Maharshi wollte schweigen und hatte diese unglaubliche Ausstrahlung. Aber dieser Mann war einfach nur stumm und von Präsenz war nichts zu bemerken. Zumindest für mich. Da kamen zwar Leute zu ihm. Aber es vermochte mich überhaupt nicht zu beeindrucken. Und mehr hat sich auf dieser Reise nicht ergeben.«

»Aber als du in Pondicherry warst, hast du nichts vom Ashram oder von Sri Aurobindo vernommen?«

»Ja, schon. Ich habe in Pondy in der Kantine des Ashrams gegessen, denn dieser indische Energieexperte, mit dem ich da unterwegs war, der gehörte ja zum Ashram.«

Cristiano unterbricht sich:

»Ah – das habe ich vergessen zu sagen! Ich lernte das erste Mal die Bücher von Mutter und Sri Aurobindo kennen. Ich habe da einige gekauft und sie ungelesen als Paket in die Schweiz geschickt (Ich denke sofort an Julia und ihr Buch der Mutter). Diese Bücher habe ich bis vor einem knappen Jahr immer mit mir herumgeschleppt. Von der Schweiz wieder nach Brasilien, dann innerhalb von Brasilien, ich bin später viel gereist und viel umgezogen.«

»Und wo sind die Bücher jetzt?«

»Ich habe sie vor einem Jahr einer Bibliothek in Brasilien gegeben.«

»Aber hast du sie gelesen?«

»Von Sri Aurobindo habe ich etwas gelesen: ›Das Göttliche Leben‹, aber das war mir immer zu schwierig – bis heute. Ich habe da keinen Zugang gefunden. Ich habe es auf Englisch gelesen und ich glaube, man sollte, wenn möglich, solche Bücher immer in der eigenen Muttersprache lesen. Ich arbeite hier in Auroville mit einer Brasilianerin zusammen, die seit neun Jahren dieses Buch ins Portugiesische übersetzt. Aber das ist ganz schwierig für sie. Sri Aurobindo hat manchmal Worte erfunden und Teile von Worten zu neuen Worten zusammengesetzt. Das ist fast nicht möglich, so etwas zu übersetzen.«

Dann kommt Cristiano in seiner Erzählung zu seiner ersten Berührung mit Auroville. Ein brasilianisches Paar, welches er aus Zürich kannte, hatte sich drei Jahre vor seiner eigenen Indienreise auf den Weg nach Auroville begeben. Gemeinsam mit zwei Kindern hatten sie vor, ein neues Leben dort zu beginnen. Nach seiner Ankunft 1986 in Pondicherry besuchte Cristiano diese Familie und fuhr mit dem Fahrrad nach Auroville. Ich erfahre, dass die Frau Tochter eines sehr reichen brasilianischen Industriellen ist und gemeinsam mit ihrem Mann das Yoga- und Kulturzentrum Pitanga aufgebaut hat. Heute noch ist Pitanga ein wichtiger und bekannter Veranstaltungsort in Auroville. Cristiano erzählt von der wüstenähnlichen Landschaft, die er zur Zeit seines Fahrradbesuchs noch vorfand, aber nicht viel mehr scheint für seine Erinnerung wesentlich geblieben zu sein. Er weiß, dass die brasilianische Familie Auroville schon vor langer Zeit wieder verlassen hat. Der Mann kehrte nach Brasilien zurück und ist da als Psychologe tätig. Die Frau lebt mit einem anderen Mann in Spanien.

Jetzt, 30 Jahre später, fährt Cristiano wieder mit dem Fahrrad durch Auroville. Später erzählt er mir, dass er demnächst auf ein Elektromoped umsteigen will. Das Fahrrad erlaube ihm einfach keine weiteren Strecken zu fahren und schränke die sozialen Aktivitäten doch merklich ein. Seine Kontakte seien auf ein Minimum reduziert, weil Fahrradfahren in diesem Klima einfach zuviel Energie abverlangt. Cristiano erzählt in Folge über die weiteren zahlreichen Stationen seines Berufslebens. Er lebte wieder in der Schweiz und arbeitete für den Migros-Konzern. Eine kleine Abteilung des Unternehmens beschäftigte sich mit erneuerbaren Energien.

»Ich glaube heute, dass ich meine spirituelle Suche in den Umweltbereich übertragen habe. Ich wollte immer in diesem Segment tätig sein und damit helfen, die Umwelt für die Menschheit wieder in Ordnung zu bekommen. Damals wurde schon sehr viel öffentlich über die Umweltzerstörung und die Konsequenzen gesprochen. Da wollte ich mich engagieren und erkannte das als meine Aufgabe.«

Mich bewegt seine Aussage, die eigene geistige Suche bzw. Entwicklung in den Beruf, vielleicht sogar seine Berufung, verlegen zu wollen. Cristiano scheint zu einem sehr frühen Zeitpunkt bereits dem Leitspruch Sri Aurobindos sehr nahe gewesen zu sein: Alles im Leben ist Yoga. In Zürich beginnt er sich mit Zen zu beschäftigen, nimmt an den fordernden Sesshins* teil und liest weiterhin viele Bücher. Carlos Castaneder begleitet ihn weiterhin mit seinen Don Juan-Büchern, die Cristiano bereits als Teenager zu beeindrucken vermochten.
»Ich habe damals versucht Spiritualität vor allem in meinem Kopf mit mir auszumachen, da war ich gut dabei. Aber vom Praktischen her versuchte ich über die Arbeit mit dem Umweltschutz einen Weg zu finden.«
Cristiano ist mir auch als Mensch mit einem extrem großen angelesenen Wissen in Erinnerung geblieben. Er konnte zu fast jedem Thema sofort ein oder mehrere Bücher empfehlen. Er schrieb mir immer wieder E-Mails mit seiner Ansicht nach auch für mein Buch wesentlichen Stellen aus anderen Büchern, die er gelesen hatte. Was die praktische Seite seiner Lebenserzählung betraf, glaube ich aus seinen Erzählungen einen ständig Suchenden erkannt zu haben. Die Auflistung seiner Tätigkeiten und Aktivitäten erschien mir unendlich und trotzdem war Cristiano nicht das, was man einen Macher nennen würde. Ich erinnere mich an ein, zwei Sätze, die öfter von ihm zu hören waren: »Das hat mich aber nicht weiter interessiert« und »Das konnte mich nicht wirklich berühren«. In entscheidenden Augenblicken ein Abstandnehmen statt der Bereitschaft zur Annäherung? Und war er selbst bereit, weiter zu gehen, über die eigene Hinterfragungsbarriere zu steigen, dann wurde die Distanz von anderen verursacht. Projekte endeten oft in der Unerfüllung, menschliche Begegnungen zerfielen immer wieder instabil zu Erinnerungen. Vielleicht kein so großer Unterschied zum eigenen Lebensweg. Aber die Dichte dieser Vorkommnisse ließ mich aufhorchen. Nachdem Migros ein kurzes berufliches Intermezzo darstellte, versuchte Cristiano über die Selbstständigkeit seinen Weg zu finden und gründete eine Beratungsagentur für Alternativenergien. Diese Unternehmung scheiterte zum Teil an den bürokratischen Hindernissen in der Schweiz. Aber wie er ganz offen erzählte, war auch seine zu geringe

Vorbereitungsarbeit dafür mitverantwortlich. Er hatte keine Kunden, keine funktionierende Infrastruktur. Die triste Auftragslage führte dazu, dass er 1997 wieder in Brasilien landete.

»In Brasilien gab es einen neuen Präsidenten, eine neue Währung. Das Land war wieder einmal in Aufbruchstimmung. Die Energiewirtschaft wurde privatisiert und ich habe dann als Berater für ausländische Firmen gearbeitet, die in diesem Markt Fuß fassen wollten.«

Dann erzählt er mir von einer für ihn maßgeblichen mehrwöchigen Motorradfahrt durch den Nordosten Brasiliens und von der wesentlichen Begegnung mit einer Frau, die er geliebt haben muss. Ich konnte nicht erkennen, ob diese kurze gemeinsame Zeit für ihn so etwas wie Glück bedeutete. Er erzählt mir, dass sie später geheiratet hat und nach Paris gezogen ist. Dort hat er sie sogar noch einmal besucht. Cristianos bisherige Erzählung, die so oft das Thema Suche beinhaltet, führt mich zu einer Aussage des Psychoanalytikers Arno Gruen, die mich immer wieder beschäftigt hat. In einem seiner Bücher wählt er die Situation eines Schiffbrüchigen als Metapher für das wahre Leben. Ungewissheit und Furcht, Leiden und Schmerz, aber auch Beständigkeit und Ausdauer sind die Begleiter eines in Eigenverantwortung geführten Lebens. Ein Schiffbrüchiger befinde sich intensiv in diesem Zustand. Dann schreibt Gruen den bedeutenden Satz, *dass Schiffbruch etwas ganz anderes sei, als zu ertrinken.* Im Dauerzustand eines Schiffbrüchigen zu leben, ermögliche erst seine innersten Kräfte zu aktivieren und Energien auszubilden, die es erst zuließen, ein Leben ohne Scheinwelten und Illusionen zu führen. Nicht mehr im scheinbaren Glück der Selbstgefälligkeit, sondern im Zustand der ständigen Selbstforderung des Überlebens mit einem völlig anderen Erkenntnishorizont, würde dieses Leben stattfinden. Verkörperte Cristiano für mich diesen Schiffbrüchigen? Bin ich selbst nicht auch ein solcher?

Jetzt wartete Cristiano auf seine Ernennung zum Newcomer. Ab dem Erreichen dieses Status sollte auch er Auroville für ein Jahr nicht mehr verlassen. »Das Vergangene hinter sich lassen« – ohne diesen grundlegenden und ernst gemeinten Versuch kann ein Leben in Auroville nicht zu sinnvollen Veränderungen führen. Für viele Mitglieder der Gemeinschaft eine bis heute nicht befriedigend zu lösende Aufgabe. Oft werden die klimatisch problematischen, weil extrem heißen Monate Mai und Juni mit Temperaturen jenseits der 40-Grad-Marke als Legitimation für eine »Auroville-Flucht« herangezogen. Das Heimatland wird wieder aufgesucht, wenn es um die Beschaffung von Geldmitteln geht. Privatvermögen bzw. außerhalb von Auroville verdientes Geld bleibt zu hundert Prozent bei jenen, die es besitzen. Keine Abgaben an die Gemeinschaft sind notwendig. Auch Cristianos Erbreserve ist sein Sicherheitskissen. Es wird ihn durch die Monate, vielleicht sogar Jahre, hoffentlich sorgenfrei manövrieren, wenn es mit der erfolgreichen Umsetzung seiner Ideen noch nicht befriedigend funktioniert. Sollte Auroville doch nicht die Erfüllung werden, ist zumindest die abgesicherte Rückkehr möglich. Schwierig wird es für jene, die nach ihrer Aufnahme bzw. Ernennung zum Aurovillianer alle Brücken zu ihrem alten Leben endgültig abgebrochen haben und keinerlei finanzielle Reserven haben. Längere Unterbrechungen von Sozialversicherungszahlungen in der Heimat führen zum Ausschluss bzw. zur Beendigung der Versicherungsverhältnisse. Diese Situation kann dann kritisch werden, wenn z. B. keine Krankenversicherung mehr existiert, um eine ernsthafte Erkrankung in der ehemaligen Heimat behandeln zu lassen. Auroville bietet zwar innerhalb seines Sozialnetzwerkes eine Basisabdeckung aller Gemeinschaftsmitglieder auch für den Bereich Krankenversicherung an. Die medizinische Versorgung ist gut und ausreichend für Erkrankungen, welche ohne langfristige bzw. stationäre Therapie und ohne größere und komplizierte Eingriffe auskommen. Aufwendigere Behandlungen können in einem relativ dichten Netz an staatlichen und privaten Kliniken in der Stadt Pondicherry oder an den großen Kliniken in Chennai vorgenommen werden. Wer aber bei einer schwerwiegenden Erkrankung dann doch dem medizinischen Versorgungssystem seiner Heimat mehr vertraut, muss aus eigener Tasche bezahlen, wenn kein Versicherungsschutz mehr existiert. So gesund wie nur irgendwie möglich zu leben, ist hier also im doppelten Sinne erstrebenswert und sinnvoll. Als wesentlicher Bestandteil der spirituellen Erfahrung und, ganz pragmatisch betrachtet, als Maßnahme zur Vermeidung schwieriger bis unlösbarer finanzieller Notsituationen. Cristiano lebt ein sehr reduziertes Leben in Auroville. Er wohnt seit vielen Wochen in einem Raum, der als Schlaf-, Lese- und Studierzimmer dient. Ein kleines Bad ist angeschlossen. Wäsche wird im Gästehaus von jedem Bewohner selbst gewaschen. Dazu steht auf der Terrasse eine Waschmaschine bereit, mit der mich eine persönliche Geschichte verbindet.

Gleich an meinem ersten Waschtag habe ich einen in der Trommel der Maschine sitzenden Frosch übersehen. Nach einem relativ kurzen Waschgang hüpfte er – zu meinem riesigen Schrecken und zu seiner Erleichterung – unversehrt ins Freie und verschwand.

Cristiano besitzt nur wenig. Mehr ist hier auch nicht notwendig. Ausgaben für Nahrung sind gut reduzierbar. Ein gutes und ausreichendes Abendessen wird im Gästehaus täglich frisch gekocht. Was mich an Cristiano nachhaltig beeindruckte, war seine Konsequenz. Dieses frühe Erkennen, was sein Leben nicht sein sollte, um dann über die Jahrzehnte hindurch diesen aufwendigen Weg der Suche mit seinen unzähligen Zwischenstationen zu beschreiten. Kompromisslos und, wie es mir schien, mit großer Ehrlichkeit sich selbst gegenüber. Am Ende dieses Weges steht nun Auroville. Ist damit das Ende des Zustands im Schiffbruch erreicht? Oder ist es nicht sogar die Intensivierung desselben?

»Cristiano, hast du schon Pläne für deine berufliche Verwirklichung in Auroville?«

»Nein, noch nichts Ausgereiftes. Aber ich sehe einige Ansatzmöglichkeiten für ein sinnvolles Engagement. Ich konnte erkennen, dass viele der auch relativ neu gebauten Häuser in Auroville eine sehr schlechte Wärmeisolierung aufweisen. Ich selbst habe zuerst im oberen Stockwerk des Gästehauses ein Zimmer bewohnt und hatte in den heißen Monaten kaum auszuhaltende Temperaturen um die vierzig Grad im Raum. Da ist ein enormer Bedarf zur Verbesserung gegeben. Und selbstverständlich würde ich mich gerne auf dem Gebiet der erneuerbaren Energien weiterhin beschäftigen. Das ist hier ja eines der zentralen Forschungsthemen.«

»Hast du schon viele Menschen kennengelernt? Kann man als Newcomer so etwas wie einen Freundeskreis aufbauen?«

»Ja, kann man. Ist aber vom eigenen Engagement abhängig. Ich bin nicht so ein aktiv kommunizierender Typ, auch hier in Auroville hat sich das nicht geändert. Aber es gibt einige wenige, die ich gerne treffe. Durchwegs sehr interessante Menschen und mit guten Ideen.«
Abschließend frage ich ihn, wie er Aurovilles Zukunft sieht? Hat er sich schon ein Bild davon machen können, was hier rund läuft und was weniger? Es verwundert nicht, dass auch er ein gesteigertes wirtschaftliches Engagement für Aurovilles Fortbestand als wesentlich erkennt. Vergangenheit sei wichtig, aber eben schon gelebt. Michael Bonke sei schon so eine wichtige, wegweisende Figur für die Zukunft Aurovilles. Ob er ihn schon getroffen habe? Nur in einem Vortrag habe er ihn gehört. Aber alle sprechen über ihn. Von den Auroville-Pionieren hat er noch niemanden näher kennengelernt. Ich erzähle ihm von meinen so bereichernden Begegnungen mit diesen Vertretern der ersten Auroville-Generationen und von meinen geliebten Mopederfahrungen. Er bräuchte sich doch nur auf ein Moped zu setzen und einmal in die Randbezirke treiben lassen. Dort finde ein anderes Leben statt, als das hier im Zentrum immer stärker bemerkbare Chic- und Business-Life. Ich bin davon überzeugt, dass diese erweiterte Wahrnehmung nicht unwesentlich sei, um Auroville in all seinen Facetten zu spüren. Und außerdem hätten diese Leute wirklich etwas zu erzählen. Ja, sagt Cristiano. Das sei auch ein Grund, warum er sich jetzt endlich ein Elektromoped zulegen wolle. Man könne auch hier im Gästehaus gute Gespräche führen. Aber auf Dauer sei das doch nicht Auroville im Ganzen. Ich denke an meine Reisen der letzten Wochen über die Sandpisten und durch die Regenwälder in die verborgenen Zonen Aurovilles und kann ihm nur Recht geben.

WAHRE SPIRITUALITÄT – AUROVILLES ENERGIEZENTRALE

HALLELUJA MIT ANLAUF

Ich möchte nochmals den Anfangsfaden dieses Buches aufnehmen. Da habe ich geschrieben, dass mir Auroville im Vergleich zum umgebenden Indien als ein extrem leiser Ort in Erinnerung geblieben ist. Warum ist mir das wiederholenswert? Weil ich, ohne davor Auroville zu kennen, selbst eine eigenartige Erwartungshaltung in mir kultivierte, wie an diesem Platz das spirituelle Element zum Ausdruck gebracht werde. Ich ging davon aus, dass es ähnlich wie im eigenen abendländischen Kulturraum, aber auch in Indien selbst, über eine akustische Ebene verfolgbar sein müsste. Täglich um 4:30 Uhr in der Früh wurde ich im Zimmer meines Gästehauses durch die Trommelklänge und die kreischend-verstärkte Stimme einer Tempelsängerin aus dem ohnehin wegen der Hitze nur sehr oberflächlichen Schlummer gerissen. Die Musik wurde über erbärmlich schlechte Lautsprecherboxen aus dem gut zwei Kilometer entfernten Hindu-Dorftempel mit vielfachem Fortissimo in die Landschaft gestrahlt. Eine halbe Stunde später kam die etwas verhaltenere Stimme eines Muezzins mit der Darbietung des Morgengebets hinzu. Die Moschee befand sich in einem weit von Auroville entfernten Ort. Aber auch dieser Vorbetende sang mit gutem Lungenvolumen und eine entsprechende Lautstärke war noch für mich in meinem Bett hörbar. Gott oder Göttliches zu preisen wird in der ganzen Welt vor allem mit Klängen, Gesang oder Instrumentalmusik nachhaltig gewährleistet. Aber Auroville war frei von Vorbetern, frei von gottesdienstähnlichen Veranstaltungen und es gab keine Lobgesänge zu Ehren eines Gottes. Weil es ja gar keinen Gott gibt, der auf diese Weise verehrt werden konnte. Eine kleine, aber recht erhellende und bezeichnende Geschichte ist mir dazu in Erinnerung geblieben: Otto, der oberste Finanzverwalter Aurovilles, beendete eines unserer Vorgespräche mit der Mitteilung, dass er nun zur Chorprobe müsse. Ich selbst habe mehrere Jahre im Chor gesungen und war mir um die soziale Bedeutung des Chorgesangs und dessen positive Auswirkung auf die Seele wohl bewusst. Ottos Information hat mich etwas verunsichert, da ich nicht einzuordnen vermochte, welche Art von Chor bzw. welche Musik hier in Auroville einstudiert und gesungen wurde. Ich fragte nach. Momentan würden sie Antonio Vivaldis »Magnificat« proben, erzählte mir Otto. Ein schwieriges Unterfangen, da im Chor die Männerstimmen, besonders die Tenöre, unterrepräsentiert seien. Mein Staunen wuchs zur Begeisterung: In Auroville gab es einen Chor mit Sopranen, Altstimmen und den männlichen Pendants dazu. Da wurde also professionell gearbeitet. Nuria, eine auch schon viele Jahre in Auroville lebende Italienerin, sei die Chorleiterin. Und eine äußerst gute. Ich war richtig neugierig und bat Otto um einen Kontakt mit Nuria.

Es war die Zeit, in der ich meine Filmdokumentation vorbereitete. Diese wurde von den Religionsabteilungen der Fernsehsender ORF und SWR beauftragt. Es erschien mir als Wink des Zufalls, einen kleinen Ausschnitt einer Chorprobe in den Film aufzunehmen. Dem von Vivaldi vertonten Lobgesang Marias hier in Auroville zu begegnen, war nun wirklich etwas Außergewöhnliches. Eine Gemeinschaft, die sich von allen Heilsverkündungen der Großreligionen getrennt hatte, sang einen der wesentlichen Grundtexte des Christentums.

Nuria zeigte sich offen für meine Absicht. Einige Monate später, an einem ohnehin schon recht heißen Septembermittwoch, trafen mein Kamerateam und ich um 19 Uhr in Cripa ein. Cripa war eine Probehalle innerhalb des Kalabhumi-Komplexes, der wiederum eine Ansammlung unterschiedlicher Räumlichkeiten und Gebäude, wie Ateliers, Studios bis hin zu einem kleinen Amphitheater beinhaltete. Es ist ein Zentrum der Künstler und kreativ Tätigen, die hier unterschiedlichsten Aktivitäten nachgehen können. Im weitläufigen Probensaal stand ein Flügel, sonst war der Raum noch leer. Nach und nach trafen die Chormitglieder ein. Später erzählte mir Nuria, dass die größte Chorbesetzung – das wären ca. 40 Leute – eine Versammlung von Menschen aus über 20 Nationen darstellte. An diesem Abend waren es 25 Menschen. Sie kamen aus der Schweiz, Frankreich, Iran, Deutschland, Österreich, Italien, Spanien, Kroatien, Russland, Kanada, Polen und England. Was schon vor der Probe beeindruckte, war die enorme Hitze und extrem hohe Luftfeuchtigkeit im Raum. Mehrere Ventilatoren wurden eingeschaltet. Deren Wirkung war unbedeutend, das Wort Abkühlung unbekannt. Die Chorprobe begann. Wir, das Filmteam, waren nach den ersten Minuten bereits schweißgebadet und schwächelten. Aber Vivaldis Musik schien den Chor und seine Leiterin zu schweißfreien Höhenflügen zu motivieren. Die Probe dauerte an die zwei Stunden. Nuria war eine hochmusikalische, kundige, wenngleich auch recht strenge Leiterin. Und sie war eine souveräne Dirigentin. Ihr Engagement wurde von der Chorgemeinschaft gut belohnt. Alle sangen mit unglaublichem Einsatz und enormer Begeisterung. Und an diesem Abend waren sogar genügend Tenöre zu hören. Es waren keine ausgebildeten Stimmen und trotzdem vernahm ich Vivaldis Lobgesang als musikalischen Ausdruck eines kollektiven Glücksgefühls, verbunden mit einer unkomplizierten Leichtigkeit im Gesang, wie sie mir so bisher nicht bekannt war. Ich habe selbst viele Werke der Kirchenmusik gesungen. Messen, Kantaten, Passionen, Oratorien. Und ich liebe diese Kompositionen. Vor allem die alten Meister. Aber auch Franz Schuberts Messen und Anton Bruckners Motetten. In ihren Werken vermochte ich doch so etwas wie die Möglichkeit zur Eröffnung eines inneren Raumes zu spüren, um die stille Einkehr in diesen zu erlangen. Lange Zeit nahm ich diese erhabene Welt sehr ernst, aber dann begann ich irgendwann über die Wirkung nachzudenken, diese zu hinterfragen. Die meisten Werke dienen der Erbauung und Erhebung und sind pures Gotteslob. Halleluja wird dabei ganz oft gesungen und gejubelt. Halleluja, die höchste Preisung Gottes, fand und findet ihren Ausdruck über den grenzenlosen und lautstarken

Jubelgesang. Der Weg zu dieser Klimax verläuft in den meisten Kompositionen aber vorerst über holprige Wege des irdischen Weltschmerzes, führt auch dann und wann in lichte Höhen der Hoffnung, aber vor allem in jede Menge irdischer Tiefen, bevor es dann zum finalen musikalischen Felgaufschwung kommt. Das Leben als Durchquerung eines Jammertals. Aber mit genügend Anlauf ließe sich die Steilwand, als letztes Hindernis zur Gottesnähe doch überwinden. Oben angekommen kann dann, zwar ziemlich außer Atem, Gott gepriesen werden. Halleluja! Gott ist in unserer Kulturgesellschaft immer außerhalb und immer oben. Das ist die Erkenntnis, die ich erhalten konnte. In Auroville ist von einem Gott gar nicht die Rede. Sri Aurobindo sprach immer vom Göttlichen, dem sich anzunähern wäre bzw. das es in sich zu erreichen galt. Aurovilles so enthusiastisch singender Laienchor wird den Magnificat-Text vielleicht gar nicht verstanden haben. Aber wer das Singen im Chor kennt, kann es bestätigen: Der Vorgang des Singens bewirkt Seelen- und Herzensöffnung und nicht das Verständnis der Worte. Das kann stimulieren und auch berühren. Am Ende eines Verdi-Requiems verlasse ich immer noch gerädert und geplättet den Konzertsaal. So wuchtig und verstörend wirken seine Klangmassen zur Verdeutlichung des Jüngsten Gerichts auf mich ein. Da standen nach dem Verklingen des letzten Paukenschlages und der letzten Posaune Sänger und Musiker da, als wäre der von ihnen besungene Weg zu Gott ein Parcours der sportlichen Hochleistung und das Publikum war wie vom Donner gerührt. Viele Jahre fand ich diese gewaltig-erschütternde musikalische Berührung als das Ideal, ja als Wahrheit, um das Unaussprechliche auszudrücken. Aber dann stand plötzlich die Frage da: Ist es wirklich ein gutes Gefühl, wenn einen auch noch so großartige Musik niederstreckt? Besonders, wenn sie dann noch im religiösen Sinne innere Einkehr bewirken sollte?

Das war es, was mir während dieser heißen zwei Stunden auffiel: nicht Affekt und Effekt des musikalischen Gotteslobs gaben die emotionale Anlaufrichtung »nach oben« vor, sondern eine Öffnung der Singenden nach Innen war stark zu spüren. Jeder sang für sich, ganz ohne Leistungsdruck und mit beeindruckender Leichtigkeit. Das Erreichen eines Ziels, soweit ein solches überhaupt erkannt wurde, erschien mir auf absichtslose Weise zu erfolgen. In Auroville hatte ich sehr viel Zeit und Möglichkeit über »absichtslos« oder »unbeabsichtigt« nachzudenken. Wieder so ein Begriff, der rasch fehlinterpretiert werden konnte. Absichtsloses Handeln in unserem Kulturraum würde sofort an Unsinnigkeit denken lassen. Zumindest wäre mit dieser Handlungsweise kein angestrebtes Ziel zu erreichen. In der Tat scheinen die meisten Ziele, auf die wir uns zu bewegen, nur durch eine Strategie des Beabsichtigten erreichbar, was man dann als Taktik bezeichnet. Auch der Vorsatz zur geistigen Entfaltung ist dann oft mit strategisch-rationalen Planungen verbunden und scheint unserer Vorstellung nach ein Akt des beabsichtigten Handelns zu sein. Ich möchte im Zusammenhang mit dem Unbeabsichtigten als Triebfeder kurz über eine Sequenz aus einem Vortrag eines Jesuitenpaters schreiben. Er war Zen-Meister und unter seiner Leitung nahm ich über mehrere Jahre an Zen-Sesshins in der kleinen, abgeschiedenen Propstei St. Gerold in Vorarlberg teil. Wer einmal ein Sesshin mitgemacht und beendet hat, weiß wohl recht gut, wovon ich berichte. Eine Woche dauert die physische Tortur. Täglich an die 14 Zazen-Einheiten, jede einzelne mit 30 Minuten Länge anberaumt. Zazen ist nichts anderes als Sitzen und Schweigen. Beginn war jeden Morgen um 6 Uhr, die letzte Doppeleinheit endete um 21 Uhr abends. Geschwiegen wurde 24 Stunden am Tag über die ganze Woche. Jede einzelne halbe Stunde Zazen wird für Teilnehmende zum Ereignis. Oft das euphorische Gefühl von Bewältigung mit sich führend, im Mehrheitlichen aber das Erlebnis großer Schmerzen und die Angst des Nichtbewältigen, verursacht durch die starre, unverrückbare Sitzposition im wenn möglich halben, besser ganzen Lotussitz. Jede 30-Minuten-Einheit musste im wahrsten Sinne des Wortes abgedient und sich selbst abgerungen werden. Natürlich war das Ergebnis für jeden einzelnen Teilnehmer davon abhängig, wie lange schon praktiziert wurde und wie sehr es gelang »bei der Sache« und damit bei sich zu sein. Jeder kämpfte ja für sich, aber ohne die Anwesenheit der Gruppe, deren Mitglieder sich gegenseitig stützten, wäre das Ganze in seiner Ausführung ein Ding der Unmöglichkeit. Der Sinn der Übung: das

Loslassen des beständig uns bestimmenden Gedankenstroms, daraus resultierend die Klärung unseres Geistes. Zen-Meister bezeichnen das wuchernde, unkontrollierte Denken, welches uns ständig und immer besetzt hält, als Tanz eines wilden Affen. Durch die Monotonie des Ablaufes wird zuerst dieser Denkprozess »beruhigt«, was schon mehrere Tage in Anspruch nimmt, bevor überhaupt daran »gedacht« werden kann, seine Gedanken »wie langsam ziehende Wolken am blauen Himmel« dahin fließen zu lassen, ohne den Drang daran festzuhalten. Eine solche Sesshin-Woche ist also alles andere als ein angenehmer Vorgang, da außer den Schmerzen unterschiedlichster Art auch die Psyche dabei auf eine harte Probe gestellt wird. Selbstzweifel, das Richtige zu machen, das Aufbrechen von Narben, verursacht durch alte, lange zurückliegende, aber nicht weiter behandelte Verletzungen – das ist der gelebte Zazen-Alltag. Und es ist naheliegend, die Bewältigung einer auf diese Weise verbrachten Woche als vorzeigbares Ereignis zu feiern. Aber dann sagte der Pater in einem seiner Vorträge diese Sätze, die ich damals glücklicherweise mitgeschrieben habe:

»Viele von ihnen werden nach so einer Woche der nächsten Illusion aufsitzen. Dass Sie eine Woche durchgehalten haben, wird Sie in Ihrem falschen Ego bestätigen, denn dann haben Sie wieder etwas vorzuweisen, auf das Sie stolz sein wollen. Und genau da läuft es schon wieder falsch. Sie müssen Zen so betreiben lernen, dass es ein integraler Bestandteil Ihres Alltags wird und überhaupt nichts Besonderes mehr ist. Und ich muss Ihnen sagen, dass es ein sehr schwieriger Weg wird. Kaum sind Sie dabei etwas wegzuräumen, was Ihr bisheriges Leben ins Leere geführt hat, wartet schon wieder eine neue Illusion auf Sie. Gehen Sie davon aus, dass Sie ein Leben lang mit dem Aufräumen zu tun haben werden, auch wenn Sie jeden Tag sitzen, was Sie tun sollten! Wenn es zu einer wahren Veränderung kommt, dann werden Sie da nicht viel davon bemerken. Es ist ein Hineinwachsen, bei dem die Substanz des Wahren langsam in das Bewusstsein steigen wird. Zen ist nichts für Menschen, die etwas vorweisen müssen.«

Ich glaube, dass die Sätze des Jesuitenpaters, obwohl auf Zen gemünzt, eine unbedingte Richtigkeit auch für das Experiment Auroville aufweisen. Zumindest was die Situation des Bewältigens betrifft. Es gibt ja keine Messlatte für den Vergleich der persönlichen Veränderungen bzw.

Entwicklungen. Auch kein Instrument für Qualitätsmessungen im Entwicklungsprozess ist vorhanden. In erster Linie bedeutet die Teilnahme an dem Experiment vorerst nichts anderes als die Bewältigung eines anscheinend normalen Alltags, der sich wie bei uns aus Familie, Partnerschaft, eventuell Kindern, Arbeit, Bildung und gewissen Freizeitaktivitäten sowie der Pflege sozialer Kontakte strukturiert. Das, was das Experiment aber erst dazu macht, ist das WIE dieser Tagesabläufe. Und dieses WIE wird alleine vom individuellen Engagement genährt. Was dem Beobachter bzw. Fragenden dann oft das Rechercheleben erschwert, ist die Tatsache, dass die Unterschiedlichkeit dieser WIEs in Auroville nicht größer sein könnte. Es gibt nicht DEN richtigen Weg. Es gibt Wege. Gute wie falsche. Ob sie in Sackgassen oder vor senkrecht abfallenden Wänden enden, niemand weiß es. Illusionen gehören zum Tagesgeschäft der experimentierfreudigen Gemeinschaft. Wesentlich ist die Enttarnung der Selbsttäuschung. Für viele das schwierigste Kapitel der inneren Entdeckungsreise.

DAS GÖTTLICHE UMARMT DIE UNVERNÜNFTIGEN

So ziemlich genau vier Wochen vor dem Abgabetermin des Manuskripts fand sich noch immer ein ungeschriebenes Kapitel. Auf einem hellblauen Kartonblatt stand bloß eine Überschrift: »Spiritualität in Aurovilles Alltag«. Schon am Anfang der Idee zum Buch war es unausweichlich und klar, dass ich über diesen zentralen Punkt zu schreiben hatte. Nur wie? Aurovilles Existenz beruht im Hauptsächlichen auf der Überzeugung an eine göttliche Kraft, die in jedem Menschen zum Fließen gebracht werden muss, um seine Bewusstseinsentwicklung in hohe und höchste Zonen unseres Daseins zu führen. Warum musste ich dieses Kapitel bis zum Schluss hinausschieben? Eine entscheidende Frage stand dabei an erster Stelle: Bin ich in der Lage über die Bedeutung von Spiritualität und deren Erfahrbarkeit in Auroville zu schreiben? Mit welchen Worten? Verständlichkeit ist kein Begriff, der sich sehr gut mit der Wahrnehmung des anscheinend Irrationalen verträgt. Es gab nichts Beschreibbares an Ritualen oder Zeremonien, um den geistigen Weg von Aurovilles Gemeinschaft zu veranschaulichen. Eine Gesellschaft ohne Religion weist zwangsläufig auch keine Gebete und Gesänge auf. Also auch hier verlief die Suche nach dem Beschreibbaren im Sand. Ich bekam ernste Bedenken einen ohnehin schon so schwierig erfassbaren Begriff wie Spiritualität in Aurovilles Gemeinschaft selbst zu begreifen und in Folge einer sinnhaften Übersetzung zu unterziehen. Was die eigentliche Größenordnung und Wesentlichkeit der spirituellen Bedeutung in Auroville noch mehr schmälert, ist das normale Alltagsleben. Wie bereits festgestellt, wirken eine ganze Menge von Aurovilles Menschen oft sehr beschäftigt, und das rund um die Uhr. Nicht einmal ein verstärktes Bedürfnis nach

Ruhe und Kontemplation war für mich festzustellen. Im Gegenteil: Sie schienen vor Energie und Tatendrang zu vibrieren. Wann und wo fand also die tiefe innere Sammlung statt? Bildete sie doch angeblich das Zentrum jeglicher aurovillianischer Änderungsabsicht zum besseren Menschsein. Dann erhielt ich von Francis einige Male die Möglichkeit den Inneren Raum des Matrimandir zu besuchen und zwar zu einer Tageszeit, die den Mitgliedern der Gemeinschaft vorbehalten war. Das waren die frühen Morgenstunden. In der für mich sofort erfahrbaren, von allen außerweltlichen Störeinflüssen losgelösten Atmosphäre dieses vollkommen stillen Raumes befanden sich nur wenige andere Personen. Das erstaunte. Beschrieben doch die meisten meiner Gesprächspartner diesen Inneren Raum als etwas Besonderes. Aber sie machten persönlich nur in bestimmten inneren Verfassungen von ihm Gebrauch. Matrimandir ist also kein mit unseren Kirchen zu vergleichender Ort: Bring Sorge und Sünde hinein und komme gereinigt heraus. Und vor allem war es kein Platz der täglich aufgesucht werden wollte. Mein Gesprächspartner Martin erzählte mir Wesentliches über seinen persönlichen Bezug: »Matrimandir suchst du nicht auf, wenn es dir schlecht geht. Ich selbst gehe dann hin, wenn es mir gut geht und ich mich kräftig fühle. Wenn ich etwas in mir bereits Gereiftes nachhaltig festigen will, dann ist der Weg dorthin für mich angebracht. Es ist ein Ort, der dir mit seiner Energie die Möglichkeit gibt, in eine tiefe innere Sammlung zu gelangen. Also ist es gut, wenn du keine schlechte Energie dort hinein trägst.«

Matrimandir und sein Innerer Raum: keine Einrichtung zur Trostspende und vor allem kein Gnadenort. Nicht der Zweifelnde und Sinnsuchende ist Besucher. Matrimandir ist meiner simplen Vorstellung nach am ehesten in der Funktion eines Vergrößerungsspiegels oder eines Verdeutlichungsglases der persönlichen inneren Absichten zu sehen. Wie Martin es beschrieb: »Du findest etwas in deinem Inneren vor, aus einer Erkenntnis gewonnen. Du stellst fest, dass das gepflegt werden soll. Die Atmosphäre des Matrimandir kann dich in deiner Absicht zur Pflege dieser Erkenntnis bestärken. Nicht weil in diesem Raum ein Wunder geschieht, sondern weil darin eine hohe Konzentration an

Energie herrscht. Das ist auch dann von großer Bedeutung, wenn du Zweifel oder Ungewissheit hast. Aber du bekommst nichts geschenkt, wenn du da drinnen sitzt. Keine Wunder! Alles machst du alleine mit dir aus.« Andere Aurovillianer machen aus anderen Gründen von der Wirkung der Goldkugel nur recht selten Gebrauch. Für sie ist der Ort mittlerweile zu sehr Besucherattraktion geworden. Ihre Befürchtung ist die schleichende Umwandlung des zentralen Ortes für Aurovilles seelische und geistige Entwicklung in einen Kult- und Wallfahrtsort. Der sanftgelbe Schimmer der Goldummantelung scheint stark anziehend. Ich selbst konnte nie in Erfahrung bringen, was der Grund für die massive Bestückung mit Goldscheiben überhaupt war. Setzt sie doch ganz eindeutig ein Zeichen eines äußeren Wertes und damit weniger eine Verdeutlichung des in allen Menschen ruhenden Göttlichen Bewusstseins. Aber in Indien ist die Kugel nahezu so bekannt wie das Taj Mahal und schafft damit die eindeutige Identifikation mit dem Ort und seiner Absicht.

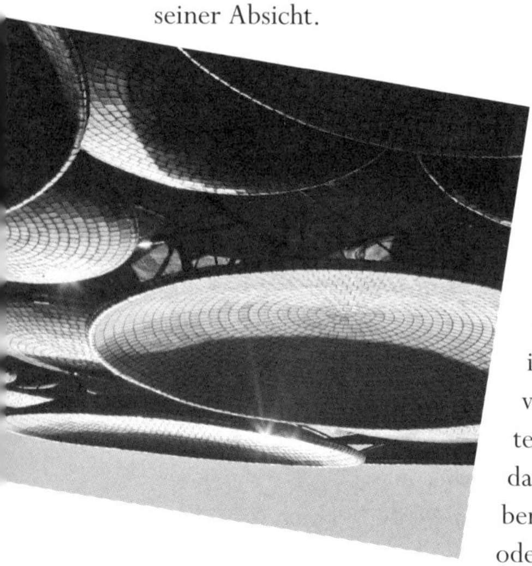

Aurovilles Ausdrucksform seiner spirituellen Praxis ist kommunikations- und formlos und nie ein Kollektivereignis. Im über allem schwebenden Begriff des Integralen Yoga scheint aber die Möglichkeit des vorsichtigen Begreifens. Bevor ich mich diesem Zentralbegriff aurovillianischen Lebens zuwende, möchte ich noch einen zweiten Hintergrund darstellen, der mich lange vom Schreiben dieses Kapitels abhielt. Sprechen oder schreiben über Irrationalität und Spiritualität ist in unserer gegenwärtigen Kulturgesellschaft noch immer eine besonders schwierige und, wie ich vermute, gering belohnte Aufgabe. Ich nehme an, dass die Ursache dafür in der fernen Vergangenheit der europäischen Aufklärung zu finden ist und bis heute ihre

Nach- und Auswirkung hat. Zu Beginn des 18. Jahrhunderts gelang den Vertretern der neuen, rational-bestimmenden Weltsicht »Zukunft aus Vernunft« eine dringend notwendige Entfernung des Spukhaft-Dogmatischen aus der Religion (eine Art Gegenexorzismus?). Aber mit diesem radikalen Eingriff wurde auch das uralte, magisch-mystische Denken und Handeln des Menschen aus seinem Nährboden gezerrt und damit zum Austrocknen gebracht. Grob gesagt ist seit dieser Zeit der rational-nüchtern agierende westliche Mensch zum Symbol und Vorbild für ein bis noch vor kurzer Zeit funktionierendes Modell des anscheinend unaufhaltbaren Erfolgs- und Expansionswillens geworden. Das Erfolgsmodell hat heute wenn schon nicht ausgedient, so doch die äußeren Grenzen seiner Ausdehnung erreicht. Dennoch ist das elementare, göttlich-närrische Potenzial im Menschen nach wie vor verschüttet. Damit bleibt das tiefe menschliche Bedürfnis einer Verbindungssuche »nach oben« weiterhin unerfüllt und wird durch immer dringender in Frage zu stellende Ersatzbefriedigungen, wie eben Konsum und Belohnungsversprechungen des Materiellen, zu kompensieren versucht. Wir haben nicht verlernt zu beten. Aber der Betende hat damit unauffällig umzugehen. Wie rasch haben wir für ein Verhalten außerhalb unserer Vorstellung von Vernunft einen passenden degradierenden Begriff zur Hand, der die entsprechende Handlung oder gar den ganzen Menschen in den Fokus des Eigenartigen zu rücken vermag? Ist nicht bereits der betende Mensch dazuzuzählen, der eine höhere Instanz und damit etwas Unbegreifliches zu seiner Stabilisierung oder zur Beantwortung seiner Fragen anzurufen versucht? Anfang der 1980er-Jahre habe ich in meiner Studienzeit Werke von damals hoch diskutierten und polarisierenden Wissenschaftlern wie dem Physiker Fritjof Capra* oder dem Psychiater und Philosophen Stanislav Grof* gelesen. Aber auch der sicherlich diskutierbare Psychologe Timothy Leary konnte einer nach Antworten suchenden jungen Generation durchaus kultivierter Fragensteller in seinen Schriften etwas mitteilen, was auch mich aufmerksam machte. Sie alle waren prominente Kämpfer für ein Wissenschaftsbild, welches sich ohne die Miteinbeziehung des Kosmisch-Energetischen nicht in seiner wahren Bestimmung zu entwickeln vermochte. Kurz gesagt: Auch in den Wissenschaften wohnt das Göttliche. Und nie sollte man es vernachlässigen. Es sind meine vereinfachenden Worte, um den hohen Geist eines Capra oder Grof zu verdeutlichen. Aber auch wer in deren Büchern nicht alles verstand, konnte eine Essenz erkennen: Nur gelebte, wahre Spiritualität (nicht die Verirrung) bilde den eigentlichen Schlüssel um sich Sein und Sinn zu erklären. Gegen Mitte der 1980er-Jahre verschwanden New Age und auch diese Persönlichkeiten von der medialen Bildfläche. Deren Sicht, welche die Verbindung des Kosmischen mit dem rationalen Handeln des Menschen propagierte, wurde obsolet. Ihr Aufruf zur Erkenntnis, dass jegliche bedeutende menschliche Entwicklung immer untrennbar mit dem Narrhaft-Unvernünftigen verbunden ist, verhallte weitgehend. Ich habe kein Beispiel zur Hand, welches beweisen könnte, dass in Aurovilles Gemeinschaft bewusst mit Unvernunft operiert wird. Aber ein Gestaltungs- und Handlungsbedürfnis außerhalb der genormten, rein logisch definierten Wegbegrenzungen ist evident. Irrationalität ist die Keimzelle jedes Experiments, da kein Ergebnis exakt errechenbar ist. Wie bedeutend die Abkehr von ausschließlich Vernunft gebotenem Handeln für den aurovillianischen Weg ist, findet seine Bestätigung in der schon mehrmals beschriebenen Akzeptanzbereitschaft der Gemeinschaft: »Sowohl als auch« statt »entweder oder« zu leben. Aber wie sieht zu jenen teils plausiblen, teils verwirrenden Theorien das praktische Tun aus? Es war die häufigste Frage, die mir im Zusammenhang mit den humanen Absichten der Gemeinschaft gestellt wurde. Teils mit Neugierde, doch mehrheitlich skeptisch und zweifelnd. Offen gesagt kam ich nach meinen ersten großen Auroville-Reisen zurück und vermochte nichts konkret Erhellendes zu dieser Frage auszuführen. Ich glaube jetzt etwas weiter zu sein: Sir Aurobindo erkannte, dass alles, was an spiritueller Erkenntnis im Individuum entstehen könnte, in der Hand des Einzelnen liegt. Keine Vorgabe, keine Gebote, keine Gesetze, die einen kollektiven Gehorsam bewirkten, sollten dabei zur Anwendung kommen dürfen. Alleine die Bereitstellung von hilfreichen Instrumentarien, die für den Weg der inneren Reifung unerlässlich wären, sollte erfolgen. Im Gegensatz dazu würde jede mit Erfüllungszwang verbundene Aufgabenstellung früher oder später zu *kollektiver Abgrenzung* führen. Der Zwang formt nach außen emotional und radikal agierende Ideologen, die ihrerseits dann das unfreiwillig Ausgeführte als einzige Richtigkeit zu etablieren und einer Minderheit aufzuzwingen versuchen. Eine Tatsache mit fataler Auswirkung für die Absicht friedlichen Zusammenlebens und das Ende so gut wie aller ideologisch ausgerichteten Glaubensvereinigungen. Auroville entstand in Indien und Sri Aurobindo war Inder. Es ist naheliegend, dass vor allem hinduistisch-traditionelle Praktiken in seine Philosophie zur göttlichen Bewusstseinserlangung integriert sind. Auf den letzten Seiten des wöchentlich in Auroville gedruckten und erscheinenden *News & Notes*-Magazines finden Suchende ein mehr als reichhaltiges Angebot an Workshops, Seminaren und Unterrichtseinheiten zu Yoga, Meditationspraktiken, Heilatmungstherapien, Tanztrainings, Chant-Seminaren sowie ostasiatischen Konzentrations- und Entspannungspraktiken. Anfangs schien es mir, als würde eine Hälfte der Aurovillianer Workshops abhalten, die andere Hälfte wären die Teilnehmer. Natürlich ist die Realität eine andere. Aber das extrem dichte Netz an Veranstaltungen im Dienste des Selbsterkennens scheint mir als Hinweis für die Etablierung einer notwendigen Sensibilisierungsebene, bevor wesentliche Schritte einer so komplexen Geistesentwicklung gesetzt werden konnten. Was man ebenfalls im *News & Notes*-Magazin finden kann, sind diverse Einträge zu Diskussionsgruppen, Vortragsprogrammen und Workshops, die sich mit der Lesung und Interpretationen der Schriften Sri Aurobindos und Mirra Alfassas beschäftigen. Damit beginnt der anspruchsvolle Auroville-Weg, den ich ab hier mit dem Einstieg in eine Steilwand vergleiche. Die Wand steht als Metapher für die spirituelle Entwicklung und für den praktisch umgesetzten Lebensalltag nach Erkenntnis und Lehre Sri Aurobindos. Sie ist steil, teilweise mit Überhängen versehen und erscheint auch den Entschlossenen immer wieder als unbezwingbar. Ein Gipfelsieg schließlich wäre die Erlangung des Göttlichen Bewusstseins. Alle derzeit in Auroville aktiv an ihrer Entwicklung Arbeitenden befinden sich irgendwo in dieser Wand oder stehen an ihrem Fuß. Als Ausrüstung für den Weg durch die Wand steht das von Sri Aurobindo entwickelte Integrale

Yoga bereit. Dass dieses definitiv kein Erleichterungsinstrument zum Beschreiten des senkrechten Weges darstellt, wurde mir nach meinen Gesprächen rasch klar. Ohne das Integrale Yoga ist der Weg nicht machbar und kann an Stellen enden, wo es kein Vorwärts und unter Umständen auch kein Rückwärts mehr gibt. Integrales Yoga ist zwar auch ein Vermeidungswerkzeug, aber es bietet keinen sicheren Schutz gegen alles Illusorische und Ablenkende. Aber die Absicht einer konsequenten Integration in den eigenen Lebensalltag eröffnet seine praktische Auswirkung. Integrales Yoga ist nichts anderes, als jede Minute und Sekunde seines Lebens im tiefsten Bewusstsein seiner Handlungsabsicht und deren Auswirkung zu verbringen. Der praktische Weg dahin führt über Besinnung und benötigt Entschiedenheit. Aber vor allem bewirkt Integrales Yoga Veränderung durch Konzentration und Haltung, aber nicht aus Übung. Es in Vollendung auszuführen, wäre das Bewältigen des entscheidenden evolutionären Schritts in eine neue Wesensqualität des Menschseins. Das ist die Utopie an der Sache, weil der gegenwärtige Mensch für diesen ultimativen Akt der Besinnung noch nicht genug entwickelt ist. Also sind die Schritte des derzeit Möglichen entscheidend. Integrales Yoga nach seinen individuellen Möglichkeiten auszuführen, ist somit Gegenwartsrealität. Wohin vermag der Weg führen? Auf einer Skala zwischen 1 und 10, wie sie von uns zur Vergleichsdarstellung so sehr geliebt wird, wäre ab Stufe 4 oder 5 auf diesem Entwicklungsweg ein Zustand erreicht, der für uns Menschen im gegenwärtigen Entwicklungsstadium im Unaussprechbaren, nicht Benennbaren und rational Unbegreiflichen existiert. Mutter nannte ihren Traum nicht wegen einer nächtlichen Eingebung aus dem Unbewussten so. Sie war sich der Tatsache bewusst, dass das, wofür Auroville stehen sollte und was sie mit klaren Worten in ihrem Text festhielt, eine Entwicklung darstellte, für die eine gegenwärtige Menschheit noch nicht geeignet scheint. Da in Auroville Beurteilungssysteme so gut wie nicht vorhanden sind, ist es belanglos darüber zu rätseln, auf welchem Zahlenwert jeder in seiner derzeitigen Entwicklung steht. Es kann dauern bis erkennbar wird, dass man sich auch in der Steilwand recht einfach versteigen kann. Entscheidend für die Auswirkung des Weges ist aber eine Mindestanzahl an Kletterteilnehmern, die sich auf einem ähnlichen Level befinden. Dann erst kommt es im Kollektivbewusstsein und beim Einzelnen zur beabsichtigten Veränderung. Und das ist nichts besonders Spektakuläres und nicht explizit darstellbar. Alleine die Fortsetzung des Experiments ist ausschlaggebend. Das praktisch gelebte Kontinuum ist signifikant. Warum kommen so viele Besucher an diesen Ort? Warum schreibe ich ein Buch und habe einen Film darüber gemacht? Warum sind so viele nach einer ersten Begegnung wieder geflüchtet, um doch letztendlich ihr weiteres Leben mit beachtlicher Risikobereitschaft dort zu gestalten – vielleicht dann sogar zum ersten Mal wirklich gestaltend zu leben? Die Antwort muss in diesem unspektakulären aber permanent in der Luft liegenden Fluidum liegen. Eine Ausstrahlung, die sich erst zu entwickeln beginnt, wenn eine bestimmte Menge von Individuen an einem Ort in der Lage ist, sich der gleichen Aufgabe zu stellen und diese nach individuellen Möglichkeiten zu lösen versucht. Der Anspruch ist so gewaltig und unvergleichlich, dass ihm bloß mit rationalem Denken nicht beizukommen ist. Erst auf dem spirituellen Erkenntnisweg kann das anscheinend Unbewältigbare durch Transformation auf ein Maß des Möglichen verwandelt werden. Aber ein geeignetes Erklärungsmuster zu finden, welches die weit über unsere Verständnisbereitschaft hinausgehende Beschreibung des weiteren Weges ermöglichen könnte? Ich weiß nicht. Ich kann es nur versuchen.

ESSENZ DES EXPERIMENTS – INTEGRALES YOGA

Eine ganz eigenartige Geschichte fällt mir ein. Es muss wohl fünfzehn Jahre her sein, als mir jemand die Idee für ein ebenso bemerkenswertes wie verrückt scheinendes Filmthema vorgeschlagen hat. Zu diesem Zeitpunkt fand an einem mir nicht mehr bekannten Ort in Indien bereits über längere Zeit eine Permanentmeditation statt. Ich habe auch nicht mehr in Erinnerung, wer der Initiator war. Die Meditation sollte von 3.000 Yogis über einen Zeitraum von Monaten oder gar Jahren ohne Unterbrechung ausgeführt werden. Tag und Nacht, zu jeder Stunde, immer. Was stand hinter der Absicht? Durch die große Menge an spirituelle Übungen praktizierender Menschen und durch die Ununterbrochenheit würden beständig große Mengen an Energie freigesetzt werden, die ihren Weg in die Welt finden würde. Das Ziel: über diese menschlich gewährleistete, hochwertige Energiezufuhr das aggressive und Unfrieden verursachende Potenzial der Menschen in der ganzen Welt zu schmälern bzw. aufzulösen. Auch in diesem Experiment, und es war ein solches, wurde vom Erreichen einer kritischen Masse ausgegangen. Diese wurde durch die Anzahl der Meditierenden und die Energieverdichtung durch das Verstreichen der Zeit erreicht. Ab einem bestimmten Zeitpunkt, so die Vorstellung, wäre die atmosphärisch wahrnehmbare Energetik derart gesättigt und in so großer Dichte und Menge vorhanden, dass sie ihre nicht mehr anzuhaltende, befriedende Auswirkung auf alle Lebewesen in der ganzen Welt hätte.
Zweifellos kann eine solche Idee ihren Ursprung nur in Indien haben. Es gibt dort keine Einschränkung für Überlegungen einer friedlichen Ultima Ratio, wie es auch diese Geschichte bildete. Als Mittel zum Zweck bzw. zur Erreichung des Weltfriedens kann in Indien auch eine Dauermeditation herhalten. Überlegungen über Erfolg oder Misserfolg gibt es ganz einfach dazu nicht. Man macht es. Genügend Teilnehmer finden sich in Indien immer. Für unsere Ratio stellt ein Denken und Handeln in solchen Dimensionen bereits eine Art von Extremismus oder Unsinn dar. Oder man übt sich im altbekannten Zweckpessimismus à la

»Das friedliche Miteinander ist dem Menschen nicht gegeben«. Keine Produktionsfirma und kein TV-Sender, die damals von mir kontaktiert wurden, wollten in dem Ereignis eine ernstzunehmende Absicht erkennen. Sie schielten zu sehr auf das Ergebnis und nicht auf die Tatsache des Handelns selbst. Allein der Erfolg wäre ihrer Meinung nach ausschlaggebend für die Darstellung. Nicht einmal das Scheitern, welches doch immer öfter die Charts in unseren Hitparaden menschlicher Unzulänglichkeiten anführt, war von Interesse. Ich erinnere mich noch an eine unauffällige Zeitungsnotiz einige Monate später, die über den Abbruch des Experiments kurz berichtete. Aber keine Begründung dafür war zu lesen. Machen ist wesentlicher als Scheitern. Das ist auch Aurovilles Anspruch. Das obige Beispiel bildet eine wunderbare Erklärungsanalogie für das, was Integrales Yoga ist: Praktische Lebensführung zum Verlassen des Zustandes, in dem unsere geistige Entfaltungsbereitschaft noch immer durch die Flut unserer Gedanken beeinträchtigt wird, ist die erste Stufe, die es zu überwinden gilt. Diesen ersten Schritt zu verstehen, bedeutet aber, das vermeintlich Paradoxe an Auroville akzeptieren zu können. Um eine Entwicklung im Sinne des Integralen Yoga zu starten, sollte der Mensch eine bestmögliche Ausgangsposition einnehmen. Das war die Überzeugung Sri Aurobindos. Aber das verwirrt nun wieder. Besonders bei einer ersten Begegnung. Immer wieder runzeln Besucher die Stirn, wenn sie zu erkennen haben, dass Aurovilles Bewohner nicht in Sack und Asche gekleidet sind und, wie schon beschrieben, an diesem Ort ein spirituell ausgerichtetes Leben durchaus mit den Bedingungen und Möglichkeiten einer heutigen Welt vereinbar ist. Wenn überhaupt, sind wir nur dann bereit einen Weg der Suche nach dem Göttlichen zu akzeptieren, wenn er unserem damit verbundenen Klischéebild entspricht: Entbehrung, Besitzlosigkeit, Askese, abgemagerte Menschen, die ständig in Gebeten und Gesängen vertieft sind und das Jenseitige zur eigentlich erstrebenswerten Daseinsform erheben. Und vor allem sollten diese Menschen auffällige Verhaltenseigenschaften irgendwo zwischen Schrullenhaftigkeit und ideologischer Verstiegenheit zur Schau stellen. Dann ist die Zuordnung in die Abteilung realitätsferner, aber harmloser Spinner ein Kinderspiel. Durch diese

Rechnung hat Sri Aurobindo einen gewaltigen Strich gezogen. Aurovilles Bewohner essen Pizza, trinken jede Menge Cappuccino, wohnen auch – wie bereits bekannt – in äußerst komfortablen Unterkünften. Sie sind immer gut gekleidet, verwenden Tablet-Computer virtuoser als unsereins und stellen ein enormes Maß an Lebensfreude zur Schau. Eben jeder wie er kann und will. Eine unnotwendige Situation der Entbehrungen und Lebenserschwernisse wird in Auroville sicher nicht bewusst gepflegt. Wenn es ein himmlisches Reich gibt, warum dann nicht auf Erden? So könnte eine eher uns entgegenkommende Umschreibung von Sri Aurobindos Absicht zur Erlangung des höheren Bewusstseins lauten. Dazu ist aber die Weglassung ganz anderer Erschwernisse notwendig: Nur wer ein gutes, in sich erfülltes Leben zu führen weiß, ist in der Lage, einen nächsten Schritt auf der Leiter zu setzen. Aus diesem Grund entwarfen Sri Aurobindo und im verstärkten Maße die Mutter, Mirra Alfassa, ein realitätstaugliches Lebenskonzept, welches alle das Individuum in seiner Entfaltung einschränkenden Aktionen ausklammerte. Nur das Beste an pädagogischen und bildenden Möglichkeiten sollte jungen Menschen einen vollkommen anderen Weg der lebensbejahenden und freudvollen Entwicklung in ihr Leben eröffnen. Repressalien in Form von Bestrafungen und anderen die freie innere Entfaltung des Menschen einschränkenden Maßnahmen fanden und finden in diesem Experiment keinen Platz. Da ohnehin im Kollektiv die positiven Eigenschaften des Menschseins gepflegt werden sollen, ist auch auf kontrollierende und bestrafungsbefugte Institutionen wie Gerichte und Polizei zu verzichten. Und irgendwann – vielleicht recht bald – würde das Experiment an einen Punkt gelangen, wo auch Geld und Geldbesitz keine Notwendigkeit mehr bedeuten würden. Zukunftsmusik, aber bereits leise vernehmbar. Wohin soll aber dieser Weg vorerst gehen? Und vor allem stellt sich die Frage: Wie lauten erste Ziele und wie sind diese zu erreichen? Das Sein und Handeln der gegenwärtigen Menschheit wird vom »normalen Mental« geleitet, wie Sri Aurobindo es nannte. Es ist die Welt unserer Gedanken, die uns ständig und unkontrollierbar überschwemmen. Diesem mentalen Gefängnis zu entkommen und dem maßlosen Denken ein Innehalten zu ermöglichen, gilt der erste entscheidende Schritt zur höheren Bewusstseinsbildung. Mittels der bereits erwähnten Instrumentarien zur inneren Vertiefung und Sammlung, die allesamt irgendwann in das »normale« Alltagsleben integriert sein sollten, kommt es zum Aufstieg in uns unbekannte Zonen unseres Bewusstseins. In Aurovilles Alltagspraxis bedeutet dies: Besinnung auf das ausschließlich Wesentliche zu jeder Zeit in das Dasein zu integrieren. Was ist das Wesentliche? Die Schaffung eines inneren Zustandes, der herkömmliche Wertigkeiten durch permanente Hinterfragung auf ihre Eignung überprüft. Welche Eignung? Eine Eignung für das überzeugte und freiwillige eigene Handeln in Harmonie mit Natur und anderen Menschen. Wie kann das überprüft werden? Durch aufmerksame Beobachtung des eigenen Handelns. Mutters und Sri Aurobindos Erkenntnisse bilden dabei ein Geländer, aber keine Gebrauchsanleitung. Das praktische Weglassen und Reduzieren des Materiellen ist der weltliche Teil. Die Meditation, also die Fokussierung seines Denkens, welche zu jeder Zeit und an jedem Ort ausgeführt werden kann, ganz ohne körperliche Verrenkungen, ist der wesentliche Teil zur geistigen und damit spirituellen Entwicklung. Das bereits beschriebene Bildungssystem der Schulen, die Schweigezonen in Solar Kitchen, das riesige Angebot an Praktiken zur Beruhigung der inneren Sturmzonen, die Beschäftigung mit Kunst, Musik und Tanz, die ständige Möglichkeit zur Mitwirkung an Natur erhaltenden Projekten – Auroville ist ein Konzentrat, eine Quintessenz an Möglichkeiten, um diesen Anspruch der permanenten Sammlung auf das Wesentliche menschlichen Daseins zu jeder Zeit in den Alltag zu integrieren. Das ist der erste Schritt des Integralen Yoga.

Im vorangegangenen Kapitel habe ich den spirituellen Erfahrungsweg mit der Durchsteigung einer Gebirgswand verglichen. Irgendwo in dieser Wand findet man eine Anzahl von Punkten, gegenwärtig knapp 2.500 – die kleine Auroville-Gemeinschaft im Süden Indiens. Ich glaube zu erkennen, dass sich die meisten dieser Punkte knapp oberhalb des Einstiegs in dieser Wand befinden. Andere, einzelne, glaube ich bereits im sehr steilen aber noch nicht extrem gefährlichen Bereich zu sehen. Ich erkenne keine Sicherungen im Fels. Es ist keine Ferrata, kein durch

Seile und Steighilfen gesicherter Kletterpfad. Wer einsteigt, hat sich auf seine Weise innerlich selbst zu sichern. Es gibt keine Hinweise, wie und wo der Steig am einfachsten zu bewältigen ist. Ebenfalls gibt es keine Ratschläge, welche Sicherungsmittel mitzubringen wären. Aber was jene erkennen, welche die ersten Seillängen bewältigen, ist ein Zustand beginnender Angstfreiheit. Jeder Meter der Begehung ist eine Überwindung der eigenen alten Denk- und Handlungsmuster. Und damit ist die erste Stufe der mentalen Entwicklung in Angriff genommen. Aber weitere Zutaten warten auf die Entschlossenen. Ein normales Durchsteigen der Wand von unten nach oben ist für den Menschen so nicht möglich. Lassen wir dabei die Tatsache außer Acht, dass ein einziges physisches Leben unter Umständen für den ersten Loslösungsschritt vom normalen Bewusstsein auf die nächste Bewusstseinsebene nicht ausreicht. Sie soll aber verdeutlichen, in welchen Zeitdimensionen eine Entwicklung des Menschen in seine höchste Bestimmung nur erfolgen kann. Es ist nicht die Rede von ein, zwei oder einigen Generationen später, die dann schon in Zielnähe wären. Entscheidend für den Gesamtweg, den ohnehin niemand in seiner Zeitdauer zu benennen weiß, ist die Mikroaufgabe des Einzelnen im jetzigen Dasein und deren bestmögliche Erfüllung. Für die – theoretisch – bereits weiter oben in der Wand Befindlichen kommt es während ihres Weges zu unmerklich stattfindenden Transformationen und damit weiteren Schritten der spirituellen Entwicklung. Es sind drei maßgebliche: eine erste, die von Sri Aurobindo psychische Transformation genannt wird. Sie lässt den entschlossenen Menschen schon sehr früh erkennen, dass er überhaupt einen Weg zum Göttlichen akzeptieren und diesen praktisch begehen kann. Es folgt eine zweite Transformation, die von Sri Aurobindo als spirituelle bezeichnet wird, und schließlich als letzte, ultimative Verwandlung die supramentale Transformation. Wirklich wesentlich ist die Überwindung der ersten Stufe, da hier noch relativ einfach auch mit westlich geschulter Mentalitätsdenke die eigentliche Bestimmung und Absicht nachvollzogen werden kann. Die Ausführung einer Absicht bzw. eines Entschlusses ist für Sri Aurobindo die entscheidende Vorbedingung zum entschlossenen Begehen des Weges. Dieses

Handeln und Tun soll trotz der schwierigen Loslösung vom eigenen Ego mit Gelassenheit und Freude erfolgen. Nicht die eigene Befriedigung ist das Entscheidende, sondern das eigene Tätigwerden soll als Geschenk an das Göttliche erkannt werden. Alles an Aktivität soll in Verbindung mit der Außenwelt geschehen. Weltentsagung ist für Sri Aurobindo ein falscher und nutzloser Weg. Der Aufruf zum »In die Welt gehen« zeichnet einen wesentlichen Aspekt des Integralen Yoga aus. Die Beschreibung des weiteren Modells der folgenden Bewusstseinsentwicklungsschritte ist mir nur begrenzt möglich. Ab hier wird auch mein Text nur noch abbildend, abschreibend. Ein direkter Erfahrungswert oder auch bloß ein intuitives Fühlen liegt nicht mehr vor. Sri Aurobindos Integrales Yoga führt nun steil und weit in die Wand. Auf diesen Bereich lassen dichte Nebelbänke dem unten befindlichen Beobachter keine klare Sicht mehr zu. Über das beschriebene *Höhere Mental* gelangt der Mensch zum *Erleuchtenden Mental.* Ab hier beginnen die höchsten Zonen der Entwicklungsreise: Auf einer weiteren Stufe, die Sri Aurobindo das *Intuitive Mental* nennt, wird die uns gewohnte und bestimmende Linearität von Denkprozessen abgestoßen. Direkt, blitzartig und unmittelbar erfolgt Erkenntnis, ohne den linearen Weg des mentalen Denkens. Noch zwei weitere Stufen erkennt Sri Aurobindo auf der Entwicklungsreise des Menschen zur Verbindung mit dem Göttlichen. Das *Übermental* ist bereits eine Bewusstseinsstufe, die nicht mehr im Zusammenhang mit physischen Gesetzmäßigkeiten steht. Er beschreibt das Bewusstsein dieser Entwicklungsstufe als *»eine Masse stabilen Lichts«.* Am Ende steht die Erreichung des *Supramentalen, die höchste mit dem Göttlichen verschmelzende Form von Bewusstsein.* Erst bei Erlangung dieses Zustandes, welcher die endgültige Überwindung des menschlichen Bewusstseins bewirkt, kommt es zur reflektierenden Erfahrung von Unendlichkeit. Das Theoretische über den bewusst eingeleiteten evolutionären Weg des Menschen hin zum schließlich göttlichen Wesen, beschritten nach Sri Aurobindos Erkenntnis, hat Tausende Seiten gefüllt. Wenn ich am Ende nun den Versuch eines Resumées wage, welches bloß meine persönliche Wahrnehmung wiedergibt, dann mündet diese in einen einzigen Satz: die Gelassenheit des Alltags. Diese so einfach klingende Botschaft wird zum bestimmenden Inhalt der Übung. Denn unsere Erwartung liegt immer in der Bekanntgabe eines Tricks oder eines Ratschlags, der möglichst vereinfachtes Handeln gewährleistet, um den Schlüssel für die versperrte Türe zu erhalten. Aurovilles Weg durch diese Pforte ist weder eine Brötchendiät, noch eine Verknüpfung emotional beeindruckender Rituale und auch keine modisch-sportliche Yogaübung. Es geht in den oben beschriebenen Prozessen nie um die Erreichung eines kurzzeitigen Wohlbefindens, welches als Ausgleich zu den permanenten Belastungen einer letztlich illusionär ausgerichteten Lebensvorstellung angestrebt wird. Wem Auroville optimal gelingt, bei dem kommt es zur bestimmenden Korrektur bzw. Auflösung dieser bis dahin gültigen Überzeugung eines egodominierten Daseins. Und das bedeutet die Erreichung eines Zustandes, der mit Gelassenheit am besten zu beschreiben ist. Gelassenheit ist angstfrei und Angstfreiheit ermöglicht ein Handeln nach persönlicher Überzeugung.

LEBEN AUF EIGENE GEFAHR = FREIHEIT

Auroville ist wieder Vergangenheit und kann es doch gar nicht mehr werden. Die vergangene Nacht musste ich in einem Hotel in der Nähe des Chennai-Flughafens verbringen. Eine jener unspezifischen Einrichtungen mit ihrem unverbindlich-freundlichen Empfangspersonal wie es sie rund um die Welt gibt. Der Morgenflug nach Delhi sollte um 7 Uhr starten und hatte aber dann eine Stunde Verspätung, wie mir bereits um 5 Uhr morgens per E-Mail angezeigt wurde. Ohnehin nur knappe zwei Stunden zwischen Ankunft in Delhi und Anschlussflug nach Frankfurt bei pünktlicher Abreise aus Chennai. Jetzt noch eine Stunde 15 Minuten, wenn der Abflug hier pünktlich unpünktlich stattfinden würde. Und schon ist es wieder da, dieses Gespenst der Unfreiheit. Das Rechnen in Minuten und der Zwang zur Einhaltung von Vorgaben, die ihrerseits nicht bindend sind. Bis gestern war alles noch so anders und ich weitgehend in meiner persönlichen Eigenverwaltung aufgehoben. Kurz nach 9 Uhr am Morgen holte mich der Fahrer vom Gästehaus für die etwa vier Stunden dauernde Fahrt nach Chennai ab.

Am Abend vor meiner Abreise fand die Eröffnungsfeier des Auroville Filmfestivals statt. Der wenige Minuten nach Veranstaltungsbeginn einsetzende Wolkenbruch löschte das Feuer des im Freien aufgebauten Pizzaofens aus. Aber so gut wie alle der mehreren Hundert Besucher blieben. Ein paar Liter Regenwasser in wenigen Minuten auf den Quadratmeter kann Aurovilles Gemeinschaft nicht erschüttern. Dieser heftige Regen hatte die Luft geklärt und etwas abgekühlt. Aber schon wieder schien die Sonne und Aurovilles Sandstraßen glühten an diesem Morgen zum Abschied leuchtend orangerot auf. Alles Grün der Pflanzen strahlte ebenfalls gewaltig. Wahrscheinlich einer der letzten Sonnentage. Der Monsun stand vor der Türe. Der Fahrer war ein sehr guter und sicherer. So gelang es mir ganz rasch, mich von seiner Fahrweise zu überzeugen und brauchte keine eigenen fiktiven Bremsmanöver mit meinem rechten Fuß einzuleiten. Ich konnte mich entspannt zurücklehnen und noch einmal Landschaften, Menschen und vor allem meine Gedanken an mir vorüber ziehen lassen. Es war ein Sonntag und für indische Verkehrsverhältnisse angenehm ruhig. Keine Lastwagen, welche die größte Gefahr auf Indiens Straßen darstellen. Dafür einiges an Bussen, die nun die Rolle der Platzhirsche übernahmen. Gewaltig brüllende Hupen wurden von den immer gleich stoisch wirkenden Busfahrern bedient. Ein Fuß ständig am Gaspedal und eine Hand am Horn. So wird durch Indien ein Bus manövriert. Zwangsläufig denke ich an Indiens Verkehr, der von uns westlichen Menschen als absolut chaotisch, unberechenbar, nicht kalkulierbar und deshalb als extrem gefährlich eingeschätzt wird. Meiner Ansicht nach ist das nur zum kleinen Teil Wahrheit. Das indische System ist ausgetüftelt und sicherlich von furchtsamen Menschen, die auf der Rückbank einer Rikscha mit anscheinend höchst waghalsigen Fahrmanövern durch den Verkehr transportiert werden, als solches nicht erkennbar. Denn hinter dem anscheinenden Chaos verbirgt sich ein System der praktischen Erprobung. Dieses beruht vor allem auf zwei Säulen: Akzeptanz und Toleranz. Sieht man von den oben erwähnten Lastwagen und Bussen ab, die an riesige bunte Eisensaurier erinnern und in der Tat wegen ihrer gewaltigen Masse aus Stahl gefährlich und zerstörend wirken, dann kann das enorme Verkehrsaufkommen nur mit ganz bestimmten Regeln vor seiner Bewegungsunfähigkeit bewahrt werden. Regeln, die sich Indiens Verkehrsteilnehmer vor langer Zeit selbst geschaffen haben und schaffen mussten. Ohne Regierungs- und Verwaltungsapparat und ohne Judikatur. In Indiens Straßenverkehr steht an erster Stelle die Einforderung nach ständiger Bewegung. Um diese zu gewährleisten, ist von allen Verkehrsteilnehmern der Einsatz von Entschlossenheit gefordert. Angst macht langsam und irgendwann bewegungslos. Also fahren sie in jeder nur erdenklichen und unmöglich scheinenden Situation. Alle: Fahrräder, Rikschas, die unzähligen Motorräder und Mopeds und dazu eine sich immer mehr steigernde Anzahl von Autos. Eine Straße wird von indischen Verkehrsteilnehmern nicht in der von uns eindeutig definierten und strukturierten Verwendung erkannt und verwendet. Ordnungsprinzipien fallen zu Gunsten der Flexibilität weg. Wie Straßenbenutzung in unseren öffentlichen Räumen zu erfolgen hat, ist per Gesetz in unendlichen Paragraphen festgelegt und bewirkt damit ein Mussverhalten und größtmögliche Disziplin der Verkehrsteilnehmer. Ob Indien überhaupt eine ähnliche bzw. vergleichbare Gesetzmäßigkeit hat, ist anzunehmen, aber eben nicht erkennbar. Im praktischen Verkehrsalltag kommt diese definitiv nicht zur Anwendung. Ein beständiger Fluss der Fortbewegung, den Verkehrsleitsysteme gewährleisten sollten, ist in Indien nur durch Ausnutzung der kleinsten Freiräume jedes einzelnen Verkehrsteilnehmers zu erzielen. Dreispurige Überholmanöver sind möglich und keine Seltenheit. Selbstverständlich gibt es dabei auch einen Gegenverkehr, wahrscheinlich gerade in diesem Moment selbst durch überholende Fahrzeuge gekennzeichnet. Also kommen in einer solchen Situation klar erkennbare, sowie codierte Vereinbarungen zwischen den Verkehrsteilnehmern zum Tragen. Wird es sehr knapp für einen Überholenden, dann reicht ein kleines Handzeichen und der Überholte reduziert sofort die Geschwindigkeit oder fährt nach Möglichkeit an die Straßenseite – was eher selten möglich ist, da sich hier die langsamen Verkehrsteilnehmer bewegen: Fußgänger, Radfahrer, Tiere, Ochsenkarren. Kühe bilden eine Ausnahme: Diese sind ÜBERALL auf der Straße unterwegs. Lichtsignale sind solche chiffrierten Zeichen und werden den Entgegenkommenden immer dann gegeben, wenn es ebenfalls knapp werden könnte. Diese bedeuten entweder:»Lass mich noch vorbei« oder »Reihe dich ein, ich schaffe es nicht mehr«. Und dann gibt es natürlich die Hupe. Sie ist der wichtigste Bestandteil der Kommunikation. In gut 80 Prozent der Anwendungen ist die Verwendung der Hupe nichts anderes als ein Hinweis »Ich komme«, »Ich bin hinter dir – mach jetzt nichts Falsches«, »Bleib wo du jetzt bist«. Der Rest ist dann Aufforderung: »Lass mich hinüber«, wenn

es beim Queren der Straße zu lange dauert und keine Lücke sich auftut, die man sofort für sein Vorhaben nützen könnte. Hupen im Sinne eines Bestrafungsrituals für ein vom Fahrgegner begangenes Foul, wie es in unserer Kultur des Miteinanders der vorrangige Verwendungszweck ist, kenne ich von meinen zahlreichen Reisen auf Indiens Straßen überhaupt nicht. Diese Mentalität ist völlig unbekannt. Die Hupe als Bestrafungs- und Zurechtweisungsinstrument – es kann nur dem Geist einer Gesellschaft entspringen, die wiederum und vor allem mit ihren zahlreichen Unsicherheiten zu hantieren hat. Sicherlich beschreibt in unserem Kulturraum ein Gesetz bis ins kleinste Detail, wann und unter welchen Voraussetzungen ein Überholmanöver durchgeführt werden darf. Dass zwei Fahrzeuge ein drittes nebeneinander, also auf insgesamt drei Spuren, überholen, ist nicht im Gesetzestext festgehalten, da die indische Situation in unserer Vorstellung gar nicht als möglicher Realschauplatz existiert. Das Vorgeschriebene, zu Befolgende soll uns Teilnehmern am Straßenverkehr eine möglichst hohe Sicherheit ermöglichen. Ein System, welches unser aller Leben und Gesundheit zu bewahren versucht, den Einzelnen und die Gruppe. Das ist löblich, aber signifikantes Zeichen einer Fehlentwicklung: »Wir beschützen dich auf Schritt und Tritt,« und im Subtext sagt es gleichzeitig aus: »Wir beschützen euch, weil ihr selbst nicht (mehr) in der Lage seid, es selbst zu tun.« Und um unsere Hilflosigkeit zu unterstreichen, hupen wir eigentlich voll Wut über unseren Zustand.
Während meiner Autofahrt entlang der Palmenhaine und den teilweise abgeernteten Reisfeldern, auf denen jetzt die Kühe und Ziegen stehen, um die Grasreste und das Stroh wegzufressen, wird mir deutlich, wie eng der Zusammenhang zwischen Aurovilles Lebensabsicht und Indiens Verkehrssituation tatsächlich ist. Es geht bei beiden um die Entfaltung der eigenen Potenziale und um die menschliche Harmonisierung des praktischen Miteinanders innerhalb eines kollektiven Raums. Ich bin nun überzeugt, dass Aurovilles Experiment den indischen Boden dringend benötigt, ohne diesen niemals so aufgeblüht wäre und deshalb mit guter Absicht seinen weiteren Zukunftsweg beschreiten wird können.
Vor einigen Jahren wurde die vielfache Millionenstadt Mumbai von

schweren Überschwemmungen während des Monsuns heimgesucht. Ich kann mich nicht erinnern, dass diese Naturkatastrophe im Westen über eine Randnotiz hinaus bekannt wurde. Mehrere hunderttausend Menschen waren akut davon betroffen. Kein Trinkwasser, keine Nahrung und Verlust des ohnehin schon bescheidenen Wohnraums. Aber die zwischenmenschliche Hilfe aus Mumbais Bevölkerung startete unmittelbar und immerhin so weit effizient, dass der Ausbruch von Seuchen – die größte Gefahr in den überbevölkerten Städten – verhindert und die Trinkwasserversorgung in kürzester Zeit wieder gewährleistet wurde. Indiens Bevölkerung ist sich im Großen und Ganzen bewusst, dass im Falle eines Not- oder Ausnahmezustandes nur wenig und so gut wie immer verspätete Hilfe von Staats- bzw. Regierungsseite zu erwarten ist. Die einzige Chance ist das Eigenengagement. Und dieses funktioniert in Indien immer wieder auf beeindruckende Weise. In vielen Teilen der hoch entwickelten Gesellschaften hingegen ist das Volk mehr oder weniger in die Verwaltungshoheit der Lenkenden und Vorgebenden gelangt. Selbst verantwortetes Handeln erlahmt immer mehr. Setzt es doch vor allem eines voraus: einfach etwas tun, ohne viel darüber zu reden. Aber darüber war ohnehin auf den vorhergegangenen Seiten genug zu lesen.

Fast pünktliche Ankunft in Delhi. Nach fünf Wochen ohne Blick auf Uniformen und Sicherheitsorgane folgt jetzt die Ernüchterung. Unendliche Kontrollen, schroffe Worte und unfreundliche Gesichter der Flughafenpolizei. Hingegen nahezu versöhnlich die verführerisch-traumhaft-hübschen, fast weißhäutigen Inderinnen auf den riesigen Screens in der Abflughalle mit ihren sinnlich dargebotenen Verheißungen zum Erreichen einer perfekten Welt. Kenntnis der Hindi-Sprache ist nicht notwendig, um die Werbe-Botschaften der Videos zu erfassen. Die Bilder geben klare Antworten auf die wesentlichen Fragen, wohin auch der indische Weg gehen soll: Wie werde ich schöner, reicher und erfolgreicher? Endgültig in die beschützenden Arme der vertrauten Welt gelangt man an den Gates. Gate 15 – Paris, Gate 17 – London, Gate 19 – Frankfurt, Gate 20 – New York. Vor Gate 20 befindet sich der zentrale Treffpunkt aller Heimwehkranken und Verunsicherten. Die riesige Filiale einer amerikanischen Kaffeeausschankkette empfängt sie und bietet mit ihren »flavoured« Produkten im Pappbecher das vermutlich vermisste Gefühl des Sicheren und Gemeinsamen wieder an. Eine dichte Menschentraube hat sich um den Shop gebildet. Gepflegte Fernreiseuniformierung westlicher Art prägt das allgemeine Erscheinungsbild der Passagiere. Ein Zitat für Ferne, Wagnis und Abenteuerbereitschaft. Aber die Tüten in ihren Händen sprechen eine andere Sprache: Alles, was der riesige Duty-free-Shop an Indienklischée anzubieten vermag, wird noch in die Taschen gestopft. Die Ferne in Form indischer Schals und Pashminas, die Mystik in Form eines tanzenden Shiva aus Messing, das Fremd-Exotische durch Geschenkpackungen mit indischen Gewürzen und Duftstoffen gefüllt. In den Wartereihen der verschiedenen Gates dann business as usual: Männer mit entschlossenen Gesichtern, Headset in den Ohren. Befehlston kommt zur Anwendung. Keine weichen Worte. Die Welt der Egodurchsetzung ist wieder offensichtlich und überall. Eine große Blonde mit enormer Oberweite instruiert mit deutlich süddeutschem Akzent eine von ihr betreute Reisegesellschaft. Steffi ist ihr Name und sie ist hoch aktiv. Im Flugzeug wird sie dann allein reisende Inder mit unheimlich freundlichem und gewinnendem Zähnefletschlächeln zum Platzwechsel bewegen, damit ihre Schäfchen alle schön zusammen sitzen können. Sogar im Flugzeug besteht die Gefahr des verloren Gehens. Ich denke zurück an den eigenartigen Ort in Indiens Süden, den ich vor etwas mehr als 24 Stunden verlassen habe. Und ich spüre in mir – Sehnsucht. Tur Tur beginnt bereits wieder zu wachsen.

INTERVIEW MIT UMGEKEHRTEN VORZEICHEN

Anfangs war es meine Absicht über Martin recht ausführlich zu schreiben. In mehrfacher Hinsicht erschien mir sein Wirken innerhalb Aurovilles Gemeinschaft als exemplarisch für die Zukunftsabsichten einer jungen Generation. Vor vier Jahren waren wir uns zum ersten Mal im Rahmen der Filmdreharbeiten begegnet und Martin wurde zum eloquenten und klugen Interviewpartner in dieser Dokumentation. Es war naheliegend, seine Mitwirkung auch für mein Buchprojekt zu erhalten. Fast drei Stunden verbrachten wir im intensiven, für mich äußerst bereichernden, gemeinsamen Gespräch. Am Ende aber war es Martin selbst, der die Ansicht äußerte, ob es für Leser meines Buches eventuell nicht sogar interessanter wäre, wenn einmal nicht ein Aurovillianer, sondern ich – der Autor – Fragen beantworten würde. Fragen, die er, Martin, stellen könnte. Es benötigte keine lange Nachdenkzeit von meiner Seite, um seiner Idee zuzustimmen. Martins permanenter Zeitmangel machte es notwendig, dieses Interview mit umgekehrten Vorzeichen im Laufe der Wochen und Monate im E-Mail-Modus zwischen Auroville und Frankfurt auszuführen. Im Vorfeld scheinen mir einige Fakten und Daten zu Martin, den ich in diesem Buch mehrmals zitiere, unentbehrlich. Martin ist Mitbegründer und Geschäftsführer von Auroville Consulting, einem mittlerweile etablierten und gefragten Dienstleistungsunternehmen Aurovilles, dessen Beratungsangebot ausschließlich die Bereiche Energie- und Wassereffizienz, erneuerbare Energien und Forschung im Bereich energieeffizienter Architektur in tropischen und subtropischen Klimabereichen umfasst. Ein neuer, immer stärker nachgefragter Bereich stellt *citizens engagement* dar. In enger Zusammenarbeit mit indischen Stadtverwaltungen entstehen Strategien für eine effiziente und verantwortungsgebundene Miteinbeziehung der Stadtbevölkerung in ökologisch orientierte Projekte. Martins Projektentwicklungen betreffen aber auch die interne Funktionalität seines Unternehmens. Derzeit wird über die Möglichkeit einer

Erfassbarmachung des »höheren Sinns« bzw. der eigentlichen Absicht hinter dem Tagesgeschäft aller Mitarbeiter nachgedacht. Dahinter steht nichts Geringeres als die Sensibilisierung zur Wahrnehmung des Eigentlichen und Wesentlichen im aurovillianischen Sinn und dadurch mit einem human höher entwickelten Bewusstsein. Menschen innerhalb eines gemeinsamen Arbeitsprozesses erfahren ihr Tun und Machen nicht als selbstzufrieden machende Absicht, sondern als Auftrag, der eine ganz spezifische Qualität von Glücksgefühl in ihrem Inneren erfahrbar macht.

Vor elf Jahren kam Martin nach Auroville. Er stammt aus Oberösterreich und verbrachte eine nicht weiter spektakuläre, einfache Kindheit in seiner Heimatgemeinde Waldzell. Eine erste nicht alltägliche Entscheidung brachte ihn für einige Jahre zum Jugendnachwuchskader der österreichischen Skispringer. Eine Erfahrung, die wohl auch ausschlaggebend für seine überzeugend spürbare Angstfreiheit sein mag. Er studierte in Wien Soziologie. Nach seinem Studienabschluss war auch bei ihm die Beantwortung der entscheidenden Frage fällig: Welches Leben wollte er wählen, wenn nicht das vorgezeichnete, von ihm nicht zu akzeptierende? Martin machte von der Möglichkeit eines Freiwilligen- bzw. Zivildienstjahres im Ausland Gebrauch und landete bei einem Projekt in Nordindien. Sein Wunsch für einen Aufenthalt in Auroville wurde damals von der österreichischen Regierung im Rahmen dieses Programms nicht genehmigt. Erst danach konnte der Weg direkt nach Auroville führen. Und da ist er bis heute geblieben. Martin bewohnt ein äußerst angenehmes kleines Appartement. Er versucht sich seit Jahren in allen möglichen Arten von Gärtnerei. Ein Vertikalgartenexperiment ist an den Wänden seiner Terrasse zu bestaunen. Sein flächenmäßig kleiner Garten birgt eine ungeheure Vielfalt an Früchten und Gemüsen in sich. Am Flachdach ist mittlerweile ein weiteres Anbauexperiment gestartet. In den letzten Jahren hat Martins berufliche Auslastung ein Limit erreicht. Er betreut mehrere Projekte, die über ganz Indien gestreut sind, was wiederum eine Menge Zeit für seine rege Reisetätigkeit abverlangt. So erscheint mir, dass ein im optimalen Sinne stattfindendes Hinaustragen des Erfolgslabels »Made in Auroville« auch an seine Grenzen kommen muss. Vor allem wegen der fehlenden Ressourcen an jungen, geeigneten Mitarbeitern. In meinen doch recht zahlreichen Gesprächen mit Martin konnte ich aber über seine Lebensweise und seine Art der Verbindung von Tun und geistiger Reflexion sehr beeindruckend erfahren, dass Aurovilles Zukunft durch Menschen mit ähnlicher Haltung gewährleistet erschien. Wobei ich mich dabei doch noch einmal auf Michael Bonkes und Ottos Worte besinnen möchte, die in diesem Fall eine eindeutige Gemeinsamkeit aufweisen: Auroville muss nicht in Auroville und nicht mit Aurovillianern stattfinden.

Irgendwann im Februar erhielt ich Martins erste Fragen und unser beabsichtigtes Interview konnte Gestalt annehmen.

Lieber Herbert,
also hier die ersten Fragen: Was waren deine ersten Eindrücke von Auroville, bevor du das erste Mal kamst, die dich faszinierten und dazu veranlassten eine Dokumentation über Auroville zu machen? Wie haben sich diese Eindrücke seither verändert?
AL
Martin

Lieber Martin,
Ich war 1981 und 1996 schon einmal auf Stippvisite in Auroville, jeweils nur einen Tag. Vor dem zweiten Besuch hatte ich mir etwas mehr Wissen über den Ort und seine Absicht angelesen. Also ich konnte bei Bedarf ein wenig erzählen,

was da versucht wurde. Vor ungefähr 15 Jahren habe ich dann in dem interessanten deutschen Wirtschaftsmagazin »brand eins« einen Artikel über Auroville gelesen. Das war ein bisschen so ein »Finger in die Wunde«-Artikel bzw. »Wir suchen Schwachstellen«-Bericht, aber doch so weit informativ geschrieben, dass ich bereits damals zum ersten Mal über eine Filmdokumentation nachdachte. Aber wie es so ist – es kommen andere Themen und Filme. Auroville wurde wieder zur Seite gelegt. Die Zeit war nicht reif oder ich war noch nicht reif für dieses Thema. Erst die aktuellen Entwicklungen in Europa (Finanzmarktkrise und das Ausufern damit verbundener Kollektivängste) so um Anfang 2010 ließen auch mich verstärkt über das in den Medien plötzlich als interessant erkannte Thema »Alternativgesellschaften« nachdenken.

Als ich dann 2012 im Österreichischen Fernsehen der Religionsabteilung ein Konzept über Auroville vorlegte, war ganz sicher ein Drittel des von mir Geschriebenen Vermutung und Annahme und, wie sich später auch herausstellte, doch etwas von der gelebten Auroville-Realität entfernt. Meine damaligen Recherchequellen waren ja bloß das Internet und einige Zeitungsartikel. Ich kannte niemanden, der in Auroville lebte oder den Ort bereits eingehend erforscht hatte. Trotzdem war das Thema über dieses Experiment nun in meinem Inneren gelandet, was für mich immer ein Zeichen ist, dass der Weg richtig ist. Ich konnte mir aber beim besten Willen nicht erklärbar machen, wie die Realisierung dieser Absicht funktionieren sollte. Wahrscheinlich ist es den meisten Verfassern der von mir gelesenen Zeitungsartikel wohl ähnlich wie mir gegangen. Kann man die Realität nicht erkennen, landet man ganz rasch auf einem romantisierenden Holzweg und sieht Aurovilles Absicht als heroische Unternehmung zur Rettung einer wurmstichigen Weltgesellschaft. Auch mein Konzept für den Film enthielt solche Romantizismen und – ja, nennen wir es ganz ehrlich: Idealisierungen. Ich spürte eindeutig und stark in mir, dass dieses Auroville-Vorhaben in seiner Gesamtheit eine wesentliche Bedeutung und vielleicht sogar Auswirkung für unsere Welt beinhaltet. Ob und wie sich diese eröffnen könnte, war mir aber völlig unklar. Aber bevor ich den Film drehen konnte (neben den TV-Senderzusagen war auch eine Genehmigung der indischen Regierung notwendig), musste ich mein eigenes Realbild über Menschen und Ort erstellen. Und diese Möglichkeit konnte ich nur durch meine direkte Anwesenheit vor Ort erhalten.

Wir verbrachten dann fast vier Wochen im Februar und März 2013 für die Filmrecherche in Auroville. Und in dieser Zeit konnte ich immerhin erkennen, was Au-

roville sicher nicht ist. Die meisten meiner Vorstellungen und meine konstruierten Idealbilder wurden da neutralisiert. Ein ganz wichtiger Schritt. Aber es gelang weder meiner Frau noch mir während dieser Recherchewochen klar zu erkennen, wie Aurovilles Absicht tatsächlich umgesetzt wurde. Am Ende unserer Reise waren mehr Fragen offen und unbeantwortet als am Anfang. Ich erkannte das aber als gutes Zeichen für den weiteren richtigen Weg der Annäherung. Was die größten Verständnisschwierigkeiten machte und sogar in manchen Punkten verstörte, ist die Tatsache, dass hier nach der Möglichkeit des »Entweder UND oder« gelebt und gehandelt wird, der ich im Buch einen großen Raum einräume. Da tickt unsere eigene, vertraute Denk- und Handlungskultur vollkommen anders. Unsere Gesellschaften sind noch immer durch das »Entweder-oder« geprägt.

Nun zu deiner zweiten Frage: Die Dreharbeiten an der Dokumentation brachten dann eine entscheidende Veränderung in meiner Wahrnehmung. Klar, auch da stand eine gewisse Romantisierung noch immer Pate. Was aber auch nicht anders gehen kann, wenn man sich eine Welt vorzustellen versucht, von deren Grundgedanken und seiner Notwendigkeit man doch weitgehend überzeugt ist. Und ich muss es auch zugeben: Im Nachhinein erkenne ich in dem fertigen Film noch immer, wenngleich geringe, Ansätze dieser romantisch-idealisierten Sichtweise. Über Auroville zu schreiben oder einen Film zu machen, oder was auch immer an Erfassungsmethoden man wählt, kann immer nur Annäherung bedeuten. Und die Begründung dafür liegt für mich in der immensen Komplexität der hier zu beobachtenden Lebensmöglichkeiten. Oder einfacher ausgedrückt: Jeder kann hier eigentlich machen was er will, so lange es in einem doch sehr weit gezogenen Rahmen bleibt. Aber nicht immer ist das, was hier gemacht wird, wirklich nahe an der eigentlichen geistigen Absicht dieses Ortes. Und das ist eigentlich schon meine Antwort auf deine Frage. Ich erkannte doch sehr deutlich nach meinem Filmdreh und besonders während meines letzten Aufenthaltes für die Buchrecherche, dass es hier Menschen gibt, die mit einer großen inneren Absicht und Bereitschaft und mit all ihrer Energie an dieser großen Vision arbeiten. Sie scheinen das System Auroville wirklich innerlich erfasst und erkannt zu haben, worauf es da wirklich ankommt. Aber natürlich fasziniert mich gleichermaßen auch dieser Reichtum an Vielfalt. So viele Initiativen einzelner Menschen führen zu unglaublich starken Äußerungen ihrer inneren Bereitschaft und Fähigkeiten. Natürlich erkannte ich auch, dass es in Auroville Unternehmungen gibt, die sich eher über das Quali-

tätslabel »Auroville« definieren, aber den geistigen Anspruch dann doch nicht in dieser Weise zum Ausdruck zu bringen vermögen.
Ich glaube, dass mir im Buch mit diesem »Riese-Tur-Tur-Vergeich« eine passende, weil doch auch entsprechende Analogie für Auroville gelungen ist. Vielleicht erinnerst du dich aus deiner Kindheit an diese Figur aus Michael Endes »Jim Knopf«-Buch. Dieser wunderbare Riese, der aus der Ferne so riesig, mächtig und furchteinflößend wirkt und beim Näherkommen zu schrumpfen beginnt. Diese Analogie ist für mich persönlich wichtig geworden, um mich auch in meiner Euphorie gegenüber Aurovilles Absicht etwas zu drosseln, wenn es angebracht und notwendig ist.

Soweit fürs Erste.
Liebe Grüße in die Wärme
Herbert

Lieber Herbert
Du hast in deiner Antwort angedeutet, dass du Interesse an alternativen Gesellschaften hast. Kann ich das als Anmerkung dafür erkennen, dass du davon überzeugt bist, dass die Welt solche Alternativen benötigt? Was sind dann Alternativen, die Auroville heute anbieten kann, und was würde eher in die Kategorie von Romantizismus zur Rettung einer wurmstichigen Weltgesellschaft fallen?
Kannst du bitte das 'Entweder UND oder' elaborieren? Hast du konkrete Beispiele dafür?
AL
Martin

Lieber Martin,
wenn ich an Alternativgesellschaft im Sinne einer ethisch entwickelten Lebensabsicht denke, dann glaube ich nicht an die gegenwärtige Möglichkeit zur »flächendeckenden« Realisierung einer solchen Lösung. Nicht weil es an der Absicht der Menschen fehlen würde. Da erkennen mittlerweile viele, dass der Zug in die absolut falsche Richtung fährt. Aber ich bin davon überzeugt, dass ein gegenwärtiges System, wie es die Gesellschaften der Welt u. a. auch hier in Europa nach wie vor steuert, alles dazu tut, um Veränderungen im obigen Sinne zu erschweren.

Nach der Devise: Das Vorhandene mag nicht gut sein, aber immer noch besser als das Ungeprüfte, Neue, und – Achtung, Gefahr! – vielleicht sogar das Visionäre. So werden Ängste und Verunsicherungen geschürt und täglich wird uns Menschen mitgeteilt, wovor wir uns wieder zu fürchten hätten. Es ist diese Verunsicherung, die sich verhindernd auf notwendige und sinnvolle Veränderungsabsichten auswirkt. Was mir noch auffällt: Jede noch so kleine Bestrebung zu einer ehrlichen Veränderung im eigenen Lebensbereich ist für die meisten von uns eine immense Herausforderung, weil niemand von seinen lieb gewonnenen Gewohnheiten freiwillig Abstand nehmen kann bzw. will. Aus dem Haben das Sein zu formen, ist die wahre Herausforderung. Ich glaube, dass derzeit eher ein Weg der vielen kleinen Schritte begangen werden muss, die schließlich bzw. vielleicht auch zu einer anderen umfassenden Lebenssicht einer ganzen Gesellschaft führen. Ich hoffe nur, dass es genügend Zeit für diese vielen notwendigen Schritte noch geben wird.

Nun zu deiner zweiten Frage: Was kann Auroville gegenwärtig anbieten?
Die Absicht der Gemeinschaft scheint für viele Menschen in Europa weitgehend unbekannt. Meine Arbeit am Buch hat das ja bewiesen. Viele sind interessiert und neugierig, aber die meisten haben vom Ort und von dem, was da stattfindet, keine Ahnung. Wie ich im Buch geschrieben habe, ist in Auroville ebenfalls die Summe der einzelnen gesetzten Schritte entscheidend. Für mich wird dadurch erkennbar, dass jede Realisierungsabsicht, sofern sie ernst gemeint ist, ein großes persönliches Engagement und eine ehrliche Entscheidung bedeutet. Wenn Auroville wirklich die Absicht hat, seine Substanz in erfassbarer Form nach außen zu bringen, gar zur Verfügung zu stellen, dann glaube ich, dass es eines seiner wirklich ganz bedeutenden Ideale bzw. Utopien auch in der externen Anwendung funktionsfähig zu realisieren versuchen muss. Zum Beispiel das Schul- und Bildungssystem, welches definitiv das Potenzial für die Hervorbringung eines selbstbewussten, spirituell sensibilisierten jungen Menschen der Zukunft hätte. Oder so etwas für unsere Lebenskultur wirklich Unvorstellbares wie die Annäherung an eine geldlose Gesellschaft. Wie du ja sicherlich mitbekommst, hat sich bei uns eben die Diskussion über die bargeldlose Gesellschaft entzündet, die doch überhaupt nichts mit dem utopischen Ideal von Sri Aurobindo gemeinsam hat, sondern wieder einer technokratischen Absicht entspringt und leider wieder als einen »brauchbaren« Nebeneffekt eine noch bessere Erfassbarkeit und Kontrollierbarkeit des Individuums

beabsichtigt. Wenn Auroville da erste ernstzunehmende Schritte und Ergebnisse vorzeigen könnte, dann hätte der Rest der Welt eine gehörige und nachhaltige Beschäftigung mit einem Produkt »Made in Auroville«, welches dem besonderen und vor allem einzigartigen Geist des Ortes als Rettungsinsel des Menschlichen entsprechen würde.

Die Absicht und die Möglichkeit ein Leben als Experiment zu führen, ist ebenfalls so etwas, was in meiner Gesellschaft nicht geläufig ist. Welch eine Auswirkung, wenn Staaten und ihre Gesellschaftslenker erkennen würden, wie sehr das unterstützte Experiment die Grundlage für ein besseres Menschsein mit einer allgemeinen Verbesserung der eigentlichen Lebensqualitäten bilden könnte. Vielleicht ist das sogar der für mich wesentlichste Punkt im Zusammenhang mit Errungenschaften und Entwicklungen, die Auroville sein Eigen nennen kann und unbedingt besser darstellen sollte. Es fehlt in unserem Teil der Welt, damit meine ich vor allem Europa, an Experimenten. Kleinen wie großen, bedeutsamen wie unscheinbaren. Wir leben derzeit versuchsfrei. Beispiele dafür gibt es unzählige. Aber der stärkste Hinweis ist sicherlich der gegenwärtige europäische Umgang mit der Flüchtlingsproblematik. Diese Flucht zurück in die Nationalisierung und in die Abkehr des vermeintlich Gemeinsamen ist schon mehr als erschreckend. Die macht mir richtig Angst. Weil Alternativen nicht einmal mehr als Gedanke zulässig sind. Nur noch Zäune und Abschottung. Gerade in dieser Situation wären Versuchsanordnungen zum Erlernen eines geeigneten Umgangs mit der sicherlich äußerst schwierigen Situation dringendst erforderlich. Und auch wenn diese fehl laufen und versagen sollten, so sind es doch Versuche zur Realisierung von neuen Gedanken und Möglichkeiten.
Ich glaube, dass es um die ganze Absicht nicht gut bestellt wäre, wenn Auroville ein »einzigartiges« Experiment bleiben würde. Das Beibehalten dieses Exklusivstatus wäre ja auch bereits der Anfang vom eigenen Ende dieser Gemeinschaft. Aber wie sich weitere, neue Aurovilles bilden könnten, da habe ich derzeit auch keine Antwort.

Nun noch zum »Entweder und oder«.
Man könnte es auch oberflächlich »Sowohl als auch« nennen. Aber das ist für mich doch eine andere Konstellation. »Sowohl als auch« ist nicht unbedingt

von sich gegenseitig ausschließender Entgegengesetztheit geprägt, sondern zeigt bloß Vereinbarung der Unterschiedlichkeit. »Entweder UND oder« ist in seiner Ableitung des »entweder oder« die unlogische, aber dafür empathische Vereinbarung der Gegensätze. Ein Paradoxon zu leben versuchen ist nicht die Stärke sogenannter aufgeklärter Gesellschaften. Aber das hat natürlich nur dann seine Gültigkeit, wenn der Betrachter bzw. Anwender – in diesem Fall ich selbst – aus einem kulturhistorischen Kontext kommt, in dem Gegensätze als solche behandelt werden: als unvereinbar. Ein Beispiel, das für viele Außenstehende schwierig zu handhaben ist: Hinwendung zur Spiritualität Hand in Hand mit einer doch sehr weltlichen, zeitgemäßen Lebensausrichtung. Auch das Nebeneinander von (noch immer) sehr stark materiell ausgerichteten Aurovillianern und jenen, die ein reduziertes Leben zu führen versuchen, ist für Außenstehende anfangs irritierend und fällt für mich in das »Entweder und oder«-Muster. Im Buch ist darüber ohnehin viel zu lesen.
Liebe Grüße dir
Herbert

Lieber Herbert,
die letzten 10 Tage waren etwas intensiv. Und ich wollte mir Zeit nehmen, um dir gute Fragen zu stellen. Du erwähnst, dass in der Gegenwart die Ängste der Menschen eines der Haupthindernisse sind, um einen grundlegenden Paradigmenwechsel im sozialen, kulturellen, politischen und ökonomischen System herbeizuführen. Diese Ängste verfestigen sozusagen den Status quo. Was denkst du ist es, was die Menschen in Österreich oder in Europa verlieren könnten und was könnte verloren werden, käme es zu keiner fundamentalen Veränderung?
Es scheint für mich, dass eine Möglichkeit diesen Ängsten zu begegnen jene ist, eine radikale neue Möglichkeit anzubieten und Menschen zu finden, die bereit sind, diese Möglichkeiten zu leben. Es scheint mir, als wären diese »Ängste« eine sich selbst verstärkende Schleife (self-reinforcing loop), die uns ständig zu Lösungen oder Antworten bringt, die wiederum mehr Ängste schüren als zu lösen vermögen.
Ich denke, die Frage, die ich stellen möchte, ist folgende: Wie können wir diesen Ängsten begegnen, individuell und als Menschheit, wenn nicht dadurch, neue Möglichkeiten aufzuzeigen und zu versuchen, diese mit voller Integrität zu leben?

Wie siehst du die Rolle von Menschen wie dir, die dabei helfen die »Substanz« von Auroville nach außen zu bringen?
Alles Liebe
Martin

Lieber Martin,

Du fragst, was der eigentliche Verlust wäre, der als Preis für eine nicht stattfindende substantielle Veränderung unserer gewohnten Lebensweise zu bezahlen wäre. Es ist bezeichnend, dass eben in diesen Minuten während ich dir schreibe im Radio eine Sendung über Food-Coops läuft. Also jene Vereinigungen von Konsumenten und Haushalten im Sinne eines gemeinsamen, ökologisch ausgerichteten Einkaufs von Lebensmitteln, von denen es in Europa nun immer mehr gibt. Die Unterstützung von Erzeugern und Landwirten aus der Region hat dabei große Priorität. Schon diese Radiosendung zeigt wieder einmal, dass es ja doch Veränderungen innerhalb unseres so starr wirkenden Systems gibt, die das Bewusstsein zu verändern vermögen. Eben weil es uns dämmert, was wir wirklich verlieren würden, wenn wir nicht endlich selbst zu handeln beginnen. Wir verlieren uns selbst – und sind da leider schon auf einem fortgeschrittenen Weg. Aber ich bin überzeugt davon, dass auch in unserer Gesellschaft schon längst ein Erwachen stattgefunden hat. Natürlich betrifft es nur bestimmte Gruppen und Menschen mit ihren spezifischen Idealen, die da vorerst aktiv werden. Momentan sicherlich noch eine Minderheit. Aber ich bin mir nicht sicher, ob ich diese Initiativen in ihrer Summe als »Erreichen einer kritischen Masse« im Sinne von Sri Aurobindos Absicht sehen kann. Also dass eine Fortsetzung der guten Absichten dann verselbstständigt auf die restliche Gesellschaft übertragen werden könnte. Die Macht und die Drohszenarien der besitz- und konsumpropagierenden Fraktionen sind doch noch immer hocheffizient. Ich glaube wirklich, dass erst die freiwillige, persönliche Selbsterfahrung z. B. eines reduzierten Konsumverhaltens das Individuum erkennen lässt, dass nicht Verlust, sondern Gewinn am Ende der Rechnung steht. Was das Ganze noch schwieriger macht, ist die Konditionierung von großen Teilen unserer Gesellschaften. Und da landen wir direkt bei der kollektiven Verunsicherung durch Manipulation. Um Selbstbewusstsein aus sich zu schöpfen bzw. es zeitaufwendig und mühsam zurückzugewinnen, da könnt ihr in Auroville viel dazu erzählen. Aber es erscheint mir als der einzige gangbare Weg. Eine

Lösung von oben wird es nicht geben. Das ist meine Skepsis, die sich aus den derzeitigen realen Entwicklungen nährt. Wie ich schon eingangs geschrieben habe: Ein solches Buch kann niemals eine Bedienungsanleitung zur eigenen Lebensgestaltung darstellen. Es vermag aber vielleicht die Wahrnehmung für bisher kaum vorstellbare Entwicklungsvorgänge zu sensibilisieren, wie ich sie in einigen Kapiteln des Buches darstellen durfte. Als weiterer Schritt kann dann vielleicht ein verstärktes Nachdenken über die eigene Situation erfolgen – und dann eventuell erste Auflösungsprozesse der verinnerlichten Ängste und Zwänge zur Folge haben. Also kurz gesagt: Ich glaube an die intensive Darstellung des Beispielhaften, habe aber meine Bedenken, ob sich dieses nachvollziehbar aufbereiten lässt. Du schreibst etwas Wesentliches in deiner letzten E-Mail: neue Möglichkeiten mit voller Integrität zu leben. Ich denke, das ist der Schlüsselsatz zum Öffnen der bislang noch versperrten Zugangswege für ein Zukunftsmodell unseres Menschseins. Ich hoffe es.
Recht liebe Grüße dir
Herbert

Lieber Herbert,
du schreibst eine Lösung von oben wird es nicht geben und du deutest darauf hin, dass die Lösung/en wohl auch nicht von unten kommen werden, sondern eher von innen nach außen (und außen nach innen). Eine Frage, die man in diesem Kontext stellen kann, ist: Was haben wir als Menschheit gemeinsam? Wir haben die gleichen biologischen Kampf- und Fluchtinstinkte und wir haben identische Ängste. Wir haben aber auch die Möglichkeit, Fragen zu stellen und, wohl noch faszinierender, die Möglichkeit des kreativen Schaffens, wir haben einen Sinn für Gerechtigkeit, Gleichheit, Freude, bedingungslose Liebe, Möglichkeiten, die das Potenzial haben, unsere sozialen, kulturellen, ökonomischen, religiösen und politischen Grenzen zu überschreiten und neu zu definieren.
Ich möchte meine Frage an dich so formulieren: Du hast von Manipulation geschrieben. Das könnte verstanden werden, als ob es Menschen gibt, die das ganze gesellschaftliche System bewusst kontrollieren und manipulieren. Sind die Manipulierten und die Manipulierenden nicht ein einziges Netzwerk von Interaktionen? Täter und Opfer eines Systems oder eines vorherrschenden Zeitgeists? Berauben wir uns nicht der Möglichkeit einer grundlegenden Transfor-

mation, solange wir mit der Opfer-versus-Täter-Dichotomie arbeiten? Was sind die echten Alternativen, die wir haben? Das erinnert mich an einen Satz eines »Aboriginal elder« aus Australien: »If you have come to help me, you are wasting your time. If you have come because your liberation is bound up with mine, then let us work together.«

AL

Martin

Lieber Martin,

meine Sorge betrifft weniger die Starrheit von denen, die »oben« sind, als vielmehr neue Entwicklungen auf die niemand von uns mehr Einfluss hat. Ich möchte dir dazu eine Erinnerung erzählen: In meiner Kindheit gab es in der Nähe unserer Wiener Wohnung einen großen, wunderschönen Park. Darin ein großer Kinderspielplatz, darauf ein altes, ausrangiertes Feuerwehrauto als begehrtestes Spielobjekt dieses Ortes. Die Kinder und auch ich hingen wie Trauben an diesem Gefährt. Rate einmal, was die begehrtesten Plätze waren? Genau. Der Fahrerplatz mit einem riesigen Metalllenkrad, welches sich auch toll drehen ließ. Und der Beifahrersitz. Da gab es eine riesige, ebenfalls massiv metallene Handbremse, die mit viel Kraft angezogen und wieder gelöst werden konnte. Die anderen Plätze waren ohne Steuerhoheit. Wer vorne saß, der kurbelte und drehte – und glaubte zu bewegen. Aber alles, was sie taten, war wirkungslos und trotzdem drängten wir alle immer in diese erste Reihe. Bloß weil das Gefühl des Kurbelns so gut war. Aber nur einige Auserwählte, die Stärkeren, schafften es. Ich glaube, dass wir Menschen heute etwas durchaus Vergleichbares erleben. Über »die da oben« an den Reglern und Steuerrädern mag man sich grün und blau ärgern, ihnen Versäumnisse und Verfehlungen an den Kopf werfen. Sie wüssten nicht mehr, in welche Richtung sie das Schiff steuern sollten. Und in der Tat mag das Lenken und Steuern der scheinbar Mächtigen nicht mehr effizient funktionieren. Warum? Ein Sog im Fluss, auf dem die Menschheit sich dahin bewegt, gewinnt immer stärker an Zugkraft. Und da spreche ich jetzt von Systemen und ihren Masterminds, die sich jeder ethischen Erkenntnis und jedem moralischen Aufruf entziehen. Weil es diesen humanen Begriff wie Liebe, Empathie oder Güte in deren Welt nicht mehr gibt. Die Faszination des unvorstellbar technisch Machbaren ist so gewaltig, dass Begriffe wie Natur oder Liebe in deren Vokabular verloren gegangen sind. Ihr Wortschatz ist ein anderer geworden. Immer mehr wird von einer bevorstehenden digitalen Revolution bereits geschrieben und gesprochen. Und wie ich im Vorwort bereits geschrieben habe, wird sie von einigen Überzeugten als der kommende evolutionäre Schritt der Menschheit bezeichnet und als Erlösungsvorgang erkannt. Ich persönlich fürchte mich vor dieser Evolution, sollte sie unwiderrufbar stattfinden. Ich denke, dass durch diese Entwicklung ebenfalls unsere politischen, religiösen, ökonomischen und kulturellen Grenzen aufgelöst werden. Aber welch ein Unterschied zur Absicht und Vision eines Sri Aurobindo und seinen Worten. In diesem Zusammenhang denke ich an den Amerikaner Bill Joy, den Mitbegründer von Sun-Microsystems und ein wichtiger Freidenker und Kritiker des ungebremsten technologischen Entwicklungsweges in das zweite Maschinenzeitalter. Sein Aufsatz »Why the future doesn't need us« hat Anfang des neuen Jahrtausends für gewaltige Aufregung gesorgt. In den Reihen der IT-Nerds und der neuen Technologie-Visionäre wurde er zum Verräter und Abtrünnigen erklärt. Sein Kritikpunkt: Dieser Besorgnis erregende Entwicklungsweg müsse in eine Welt ohne bedeutende menschliche Eigenschaften führen und würde den Menschen, wenngleich in seinem derzeitigen unvollkommenen Entwicklungsstadium, aber trotzdem immer noch Mensch, obsolet machen. Nur eine rasch einsetzende Bewusstseinsentwicklung des Menschen könne vor der eigenen Auflösung bewahren. (!!!) Das ist bereits meine Antwort auf deine zweite Frage. Bewusstseinsentwicklung, so effizient wie möglich und – leider – auch so rasch wie möglich, ist der einzige Weg. Und da sind wir alle, jeder einzelne, gefragt, seinen Beitrag, seinen Weg zu gehen. Aber wenn ihr in Auroville einen Erkenntnisvorsprung durch das Experiment selbst erkennen könnt, dann müsst auch ihr euch etwas einfallen lassen, wie ihr den Rest der Welt mit euren Erkenntnissen zu erreichen vermögt. Dieses Buch kann nicht mehr, aber auch nicht weniger, als eventuell eine kleine Hilfe dafür darzustellen.

Herzliche Grüße in das glühende Auroville
Herbert

DANKE

Ich freue mich bei Büchern immer auf die Dankeschön-Seite. Klar, immer wieder liest sich diese auch als Pflichtprogramm, aber doch öfter hatte ich dieses starke Gefühl, dass eine Autorin, ein Schreibender sehr nachhaltig nach den richtigen Worten suchte, um etwas viel Größeres und Aufrichtigeres an eine bestimmte Adresse mitzuteilen, als es dieses DANKE mit seinen bloß fünf Buchstaben mitzuteilen vermag. Ich suche nun auch und kann trotzdem nur Danke schreiben.

Zuerst an Chali, Vinodhini, Achilles und Wolf, Gerard, Rathinam, Krishna, Jyoti, Jorge, Shraddavan, John, Elvira, Dylan und Peter, Akash, Uma und Aurelio. Sie alle leben in Auroville und haben in den vielen Stunden, die sie mir für unsere Gespräche gewährten, Essentielles zu meinem Verständnis und für mein Begreifen Aurovilles beigetragen. Vor allem aber haben die meisten von ihnen unverfälscht und offen über ihr Leben, über sehr persönliche Fragen und die Suche nach ebenso persönlichen Antworten mit mir gesprochen. Viele ihrer Erzählungen hätten ein weiteres spannendes Kapitel dieses Buches entstehen lassen können. Warum das nun nicht der Fall ist, hat ausschließlich mit inhaltlich und formal zu treffenden Gewichtungen zu tun. Aber als Essenz seid ihr in allen meinen hier niedergeschriebenen Gedanken und Überlegungen präsent.

Mein ganz besonderer Dank gilt Fabienne und Elaine, den beiden Damen von Auroville Outreach Media. Ihre Großzügigkeit und Hilfsbereitschaft hat bereits die Produktionsarbeiten der Filmdokumentation auf sichere Schiene zu stellen vermocht. Ihr persönliches Engagement zur Entstehung dieses Buches kann nicht oft und nachhaltig genug von mir betont werden.

Julia, Jane, Francis, Otto, Johnny, Srimoyi, Cristiano, Satyavan, Inge, Martin, B und Michael Bonke sind die unmittelbaren Träger jener Substanz, die beim oftmaligen Lesen des Manuskripts immer deutlicher in mir Gestalt anzunehmen vermochte. Ich spreche von der überzeugenden Aufrichtigkeit ihrer Worte, die wahrscheinlich das kräftigste Zeugnis für Aurovilles Idee und Absicht abzugeben vermögen. Ich danke jedem einzelnen von ganzem Herzen und äußere leise und zaghaft den Wunsch, dass ihr Auftreten in diesem Buch vielleicht eine Chance für ein näheres Zusammenrücken der Gemeinschaft in diesem sonderbaren Auroville-Schiff schaffen kann.

In Frankfurt wohnen zwei Menschen, denen ich die Aufgabe des Probe- und Testlesens aufbürden durfte. Konrad, TV-Moderator und Reporter, ist kompetenter Mann des gesprochenen wie geschriebenen Wortes und besitzt Gespür für echte und plakative Wirkung. Martin ist der Mensch des gesungenen Wortes. Er ist ein wunderbarer Sänger auf der Opernbühne wie am Konzertpodium. Beide waren als Korrektive von großen Teilen meiner Arbeit unverzichtbar und beiden bin ich für ihre Auseinandersetzung mit Text und Inhalt dankbar.

In Verbundenheit danke ich auch Doris in Wien. Sie kennt mich und meine filmischen Arbeiten seit langer Zeit und ich konnte ihr deshalb eine notwendige Arbeit überantworten: Noch immer werden im Text bestimmte Wendungen und Satzkonstrukte zu erkennen sein, die meine Herkunft recht eindeutig zu dokumentieren vermögen. Doris sei Dank, dass diese Austriacissmen auf ein Minimum reduziert werden konnten.

Ein Buch über dieses Thema zu schreiben ist etwas Wunderbares, Großartiges, Erfüllendes. Es waren ungezählte Stunden in den letzten 8 Monaten, die ich an meinem Schreibtisch zu verbringen hatte. Meistens, aber nicht immer war meine Stimmung optimistisch und hoffnungsvoll. Manchmal entfaltete sich Lustlosigkeit, hin und wieder kamen auch Zweifel an der eigenen Qualifikation auf um dieses Projekt zu einem guten Abschluss zu bringen. Aber alle diese Hürden waren schließlich immer leicht zu überwinden.

Es war Steffi, meine Frau, die trotz ihrer eigenen großen Herausforderungen über dieses Buch und damit über mich schützend ihre Hände hielt. Ohne ihre Absicherung auf unterschiedlichen Ebenen hätte dieses Buch nicht entstehen können. Auch wenn ich in den vergangenen Monaten knapp 100.000 Wörter kombiniert und niedergeschrieben habe, so ist dieses Buch doch die Essenz unserer Gemeinsamkeit.

Herbert Eisenschenk, Frankfurt, August 2016

GLOSSAR

Ashram | *Sanksrit: Ort der Anstrengung, Meditationsplatz; im weiteren Sinne auch Schule, Lehrort*

Ashramit | *Bewohner eines Ashrams, Mitglied einer Ashramgemeinschaft*

Auroville-Stiftung (Auroville Foundation) | *Zitat: Die Auroville-Stiftung setzt sich aus den Bereichen Forschung, Bildung, Dienstleistungen sowie kommerziell operierenden Firmen und Geschäftsbereichen zusammen. Die Auroville-Stiftung verpflichtet sich in ihrem Tun, die Ideale und Visionen Aurovilles bestmöglich zu leben und die Lebensqualität in den tamilischen Dörfern um Auroville zu verbessern und zu steigern. Die Auroville-Stiftung hat diese Tätigkeiten nun getrennt. Die kommerziell tätigen Geschäftsbereiche wurden einem Trust untergeordnet. Die Dienstleistungsbereiche bleiben Teil der Auroville-Stiftung. Die Einrichtungen zur Unterstützung der tamilischen Dorfgemeinschaften sind nun ebenfalls in Trusts eingeordnet. Diese Zusammenschlüsse (Trusts) sind als regierungsunabhängige Organisationen zu verstehen.*

Bhagavat Gita | *Sanskrit = Der Gesang des Erhabenen; In Form eines spirituellen Gedichts abgefasst, vereinigt die »Gita« unterschiedliche Denkschulen des alten Indiens. Bhagavat Gita ist Teil des bedeutendsten hinduistischen Epos Mahabarata. Im Zusammenhang mit der Lehre Sri Aurobindos erscheint die Darstellung der verschiedenen Zeitalter aus Sicht der hinduistischen Kosmologie interessant. Demnach befindet sich die Menschheit derzeit im »dunklen, schwarzen Zeitalter«. Dieses ist durch die Auswirkung der drei Wurzel-Geistesgifte Hass, Gier und Verwirrung gekennzeichnet.*

Fritjof Capra (*1939, Wien) | *Österreichischer Physiker und Philosoph, lebt in Berkeley; Hauptwerke: »Das Tao der Physik«, »Wendezeit«*

Henri Cartier-Bresson (1908 – 2004) | *Französischer Zeichner, Maler und Fotograf; Er fotografierte im April 1950 Sir Aurobindo, kurz vor dessen Tod.*

Cashuarina-Bäume | *Die einzigen Nadelbäume Südindiens*

Ganesha (der Elefantengott) | *Eine der bekanntesten Abbildungen des Göttlichen im Hinduismus. Darstellung in Form eines kleinen gedrungenen Menschenkörpers mit einem großen Elefantenkopf; Ganesha symbolisiert unendliche Weisheit und schöpferische Kreativität.*

General Meetings | *Treffen, zu denen alle Aurovillianer geladen sind. Hier werden für die Gemeinschaft wesentliche Themen basisdemokratisch behandelt und darüber abgestimmt.*

Das Göttliche Leben | *Opus magnum von Sri Aurobindos Werken. In mehreren Bänden widmet sich Sri Aurobindo der Notwendigkeit einer Synthese des tiefsten mystischen Denkens des Ostens und der modernen, progressiven Welterkenntnis des Westens.*

Stanislav Grof (*1931, Prag) | *Psychiater, Psychotherapeut und Schriftsteller; in seinem psychotherapeutischen Konzept findet sich die von ihm als unverzichtbar erkannte Verschmelzung des Kosmischen (das Spirituelle) mit dem Psychischen; nachhaltige Beachtung erhielt Grof mit seinen Forschungen zur Verwendung von LSD innerhalb des therapeutischen Prozesses. Mit den Forschungen dazu begann er bereits während seiner Studien in Prag, bevor er in den 1960er-Jahren in den USA seine Arbeit fortsetzte.*

Hampi | *Bedeutende historische Stadt im südlichen Bundesstaat Karnataka*

Hatha-Yoga | *Yoga-Art, bei der die Balance zwischen Seele und Körper vor allem über Körperübungen und Atemtechniken erlangt wird*

Housing Service | *Einrichtung zur Verwaltung und Schaffung von Wohnraum in Auroville*

Friedensreich Hundertwasser (1928 – 2000) | *In Wien geborener Künstler und Maler: Hundertwasser galt als Gegner der geraden Linie und bereits in den 1960er-Jahren als hoch engagierter Naturschützer; seine ausgeführten Bauwerke wurden wegweisend für die Entwicklung einer natur- und menschengerechten Architektur.*

Integrales Yoga | *Von Sri Aurobindo entwickelter praktischer Yoga-Weg, unter starker Miteinbeziehung hinduistischer Spiritualität zur schrittweisen Bewusstseinsentfaltung und einer damit verbundenen Annäherung an das Göttliche. Integrales Yoga beinhaltet keine körperlichen Übungen und Atemtechniken, wie sie aus anderen Yoga-Praktiken bekannt sind. Integrales Yoga ist eine beständige Überprüfung der eigenen Lebensgrundsätze. Das tägliche Handeln im Sinne eines Bedürfnisses nach Veränderung führt zur Umwandlung (Transformation) des Bewusstseins. Über mehrere Stufen erfolgt dann dieser Transformationsprozess, der schließlich im Göttlichen Bewusstsein (Supramental) seine größte Entwicklung erreichen wird. Aurovilles*

Gemeinschaft versucht sich als Kollektiv gegenwärtig im Erreichen der ersten Stufe, dem Erlangen eines, wie Sri Aurobindo es nannte, höheren Mentals.

Maintenance | *Eine Art monatliches Grundeinkommen, welches theoretisch jedem Aurovillianer zusteht, derzeit aber nur im Bedarfsfall ausbezahlt wird. Gegenwärtig beläuft sich Maintenance auf ca. 210 Euro monatlich. Der Bruttobetrag von Maintenance beträgt derzeit 16.230 Rupien Maintenance (= ca. 210 Euro) monatlich. Der Betrag wird folgendermaßen aufgeteilt: 10.000 Rupien werden bar ausgezahlt, 450 Rupien werden in den Gesundheitsfonds einbezahlt, monatliches Mittagessen in Solar Kitchen 1.430 Rupien, Einkäufe im New Pour Tous Lebensmittelladen 1.200 Rupien, monatlicher Beitrag zur Auroville-Verwaltung 3.150 Rupien*

Matrimandir | *Sanskrit: Tempel oder Haus der Mutter; zentrales Gebäude in Auroville, ausgeführt von dem italienischen Architekten Piero nach Plänen des französischen Architekten Roger Anger, Bauzeit ca. 45 Jahre. Ort der inneren Sammlung und zur Bewusstseinskonzentration*

Newcomer | *Einjähriges Stadium von Aufnahmewilligen in die Gemeinschaft Aurovilles*

News & Notes | *Wochenzeitung von und für Aurovilles Gemeinschaft*

Joseph Roth (1894 – 1939) | *Bedeutender österreichischer Schriftsteller und Journalist, u. a. schrieb er für die renommierten Zeitungen »Frankfurter Zeitung«, das »Prager Tagblatt«, den »Pester Lloyd« und die »Wiener Arbeiter-Zeitung«. Hauptwerke: »Radetzkymarsch«, »Die Kapuzinergruft«, »Hiob – Roman eines einfachen Mannes« und »Die Rebellion«.*

Savitri | *Das literarische Hauptwerk Sri Aurobindos. In 24.000 Versen beschreibt Sri Aurobindo seinen eigenen spirituellen Weg und damit die Transformation des Lebens durch Überwindung der Kräfte der Unwissenheit und des Todes, hin zu den Kräften des Lichts und des höchsten Bewusstseins.*

Savitri Bhavan | *Forschungs- und Seminarhaus zu Sri Aurobindos Leben und Wirken*

Sepharden | *Juden, die ursprünglich auf der iberischen Halbinsel lebten und im frühen 16. Jahrhundert in Teile des osmanischen Reiches oder in die Maghreb-Staaten (Nordafrika) flüchten mussten*

Sesshin | *Über eine Periode von mehreren Tagen andauernde, konzentrierte Form der Zen-Meditation. Der gesamte Ablauf der Tage erfolgt in striktem Schweigen.*

Lange Einheiten der Sitzmediation (insgesamt bis zu 16 x 25 Minuten täglich) werden von kurzen Schreitmeditationen (Kinhin) unterbrochen. Die Aufgabe eines Sesshins besteht im konzentrierten Üben zum Anhalten des inneren Gedankenflusses, der im Zen als »wilder Affe« bezeichnet wird und den Menschen vom Wahrnehmen seiner eigentlichen Wesentlichkeit hindert. In Folge entsteht durch ein Kontinuum der Zen-Meditation die Chance auf eine Reduktion des »Falschen Egos« und damit das Erreichen eines Alltagsbewusstseins, welches frei von unwesentlichen egogesteuerten Wünschen und Begierden leben kann.

Swami Vivekananda (1863 – 1902) | *International beachteter hinduistischer Mönch und Gelehrter. In seiner Lehre dominiert die Unverzichtbarkeit von einer Verbindung eines weltlich ausgerichteten Lebens mit der Unbedingtheit des spirituellen Innenlebens.*

Supramental | *Nach Sri Aurobindos Erkenntnis die letzte und höchste erreichbare Bewusstseinssstufe menschlich-spiritueller Entwicklung*

Rabindranath Tagore (1861 – 1941) | *Bengalischer Dichter, Philosoph, Musiker und Maler*

Tamilen | *Das Volk der Drawiden. Volksgruppe, die im Süden Indiens und im Nordosten von Sri Lanka beheimatet ist*

Tamil Nadu | *Südlichster Bundesstaat Indiens, Hauptstadt Chennai (vorm. Madras)*

Unity Fund | *Auroville-Institution, in der alle Einnahmen von in Auroville generierten Einkommen aus allen Geschäftsbereichen und Unternehmungen, sowie Spenden und Unterstützungsgelder aus dem Ausland und von der indischen Regierung zusammenfließen*

Upanishaden | *Älteste philosophische Schriften des Hinduismus; in ihnen ist u. a. beschrieben, wie der Mensch von der Möglichkeit, die letzte Wirklichkeit des Universums zu erreichen, Gebrauch machen kann. Diese höchste Wirklichkeit ist mit der innersten Natur des Menschen identisch und deshalb über den Weg der Selbsterfahrung erfahrbar.*

Upasana | *Sanskrit: Gottesdienst oder beständiger Dienst am Göttlichen als eine in sein Inneres gerichtete Verehrung*

Veden | *Ab 900 v. Chr. zum ersten Mal schriftlich festgehaltene religiöse Texte des frühen Hinduismus. In ihnen werden sowohl Regelungen des menschlichen Zusammenlebens als auch Rituale und Techniken zur mystischen Vertiefung das erste Mal festgehalten.*

www.grubbeverlag.de

Autor: Herbert Eisenschenk
Redaktion/Lektorat: Gerhard Grubbe, Dr. Claudia Hellmann
Einbandgestaltung, Satz und Layout: agenten.und.freunde, München, www.a-u-f.de

ISBN: 978-3-942194-21-1

Bibliografische Information der Deutschen Nationalbibliothek:
Die Deutsche Nationalbibliothek verzeichnet diese Publikation in der Deutschen Nationalbibliografie; detaillierte bibliografische Daten sind im Internet unter www.dnb.de abrufbar.

Auch als E-Book erhältlich: ISBN: 978-3-942194-76-1

Gedruckt auf Munken Print Extra Naturoffset bläulich weiß 1,5f. Vol., FSC.

Bildnachweis
Umschlag: © shutterstock.com
Autorenfoto auf Umschlagklappe: © Antje Kress
Fotos Seiten 22, 35,178, 180, 250, 298, 300: © Outreach Media Department Auroville
Alle anderen Fotos: © Herbert Eisenschenk

Fotos, deren Motive sich nicht direkt aus dem angrenzenden Text erklären:

Seite 35 | Modell des Architekten Roger Anger der Stadt Auroville, geplant in Form eines Spiralnebels

Seite 46 | Versuchsanlage zur Wasserrückgewinnung aus Urin

Seite 100 | Die Schokoladenmacher Jane und Fabien

Seite 155 | Modeshooting des Designlabels Upasana, mit Julia (ganz rechts) als Modell

Seite 216 | Beispiel für ein Removable House, konstruiert und ausgeführt von Johnny Allen

Seite 221 | Das erste Klassenzimmer von Auroville

Seite 240 | Studiensaal der Future School in Auroville

Robin Hanbury-Tenison
Robert Twigger

WELTEN-ENTDECKER – Expeditionen ins Unbekannte

Gebunden, 304 Seiten mit 268 Fotos

ISBN: 978-3-942194-14-3

ABENTEUER PUR

Was gibt es in unserer Zeit noch Neues und Unbekanntes auf der Welt zu entdecken? Diese Frage beantwortet dieses Buch auf faszinierende Weise: Es feiert all die Entdecker, die mit Mut, Intelligenz, Beharrlichkeit, Neugier und Fantasie neue Wege gehen. Denn unzählige Berggipfel, der Großteil der Wüsten, der Polarregion und der Dschungel der Erde hat noch nie ein Mensch betreten. 39 Geschichten hoher erzählerischer Qualität ziehen den Leser in ihren Bann und rütteln zugleich auf: Sie bringen uns ins Bewusstsein, wie sehr unsere Umwelt unbeachtet und unbekannt, aber auch bedroht ist. In acht Kapiteln – Polarregion, Wüste, Regenwald, Berge, Ozeane, Flüsse, Unterwasser/Höhlen, Verlorene Welten – deckt dieses großartige Buch die gesamte Bandbreite der großen Entdecker unserer Zeit und ihrer Expeditionen ab.

268 beeindruckende Fotos begleiten die Berichte der 39 Entdecker.

Florian Heine

EXTREME LEBEN – Oder was ist schon normal?

Gebunden, 192 Seiten mit 120 Fotos

ISBN: 978-3-942194-16-7

WIE MENSCHEN (ÜBER)LEBEN

Vom kältesten bewohnten Ort bis zum höchsten Arbeitsplatz; von großer Armut bis zu unvorstellbarem Reichtum; von der Beschaulichkeit eines Schweigeklosters bis zum Leben im größten Flüchtlingscamp. Geografisch, politisch, gesellschaftlich, religiös, persönlich: In EXTREME LEBEN zeigen Autoren und Fotografen außergewöhnliche Bedingungen des menschlichen Zusammenlebens und bieten Einblicke in Lebensumstände, die weit ab unserer Vorstellung von Normalität liegen. Wie ist das Leben der letzten Urvölker im Regenwald, wie als Pendler in einer 30-Millionen-Megametropole? Wie gelingt es den Dabbawalas im Chaos von Mumbai Hunderttausende von Essen täglich korrekt zu liefern? Wie lebt es sich im teuersten Privathaus der Welt – und wie in der Schwerelosigkeit einer Weltraumstation?

Ein Buch, das uns mit faszinierenden Texten und Bildern zum Staunen bringt – und unser »normales« Leben mit all seinen Selbstverständlichkeiten in einem ganz neuen Licht erscheinen lässt.

Éric St-Pierre

FAIR TRADE – Eine Reise um die Welt

Gebunden, 240 Seiten mit 350 Fotos

ISBN: 978-3-942194-10-5

LEBEN UND LEBEN LASSEN

Seit fast 25 Jahren gibt es in Weltläden und Supermärkten fair gehandelte Waren. Dass es dabei nicht nur um ein Konzept geht, mit dem man Veränderungen in der Welt bewirken und gerechtere Bedingungen für alle schaffen kann, wird besonders deutlich, wenn man den Menschen begegnet, denen der faire Handel in erster Linie zugute kommt und deren Leben durch Fairtrade-Initiativen neue Perspektiven bekam. Éric St-Pierre bereiste auf den Spuren des Fairtrade 17 Länder und brachte beeindruckende Bilder und persönliche Texte von diesen Reisen mit. Er traf Kunsthandwerkerinnen in Bangladesch, Kaffeebauern in Äthiopien, Baumwollpflanzer in Mali und viele Menschen mehr und vermittelt uns tiefe Einblicke in deren Lebens- und Arbeitsalltag. Neben der Begegnung mit den Menschen bilden die Produkte, die sie anbauen oder herstellen, einen Schwerpunkt des Buches. Die 14 Kapitel stellen jeweils eines dieser Produkte vor: Kunsthandwerk, Kaffee, Kakao, Zucker, Tee, Blumen, Reis, Baumwolle, Sheanuss, Quinoa, Wein und Guarana. Abgerundet wird jedes Kapitel durch informative Essays sowie Daten und Fakten zum fairen Handel.

1€
pro Buch
geht direkt an die
SOS KINDERDÖRFER WELTWEIT
Brasilien
Mythen, Märchen und andere Geschichten
SÜDAFRIKA
Mythen, Märchen und andere Geschichten
NORDAMERIKA
Mythen, Märchen und andere Geschichten
Indien
Mythen, Märchen und andere Geschichten
Skandinavien
Mythen, Märchen und andere Geschichten

Paul Koudounaris

KATAKOMBENHEILIGE
Verehrt – Verleugnet – Vergessen

Gebunden, 192 Seiten mit 90 Farb- und 15 s/w-Fotos

ISBN: 978-3-942194-18-1

UNGLAUBLICH, ABER WAHR!

1578 entdeckte man in Rom ein Labyrinth unterirdischer Begräbnisgänge, in denen sich die sterblichen Überreste Tausender Menschen – mutmaßlich frühchristliche Märtyrer – fanden. Man barg die Skelette und brachte sie in katholische Kirchen und Klöster in Süddeutschland, Schweiz und Österreich. Dort wurden sie von Kunsthandwerkern wieder zusammengesetzt, mit Gold und Edelsteinen verziert und in prächtige Gewänder gekleidet. Man stellte sie in Schreinen aus, um der Gemeinde die spirituellen Schätze, die die Gläubigen im Jenseits erwarteten, vor Augen zu halten. Fast drei Jahrhunderte lang verehrte man die »Heiligen Leiber« als Wundertäter und Beschützer der Gemeinde, bis die Zweifel hinsichtlich ihrer Authentizität schließlich die Oberhand gewannen. Dann schämte man sich ihrer und versteckte oder zerstörte sie. Dieses Buch wirft ein strahlendes Schlaglicht auf die in Vergessenheit geratenen Katakombenheiligen. Neben den glanzvollen Bildern der mit Juwelen besetzten Skelette finden sich bewegende Geschichten zahlreicher Katakombenheiliger und seltenes Archivmaterial – einige der atemberaubenden Reliquien werden erstmals veröffentlicht.